Le procès de la CPI contre le président Laurent Gbagbo

Et si la politique quittait le prétoire !

Afrique Liberté
Collection dirigée par Claude KOUDOU

Afrique Liberté est une collection qui accueille essais, témoignages et toutes œuvres qui permettent de faire connaître l'Afrique dans toute sa diversité et toute sa profondeur. Cette collection qui reste ouverte se veut pluridisciplinaire. ***Son orientation sera essentiellement axée sur les rapports entre l'Afrique et l'Occident.*** Elle refuse l'afro-pessimisme et se range résolument dans un afro-optimisme réaliste. Sur quels repères fonder l'Afrique d'aujourd'hui ? Telle est une des questions majeures à laquelle cette collection tentera de répondre. ***Afrique Liberté*** se veut un espace qui doit explorer l'attitude de l'Africain ou des africanistes dans ses dimensions mentale, scientifique, culturelle, psychologique et sociologique. Dans un monde en proie à de graves crises, un des enjeux majeurs de cette plate-forme serait de voir comment faire converger les différents pôles de compétences pour hisser l'Afrique à la place qui doit être véritablement la sienne.

Déjà parus

Hippolyte Yomafou, *Pour un consensus entre foi et raison face à l'angoisse du mal,* 2015.
Robert-Jonas Kouamé Bibli, *Côte d'Ivoire du chaos à la renaissance. Derniers assauts contre la souveraineté,* 2015
Okaré Kouadio, *Au tréfonds de mon âme,* 2015.
Justin Kone Katinan, *Idéologie, conscience et combat politique en Afrique,* 2015.
Lazare Koffi Koffi, *Si la graine ne meurt*, 2015.
Lazare Koffi Koffi, *Reflets d'espérance*, 2015.
Jean-Claude Djéréké, *Réflexions sur l'Église catholique en Afrique*, 2014.

Sous la coordination de
Pr. Raymond KOUDOU Kessié,
Pr. Hubert OULAYE et Pr. Félix TANO

LE PROCES DE LA CPI CONTRE LE PRESIDENT LAURENT GBAGBO

Et si la politique quittait le prétoire !

LISTE DES CONTRIBUTEURS

Emmanuel CALEB, Pr. Alain CAPPEAU, Arsène DOGBA Gnakouri, Dr. Ahoua DONMELLO, Pr. Michel GALY, Émile GUIRIÉOULOU, Dr. Bertin KADET, KOUAMÉ Kouakou dit Ok, Pr. Raymond KOUDOU Kessié, NYAMIEN Messou N'guessan, Pr. Hubert OULAYE, Président John Jerry RAWLINGS, Pr. Félix TANO.

L'Harmattan

5-7, rue de l'École-Polytechnique ; 75005 Paris
http://www.harmattan.fr
diffusion.harmattan@wanadoo.fr
harmattan1@wanadoo.fr
ISBN : 978-2-343-08819-8
EAN : 9782343088198

REMERCIEMENTS

Nous remercions spécialement Monsieur le Président John Jerry Rawlings, ancien Président de la République du Ghana, qui a accepté de faire une contribution importante dans le présent ouvrage.

Nous exprimons nos remerciements à tous les autres contributeurs pour leurs articles.

Nos remerciements vont également aux Ministres Kadio Richard et N'Guessan Yao Thomas qui ont consacré une partie de leur temps à la relecture de nombre d'articles.

Nous exprimons enfin notre reconnaissance à Dr. Éric Edi qui a assuré la traduction de l'ouvrage en Anglais, contribuant ainsi à lui donner une plus large audience.

Les points de vue émis dans cet ouvrage engagent individuellement les auteurs.

AVANT-PROPOS

Par

Pr. Raymond KOUDOU Kessié[1]

« *Actore non probante, reus absolvitur* » (si l'accusation ne fournit pas les preuves, le prévenu doit être acquitté). Tel est le principe au fondement de toute procédure judiciaire. Contre toute attente cependant, dans l'affaire *Le Procureur c. Laurent Gbagbo*, les preuves jugées insuffisantes par la majorité des juges de la Chambre Préliminaire 1 de la Cpi, dans une décision d'ajournement rendue le 3 juin 2013, n'ont pas suffi pour libérer le prévenu. Une année plus tard, alors que de nouveaux éléments de preuves n'ont toujours pas été produits par le Procureur, la Décision de confirmation des charges est rendue le 12 juin 2014 et le procès contre l'accusé s'est ouvert le 28 janvier 2016 à La Haye.

Pourquoi tant de turpitudes des juges dans la procédure de l'affaire « *Le Procureur c. Laurent Gbagbo* » ? C'est la question au centre de cet ouvrage. Dans une note d'orientation, le Professeur Hubert Oulaye[2], au nom de l'équipe de coordination en a résumé la problématique en ces termes : *« Pour nous, la décision de confirmation des charges contre le Président Gbagbo est loin d'être un « acte rendant justice ». Elle est un acte consacrant délibérément une injustice. Elle constitue « une parodie de justice ». Face à une telle décision « inique », voire face à des actes successifs de « reniement de la justice » par des juges internationaux censés la rendre, nous devons réagir pour dénoncer cette injustice. »*

Ce troisième ouvrage sur le procès de la Cpi contre le Président Laurent Gbagbo est donc rédigé *« pour dénoncer une justice pénale internationale partisane, qui a décidé de ne poursuivre qu'un seul camp, celui des vaincus de la « drôle de guerre » menée par les forces franco-onusiennes contre la Côte d'Ivoire indépendante, ses*

---

[1] Enseignant-Chercheur à l'UFR Criminologie de l'Université d'Abidjan-Cocody (Côte d'Ivoire). Ancien Ambassadeur de Côte d'Ivoire en France, Portugal, puis en Israël et Turquie. En exil au Royaume Uni après le Ghana.

[2] Arrêté après son retour d'exil par le régime de M. Alassane Ouattara, il n'a pu achever son travail de coordination du présent ouvrage.

Institutions et son Peuple, en flagrante violation de leur mandat, une justice où les « dés » sont pipés d'avance » (Ibid.).

Il répond à trois principaux objectifs :

1- Rétablir la vérité et dénoncer les manœuvres dans une présentation objective des faits dans le but de relever les mensonges anciens (DNC) et nouveaux (DNC amendé) du Procureur de la Cpi ;

2- Faire la critique de la décision de confirmation des charges (DCC) ;

3- Réfléchir sur la manière pour les pays africains de sortir de la trappe de la Cpi.

L'ouvrage comporte trois parties. La première restitue « **l'environnement politique de la procédure de la Cpi contre le Président Laurent Gbagbo**. » Dans la deuxième partie**,** « **Vers un procès sans preuves** », les contributeurs montrent pourquoi l'on s'achemine vers un procès sans preuves. Et, enfin, dans la troisième partie, les auteurs se demandent s'il n'y a pas une erreur sur la personne; elle s'intitule : « **Le criminel contre l'humanité n'est pas celui qui est dans le box des accusés**. »

Le choix du titre « ***Le procès de la Cpi contre le Président Laurent Gbagbo. Et si la politique quittait le prétoire !»***, trouve sa justification dans le fait que les contributions relèvent le paradoxe d'un dossier « juridiquement vide » mais hélas « politiquement plein » contre le Président Gbagbo. Elles expriment surtout un vœu, celui de la victoire du Droit sur la Politique, entrée hélas par effraction dans le prétoire de la Cpi.

PREMIÈRE PARTIE

L'ENVIRONNEMENT POLITIQUE DE LA PROCÉDURE DE LA CPI CONTRE LE PRÉSIDENT LAURENT GBAGBO

S.E. John Jerry RAWLINGS : Ma part de vérité sur la crise post-électorale ivoirienne de 2011

Félix TANO : Le Président Laurent Gbagbo à la Cpi : Un sort dans la logique des déportations coloniales

NYAMIEN Messou N'guessan : Pour mieux comprendre la crise postélectorale en Côte d'Ivoire et pourquoi le phénomène Gbagbo résiste au temps malgré sa déportation à La Haye

Michel GALY : La Cpi n'est là que pour conférer une légitimité à « la justice des vainqueurs »

Alain CAPPEAU : La Cpi ou la dictature du mensonge et de l'arbitraire

Michel GALY : Le modèle rwandais du Procureur Ocampo

MA PART DE VÉRITÉ SUR LA CRISE POST-ÉLECTORALE IVOIRIENNE DE 2011
Par
S.E. JOHN JERRY RAWLINGS[3]

Les résultats de l'élection présidentielle en Côte d'Ivoire et la position de l'Union Africaine relativement au rapport de Thabo Mbeki

Le Président Laurent Gbagbo a été victime d'un complot international impliquant des pays occidentaux, notamment la France. Des Chefs d'État d'Afrique de l'Ouest étaient en embuscade pour soutenir la chute du régime Gbagbo voulue par l'Occident. Regardez la manière dont les choses se sont déroulées en Côte d'Ivoire. Bien qu'elle ait mandaté le Président Thabo Mbeki comme médiateur de la crise, l'Union Africaine (UA) n'a pas voulu mettre en œuvre les recommandations pourtant logiques de sortie de crise contenues dans son rapport, peut-être parce que cela n'allait pas dans le sens de l'agenda que les puissances occidentales voulaient imposer en Côte d'Ivoire. Malheureusement, le gouvernement Gbagbo n'a pas disposé de suffisamment de temps pour contrecarrer la propagande et le projet mis en place par l'Occident.

La réalité est que les deux composantes de la scène politique, les pro-Gbagbo et les pro-Ouattara, se sont tous rendus coupables d'actes de violence politique avant et après l'élection présidentielle. Que l'UA ait pu, cependant, se laisser duper par l'une des parties est inimaginable. Croire que l'Occident continue de s'adonner à de telles pratiques, de nos jours, dépasse l'entendement. Quel est notre niveau de culpabilité et de vulnérabilité pour que l'Occident agisse de la sorte?

Le changement de position des Présidents Atta Mills et Goodluck Jonathan

Au moment où le problème s'aggravait en Côte d'Ivoire, le Président Mills était au pouvoir et les préoccupations portaient sur comment éviter que le conflit ne cause encore plus de victimes et ne dégénère complètement. Le Président Mills m'a invité à une réunion avec

[3] Ancien Président de la République du Ghana.

certains de ses commandants et officiers supérieurs de la sécurité pour solliciter notre avis, recueillir notre point de vue sur la situation, savoir que faire et quelle approche privilégier. Au cours de la réunion, il a lui-même suggéré d'envoyer des troupes en Côte d'Ivoire par solidarité avec le Président Laurent Gbagbo, parce que Gbagbo avait raison.

Quand Mills a communiqué sa position, les commandants et moi étions d'accord avec lui et ce fut le seul commentaire que je fis. Cette réunion eut lieu en préparation d'un sommet des Chefs d'État la Communauté économique des États de l'Afrique de l'Ouest (CEDEAO), qui devait se tenir au Nigeria pour décider de la marche à suivre en Côte d'Ivoire. Mills s'est donc rendu au Nigeria porteur de la position du Ghana, qui était d'envoyer des troupes pour défendre Gbagbo.

Cependant, avant son départ, Mills m'a raconté avoir reçu un appel du Sous-Secrétaire d'État américain chargé des affaires africaines, qui voulait vérifier la position du Ghana. Il dit que lorsqu'il lui donna l'impression que le Ghana était contre Gbagbo, le diplomate a demandé son appui pour convaincre Goodluck Jonathan de s'aligner sur la position Mills.

Avec sa position initiale, Mills s'est rendu au Nigéria. Abdoulaye Wade, Président du Sénégal, Blaise Compaoré, Président du Burkina Faso et je crois un troisième Chef d'État ont décidé que NON, c'est l'inverse qui devait se faire. Ils ont donc réussi à tendre une embuscade, d'abord à Mills, et ensuite à Jonathan, pour qu'ils abandonnent Gbagbo et rejoignent les nations occidentales.

Alors, que fit Mills lorsque la CEDEAO demanda d'envoyer des troupes pour lutter contre Gbagbo ? Il indiqua que la plupart des troupes que le Ghana aurait pu envoyer étaient engagées dans des missions de maintien de la paix au Moyen-Orient. C'est par cette excuse que Mills a pu soustraire le Ghana d'avoir à fournir des troupes. Troupes disponibles ou pas, il avait adopté une position politique sérieuse contre Gbagbo, contre la position de principe. Le point que je veux souligner est que Gbagbo, qui est perçu comme un vrai patriote, nous voyait aussi comme de vrais patriotes. C'est pourquoi il avait fait tout son possible pour soutenir Atta Mills de diverses manières.

Fait intéressant, en réponse aux questions des médias concernant sa position sur la Côte d'Ivoire, Mills a répliqué en Akan "*DZI WO FIE ASEM*", ce qui signifie « gérer vos propres affaires et laisser les autres gérer les leurs ».

L'extradition des pro-Gbagbo vers la Côte d'Ivoire

Certains dirigeants africains que j'ai rencontrés ont été choqués par la décision prise par l'exécutif ghanéen (dirigé par John Mahama après le décès de Mills), d'extrader vers la Côte d'Ivoire des personnalités politiques ivoiriennes réfugiées au Ghana. L'un de ces chefs d'État a contesté les explications fournies par le gouvernement ghanéen pour justifier son action. « Que se passe-t-il dans votre pays ? » m'a-t-il demandé. Parce que cette attitude est incompatible avec l'héritage de Nkrumah que nous prétendons défendre.

Le différend maritime entre le Ghana et la Côte d'Ivoire

J'étais au Nigeria pour l'ouverture du nouveau stade Akwa Ibom en novembre 2014. Lorsque Jonathan est arrivé avec ses deux invités, les présidents Mahama et Ouattara, je les ai abordés à propos du différend maritime au large des deux pays et j'ai indiqué que l'Occident serait de nouveau le bénéficiaire d'un long litige entre les deux voisins. Curieusement, les trois Chefs d'État ont ignoré mes commentaires et se sont tranquillement éloignés, comme pour dire que le moment n'était pas approprié.

L'élection de Robert Mugabé à la Présidence de l'Union Africaine et l'attitude des pays francophones

Lorsque le Président Robert Mugabé a été élu Président de l'Union Africaine, la France a envoyé des délégations auprès des dirigeants africains francophones pour savoir pourquoi ces derniers ont choisi d'élire le Chef d'État zimbabwéen à la tête de cette organisation. Comment un homme, assis en France, peut-il avoir l'audace, la témérité de mettre en cause l'élection du Président de l'Union Africaine ?

Je ne crois pas que beaucoup aient donné la réponse appropriée. Heureusement, un de ces chefs d'État a dit à la délégation que la France avait beaucoup à apprendre de la mémoire historique du

Président Mugabé, ce qui lui a valu de recevoir des douces menaces de la part de Hollande.

Mon opinion sur la Cour pénale internationale

En Afrique, nous avons des dirigeants assoiffés de pouvoir, qui volent l'argent du peuple et ne veulent pas quitter le pouvoir. Cela ne permet pas à la démocratie de se développer. Dans nos tentatives de nous éterniser au pouvoir, nous allons même jusqu'à tuer nos opposants et leurs supporters. Nous provoquons également des conflits ethniques et armons ceux que nous soutenons pour créer le chaos. Certains dirigeants sont en effet parvenus – et continuent – à s'en tirer malgré leur corruption et les atrocités qu'ils ont commises. Est-il nécessaire de juger de telles personnes ? Oui. L'Occident a ainsi mis à profit notre propre incapacité à traduire en justice certains de ces individus. La Cour pénale internationale (Cpi) est devenue un instrument politique dans les mains de certaines puissances occidentales, qui l'utilisent contre les patriotes africains. La Cour pénale internationale est utilisée contre les patriotes comme le Président Laurent Gbagbo.

LE PRÉSIDENT LAURENT GBAGBO À LA COUR PÉNALE INTERNATIONALE : UN SORT DANS LA LOGIQUE DES DÉPORTATIONS COLONIALES

Par

Pr. Félix TANO[4]

Introduction

« *Si les Français voulaient bien admettre qu'ils ont sciemment renoncé au principe d'Universalité des Droits de l'Homme, reconnaitre et condamner des crimes d'État animés par un racisme d'État, s'ils cessaient de vouloir imputer ces crimes à quelques individus dévoyés ou une minorité extrémiste, alors cette magnifique phrase française, « Les hommes naissent et demeurent libres et égaux en droit « (26 août 1789), à laquelle ont cru tant d'hommes de couleur, pourrait refleurir sur cette terre de France ou leur naïf espoir a été frappé de plein fouet par la mitraille* » (Jacques Morel[5]).

C'est cette réflexion de Jacques Morel qui nous est venue à l'esprit après la décision de renvoi en procès rendue par la Cour pénale internationale (Cpi), le 12 juin 2014, dans l'affaire « *le Procureur c. Laurent Gbagbo* ». Car, le transfèrement du président Laurent Gbagbo qui aboutit à ce procès inique, s'inscrit dans la logique des crimes qui ont été commis par la France pour assurer sa grandeur.

Il n'est que la remise au goût du jour des déportations coloniales qui ont frappé ces Africains dont le seul péché aura été de défendre leurs us et coutumes, leur terre et leur pays. Une plongée dans l'histoire nous permet de percevoir la logique de ces déportations (I), et fournit la clef pour mieux comprendre l'arrestation et le transfèrement du président Laurent Gbagbo à la Cpi (II), ainsi que les procédés ingénieux utilisés pour l'y maintenir (III).

1. Le contexte historique des déportations

L'histoire nous enseigne que la rencontre de la France avec l'Afrique est marquée par des crises de l'économie française qui ont trouvé leurs réponses en Afrique soit par la déportation de la main d'œuvre africaine sous la forme servile, soit par l'exploitation des richesses

---

[4] Agrégé des facultés de Droit, Université de Bouaké (Côte d'Ivoire).

[5] Jacques Morel, *Calendrier des crimes de la France outre-mer*, Version 0.51, 14 avril 2005.

africaines en réduisant les africains aux travaux forcés et à l'impôt de capitation. Ce désir d'exploitation, pour lequel les leaders locaux ont dû payer le prix fort, parce qu'aucune velléité de résistance n'était tolérée, explique, à lui seul, la nature oppressive des rapports entre la France et l'Afrique depuis les premiers contacts.

Que la France ait réprimé directement à travers son armée, même composée de recrues locales ou qu'elle ait manipulé des groupes ou des individus, l'objectif a toujours été le même : faciliter la conquête de nouveaux espaces, consolider le régime qui en est issu et garantir l'exploitation des territoires conquis, par la neutralisation des leaders locaux et leur remplacement « *par des hommes sûrs, en fait des « collabos » comme on en connait, hélas, encore de nos jours* »[6].

Ainsi, sous la colonisation, « *la politique indigène visait ... à utiliser les chefs comme auxiliaires de l'administration* »[7]. Dans cette logique, les anciens chefs qui ne pouvaient pas aider le colonisateur à « *tenir le pays et en assurer sa gestion... furent destitués, de nouveaux choisis parmi les collaborateurs et les auxiliaires du colonisateur* »[8]. Cette bonne vieille méthode a traversé le temps.

Le christianisme, l'abolition de l'esclavage, la reconnaissance des droits des peuples à disposer d'eux-mêmes et les déclarations des droits de l'homme n'ont pas suffi pour infléchir la politique française à l'égard des résistants et des nationalistes africains. Ceux d'entre eux qui n'ont pas voulu rentrer dans les rangs, et qui ont fait l'option résolue de défendre les intérêts de leur peuple, ont subi la répression la plus brutale.

C'est d'abord l'assassinat qui a été utilisé contre eux. L'Union des Populations du Cameroun (UPC), a payé un lourd tribut[9] pour son refus de la politique de collaboration avec le colonisateur préconisé

---

[6] Tapé Groubera, « La déportation des résistants Ivoiriens: une tradition française », *Infodabidjan.net*, 10 décembre 2012.

[7] Jean-Noël Loucou, *La Côte d'Ivoire coloniale : 1893 – 1960*, Editions FHB – Les Editions du CERAP, 2012, p.69.

[8] Jean-Noël Loucou, ibidem, 2012, p.72.

[9] Le 3 septembre 1958, Ruben Um Nyobé, est abattu au Cameroun. Le 15 octobre 1960, Félix Moumié, qui lui succède est assassiné à Genève (Suisse) empoisonné au thalium par un agent des services secrets français. Le 10 mars 1966, Ossendé Afana est exécuté, son corps horriblement mutilé. Ernest Ouandié est fusillé le 15 janvier 1971.

par le RDA (Rassemblement Démocratique Africain), dont elle était la section camerounaise, à la suite de son désapparentement de 1951, et pour son opposition résolue au régime néocolonial dirigé par un haut-commissaire et secondé par Ahmadou Ahidjo à partir de la loi cadre, un suppôt de la France, après avoir écarté le très nationaliste et populairc André-Marie Mbida. En Centrafrique[10], au Togo[11], au Mali[12] et au Burkina Faso[13], des leaders nationalistes sont tombés sous les balles assassines du colonisateur, victimes de leur vision tiers-mondiste, panafricaniste, et souverainiste.

Avant cette période pré et post indépendance, l'assassinat avait été aussi utilisé contre plusieurs résistants africains lors de la conquête coloniale, notamment sur le territoire de la Côte d'Ivoire[14].

---

[10] En Centrafrique, Barthélémy Boganda meurt mystérieusement lors d'un accident d'avion le 29 Mars 1959. Panafricaniste et indépendantiste, le fondateur du Mouvement d'évolution sociale de l'Afrique noire (MESAN,) voulait une Afrique centrale unie en un seul État. Ce qui le conduisit à changer le nom du territoire colonial Oubangui-Chari en Centrafrique. Son cousin, David Dacko, est imposé par la puissance coloniale, au détriment du Docteur Abel Goumba, le compagnon de lutte de Boganda.

[11] Au Togo, Sylvanus Olympio est tué le 13 janvier 1963 par des mutins avec la complicité de l'Ambassadeur de France, puis remplacé par Nicolas Grunitzky, avant que celui-ci ne soit renversé à son tour en 1967, par Etienne Eyadema qui revendiqua l'attentat contre Sylvanus Olympio. A l'indépendance du pays, il avait été élu Président aux dépens de Nicolas Grunitzky, soutenu par la France. Voulant battre une monnaie nationale garantie sur le deutschmark, il avait invité l'ancien commissaire impérial allemand du Togoland (le Togo était une colonie allemande avant 1918).

[12] Au Mali, Modibo Keïta est renversé à la suite d'un coup d'État le 19 novembre 1968, puis emprisonné. Il meurt en détention le 16 mai 1977, des suites d'un empoisonnement. Tiers-mondiste et partisan du non-alignement, panafricaniste, adepte de l'unité africaine et l'indépendance des pays africains, Modibo Keïta œuvra à la création de la Fédération du Mali, et d'une monnaie nationale, le franc malien.

[13] Au Burkina Faso, le Président Thomas Sankara est assassiné le 15 octobre 1987 par un commando formé par les hommes de Blaise Compaoré. Il avait effarouché la France par ses initiatives anti impérialistes et par la décision du Burkina, en 1986, de parrainer une résolution de l'ONU en faveur de l'indépendance de la Nouvelle-Calédonie.

[14] Kouamé Djè 1er, Roi des baoulés, Apia Akafou (dit boularé ou bloualê, le fer), chef des Ngbans furent assassinés en 1902 pour contenir l'insurrection baoulé. Cf. Jean-Noël Loucou, op. cit., p. 74 ; voir aussi Pierre Kipré, « La Côte d'Ivoire coloniale » in *Mémorial de la Côte d'Ivoire*, 2e édition, éditions AMI, 1987, p. 47-49.

En plus de l'assassinat, la France utilisa la déportation à l'endroit des résistants. « *Pendant la période de la conquête, 260 chefs furent internés dans des conditions atroces* »[15]. Parmi ces déportés, il y eût notamment des rois[16], des chefs de tribus[17], des chefs de village[18], des notables[19] et des chefs de guerre[20].

Les déportations ont été tantôt internes, puisque les résistants étaient emprisonnés sur leur territoire, mais en dehors de leur région d'origine[21], tantôt externes, à l'étranger. Jean Noël Loucou indique à ce propos que « *sur un total de 260 déportés, on compte 10 pour le Congo, 48 pour le Dahomey, 11 pour le Haut Sénégal – Niger, 12 pour le Sénégal, 58 pour la Mauritanie. 98 ont été déportés dans le cercle du Bas-Cavally, 35 à Bingerville, chef-lieu de la colonie et 8 à Odienné, en Côte d'Ivoire* »[22]. Les déportations se sont faites entre 1893 et 1912, c'est-à-dire dès le début de l'ère coloniale. Elles étaient, soit limitées dans le temps (trois, cinq ou dix ans), soit à vie[23]. La déportation à vie fut réservée aux résistants qui semblaient porter la plus lourde responsabilité dans l'opposition au colonialisme, du fait de leur position dans la hiérarchie politique traditionnelle[24], militaire[25] ou économique[26]. Leur éloignement le plus loin possible de leur contrée d'origine, en Afrique centrale notamment (Gabon, Congo), en dit long sur les intentions du colon. Coupé de leur milieu sociologique, ils ne pouvaient exercer une quelconque influence sur le cours des

15 Jean-Noël Loucou, *op. cit.*, p. 88-89.

16 Kassi Dihié (Roi de l'Indénié), Ahui Nogbou (Roi de Bonoua).

17 Agba Diane (Chef de l'Ano), N'ganza (Chef des Essandanes), Ghétiagoué (Chef Dan de man), Timon Kouamé (Chef N'gban), N'guessan-Loukou (Chaf des baoulés-Dila).

18 Tano Kakou (Tano Kakoukro – N'zi-comoé), Benuakou Tano (Dalosso – N'zi Comoé), Agossi (Niakinguié – Adzopé), Okyoumou Kacou (Adiowo – Bonoua), Niagne (Bouboury), Yapi Akpapa (Adjamé – Bingerville)

19 Les notables Akyès d'Akoupé Kotobo Esse, Kadio Bede et Dré.

20 Les chefs de guerre Kadjo Amangoua (Abouré), Dibi (Adjoukrou), Bliton Bi Goré, (Gouro de Bonon).

21 Par exemple, arrêté à Daloa, Zokou Gbeuly a été déporté à Zuénoula.

22 Jean-Noël Loucou, *op cit.*, p.91.

23 Cf. Liste des résistants déportés, in Jean-Noël Loucou, *op cit*, p.89-91.

24 Kassi Dihié (Roi de l'Indénié), Samori Touré (Empereur du Wassoulou arrêté à Guélémou en Côte d'Ivoire), Ahui Nogbou (chef de l'Akapless), Okyoumou Kacou (Chef du village d'Adiowo – Bonoua), Atafou et Niagne (Chefs du village de Bouboury), Yapi Akpapa (Chef du village d'Adjamé-Bingerville).

25 Kadjo Amangoua (Chef de guerre, Bonoua).

26 Arokona Quassy (Chef et gros traitant, Grand-Lahou).

évènements, pas plus qu'aucun contact ne pouvait être établi avec eux, en ces temps-là, où les moyens de communications étaient très peu développés.

Au total, « *la conquête (coloniale a) entraîn(é) la décapitation de la hiérarchie politique traditionnelle. Tous les chefs et aussi les « féticheurs », en fait les prêtres des cultes traditionnels, coupables à des degrés divers d'avoir fomenté, organisé ou entretenu une rébellion furent soit exécutés, soit emprisonnés ou déportés ... où beaucoup décédèrent à la suite de mauvais traitements* »[27]. Le calvaire politico-judiciaire du président Laurent Gbagbo semble être une répétition de ce traitement réservé par la France aux patriotes africains, seulement pour leur refus de l'impérialisme.

2. La déportation du Président Laurent Gbagbo

Ce ne sont pas les témoignages et les faits qui manquent, pour confirmer l'ingérence outrancière de la France en Côte d'Ivoire, dans la chute et le transfèrement à la Cpi, du Président Laurent Gbagbo. Après la révélation de celui-ci[28], c'est l'ancien président français Nicolas Sarkozy lui-même qui en a fait l'aveu : « *Quand je vois le soin que j'ai mis à intervenir en Côte d'Ivoire... On a sorti Laurent Gbagbo, on a installé Alassane Ouattara, sans aucune polémique, sans rien* »[29]. Devant la Commission des Affaires étrangères de l'Assemblée nationale (française), M. Alain Juppé, son ministre des affaires étrangères, confirmera avoir tenté de faire signer par le Président Laurent Gbagbo, un document dans lequel il "*renonce au pouvoir*" et "*reconnaît Alassane Ouattara comme président légitime*"[30].

---

[27] Jean-Noël Loucou, p. 88-89.

[28] «*Une cinquantaine de chars français encerclaient la résidence (présidentielle) pendant que les hélicoptères bombardaient (...) C'est l'armée française qui a fait le travail, et elle nous a remis aux forces d'Alassane Ouattara qui n'étaient pas encore les forces régulières de la Côte d'Ivoire, parce que les forces régulières travaillaient avec moi* », déclaration du Président Laurent Gbagbo lors de son audience de comparution devant la Cpi le 5 décembre 2011.

[29] http://www.camer.be/37900/26:23/cote-divoire-cote-divoire-sarkozy-on-a-sorti-gbagbo-on-a-installe-ouattara-cote-divoire.html).

[30] Le Président Laurent Gbagbo a refusé de signer ce document, estimant que M. Alassane Ouattara « *n'a pas gagné les élections* » et qu'il réclamait un « *recomptage des voix* » (http://annedebalam.free.fr/gbagbo.html).

Après son arrestation le 11 avril 2011, le Président Nicolas Sarkozy insistera spécialement pour le transfèrement du président Laurent Gbagbo à la Cpi[31]. Cette exigence sera par la suite concrétisée par M. Michel Mercier, son ministre de la justice, à l'occasion d'une mission au siège de la Cpi à la Haye, accompagné, comme par hasard, de M. Coulibaly Gnénéma, ministre de la justice et des droits de l'homme dans le Gouvernement de M. Alassane Ouattara, juste avant la décision de la Chambre préliminaire décidant de l'ouverture d'une enquête en Côte d'Ivoire.

Quatrième contributeur au budget de la Cpi, la France apporte aussi son soutien politique, juridique, institutionnel et logistique aux activités de la Cpi[32]. En 2014, la France a soutenu une augmentation du budget du bureau du Procureur de 26 % pour que ses moyens d'enquête soient renforcés. La France apporte son soutien politique à la Cour. Elle a été auteur ou co-auteur des résolutions géographiques du Conseil de sécurité faisant référence à la Cpi, notamment concernant la Côte d'Ivoire[33]. Un autre juge français a été élu à la Cpi en décembre 2014 et plusieurs de ses ressortissants y travaillent. C'est dans le cadre de cet appui multiforme, que le Procureur de la Cpi se rend très régulièrement en France. Avant la décision d'ajournement du 3 juin 2013, Mme Fatou Bensouda, le Procureur de la Cpi, y était pour rencontrer diverses autorités, dont M. Laurent Fabius, le ministre des affaires étrangères. Après cette décision, elle s'y est encore rendue, auprès du ministre français de la défense, pour chercher des preuves supplémentaires contre le président Laurent Gbagbo. Ces appuis assureraient des dividendes politiques[34].

Avec une telle implication de l'un des Etats les plus influents à la Cpi, est-il encore nécessaire de s'interroger sur les réels objectifs visés par la Cpi et les acteurs qui la soutiennent dans l'affaire « *le Procureur c.*

---

[31] http://www.africaintelligence.fr/LC-/diplomatie-d-influence/2011/04/21/sarkozy-et-obama-plebiscitent-la-cpi,89481309-GRA?createok=1#2.

[32] http://questions.assemblee-nationale.fr/q14/14-39576QE.htm.

[33] http://www.diplomatie.gouv.fr/fr/spip.php?page=rubrique_imprim&id_rubrique=1037.

[34] Selon certains organes de presse, *« il a fallu l'intervention du ministre des affaires étrangères de la France Laurent Fabius pour que la CPI renonce en juin 2013 à prononcer un non-lieu en faveur du président Laurent Gbagbo »*, cf. *Aujourd'hui*, http://eburnienews.net/cpi-la-france-est-officiellement-intervenu-en-juin-2013-pour-ne-pas-que-la-cpi-prononce-un-non-lieu-au-profit-du-president-laurent-gbagbo/.

Laurent Gbagbo » ? En lieu et place d'une vraie justice, le transfèrement du Président Laurent Gbagbo à la Cpi n'aurait-il pas des motivations politiques inavouables[35] ? Les actes des organes de la juridiction internationale (Procureur et chambres) obéissent-ils à une démarche planifiée visant à empêcher la manifestation de la vérité et à condamner conséquemment le Président Laurent Gbagbo ?

Les questions ne manquent pas, lorsqu'on entreprend de revisiter les différentes étapes de la plus longue procédure de confirmation des charges de l'histoire de la Cpi, et les décisions prises pour arriver à ce renvoi en procès.

Outre les audiences indispensables dans l'évolution de la procédure (audience de première comparution, audience de confirmation des charges), la Cpi a dû se résoudre à organiser bien d'autres pour répondre aux interrogations pertinentes de l'équipe de défense du Président Laurent Gbagbo[36]. Les requêtes, appels ... se sont multipliés pour, sans cesse, ramener la Cpi à l'application de son propre Statut que certaines décisions semblaient méconnaître.

Malheureusement, en dépit de toute cette détermination à faire respecter le Statut de Rome, des zones d'ombre demeurent et ne font pas disparaitre l'impression d'une intrigue toujours prégnante dans les différents actes de la Cpi, et d'une « main invisible » qui semble orienter les décisions et procédures. En effet, après une première audience de confirmation des charges dont la décision a été rendue le 3 juin 2013, la Chambre préliminaire a estimé que les charges étaient insuffisantes et que le procureur devraient compléter ses éléments de preuve, soit en complétant celles qu'il avait déjà fournies, soit en procédant à une nouvelle enquête. Pour ce faire, un certain nombre de questions lui avaient été posées. Mais, lorsque le Procureur livre son Document amendé de notification des charges[37] le 13 janvier 2014, le constat est qu'il n'a pas répondu aux attentes des juges. Pis, « *plutôt que d'enquêter il aura préféré abandonner des allégations parmi*

---

[35]Koudou Kessié et Hubert Oulaye, *Le Président Laurent Gbagbo à la Cour pénale internationale : Justice ou imposture ?*, L'harmattan, 2013, 238 p.

[36]Le Conseil de la défense du président Laurent Gbagbo est composé de : Me Emmanuel Altit, Conseiller principal, Me Agathe Bahi Baroan et Me Natacha Fauveau Ivanovic.

[37] *Document amendé de notification des charges*, N° ICC-02/11-01/11 du 13 janvier 2014.

celles formulées le 17 janvier 2013 et les remplacer par de nouvelles allégations qui toutes présentent une caractéristique : être encore moins fondées que les allégations précédentes »[38]. En toute logique, une décision de non confirmation des charges était attendue.

Mais, en lieu et place d'une décision dans ce sens, qui devrait entrainer la libération du Président Laurent Gbagbo, la Chambre préliminaire confirme les charges et le renvoie plutôt en procès. Initialement fixé au 07 juillet 2015, ce procès démarrera finalement le 28 janvier 2016. A cette décision surprenante, s'ajoutent bien d'autres. Outre les arguments spécieux avancés par la Cpi pour prolonger la détention du Président Laurent Gbagbo et refuser de lui accorder la liberté provisoire, les juges de la Cpi ont refusé de faire droit aux requêtes pourtant opportunes de l'équipe de défense du Président Laurent Gbagbo. Ainsi, par son refus de faire poursuivre l'audience orale lors du 2ème round de la confirmation des charges, faire expertiser les vidéos du Procureur, de commettre un expert pour évaluer l'aptitude à juger du Juge Kaul et des requêtes d'appel de l'équipe de défense, la Chambre préliminaire n'a pas toujours eu un respect scrupuleux des droits de la défense.

En définitive, depuis son arrestation jusqu'à la décision de confirmation des charges prise le 12 juin 2014, qui le renvoie en procès, les entraves aux droits de la défense et les abus de droit et les vices de procédure se soient multipliés.

De telles pratiques ne peuvent que provoquer des réminiscences et susciter des interrogations. Ce n'est pas la première fois que les errements de la répression pénale internationale conduisent à incarcérer d'innocentes victimes. En 1998, le président yougoslave Slobodan Milosevic avait été accusé de « *nettoyage ethnique du Kosovo* ». Dans le but d'empêcher un nouveau génocide en Europe, l'OTAN (Organisation du Traité de l'Atlantique Nord) lui déclara une « *guerre humanitaire* » dont elle en sortit victorieuse. Un Tribunal pénal international ad hoc pour l'ex-Yougoslavie(TPIY) fut chargé de le juger. Le procès s'ouvrit le 12 février 2001. Mais à l'issue de deux ans d'audience, le Procureur ne parvînt pas à démontrer l'existence

---

[38] Annexe 1 publique, *Version publique expurgée du Corrigendum des Soumissions finales de la défense*, n°ICC-02/11-01/11 du 6 mai 2014, paragraphe 23.

d'un projet d'extermination et dut admettre que le génocide de 500 000 Kosovars n'était qu'un artifice de propagande. Pourtant, le 11 mars 2006, Slobodan Milosevic est retrouvé mort dans sa cellule du TPIY, mettant fin de facto à son procès. Le constat fait par les observateurs de cette crise du Kosovo, est implacable : « *Le TPIY qui devait manifester le triomphe des démocraties sur la barbarie aura surtout démontré que, pour l'OTAN, la justice n'était qu'un alibi et qu'il n'existe d'autre droit que celui du plus fort* »[39].

C'est la même impression qui se dégage dans l'affaire « *le Procureur c. Laurent Gbagbo* » chez la plupart de ceux qui ont suivi les différentes étapes de la procédure : « *La révélation ... mise en évidence dans le cas du Président Laurent Gbagbo, c'est qu'il n'y a besoin, finalement, d'aucun motif pour incarcérer quelqu'un qui a été décrété dictateur, ou auteur de crimes contre l'humanité* »[40]. Par contre, les prétextes sont nombreux.

3. Les artifices juridiques du maintien en déportation du Président Laurent Gbagbo

Il est loisible de dénombrer plusieurs reproches à la Cpi dans la gestion de l'affaire *« le Procureur c. Laurent Gbagbo »*. Certains ont déjà fait l'objet d'analyses, particulièrement pour mettre en exergue, non seulement le caractère orienté des poursuites du fait des interférences politiques et d'une enquête partiale et sélective, mais aussi les conditions illégales du transfèrement et la juridiction incertaine de la Cpi[41]. De même, les refus successifs d'accorder la liberté provisoire à l'occasion de l'examen du maintien en détention du président Laurent Gbagbo ont déjà fait l'objet de critiques

---

[39] Réseau Voltaire International, 20 février 2004, http://www.voltairenet.org/article12604.html.

[40] Avic / Réseau International, *Afrik 53.com*, mardi 11 Juin 2013.

[41] Félix Tano, « La gouvernance judiciaire mondiale à l'épreuve de la crise ivoirienne : La Cour Pénale Internationale et l'affaire le Procureur c. Laurent Gbagbo », in *Impunité Jusqu'où l'Afrique est-elle prête ?*, Actes du Workshop organisé les 3 et 4 décembre 2012 à Addis-Abeba (Ethiopie), par le CIERSP de Dakar et le Laboratoire de Prospective et de Science des Mutations, Département de Sociologie, Faculté des lettres et sciences humaines, Université Cheikh Anta Diop, Dakar, Sénégal, Cours nouveau, Revue Africaine Trimestrielle de Stratégie et de Prospective, numéro spécial n°9-10 - Janvier- Juin 2013, l'Harmattan, p. 233 et s.

pertinentes[42]. Le lecteur pourra donc s'y référer pour compléter les informations contenues dans la présente contribution. Celle-ci se limitera à présenter trois questions, caractéristiques de l'arbitraire qui préside toujours au traitement de l'affaire « *le Procureur c. Laurent Gbagbo* », à savoir la recevabilité de l'affaire, l'aptitude physique d'un juge et la qualité de la preuve.

3.1. L'affaire « le Procureur c. Laurent Gbagbo » : une recevabilité toujours problématique

Dans une contribution antérieure[43], nous avons démontré que la Cpi n'aurait pas dû connaître de l'affaire «*le Procureur c. Laurent Gbagbo* ». Sa juridiction s'avérait incertaine au double point de vue de sa compétence et de la recevabilité de l'affaire. Dans les lignes qui suivent, nous revenons sur l'un des éléments qui auraient pu pousser la juridiction internationale à déclarer l'irrecevabilité de l'affaire, en développant des arguments supplémentaires.

En effet, pour justifier la sollicitation de la Cpi à l'égard des crimes commis en Côte d'Ivoire, Monsieur Alassane Ouattara avait invoqué l'incapacité de l'État de Côte d'Ivoire, qui n'avait pas les moyens de juger les affaires criminelles[44]. Mais par la suite, estimant que la justice ivoirienne, devenue « *opérationnelle* », disposait désormais des ressorts nécessaires pour assurer un procès équitable aux justiciables ivoiriens, il avait «*souhait(é) que la Côte d'Ivoire recouvre son entière souveraineté judiciaire* »[45]. Dans la mise en œuvre de cette

---

[42] Alain Bouikalo, « Rejet de la demande de mise en liberté provisoire du Président Laurent Gbagbo : Un argumentaire spécieux à relent politique » in *Cour pénale internationale l'introuvable preuve contre le président Laurent Gbagbo*, Sous la coordination des professeurs Raymond Koudou Kessié, Hubert Oulaye et Félix Tano, « Afrique Liberté », l'Harmattan, 2013, p.193-202 ; Alain Cappeau, « Les lacunes du Droit de la Cour Pénale Internationale. Point de vue épistémologique de la notion de « délai raisonnable » dans le maintien en incarcération du Président Laurent Gbagbo », ibidem, p.187-192.

[43] Félix Tano, « La gouvernance judiciaire mondiale à l'épreuve de la crise ivoirienne : La Cour Pénale Internationale et l'affaire le Procureur c. Laurent Gbagbo », *op. cit.*

[44] Interview de M. Alassane Ouattara diffusée par la presse internationale (RFI et France 24) les 24 et 27 janvier 2012, http://news.abidjan.net/h/424544.html.

[45] http://www.jeuneafrique.com/Article/JA2674p022.xml0/cpi-simone-gbagbo-laurent-gbagbo-justice-internationalecote-d-ivoire-ouattara-et-la-cpi-ou-la-strategie-de-l-evitement.html

conception, les autorités judiciaires ivoiriennes ont inculpé depuis fin février 2012, pour « *crimes de guerre, crimes contre l'humanité et génocide* » qui relèvent aussi de la compétence de la Cpi, plusieurs personnalités ivoiriennes déjà en détention, qui seront jugées par la suite.

En conséquence, les mandats d'arrêt internationaux émis ou susceptibles de l'être ne peuvent plus être exécutés, car, la Cpi étant une juridiction subsidiaire, complémentaire aux juridictions nationales, intervenant là où l'Etat qui la sollicite est incompétente, elle se trouve ainsi bloquée.

En réalité l'argument de l'incapacité de la Côte d'Ivoire n'aurait jamais dû prospérer en la matière. Et curieusement c'est l'Etat de Côte d'Ivoire qui produit l'argumentation à cet égard, au moment où elle contestait la recevabilité de l'affaire « *le procureur c. Simone Gbagbo* » devant la Cpi. Dans sa requête[46], l'État de Côte d'Ivoire a reconnu lui-même que « *l'incapacité de l'Etat ne saurait en effet être caractérisée par un affaiblissement ou une défaillance partiels et momentanés de l'exercice de la fonction judiciaire : dès lors que celle-ci peut toujours être en mouvement, l'Etat ne peut être dessaisi de sa responsabilité principale dans la répression des crimes internationaux. Seuls l'effondrement, total ou partiel, du système judiciaire ou son indisponibilité caractérisée sont susceptibles de permettre le renvoi de l'affaire à la Cour* » (paragraphe 41).

Or, l'appareil judiciaire de la Côte d'Ivoire n'avait pas atteint le niveau de déliquescence qui aurait pu justifier son dessaisissement et la compétence de la Cpi dans l'affaire « *le Procureur c. Laurent Gbagbo* ». Selon l'argumentaire produit par l'État de Côte d'Ivoire, seuls 17 juridictions sur les 37 que compte le pays, soit moins de la moitié avaient été endommagées et pillées[47] pendant la crise postélectorale. Du reste, comme le confirme le Gouvernement dans la même requête, « *l'effort de restauration de l'appareil judiciaire, conduit par le Ministre de la justice a permis, le 30 janvier 2012, la réouverture de l'ensemble des juridictions nationales sur toute*

[46] *Requête de l'Etat de Côte d'Ivoire sur la recevabilité de l'affaire le Procureur c. Simone Gbagbo et demande de sursis à exécution du 30 septembre 2013*, n° ICC-02/11-01/12 du 30 septembre 2013.

[47] Ibidem, paragraphe 42.

l'étendue du territoire national, les magistrats affectés ayant dès ce moment repris complètement leur travail ». La même requête fait état de la mise en place d'une cellule spéciale d'enquête (comprenant entre autres des magistrats et des enquêteurs) en juillet 2011 qui a permis la prise en compte et le traitement accéléré de 2406 plaintes à la date du 15 décembre 2011.

Au vu de tous ces éléments, la question se pose de savoir pourquoi le Président Laurent Gbagbo a été transféré le 30 novembre 2011, son cas pouvant être traité par cette cellule spéciale d'enquête dès juillet 2011 et jugé en Côte d'Ivoire, l'ensemble des juridictions ayant été rouvertes le 30 janvier 2012, soit deux mois seulement après son transfèrement.

3.2. La question de l'aptitude physique du juge Hans-Peter Kaul à participer à l'audience de confirmation des charges

Pour *« raisons de santé »*, le Juge Hans-Peter Kaul a présenté sa démission 13 jours après la décision de confirmation des charges du 12 juin 2014, soit le 25 juin 2014. Cette démission a pris effet le 1er juillet 2014. Mais, le 21 juillet 2014, il est décédé *«à la suite d'une grave maladie»*, selon un communiqué de la Cour.

Cette démission et cette mort, subites, quelques jours seulement après une décision aussi cruciale, ne pouvaient que susciter des interrogations. L'expérience et la compétence technique du juge sont reconnues.

Comme représentant de l'Allemagne, le juge Hans-Peter Kaul a pris une part active à la création de la Cpi, dont il a été par la suite désigné juge, puis Vice-président en mars 2009[48]. Ses opinions dissidentes font autorité à la Cpi, notamment dans la situation en République du

[48] Ursula B. Engelhardt, « Perception des rapports Cpi-Afrique depuis l'Allemagne », communication au Workshop sur les rapports Afrique-Cpi, CIERSP de Dakar et le Laboratoire de Prospective et de Science des Mutations, Département de Sociologie, Faculté des lettres et sciences humaines, Université Cheikh Anta Diop, Dakar, Sénégal, 3 et 4 décembre 2012, Harmony Hotel, Addis-Abeba (Ethiopie).

Kenya[49]. C'est la position de cette très forte personnalité qui a influencé les deux décisions importantes prises à l'occasion des deux audiences de confirmation des charges.

En effet, le 3 juin 2013, c'est à la majorité de deux sur trois, que les Juges de la Chambre préliminaire avaient décidé d'ajourner l'audience de confirmation des charges pour insuffisance de preuves, afin de permettre au Procureur de présenter d'éventuels autres éléments plus convaincants au soutien des allégations qu'il avait formulées. La Présidente Fernandez de Gurmendi, ayant émis une opinion dissidente, cette position était principalement le fait des autres Juges, Van den Wyngaert et Hans-Peter Kaul.

Mais, curieusement, le 12 juin 2014, la Chambre préliminaire 1 décida de confirmer les charges à la majorité de deux juges sur trois. La Juge Van den Wyngaert ayant émis une opinion dissidente conforme à la décision qui avait été rendue le 3 juin 2013, il ne fait donc aucun doute que la décision de confirmation des charges a été provoquée par le changement intervenu dans la position du Juge Hans-Peter Kaul.

Ce changement dans la position du juge a-t-il pu avoir un lien avec sa maladie ? Le juge Hans-Peter Kaul a-t-il été affecté d'une manière quelconque par la maladie et (ou) les traitements qu'il recevait ? Était-il apte à travailler ? Etait-il en possession de toutes ses facultés ? A-t-il eu le temps, la force et la concentration nécessaires pour se pencher sur les documents qui ont été transmis dans cette période de grave maladie, surtout qu'il était engagé dans l'affaire Ntaganda qui a connu son dénouement le 9 juin 2014, soit quatre jours avant la décision du 13 juin dans l'affaire Laurent Gbagbo ? A-t-il pu se prononcer en toute connaissance de cause ?

D'ailleurs et à juste titre, la défense du président Laurent Gbagbo avait noté la complexité juridique de l'affaire, avec les « *nombreux points de droit ... abordés* » et dénombré une multitude de documents divers (près de sept cents jeux d'écritures échangés, près de sept mille pièces (5840 pièces pour le Procureur, 1029 pour la Défense), soit 34 737

[49] « Opinion dissidente du juge Hans-Peter Kaul », paragraphe 65, voir *décision relative à la demande d'autorisation d'ouvrir une enquête dans le cadre de la situation en République du Kenya rendue en application de l'article 15 du Statut de Rome*, n°ICC- 01/09 du 31 mars 2010.

pages environ et 99 h 35 s environ de vidéos[50]. C'est pour pouvoir répondre à toutes les interrogations ci-dessus que, Me Altit, Conseiller principal de l'équipe en charge de la défense du président Laurent Gbagbo, a proposé qu'« *un médecin expert indépendant soit nommé par la Présidence* » aux fins « *d'évaluer l'aptitude du Juge Kaul à juger dans la période cruciale des mois de mars à juin 2014* »[51].

Mais, curieusement, la Présidence de la Cpi a décidé de ne pas faire droit à la demande, au motif[52] qu'elle « *a, à tout moment, été tenue informée de l'état de santé du juge Kaul jusqu'à sa démission de la Cour ... Il ne fait absolument aucun doute pour ceux qui l'ont côtoyé que les capacités mentales du juge sont restées inaltérées jusqu'à son départ de la Cour* ». Elle a cependant refusé de communiquer le mémorandum notifiant la démission du juge Kaul, parce qu'il « *contient des informations personnelles* ».

Cette décision est d'autant plus insatisfaisante que la présidence de la Cpi qui a eu à connaître de l'affaire, n'a fait qu'affirmer que les « *capacités mentales sont restées inaltérées* », sans apporter le moindre commencement de preuve. De plus, le refus de communiquer des informations sur l'évolution de la maladie du juge, la rend encore plus suspecte de partialité.

De surcroît, la préoccupation de l'équipe de défense était plutôt de savoir « *si le Juge était apte à remplir ses obligations* ». Cette aptitude peut ne pas seulement être mentale, mais aussi physique. Nul n'est besoin d'être professeur de médecine pour savoir que des désagréments physiques (douleur physique, lourdeur du traitement) peuvent empêcher un individu de donner la pleine mesure de ses capacités (rythme de travail, concentration), même si le mental n'est pas altéré.

---

[50] *Requête en communication aux parties de la lettre de démission du Juge Kaul, des échanges écrits portant sur l'état de santé du Juge Kaul et de tout autre document utile permettant aux parties d'évaluer l'aptitude à juger du Juge Kaul aux mois de mars, avril, mai et juin 2014 et en nomination d'un expert*, N°ICC-02/11-01/11 du 23 septembre 2014.

[51] *Ibidem.*

[52] *Décision relative la requête déposée par la Défense de Laurent Gbagbo le 23 septembre 2014 (ICC-02/11-01/11-685)*, n° ICC-02/11-01/11 du 7 octobre 2014, paragraphes 25-29.

Cette décision d'ailleurs est contraire à la pratique de la Cpi qui considère que les problèmes de santé peuvent soit entraîner un report de l'audience[53] ou même empêcher la prestation d'un serment d'un juge[54].

A travers le monde, les législations considèrent la maladie d'un juge comme un facteur d'incapacité[55] qui peut conduire à son remplacement. Dans certains pays et même dans certaines juridictions pénales ad 'hoc, la simple fatigue (assoupissement) perceptible au cours d'une audience, peut entraîner le retrait du juge si une assistance médicale appropriée ne peut pas y remédier[56].

Une décision dans le sens des pratiques et du droit comparé aurait donc offert « *la possibilité d'une reconsidération* », comme « *la Jurisprudence de la Cpi (le) reconnaît ... dans certaines circonstances* »[57]. Pourquoi a-t-on refusé cette possibilité au président Laurent Gbagbo ?

3.3. Le refus d'accéder aux demandes d'expertise et la question de la qualité des preuves

Le dernier exemple patent dans la partialité suspecte de la Cpi réside dans le refus d'accéder à la demande d'expertise[58] dans le cas de la marche des femmes du 3 mars 2011 dans le quartier d'Abobo (Abidjan), près du Carrefour Banco Anador. Au cours de celle-ci, des Forces de défense et de sécurité (FDS) auraient ouvert le feu sur une foule de manifestantes non armées, tuant sept femmes et blessant plusieurs autres, selon le Procureur de la Cpi. Au soutien de ses affirmations, le Procureur a produit une quinzaine de vidéos.

Or, ces vidéos suscitaient des interrogations. En effet, des doutes sur la réalité d'une telle fusillade à l'occasion de cette marche ont été

---

[53] ICC-01/04-01/07-3430, par.1.
[54] "Santiago steps down as ICC judge", 3 juin 2014, http://globalnation.inquirer.net/105612/santiago-steps-down-as-icc-judge.
[55] Annexe 4, Article 26 RPP TSL.
[56] Le Procureur c. Delalić et al., IT-96-21-A, Judgment of the Appeals Chamber, 20 février 2001 (Tribunal pénal International de Yougoslavie).
[57] *Requête en communication aux parties de la lettre de démission du Juge Kaul...*, *op. cit.*, paragraphe 54.
[58] *Décision relative aux demandes de la Défense portant sur la suite de la procédure de confirmation*, N°ICC-02/11-01/11 du 14 février 2014, paragraphes 33 à 43.

exprimés dès que les ivoiriens en ont eu connaissance. Pour certains il ne s'agirait que d'un montage grossier, « *au sens technique, d'éléments provenant probablement de sources différentes et peut-être filmés à des moments et en des lieux différents* »[59]. S'y ajoutent d'autres éléments montrant que les vidéos elles-mêmes auraient été filmées à une autre date, notamment au cours d'une manifestation des femmes ayant eu lieu le 8 mars 2011, journée internationale de la femme. « *Des images semblaient attester d'une mise en scène, des femmes censément mortes se relevant* »[60]. Les auteurs des vidéos sont inconnus, le Procureur les ayant présentées comme « *open source* ».

Du reste, les témoignages des ministres de la défense et de l'intérieur à l'époque des faits contestaient leur réalité et dégageaient la responsabilité du gouvernement dans leur survenance[61].

D'ailleurs, il est de notoriété qu'aujourd'hui, un enregistrement vidéo peut être manipulé à souhait. Les données et la chronologie des évènements peuvent subir des changements. L'exemple de la vidéo[62] que le Procureur affirmait détenir d'un témoin qui affirmait qu'elle illustrait les évènements de Côte d'ivoire, alors qu'elle portait plutôt sur des évènements du Kenya aurait pu conduire la chambre à plus de circonspection.

« *Dans ces conditions, il apparaît indispensable qu'une expertise, menée par un professionnel soit effectuée, portant sur les vidéos soumises par le Procureur à l'appui de l'allégation, soit diligentée* », ne serait-ce que « *pour jauger de la valeur probante des vidéos présentées par le Procureur* » « *afin que la Chambre et les parties soient éclairées* ». C'est ce que le conseil du Président Laurent Gbagbo a naturellement demandé[63].

---

[59] *Version publique expurgée de la requête afin que soit ordonnée une expertise portant sur les pièces vidéographiques*, N°ICC-02/11-01/11 du 4 février 2014, paragraphe 23.

[60] Ibidem, paragraphe 34.

[61] Alain Dogou et Emile Guiréoulou, « La vacuité des accusations de la Cpi contre le Président Laurent Gbagbo », in *Le Président Laurent Gbagbo à la Cour pénale internationale : Justice ou imposture*, sous la direction de Raymond Koudou Kessié et Hubert Oulaye, L'harmattan, 2013, p. 75 et s.

[62] CIV-OTP-0020-0558.

[63] *Version publique expurgée de la requête afin que soit ordonnée une expertise portant sur les pièces vidéographiques*, N°ICC-02/11-01/11 du 4 février 2014.

En dépit de ces doutes et de ces témoignages, ni le Procureur, ni la Chambre préliminaire n'a fait expertiser les vidéos pour s'assurer de leur fiabilité. Et pourtant, ces deux organes de la Cpi auraient dû le faire, comme le leur imposent les devoirs de leur charge. En tant qu' «*organe de justice neutre et impartial* »[64], le Procureur est tenu de rechcrcher aussi des éléments à décharge pendant l'enquête, anticipant ainsi sur le travail de la défense du suspect. Selon le Statut de Rome, en son article 54(1)(a), « *pour établir la vérité, (le Procureur) étend l'enquête à tous les faits et éléments de preuve qui peuvent être utiles pour déterminer s'il y a responsabilité pénale au regard du présent Statut et, ce faisant, enquête tant à charge qu'à décharge* ». La décision d'ajournement lui ayant demandé plus d'éléments de preuve et plus d'enquête, le Procureur aurait pu se saisir lui-même et faire procéder aux différentes expertises, qu'elles soient de nature médico-légale, balistique ou audiovisuelle, sans même être sollicité par la défense du Président Laurent Gbagbo.

Quant à la Chambre préliminaire, il lui revient, « *à l'issue de l'audience, (de) détermine(r) s'il existe des preuves suffisantes donnant des motifs substantiels de croire que la personne a commis chacun des crimes qui lui sont imputés* »[65]. Et, elle ne « *confirme (que) les charges pour lesquelles elle a conclu qu'il y avait des preuves suffisantes et renvoie la personne devant une chambre de première instance pour y être jugée sur la base des charges confirmées*»[66]. La Chambre préliminaire ne peut accepter toutes les accusations. Elle doit opérer un tri entre les affaires qui lui sont soumises pour ne renvoyer en procès que celles qui le méritent. Dans ce sens, l'« *objectif* » de l'audience de confirmation des charges « *se limite à renvoyer en jugement uniquement les personnes à l'encontre desquelles des charges suffisamment sérieuses ont été présentées* ». A juste titre, cette étape de la procédure est considérée comme « *un*

[64] Florence Darques-Lana, Cécile Madec et Stéphanie Godart, « Article 54. Devoirs et pouvoirs du Procureur en matière d'enquête », *Statut de Rome de la Cour pénale internationale. Commentaire article par article*, sous la direction de Julian Fernandez et Xavier Pacreau, Editions Pedone, Tome II, 2002, p. 1231.
[65] *Statut de Rome*, article 61(7).
[66] *Statut de Rome*, article 61(7)(a).

mécanisme tendant à « protéger les droits de la Défense contre des accusations abusives et entièrement infondées »[67].

Or, curieusement, la Chambre préliminaire a refusé d'accéder aux demandes d'expertise en se fondant essentiellement sur le retard que l'expertise occasionnerait, la portée et de l'objet limités de l'audience de confirmation, ainsi que de la nature de l'expertise demandée par la Défense[68]. S'agissant du retard que cela provoquerait, les sept mois impartis au Procureur n'étaient-ils pas suffisants pour procéder à ces expertises ? Cette nécessité s'imposant, les devoirs respectifs de la Chambre préliminaire et du procureur ne leur imposaient-ils pas d'y procéder, sans même que la défense n'en fasse la demande ?

De plus, nous sommes d'avis avec la défense du Président Laurent Gbagbo, pour affirmer que la portée limitée de l'audience de confirmation des charges devrait signifier tout simplement « *qu'elle ne débouche pas sur un acquittement ou une condamnation* »[69]. Mais, cela ne signifie pas que le sérieux ne devrait pas présider à l'examen de l'affaire à cette étape de la procédure. Bien au contraire, car ses conséquences demeurent graves dans la mesure où elle conduit à un procès tout en maintenant l'accusé en détention.

Et la Chambre préliminaire avait semblé en être préoccupée quand elle a énuméré les exigences auxquelles le Procureur devrait se soumettre. Exposant l'« *approche retenue ... en matière de preuve* » dans la décision d'ajournement du 3 juin 2013[70], la Chambre préliminaire avait insisté sur leur « *authenticité (qui) devrait être établie en bonne et due forme et leur filière de conservation et de transmission ... claire et préservée* » (paragraphe 27). En outre, la Chambre préliminaire avait estimé «*très problématique que la Chambre elle-même ne connaisse pas la source de l'information et soit privée d'informations*

---

[67] *Demande afin que soit organisée la continuation de l'audience orale de confirmation des charges*, n° : ICC-02/11-01/11 du 3 février 2014, paragraphe 4.

[68] *Décision relative aux demandes de la Défense portant sur la suite de la procédure de confirmation*, 14 février 2014, N° ICC-02/11-01/11, paragraphes 40 à 43.

[69] *Demande afin que soit organisée la continuation de l'audience orale de confirmation des charges*, *op. cit.*, paragraphe 5.

[70] *Décision portant ajournement de l'audience de confirmation des charges conformément à l'article 61-7-c-i du Statut*, 3 juin 2013, ICC-02/11-01/11-432-tFRA 19-06-2013 1/27 RH PT.

vitales sur la source de l'élément de preuve. En pareil cas, la Chambre n'est pas en mesure d'apprécier la fiabilité de la source, ce qui la met dans l'impossibilité de déterminer la valeur probante à accorder aux informations » (paragraphe 29). Enfin, elle avait exigé du procureur de « *présenter les moyens à charge les plus solides possibles sur la base d'une enquête pratiquement terminée* ». Une telle conception devrait conduire la Chambre préliminaire à plus de rigueur dans l'appréciation des preuves présentées en définitive par le Procureur. Malheureusement, dans sa position arrêtée dans la décision de confirmation des charges du 12 juin 2014, la Chambre préliminaire n'a pas daigné respecter ses propres exigences.

Pourquoi le fait que les vidéos dont les auteurs sont inconnus et qui ont été déclarées comme « *open source* » ont-elles été acceptées en définitive par la Chambre préliminaire ? D'où vient qu'elle évoque le fait que ce ne soit pas la dernière occasion qui se présentera pour refuser de procéder aux expertises ? Une expertise de ces vidéos ne devrait-elle pas être le reflet d'une enquête pratiquement terminée ? Comment savoir que les accusations sont infondées ou que les charges sont suffisamment sérieuses si ces vidéos contestées ne sont pas expertisées ? Pourquoi un minimum de crédibilité ne devrait pas être exigé des différentes preuves apportées par le Procureur ? Pourquoi la qualité de la preuve ne semble pas préoccuper la Chambre préliminaire ?

Il est tout à fait évident que cette attitude de la Chambre préliminaire qui consiste à ne pas exercer un contrôle approprié des preuves qui lui sont soumises ne correspond pas aux pouvoirs dont elle est investie. On est quand même un peu surpris par cette légèreté avec laquelle la Chambre conduit le suspect au procès, alors que l'audience de confirmation des charges devrait être une soupape de sécurité. La Chambre préliminaire ne semble pas assez regardant sur la qualité des preuves. L'impression qu'elle donne de vouloir expédier très vite la procédure de confirmation des charges est en contradiction avec l'architecture procédurale de la Cpi. En effet, pourquoi organiser une procédure de confirmation des charges si la Chambre préliminaire devrait valider les accusations du Procureur sans exiger que les preuves apportées par celui-ci atteignent le standard exigé ? A cette allure, tout élément de propagande à lui présenté par les partisans de Monsieur Alassane Ouattara devrait pouvoir être pris en compte pour entraîner un procès.

Conclusion

Quelques enseignements peuvent être tirés des trois questions évoquées dans cette contribution. L'affaire « *le Procureur c. Laurent Gbagbo* » n'aurait pas dû atterrir à la Cpi parce que l'appareil judiciaire de la Côte d'Ivoire avait bien la capacité de la juger. De plus, une décision cruciale pour l'accusé a été prise alors qu'un juge, gravement malade, n'avait manifestement pas la sérénité qu'il devrait avoir, pour participer aux délibérations. Et pourtant sa voix a été déterminante dans la mesure où elle a fait basculer la décision en faveur d'une confirmation des charges et d'un renvoi en procès. Qui plus est, au cours de cette audience, les juges n'ont pas été capables de faire respecter le standard de preuves qu'ils avaient exigé dans une décision d'ajournement précédente.

Ces éléments s'ajoutent à une longue série d'autres actes qui corroborent la conduite approximative et partiale de la procédure dans cette affaire. Toutes les décisions prises sont fondées sur des arguments juridiques très contestables et démontrent à suffisance que depuis le transfèrement à la Cpi du Président Laurent Gbagbo jusqu'à ce jour, le procureur et les juges ont dû se livrer à des sauts d'obstacles pour obtenir son renvoi en procès. Les artifices juridiques ne seraient en définitive qu'un scénario bien monté pour « amuser la galerie » et donner l'impression à l'opinion publique, que les accusations portées contre le Président Laurent Gbagbo reposeraient sur des bases suffisamment solides.

Et pourtant, la réalité est autre. Le Statut de Rome instituant la Cpi, qui circonscrit sa compétence, est royalement méprisé. Les droits de l'accusé ne sont pas toujours respectés dans cette juridiction internationale et le procès n'y est pas toujours équitable. Les crimes contre l'humanité servent de justification à une décision connue d'avance, motivée par d'autres préoccupations que la préservation de l'humanité contre un certain nombre de dérives. Qu'ils semblent bien loin, les nobles idéaux contenus dans le Statut de Rome. Derrière le paravent de crime contre l'humanité, se cachent bien des intérêts inavouables.

Dans la logique des déportations coloniales, le premier objectif a été atteint par les acteurs du transfèrement du président Laurent Gbagbo à la prison de la Scheveningen : obtenir son éloignement de la Côte d'Ivoire afin de permettre l'installation et la consolidation du régime de M. Alassane Ouattara, « *lié aux services secrets français* »[71], surtout que la répression intérieure a permis l'emprisonnement de plusieurs de ses partisans et la contrainte en exil de centaines de milliers d'autres. D'ailleurs, au moment où ce procès s'est ouvert, M. Alassane Ouattara avait bouclé entièrement son premier mandat de cinq ans et a déjà entamé un second[72].

Pour la suite, aura-t-on besoin d'une boule de cristal pour lire l'avenir du président Laurent Gbagbo à l'issue du procès qui s'est ouvert le 28 janvier 2016 à la Haye ? Entre déportation temporaire avec à la clé un décès provoqué dans bien des cas, ou déportation à vie (condamnation à perpétuité), on imagine mal que le sort de l' « infréquentable » (François Hollande) ou du « principal fauteur de troubles »[73] puisse être autre que celui d'un déporté colonial extrait de son milieu social pour l'empêcher d'y exercer une quelconque influence sur le cours des évènements.

C'est dans ce sens qu'il faut comprendre le jeu de rôle qui a cours actuellement. Alors qu'à la Cpi, pour refuser la liberté provisoire au Président Laurent Gbagbo, il lui est reproché sa popularité et son réseau de partisans, toutes choses qui constituent la quintessence d'un homme politique, en Côte d'Ivoire, les autorités tentent de neutraliser ses partisans (emprisonnement, liberté assortie de restriction de droits, maintien en exil et gel des avoirs) et d'entretenir la division au sein du Front Populaire Ivoirien (FPI), son parti politique.

Dans cette logique, le retour du Président Laurent Gbagbo à moyen ou long terme n'est envisageable qu'à la condition qu'il n'ait plus aucune chance d'exercer un quelconque pouvoir politique, soit que ses partisans et sa formation politique n'ont plus d'influence, soit que son autorité est contestée.

---

[71] Jean Ziegler, Professeur de Sociologie à l'Université de Genève, entretien accordé au quotidien suisse, *Zürichsee-Zeitung*, daté du lundi 19 décembre 2011, www.zurichsee-zeitung.ch.

[72] En dépit de son inéligibilité, M. Alassane Ouattara a été déclaré candidat à l'élection présidentielle d'octobre 2016 et en a même été proclamé vainqueur.

[73] «Mémoires de l'ancien président français, Chirac fait des révélations sur Gbagbo», *L'Inter* du jeudi 16 juin 2011.

Or, c'est le schéma inverse qui se déroule. Alors que la déportation coloniale impliquait l'isolement total du déporté, une rupture complète entre lui et ses ouailles, sa version contemporaine a changé la donne. La prison de Scheveningen se trouve à un click internet ou à un coup de fil d'un téléphone portable et les visites y sont autorisées. Les contacts sont donc maintenus avec ceux qui y sont incarcérés. Le lien entre le Président Laurent Gbagbo et ses partisans n'a jamais été aussi fort. Et sa légitimité est reconnue aujourd'hui encore plus qu'hier, au-delà de ses partisans[74], que ce soit en Côte d'Ivoire, en Afrique[75] ou ailleurs dans le monde[76].

Du reste, même s'il y a des Etats prépondérants dans le dispositif de la Cpi, comme la France pour ordonner des déportations, les Etats africains peuvent toujours faire entendre leur voix[77], individuellement[78] ou à travers l'Union africaine pour remettre en cause la haine raciale et la colonisation judicaire de la Cpi, et même menacer de quitter la juridiction pénale internationale. Quant à l'injustice qui frappe le Président Laurent Gbagbo, elle est de plus en plus reconnue[79].

---

[74] 3ème Congrès extraordinaire du Front Populaire Ivoirien, motion spéciale sur la libération du président Laurent Gbagbo, Mama, le 30 avril 2015.

[75] Campagne pour la libération de Gbagbo en Afrique du Sud: Les grandes décisions de la rencontre de Johannesburg, http://www.ivoirebusiness.net/?q=articles/campagne-pour-la-lib%C3%A9ration-de-gbagbo-en-afrique-du-sud-les-grandes-d%C3%A9cisions-de-la#sthash.WlpFVaxg.dpuf, 03/04/2014.

[76] Association des Amis de Laurent Gbagbo, http://www.lesamisdelaurentgbagbo.com.

[77] CBDB, « La CPI et le dossier ivoirien », 06 janvier 2015, http://blogs.mediapart.fr/blog/cbdb/060115/la-cpi-et-le-dossier-ivoirien.

[78] « Tensions CPI - UA : L'Afrique du Sud menace de quitter la CPI si celle-ci n'accepte pas les réformes proposées par Pretoria (Officiel) », http://www.cridafrique.net/tensions_cpi__ua___lafrique_du_sud_menace_de_quitter_la.html; Sassou N'guesso contre le transfèrement de Laurent Gbagbo et Blé Goudé à la CPI: « *Même les chefs d'Etat en exercice son trainés devant la CPI. C'est inacceptable* », http://www.ivoirebusiness.net/?q=articles/transf%C3%A8rement-de-laurent-gbagbo-et-bl%C3%A9-goud%C3%A9-%C3%A0-la-cpi-sassou-n%E2%80%99guesso-contre-%C2%AB-m%C3%AAme-les#sthash.rW8WtslT.dpuf

[79] « *Quel genre de poursuites plutôt hâtée consiste à traduire en justice la victime d'une attaque, et à être indulgents avec l'auteur de l'attaque ?* », s'interroge l'ancien Président ghanéen John Jerry Rawlings, http://www.afriscoop.net/journal/spip.php?article4747Crise ivoirienne, mardi 6

Ainsi, à l'encontre de la fameuse « *communauté internationale* », une opinion publique internationale se forge progressivement en faveur de la libération du Président Laurent Gbagbo. C'est pourquoi il n'est pas exclu qu'il puisse trouver grâce auprès des commanditaires de sa déportation, dans la mesure où, dans un sursaut de clairvoyance, le Président Nicolas Sarkozy, l'exécuteur en chef, a reconnu que « (Laurent) *Gbagbo n'est pas un assassin* »[80]. Surtout, un coin de voile a été levé sur le bombardement de Bouaké qui a occasionné neuf (9) victimes parmi les soldats français de la force Licorne en novembre 2004, et qui serait la conséquence d'une « bavure manipulée »[81] à partir de l'entourage du président français Jacques Chirac. « *C'est (donc) dans l'intérêt de la Cpi de libérer (Laurent) Gbagbo et de poursuivre celui qui a réellement commis l'agression en 2002 et qui a entraîné la guerre en Côte d'Ivoire avec toute la problématique qui entoure cette crise* »[82]. Autrement, la reconnaissance par le Président François Hollande des massacres perpétrés par l'armée française à l'encontre des indépendantistes de l'Union des Populations du Cameroun (UPC) dans les années 50 et 60 ne servirait à rien, si ces « *crimes de la colonisation* » devraient se répéter, ou leurs conséquences se prolonger.

---

décembre 2011 par La Rédaction © AfriSCOOP, Nathalie MARONE ; François Loncle, ancien président de la Commission des affaires étrangères de l'Assemblée nationale française, http://www.lynxtogo.info/oeil-du-lynx/afrique/3363--le-scandale-ce-nest-pas-que-gbagbo-soit-a-la-haye-cest-que-soro-ny-soit-pas.html; http://www.5minutesinfos.net/cpi-revelations-troublantes-cabale-internationale-autour-laurent-gbagbo-simone-ble-goude-les-aveux-dun-envoye-lex-premier-ministre-ahoussou-jeannot-au-coeur-du-complo/; http://regardscroises.ivoire-blog.com/archive/2013/04/19/claudine-cojan-journaliste-francaise-comment-je-me-suis-rend.html#Hk8QMU8HWfhooybF.99;

[80] http://www.5minutesinfos.net/dossier-cote-divoire-au-coeur-revelations-terribles-dun-francais-guerre-france-usa-lonu-ue-contre-gbagbo/, 16 juin 2014.

[81] Les mots du général Henri Poncet qui a dirigé l'opération Licorne en Côte d'Ivoire de mai 2004 à juin 2005, http://www.franceinter.fr/player/reecouter?play=1102105#

[82] Nicoletta Fagiolo, *Aujourd'hui*, n°854, Réveil FM (Youtube).

POUR MIEUX COMPRENDRE LA CRISE POSTÉLECTORALE EN CÔTE D'IVOIRE ET POURQUOI LE PHÉNOMÈNE GBAGBO RÉSISTE AU TEMPS MALGRÉ SA DÉPORTATION À LA HAYE

Par

NYAMIEN Messou N'Guessan[83]

Généralement, le Président Gbagbo est présenté par les media internationaux comme un dictateur. Mais, il est remarquable que quatre (4) ans après sa chute, le nombre de ses partisans ne fait que croître.

On est donc amené à s'interroger sur les raisons pour lesquelles le phénomène Gbagbo résiste au temps. Pour cela, il nous suffira d'exposer et d'analyser les changements essentiels apportés sous l'ère Gbagbo dans le quotidien des Ivoiriens pour permettre une meilleure compréhension de ce qui s'impose désormais comme un phénomène social.

Dans ces conditions, serait-il imaginable qu'un tel président ait pu commettre des crimes contre son peuple.

1- Sur le plan de la structure de gestion de l'État : la décentralisation

La Côte d'Ivoire, ancienne colonie française est un État très centralisé, sans collectivité locale véritable jusqu'en 1980. Bien sûr, des lois de déconcentration avaient été prises permettant la création d'entités administratives.

A partir de 1980, une expérience de décentralisation est conduite par le Président Félix Houphouët-Boigny, créant ainsi quelques communes de plein exercice. Nous en étions là quand le Président Gbagbo accède au pouvoir. Constatant que dans le monde, la carte des États développés se confond avec la carte des États fédéraux, le

[83] Chercheur à l'Université de Cocody, ancien Ministre.

Président Gbagbo était convaincu qu'il fallait, pour une meilleure gestion de l'État, lutter contre le jacobinisme de l'État[84]. C'est la raison pour laquelle, dès son accession au pouvoir, le Président Gbagbo fait adopter la décentralisation. Il créé alors les Conseils généraux. De ce point de vue, le Président Gbagbo, était mitterrandien. Rappelons pour la petite histoire, que la France a réalisé sa première expérience de décentralisation en Afrique avec la loi-cadre écrite par Gaston Defferre et Houphouët-Boigny. Il a fallu attendre l'arrivée au pouvoir en 1981 de François Mitterrand pour que l'État français adopte la décentralisation.

Aujourd'hui, il suffit de voyager à travers la Côte d'ivoire pour percevoir les effets de la décentralisation. Qu'il nous suffise de rappeler qu'en 10 ans de gouvernance Gbagbo, il ya eu plus de sites ruraux électrifiés qu'en 40 ans de règne d'Houphouët-Boigny. Notons sur ce point que le taux de connexion est passé de 2000 à 2007, de 21 % à 31 % quand le taux d'accès des populations est passé de 66 % à 72 % pour la période.

2- Sur le plan des mécanismes de régulation

- *Liberté de la presse*

Gbagbo est le seul président ivoirien à n'avoir jamais inquiété un journaliste pour ses écrits. Le résultat est qu'en une décennie, aucun journaliste n'a été jeté en prison pour ses opinions alors que la presse ivoirienne n'avait jamais été aussi diverse et aussi critique à l'égard du pouvoir central. Pour y parvenir, le Président Gbagbo a fait adopter une loi sur la dépénalisation des délits de presse et une loi qui prévoit le soutien financier de l'État aux organes de presse.

- *Le statut des partis politiques*

---

[84] Rappelons qu'à son origine, le jacobinisme est une doctrine politique qui défend la souveraineté populaire et l'indivisibilité de l'État français et qui tient son nom du club des jacobins dont les membres s'étaient établis dans l'ancien couvent des jacobins à Paris. Aujourd'hui, cette doctrine désigne un mode de gestion trop centralisé de l'État. *In* Wikipedia.

Pour renforcer la démocratie, un financement conséquent des partis politiques a été adopté. Ainsi, aux termes de la loi sur le financement des partis politiques, les principaux partis ont perçu annuellement un financement de 800 millions de F. CFA, soit 1,22 millions d'euros.

3- Sur le plan de la gouvernance

- *Appel à candidature*

Pour faire face au manque chronique de ressources au niveau de l'État, le Président Gbagbo a procédé à un appel à candidature pour pourvoir aux postes de direction des régies financières de l'État [85] (Douane, Impôt, Trésor). Ainsi, ont été nommés:

- Diby Charles, militant PDCI au trésor, aujourd'hui, membre du gouvernement Ouattara, de l'ethnie baoulé ;
- Gnamien Konan, société civile, aujourd'hui membre du gouvernement Ouattara, de l'ethnie baoulé ;
- Feh Kessé, militant UDPCI, aujourd'hui Conseiller du Premier ministre, de l'ethnie yacouba.

Comme chacun peut le constater, les directeurs n'étaient ni membres du parti politique du Président Gbagbo, le FPI, ni membre de son ethnie, Bété.

Le résultat ne s'est pas fait attendre[2] :

- Les réformes engagées ont permis une meilleure maîtrise des flux de marchandises pour la douane, de l'assiette fiscale pour les impôts et des dépenses publiques pour le trésor.

- En quelques années, toutes les recettes ont connu un accroissement significatif.

Aux impôts, les recettes sont passées de 549,6 milliards en 2000 à 570,1 milliards en 2001, puis en moyenne à 630 milliards en 2005 et 2006 pour atteindre 850 milliards en 2008 soit une progression globale de 54,65 % sur la période.

---

[85] Bilan de la refondation économique. MEF / Intervention du Président Gbagbo, *Fraternité Matin* du 12 janvier 2010.

A la Douane, les recettes sont passées de 484,8 milliards en 2000 à 632,3 milliards en 2001, puis une moyenne annuelle de 629,5 milliards jusqu'en 2006 pour atteindre 763,3 milliards en 2008, soit une progression globale sur la période de 57,44 %.

Globalement, les recettes fiscales de l'État sont passées de 1077,5 milliards en 2000 à 1620,2 milliards en 2008, soit une progression globale sur la période de 50,36 %.

- *Budget sécurisé*

Pour renforcer l'autonomie de la Côte d'Ivoire, le Ministre de l'Économie et des Finances a lancé avec succès le budget sécurisé qui est un mécanisme par lequel le budget de l'État est élaboré en tenant compte presque exclusivement de ses recettes propres. Cette procédure a réduit fortement la dépendance de la Côte d'Ivoire vis-à-vis de l'extérieur. Il s'apprêtait à lancer le budget de développement[86], c'est-à-dire, un budget ayant une forte composante BSIE (budget spécial d'investissement et d'équipement) en 2003 quand la rébellion a éclaté.

Les efforts de redressement économique ont permis dès 2001 d'adopter un budget sécurisé à 1289,1 milliards de FCFA. En 2006, le budget a connu une progression de 52,4% par rapport à 2001 pour se situer à **1965,3 milliards. Pour la première fois, la Côte d'Ivoire a vu son budget franchir le seuil des 2000 milliards de FCFA en 2008 pour se situer à** 2129 milliards, soit une progression de 65,15 % sur la période.[2]

4- Sur le plan social

L'ère Gbagbo a permis la reforme du secteur café-cacao et le règlement de quelques problèmes statutaires relatifs à certains corps professionnels de l'administration.

---

[86] Bilan de la refondation économique. MEF / Intervention du Président Gbagbo, *Fraternité Matin* du 12 janvier 2010.

4-1 La reforme du secteur café-cacao

Après la dissolution de la Caisse de stabilisation, le gouvernement a procédé à la libéralisation effective du secteur café-cacao dans le but d'assurer un meilleur revenu aux producteurs ivoiriens. Pour atteindre cet objectif, le gouvernement a suscité la mise en place d'une structure unique des producteurs du secteur, l'ANAPROCI et créé les structures suivantes :

- L'Agence de Régulation du Cacao et du Café (ARCC), chargé de la régulation administrative de la filière et de sa représentation à l'extérieur ;

- La Bourse du Cacao et du Café (BCC), chargé de la régulation commerciale de la filière ;

- Le Fonds de Régulation et de Contrôle (FRC), chargé de la régulation financière, du contrôle et de la promotion des coopex et pmex ;

- Le Fonds de Développement des Producteurs de cacao et de café (FDPCC), chargé du développement et de la modernisation des conditions de vie et de travail des producteurs.

L'ensemble des mesures ainsi prises a permis pour la première fois dans l'histoire de la Côte d'Ivoire de fixer le prix bord champ du café à 1000 F le kilogramme en 2003 et en 2009.

4-2 Les mesures statutaires dans la fonction publique

- *Les enseignants du primaire au supérieur*

Sous la gouvernance d'Houphouët-Boigny, le premier Ministre Alassane Ouattara, pour des raisons budgétaires a fait adopter une nouvelle grille de salaire aux termes des décrets 91-817 et 91-818 du 11 décembre 1991 pour les enseignants recrutés pour compter du 1er décembre 1991. Les salaires ont en fait été réduits d'environ 40% par rapport aux anciens. Par exemple, un Maître-assistant d'université gagnait environ 400 000 F CFA de salaire et 300 000 F CFA de prime annuelle de recherche. Apres l'adoption des décrets sus-cités, le Maître-assistant passe à 250 000 F CFA de salaire et 300 000 F CFA de prime annuelle de recherche. Ce qui devrait arriver arriva. En 1997, le point de la situation montrait que 67% des postes ouverts étaient vacants par manque de candidature à l'université.

En juin 2001, le Président Gbagbo a abrogé ces décrets et rétabli la parité des salaires dans tous les ordres d'enseignement pour un montant global de 22,5 milliards de FCFA. Mais en plus, en 2008, le Président Gbagbo accorde une nouvelle grille de salaire dans l'enseignement supérieur. Le Maître-assistant passe à 800 000 F CFA de salaire et 1 200 000 F CFA de prime annuelle de recherche. Dans l'enseignement primaire, il accorde une prime de logement de 40 000 F CFA à tous les enseignants pour un montant évalué à 17,1 milliards de F CFA. Dans l'enseignement secondaire un reclassement catégoriel est adopté.

- *Les autres fonctionnaires*

Les diplomates, le corps préfectoral, les magistrats, les greffiers, les médecins, les sages-femmes et infirmiers d'État, les policiers, les gendarmes…, tous, obtiennent une nouvelle grille de salaire, soit par bonification, soit par mise en place d'un statut particulier. Au total, sur un peu plus de 153 000 fonctionnaires, seuls 36 182 fonctionnaires restent en dehors des mesures de revalorisation salariale pour un montant global de près de 70 milliards de FCFA.

- *Mesures en faveur des dirigeants*

Le Président Gbagbo Laurent était convaincu que de nombreux problèmes posés par la classe politique étaient liés à la peur du lendemain. C'est pourquoi, il a fait adopter l'institution d'une rente viagère pour les anciens dirigeants. Ainsi, tous ceux qui ont exercé la fonction de ministre depuis Houphouët-Boigny perçoivent désormais une rente d'environ 1 million de F CFA/ mois. Il en va ainsi pour les anciens Premiers ministres ou Présidents de la République. C'est en vertu de ce texte que M. Henri Konan Bédié et M. Alassane Ouattara perçoivent plus de 10 millions de F CFA par mois.

Conclusion

Les changements sous l'ère Gbagbo ont été nombreux. Nous pensons qu'au-delà de la propagande politique, toutes les couches sociales ivoiriennes ont bénéficié à quelques niveaux qu'elles se situent des retombées de la politique mise en place par le Président Gbagbo. C'est donc naturellement que ces populations sont restées marquées par sa gouvernance malgré les campagnes de diabolisation orchestrées par les puissants media internationaux.

En conséquence, il n'est pas possible d'imaginer un seul instant que le président Gbagbo, si soucieux du bien-être des populations dont il avait la charge ait pu commettre des crimes contre elles. Si tel avait été le cas, le phénomène social Gbagbo n'aurait pas pu résister au temps.

LA CPI N'EST LÀ QUE POUR CONFÉRER UNE LÉGITIMITÉ À « LA JUSTICE DES VAINQUEURS »

Par

Pr. Michel GALY[87]

La Cour pénale internationale est vraiment ce lieu où règne « la justice des vainqueurs », comme certains aiment à la qualifier. L'expression est d'ailleurs reprise par *Amnesty International* dans son récent rapport sur la Côte d'Ivoire. Évidemment, mon point de vue sur cette question va au-delà du cas de Laurent Gbagbo...

L'urgence d'une sortie de crise

J'aimerais souligner une chose jusqu'ici peu relevée par les observateurs : parfois, les lieux des exactions jugées par la Cpi s'avèrent être complètement aberrants. Ainsi, Charles Taylor, ancien Président de la République du Liberia, fut inculpé pour des faits qu'il aurait commis en Sierra Leone. Je rappelle qu'il avait fondé son pouvoir au Liberia. Et c'était bien Foday Sankoh qui dirigeait la Sierra Leone au moment des faits. Autre cas assez extraordinaire, après des élections manifestement truquées, la Cpi inculpe Jean-Pierre Bemba, le chef de l'opposition en République Démocratique du Congo pour des faits commis... en Centrafrique!

Avec le procès de Laurent Gbagbo, nous sommes certes dans un autre cas de figure. Problème pour autant, il n'y a que lui, sa femme et plus largement son camp à être soumis à cette « justice ».

L'accusation, du temps du Procureur Ocampo, s'est basée abusivement sur le modèle rwandais : un petit groupe autour du Président et de son épouse qui auraient écrit un plan détaillé contenant des ordres d'exécution. La crainte de la Cpi qu'il y ait eu organisation et préparation d'un génocide est une fiction, notamment quand le Procureur Ocampo avait déclaré : « *qu'il y avait une « Politique » déclinée en un « plan commun* » (sic !). Or, pour se forger cette conviction, le Procureur n'a pris en compte que la période récente et

[87] Politologue.

un cas particulier. C'est très regrettable. Comment, dans ces conditions, la Cour peut-elle mettre en perspective les causes profondes de la crise, les responsabilités des uns et des autres ? C'est impossible.

Il faudrait, à mon sens, trouver une sortie de crise médiane, entre la libération de Laurent Gbagbo et son maintien en détention. On pourrait ainsi imaginer provisoirement une assignation à résidence dans un pays africain, situation qui laisserait ouverte la possibilité d'une négociation et qui conduirait à la réconciliation et l'apaisement.

Depuis avril 2011, seul le camp Ouattara est responsable

Il y a des raisons d'être inquiet aujourd'hui. Surtout lorsqu'on voit Laurent Akoun, le Secrétaire Général du parti de Laurent Gbagbo, le FPI, sortir de six mois de prison pour des « propos diffamatoires » envers Alassane Ouattara...

L'opposition est criminalisée. À l'heure où j'écris ces lignes, il y a entre 150 et 300 détenus politiques et environ 1 500 prisonniers militaires en Côte d'Ivoire. À cet égard, le rapport d'Amnesty *International* est un vrai coup de tonnerre ! Gaëtan Mootoo, l'un des auteurs du rapport, était à Abidjan afin de présenter ledit rapport, attitude très courageuse tant les réactions peuvent être violentes.

Mais *Amnesty International* ne chiffre pas, dans son rapport, les milliers de morts depuis ce que j'appelle « *le coup d'État franco-onusien* » et l'arrivée au pouvoir d'Alassane Ouattara. Jusque-là, toutes les associations des droits de l'homme essayaient de faire l'équilibre entre les deux camps.

Mais depuis le 11 avril 2011, la responsabilité des faits commis incombe clairement au président actuel. De 2002 à 2011, au nord du pays, le camp Ouattara a été la cause des milliers de pertes humaines qui n'ont d'ailleurs pas été recensées.

Mais, depuis le 11 avril 2011 et jusqu'à maintenant, c'est dans l'ensemble de la Côte d'Ivoire (surtout au sud), qu'il y a eu entre 3000 et 5000 morts. Des morts dont le camp Ouattara est maintenant responsable.

En dehors du carnage commis d'avril à juin 2011 lors de la conquête d'Abidjan et ce, notamment dans des quartiers abritant des partisans de Laurent Gbagbo tel Yopougon, trois ethnies ont été ciblées : les Guérés de l'Ouest, les Bétés, l'ethnie d'origine de Laurent Gbagbo, et les Attiés qui sont un petit peuple du nord de la capitale. Dès lors, si l'on parle d'ethnocide ou de «génocide rampant» à la Cpi, encore faudrait-il savoir qui est responsable de quoi. Combien de morts n'ont, pour le moment, jamais été recensés !

La France comme l'ONU ne peuvent fuir leurs responsabilités

Un troisième volet à cette affaire est également trop souvent négligé: entre la fin mars et le 11 avril 2011, il y a eu aussi des morts inconnus - les victimes civiles des frappes et des actions françaises et onusiennes. Combien sont-ils? Cela va de quelques dizaines à 2000 selon les partisans de Laurent Gbagbo - ce qui me semble beaucoup trop. Le chiffre de quelques centaines me semble plus proche de la vérité. Lorsque l'on parle de justice internationale, qu'est-ce qui, dans le mandat de l'ONU régi par la résolution 1575 de Ban Ki-moon, a permis à une force expéditionnaire de tuer des civils ivoiriens? Un troisième acte judiciaire devrait être lancé sur cette question.

Que faire dès lors ? Comment rendre possible la réconciliation? La réponse est très simple, puisqu'il y existe déjà un mécanisme propre à la Côte d'Ivoire à même de régler cette question: «*le dialogue à l'ivoirienne*». Félix Houphouët-Boigny est à l'origine de ce mécanisme sociopolitique de résolution des conflits, qui consiste en une stratégie gouvernementale très habile inspirée de la tradition africaine - une version moderne de l'arbre à palabres.

Dessaisir la Cpi, mettre en place un « *dialogue à l'ivoirienne* »

C'est d'ailleurs cela qui avait permis à Henri Konan Bédié, chassé par les jeunes militaires du régime du général Robert Guéï, de réintégrer le jeu politique ivoirien et de se présenter aux présidentielles. De même, certes sous pression de la communauté internationale, Laurent Gbagbo à Pretoria avait réintégré Alassane Ouattara, exclu pour des «raisons de nationalité douteuse» en utilisant un article de la

Constitution ivoirienne (l'article 48), équivalent à l'article 16 de la Constitution française. Lui aussi a ainsi pu se présenter devant les électeurs.

Si l'on se base sur ce mécanisme, il faudrait donc que Laurent Gbagbo soit amnistié et revienne en Côte d'Ivoire pour participer, de nouveau, à la vie politique, qu'il y ait une sorte de réconciliation post-crise. Mais cela anéantirait tous les efforts déployés par les diplomates pro-Ouattara qui espèrent éloigner le Front Populaire Ivoirien de Laurent Gbagbo. Cette stratégie, pourtant, va droit dans le mur. Et en attendant, le gouvernement de Ouattara s'embourbe, tous les jours, un peu plus dans la crise...

LA CPI OU LA DICTATURE DU MENSONGE ET DE L'ARBITRAIRE

Par
Pr. Alain CAPPEAU[88]

« Les juges ne prêtent plus attention qu'à leur carrière, et aux délais de traitement des procédures, ils deviennent des instruments sinistrement muets de la déshumanisation de tout un système. Les juges ont perdu le goût des autres, s'ils l'ont jamais eu » Laurent Leguevaque, ancien magistrat[89].

Le pénal est une machine qui broie l'individu parce que, qui dit pénal dit faits graves, mais lorsque ces faits graves sont inventés de toutes pièces, lorsqu'on est dans le mensonge, dans l'escroquerie intellectuelle, alors on sort de la binarité du droit commun, pour entrer de plein pied dans des procédures inquisitoires, dans toutes sortes, de développés sémantiques qui transforment le droit en fallacieux sophisme.

Avant d'arriver à la Cpi, Laurent Gbagbo était déjà coupable, Sieur Ocampo avait déjà bien préparé le terrain en transsubstantiant les faits en peine. En réalité, les accusateurs publics de la Cour pénale internationale ne sont à la justice que ce que sont les gourous à la démocratie où les charlatans à la médecine.

Cette supposée cour de justice, qu'on se le dise, prend soin de ne jamais être dans l'erreur, car l'erreur, judiciaire ou pas, implique un acte manqué inconscient, or lorsque l'acte est conscient, alors il ne s'agit plus d'erreur mais de mensonge.

L'accusateur public ment d'une manière éhontée à la face du monde, et tout ce monde, ou presque l'accepte, c'est pernicieux, c'est cynique mais, c'est ainsi car c'est le rôle de l'accusateur public de mentir. Mais quand le juge ment au nom de la justice, en faisant obstruction à cette justice, alors là nous entrons dans une autre dimension, le mensonge devient l'expression d'une insalubrité mentale qui n'a plus de limite.

---

[88] Conseiller Spécial du Président Laurent Gbagbo.

[89] Laurent Leguevaque, *Plaidoyer pour un mensonge*, Paris, Éditions Denoël, 2006.

L'ONU et ses affidés peuvent-ils cautionner un mensonge puis le transmuter en vérité ? Rappelons-nous Colin Powell, alors Secrétaire d'État américain, montrant le 5 février 2003, à la tribune d'une ONU complaisante, une fiole de poudre blanche supposée être de l'anthrax poûr accuser l'Irak de Saddam Hussein de posséder des armes de destruction massive. Au vu de cet échantillon d'ersatz de diatomite, les USA ont alors attaqué l'Irak sur un mensonge d'État appuyé par les Nations-Unies, et personne n'a jamais été poursuivi par un tribunal pénal, pour crimes contre l'humanité, nous sommes là dans l'iniquité la plus totale.

Le déni de justice et la négligence volontaire appliqués à certains articles du Statut de Rome, en l'occurrence à l'article 61/1 qui traite de « délai raisonnable » pour maintenir ou pas un présumé innocent en détention provisoire, sont plus que des postures mensongères, ce sont des tours de passe-passe sémantiques qui servent à entraver le plus souvent de manière dilatoire le déroulement d'une procédure.

Cette notion de « délai raisonnable » volontairement non circonscrite, non délimitée dans un temps, laisse libre cours à toutes dérives, au bon vouloir des juges et donc à leur partialité. Nous sommes effectivement dans cette notion d'arbitraire qui autorise n'importe quelle prérogative. Quand la peine précède le jugement, ce qui est implicitement le cas lorsqu'une règle volontairement absconse favorise l'accusation, nous sommes dans le droit de justice instantanée tel qu'il fut appliqué, par le passé s'agissant de crimes de lèse-majesté.

Quand des psychopathes qui dirigent le monde, sont confortés dans leurs mensonges, par d'autres psychopathes, nous sommes alors en droit de nous poser la question de savoir, de quel côté est le fanatisme. « *Crois ce que je crois, et ce que tu ne peux croire, ou tu périras* » disait Voltaire quand il démontrait que l'intolérance était, de droit naturel et de droit humain.

Nous sommes en droit également de nous questionner de savoir, si au sein de la Cpi quelques pensées autistiques ne créeraient pas un chaos imaginaire ultime préalable à la schizophrénie ! La Cpi est-elle réellement encore (si tant est qu'elle l'ait pu être un jour) une autorité judiciaire légitime ?

Nous en sommes bien là ! Or la nature humaine non seulement s'habitue au mensonge, mais de surcroît elle le transcende dans l'approbation comme dans le silence assourdissant des indifférents. La Cpi est devenue, sans conteste, le bûcher d'une inquisition contemporaine, à l'encontre d'un peuple noir ciblé, au profit d'un autre peuple noir, vénal et servile par opportunisme. Elle se façonne jour après jour un droit divin sur mesure qui n'appelle, pour elle, aucune objection.

Le 11 septembre 2014, en rejetant la demande de la défense de Laurent Gbagbo d'interjeter appel de la décision relative à la confirmation des charges prononcée le 12 juin 2014, la Cpi a définitivement dévoilé son idéologie totalitaire, elle a censuré arbitrairement une liberté fondamentale qui est d'apporter la contradiction dans un débat. Cette idéologie tyrannique ne sert qu'à justifier une domination fanatique, à soumettre et spolier une certaine Afrique, au profit de suzerains occidentaux et de vassaux africains. L'intolérance fanatique dont a fait preuve cette pseudo cour de judicature, retourne à l'évidence d'une conception narcissique de l'application d'un droit empreint de jacobinisme qui devrait, selon toutes vraisemblances, l'amener à sa déchéance.

Il est aujourd'hui de notoriété publique, après les offenses délibérément infligées à Laurent Gbagbo, que la Cpi est le cache sexe d'une Organisation des Nations-Unies atone ou verte suivant qu'il faille faire preuve de mansuétude à l'égard de celui-ci ou d'écoute fanatico-religieuse d'un Colin Powell trafiquant d'honneur.

Il est aujourd'hui établi que la Cpi ne vit que d'actes presque manqués fomentés pour nuire, rappelons-nous la vidéo que la Procureure Bensouda a rajouté en catimini en février 2013, à son acte d'accusation contre Laurent Gbagbo, montrant des violences qui se seraient déroulées au Kenya et qu'elle voulait faire endosser par celui-là.

Avec ce type de coup tordu, nous avons passé la limite du soutenable pour entrer dans le penchant sadique au crime. D'une manière mécanique, tels des individus sans mémoires, les juges en charge de confirmation de charges n'auront eu d'autre alternative que de banaliser et d'excuser ce crime, dont acte !

La Cpi qui fait office de Cour pénale africaine ne peut que tôt ou tard disparaître le jour où les pays africains, dos au mur, auront le courage de s'en retirer et le jour où, en conséquence elle deviendra impécunieuse.

Le fait d'interdire à la défense de Laurent Gbagbo d'interjeter appel de la décision du 12 juin 2014, évoquée ci-dessus, ne retourne malheureusement pas ici du mensonge mais d'un abus de pouvoir qui est le fruit naturel d'un pouvoir totalitaire incontrôlable. Il aurait été opportun que la Présidente de la Chambre Préliminaire 1 fasse à la fois profil bas et preuve de certaines dispositions à l'égard de la défense de Laurent Gbagbo, pour tenter d'édulcorer le sentiment de suspicion qui a entaché cette, pas tout à fait honorable institution, après un vote pour le moins tendancieux de feu le juge allemand Hans-Peter Kaul ! Non, infatuée d'elle-même, elle aura préféré camper une attitude suffisante en considérant que le jugement de sa collègue Belge était un sous-jugement et disons-le caporaliste, pour ne pas dire dictatoriale, en opposant une fin de non-recevoir à la défense de Laurent Gbagbo.

Au reste, les juges de la Cpi font leur métier de nettoyeur, qui est de bien jouer un rôle codifié qui leur a été attribué par lettre de cachet et qu'ils n'ont pas choisi. Rappelons-nous que les lettres de cachet étaient destinées à retenir prisonnier *ad vitam aeternam*, un individu sans jugement. Elles étaient délivrées à la demande de familles par les services de la chancellerie royale, en France, afin de museler un de leurs membres gênant, nous étions alors dans la délation pure, ce qui n'est pas sans nous rappeler par qui et comment Laurent Gbagbo a été déposé militairement puis déporté en Centre Pénitentiaire pour Africains.

Les juges de la Cpi n'ont pas la liberté de leurs opinions, alors, comme le dirait Epictète, s'agissant de liberté, « *qui peut-donner à un autre ce qu'il n'a pas lui-même* » ? Et c'est bien là que le bât blesse. Il est parfaitement arrangeant pour les juges de la Cpi que les autres croient à leur irresponsabilité, que les autres les chargent des syndromes de la dépersonnalisation, quand bien même cela friserait pour eux le déshonneur. L'essentiel étant de tirer pitance et considération de ceux, qui se tenant derrière le rideau, se gavent de pouvoirs pour alimenter leur ego.

Dans les sphères politiques, le mensonge autorise tout et son contraire y compris le pire qui est d'avoir le droit de se tromper impunément et de toujours être sûr de réussir dans ses commerces. Développer un commerce pour ces tribunaux pénaux franchisés par l'ONU, c'est démultiplier ses bagnes dans une violence silencieuse un peu partout sur la planète, pour uniquement justifier ses raisons d'exister et satisfaire quelques princes omnipotents capables d'assurer un rempart contre une potentielle disgrâce.

De ce point de vue l'impérialisme Onusien s'est largement inspiré de Napoléon III qui institua en 1854 les bagnes coloniaux, quelle référence ! Alors qu'il aurait dû intégrer et considérer ce que les rédacteurs des cahiers de doléances de 1789 en France suggéraient avec force, à savoir que la fonction de juger ne pouvait être objet de commerce, et « *qu'il devait être mis fin à la vénalité des offices de judicature, qu'il fallait donc de nouveaux juges* ». A la Cpi, il ne faut pas de nouveaux juges, il ne faut plus de juges du tout.

Le mensonge et l'arbitraire, entre autres, caractérisent, au sein de la Cpi, un modèle de gouvernance, gravement absolutiste qu'il convient de dénoncer avec force, et de combattre avec constance et ténacité, pour ne pas que le cas Laurent Gbagbo se banalise et surtout pour ne pas, qu'en laissant se prolonger une injustice, on ouvre la porte à la suivante.

Alors dans tout ça direz-vous, où est le droit ? Le droit n'est-il pas qu'une chimère ? Les rapports de force ne sont-ils pas disproportionnés ? Que faire pour enrayer voire punir le mensonge et décimer l'arbitraire ? Que dire quand la dictature du mensonge et de l'arbitraire se transforme peu à peu et durablement en dictature de l'idée qui consiste à opposer le vice à la vertu ? La vertu étant supposée être inhérente et naturelle à la Cpi, le vice étant, par nature, pour les tenants d'une orthodoxie au sein des instances onusiennes, le chancre des pourfendeurs de cette Cpi.

Dans cet imbroglio, dans cette forme de déisme moral qu'incarne cette Cpi, le combat pour libérer Laurent Gbagbo de ses fers est en même temps inégal, salutaire et encourageant. On fera nôtre cette phrase de Robespierre qui disait s'agissant du plus grand écueil qu'il avait à éviter, « *que la lassitude du bien était supérieure à la ferveur du zèle* », en d'autres termes les combattants d'une juste justice que nous incarnons, d'une vraie vérité désintéressée qui n'est malheureusement pas garantie par la seule réalité, doivent faire preuve de constance dans leur manière de persuader, et non de convaincre, que Laurent Gbagbo qui est innocent de ce dont on l'accuse, est le bouc émissaire d'une Cour pénale internationale aux ordres d'hommes de l'ombre, qui tôt ou tard seront décimés par la déflagration politique qu'ils auront eux-mêmes initiée.

Il ne peut pas y avoir, au sein de la Cpi, une dictature du mensonge et de l'arbitraire, sans qu'il n'y ait un penchant au mal, qui se justifie par un mal supérieur qui est un penchant à la jouissance, c'est-à-dire au plaisir que ces honorables gens prennent à voir, plus qu'à commettre, le malheur de l'autre.

Servile par essence, la Cpi sait courber l'échine devant les manquements voire les mensonges de ceux qui la nourrissent, à savoir le Conseil de Sécurité de l'Organisation des Nations-Unies qui, au travers de sa Résolution 2062, adoptée le 27 juillet 2012, s'engageait à faire remonter l'enquête pour crimes contre l'humanité en Côte d'Ivoire, au 19 septembre 2002, ou encore l'exécutif ivoirien qui la moucha en lui refusant la déportation de Simone Gbagbo, en faisant valoir au travers d'une exception d'irrecevabilité, une primauté de juridiction ivoirienne.

La Cpi est donc un tribunal irresponsable, sous influence, aux modes de fonctionnements partisans, en quelque sorte une aberration des lois de nature dont la création n'a jamais reposé sur une volonté populaire, et dont les délibérés sont moins de justice que de vengeance. Au-delà d'être dogmatique et doctrinaire, elle est surtout sélective dans le choix de ses inculpations.

Bush n'a pas été poursuivi pour le sang versé en Irak, Bachar el Assad non plus pour le sang versé sur son sol, pas plus que la France pour ses responsabilités dans le génocide du Rwanda, ni même Ariel Sharon si on se rappelle Chabrah et Chatilah, ou encore Kissinger pour ses gazages au napalm au Vietnam, etc. A moins qu'il n'y ait quelque part, dans le Statut de Rome un chapitre sur la prescription qui nous aurait échappé ! En vérité le droit de la Cpi au-delà d'être partisan est surtout réactionnaire, elle-même étant vétuste et rétrograde.

Mais au-delà de tout cela, s'il est bien une chose certaine et à retenir, c'est que Laurent Gbagbo sait que les événements et les choses qu'il suscite malgré lui ont un sens, à nous ses disciples de les interpréter, à eux ses geôliers de les justifier, et l'histoire jugera.

LE MODÈLE RWANDAIS DU PROCUREUR OCAMPO
Par
Pr. Michel GALY[90]

« A tale, told by an idiot, full of sound and fury » (« Une fable de bruit et fureur, racontée par un idiot»)...

A lire les 47 pages publiées de « l'acte d'accusation » du Procureur Ocampo contre le Président Laurent Gbagbo, la formule de Shakespeare prend tout à coup un air d'actualité inattendu !

Il n'est pas souvent donné de lire, concernant un pays et un thème que l'on a passé une vingtaine d'années à approfondir en sociologie politique, un tel tissu d'inexactitudes, contrevérités, amalgames et, il faut bien le dire stupidités, dans une sorte de volapük ressemblant de loin à la langue française !

Même si M. Ocampo est Argentin, la Cpi en Hollande, et l'administration internationale trop souvent une tour de Babel où le sens des mots est la première victime, n'y a-t-il pas, parmi ces *« hauts fonctionnaires internationaux »* (?) un francophone qui puisse relire ce texte indigent dans la forme autant que scandaleux dans le fond ?

Car enfin, quel sens donner, dans ce texte, à une citation donnée comme *«traduction»* d'une phrase de Laurent Gbagbo : on croit rêver, ou plutôt le texte délire dans ce croisement du langage et du sens.

Lorsque l'on ne connaît ni le français classique, ni celui de *« Moussa »*, ni les différents registres de langage ou les métaphores, inventions lexicales, détournements d'un créole franco-ivoirien en évolution permanente, que fait-on, comme Ocampo and C° ? Au fond, on traduit. On traduit de l'anglais, on invente en anglais et on traduit. Ou on transpose. On traduit et on transpose d'autres aires culturelles, et le principal référent politique me semble être le Rwanda. Et peut-être l'Argentine.

Prenons *«la Politique»* dans ce texte : selon Ocampo, ce terme signifie la volonté de tuer les pro-Ouattara ! Mais où a-t-il été pêché cela ? A

[90] Politologue.

supposé qu'un de ses enquêteurs ait entendu, et non inventé, un quelconque locuteur (*« homo qualunque»*, comme on dit chez Ocampo) d'Abidjan, et sait qu'au contraire d'une violence, il s'agit d'une tactique de *«tergiversation»*, retardement, *«embrouille»*, ce qui a été le cas pendant les 4 mois de crise dite *«postélectorale »* : la *«politique»*, arme des plus faibles dans cette guerre d'asymétrique, et non volonté de puissance, encore moins d'extermination.

Et cette *«politique»* de tergiversation se voit subrepticement transformée en nom propre, une majuscule magnifiant l'invention, le détournement haussé au niveau du concept quasi génocidaire ! Plus fort, Ocampo décline (!) sa Politique en *«Plan commun»* ; et ici le procédé est fort : en direct dans le texte, le glissement d'un fragment de phrase isolé devient substantif, puis amplifié par une clandestine majuscule, projet d'extermination ! Comme dit le populaire : il fallait le faire! Procédé conscient et non maladresse, à la limite de l'escroquerie intellectuelle, qui suffit à discréditer l'accusation. Le dernier étage de ce *«montage politico-linguistique»* est la dénonciation de la «*structure*» qui même sans nom, organigramme ou majuscule, met en œuvre la Politique et le Plan commun ! La critique interne du texte d'Ocampo le montre. Allons à l'essentiel, car il y a d'autres glissement et inversion de sens : ces deux termes inventés, mal compris, ou détournés soutiennent l'accusation, veulent démonter la préméditation et le complot, rationaliser à sens unique la violence.

Le *«camp»* Gbagbo - puis *«le clan»* et ce glissement sémantique qui s'oppose à l'État, ou aux *«loyalistes»* a inventé une idéologie, dite *«la Politique»* (majuscule !) qui se décline en plan d'action collectif, traduit par Ocampo en *«Plan commun»*. Politique et Plan commun d'exterminer tous les *«dioula»*, en tout cas tous les pro-Ouattara : le camp du bien, les *«victimes»* pour Ocampo ! Réifier, nommer et organiser l'informel (et en particulier la *«galaxie patriotique»* dont certains chercheurs français ont donné - depuis 2004 !, des organigrammes quasi militaires, légitimant attaque militaire et extermination de civils pro-Gbagbo) - pour mieux accuser, ou l'Afrique et son histoire aux prises à la (dé-) raison d'un procureur argentin : entre incompétence et mauvaise foi, reste la place d'un contact culturel manqué...

A vrai dire, il faut analyser, pour mieux le dénoncer, le système institutionnel qui permet un tel travestissement du Réel. *«Qui jugera les juges»*, ou plutôt en l'occurrence les procureurs ? L'autonomisation sans sanction ni recours ad hominem d'une fonction telle que celle qu'occupe Ocampo remet en cause une fois de plus en question la légitimité de la Cour pénale internationale, car participant d'une mondialisation judiciaire qui n'inculpe que des dirigeants africains selon les volontés des puissances dominantes; technique, en démontrant le caractère néfaste et pervers d'un système accusatoire anglosaxon - au lieu d'une instruction à charge et décharge ; personnel, en permettant à un *«homme sans qualités»*, qui méconnaît la sociologie politique d'un pays et ne travaille pas ses dossiers d'imposer un point de vue truqué à une institution hors de contrôle.

Au-delà, l'accusation manquée d'Ocampo relève d'un abord quasi-psychiatrique; décollage du Réel politique et fonctionnement autonome du langage (La langue parle d'elle même!), délire aggravé des travers d'une traduction viciée), importation irréfléchie de modèle latino-américain sur les détenteurs du pouvoir d'État, vertige narcissique devant les médias, projection du modèle génocidaire rwandais sur le Soudan (cf. les critiques internes à la Cpi et celles, récentes, de Rony Brauman) et la Côte d'Ivoire, inversion de la culpabilité entre agresseurs et agressés (cf. ici Sémelin dans les processus inversés d'accusation au cours des *«violences extrêmes»* : décidément la schizophrénie est bien le rapport au Réel qui caractérise le biais de cette justice des vainqueurs et son caricatural auteur ! Car pour un ancien *«défenseur des victimes »* argentin comme Ocampo - il y a longtemps, avant qu'il ne soit happé par le vertige des sommets, et celui des voyages politico médiatiques! -, l'État c'est l'ennemi, et son président, forcément, un dictateur. Ce qui se trouve en l'occurrence cohérent avec une décennie de propagande des *«rebelles qui sourient »* sans doute aux gratifications de M. Ouattara, si ce n'est à l'idée de leurs 10 000 victimes civiles depuis 2002 ! Mais aussi de la droite française qui - depuis 2000 - n'a jamais accepté le régime de Laurent Gbagbo et a d'abord mené une offensive politico-médiatique dont l'instance judiciaire n'est que le dernier avatar.

Du simple délire individuel? Si d'après Barthes, de traduction en métaphore, le Réel fuit de toute part, c'est bien le cas sémiologique du discours d'Ocampo... Le *« Plan commun »* a-t-il un sens *« commun »* ?

Et oui, mais ailleurs ! Les spécialités du Rwanda reconnaîtront une projection sur la Côte d'Ivoire de la préparation du génocide Tutsi par les proches du dictateur Habyarimana (soutenu par l'alliance sacrée gauche/droite française en période de cohabitation - pendant qu'Henri Poncet, militaire colonial tout terrain, était déjà en charge des forces françaises à Kigali, en attendant 2004 à Abidjan).

Là-bas, autour du président Habyarimana, il y avait bien ce groupe familial et semi clandestin *«l'Akazu»*, avec sa Dame de fer, Agathe, Mme la présidente (qui coule des jours heureux, depuis 1994, aux portes de Paris) qui, avec des généraux et des chefs de milice, ont préparé l'extermination des Tutsis. Importation de machettes, détail des ordres donnés verticalement, des gouverneurs aux préfets et aux bourgmestres: *«Plan commun»* à la rwandaise !

Or de l'avis des observateurs indépendants et d'une partie de l'opinion africaine et ivoirienne, la gouvernance de Laurent Gbagbo s'est toujours arc-boutée sur le légalisme constitutionnel et les décisions du Conseil Constitutionnel. Il s'est refusé à ethniciser les clivages politiques, à croire en la transgression ultime d'une force onusienne et d'un corps expéditionnaire français procédant à un renversement de son régime et tirant sur des civils ; enfin n'a pas voulu distribuer massivement des armes à ses partisans ou aux ressortissants sudistes qui le soutenaient - non plus que s'en prendre aux ressortissants occidentaux ou aux forces armées étrangères.

L'inverse, le symétrique du procès d'intention que mène Ocampo, dans son inversion politologique des deux camps. *«Au pays du mensonge déconcertant»* : disaient les dissidents de l'Union soviétique, quand la propagande du pouvoir avait un rapport schizoïde avec la réalité. Là encore la fiction s'est emparée du Réel; et Orwell, dans 1984 décrit bien un régime fictif où *«la paix, c'est la guerre»*, et inversement, comme en miroir. Peut-être, c'est une des sources d'Ocampo, à moins que sa fiction soit borgésienne, ce qui serait sans doute lui faire un compliment immérité... Quand on ne connaît pas ni la langue courante, ni les langues nationales, quand on n'a lu visiblement ni politologie ni sociologie ivoirienne, comment obtient-on un supposé savoir? Là encore le discours d'Ocampo le révèle : par ses partisans, par le camp, le clan Ouattara.

Et ses affidés : ONG opportunistes ou créées de toutes pièces, journaux français ou *«panafricains»*, médias sarkosystes internationaux ou nationaux ouattaristes. ONG de *«droits de l'homme»* occidentales et partisanes comme HRW ou négationnistes comme FIDH, ou ivoiriennes - créées ad hoc et de toutes pièces pour *«recueillir des témoignages »* en faveur de M. Ocampo ! De sorte que l'on peut faire l'hypothèse suivante : c'est bien une «Politique» Boundiali déclinée en *«Plan commun»* qu'a vaguement compris Ocampo. Celle manigancée depuis 2002, et peut-être même avant. Celle d'un coup d'État qui a échoué et d'une rébellion armée, alliée à une armée coloniale, qui a réussi. Celle qui permet à des (forces pro-Ouattara) de prendre un quartier d'Abidjan, puis la ville, puis le Sud, avec la protection de deux corps expéditionnaires. Puis d'exterminer dans le silence, des milliers d'opposants sur leur appartenance ethnique, depuis avril 2011? (...) Crimes de guerre et acte de génocide de Duékoué : planifiés sans doute pour provoquer la terreur. Et qui continuent au jour le jour dans Abidjan et l'Ouest ivoirien. Finalement Ocampo, la voix de ses maîtres bien comprise, n'a rien compris. Il n'a rien vu à Abidjan, que ce qu'il y a apporté. Et pourtant, à travers son discours, on décrypte une vérité cachée, inversée, scellée. Comme si au miroir des lagunes, cette image grimaçante, quasi-diabolique, venait resurgir des fonds de l'histoire coloniale. Affleurerait alors une vérité travestie de la crise ivoirienne.

Une complicité idéologique, politique, militaire, qui malgré la traîtrise des concepts, trahissait ses auteurs pour se faire jour. Ce sont en fait des autres dont vous parlez, ceux qui vous ont informé, déformé, intoxiqué. A eux, la *«Politique»*, le « *Plan commun* » et le système de mort et d'extermination. A vous le travestissement et l'inversion accusatoire. Aux inculpés et emprisonnés le martyre immédiat et la rédemption dans l'Histoire. A vous et à vos maîtres la honte et l'indignité ! En attendant une inversion bien réelle de situation, nul régime, arrivé par la force, et maintenu par la violence symbolique dont vous participez, n'est éternel.

Traduction, trahison, travestissement de la vérité dans un discours qui s'autonomise. La tour de Babel ne peut être le lieu d'une quelconque justice. Et pour reprendre à rebours une formule qui concernait Mauriac-coupable de fiction téléologique : le romancier n'est pas justicier, M. Ocampo non plus ! La *«Politique»* se retrouvera dans les dossiers de l'Élysée, et le *«Plan commun»* sortira des cartons du ministère de la Défense, car les dirigeants ont changé et le complot néocolonial se révèle jour après jour, même si seul le bureau du procureur de la Cpi n'est pas informé...

M. Ocampo a largement contribué à discréditer la Cpi et son système accusatoire, en pactisant avec les bourreaux et en contribuant à légitimer la tuerie de civils dans le coup d'Etat franco onusien : les progressistes ne peuvent que demander la dissolution de cette institution contestée en Occident même (quelle légitimité a une instance qui n'est pas un organe judiciaire, et violemment refusée par les États-Unis d'Amérique? Et unanimement rejetée par les opinions et les intellectuels africains pour son néocolonialisme judiciaire ?

A ces inversions et délires accusatoires, on retrouve un derniers travers, qui peut se caractériser en collusion, si ce n'est en forfaiture : le complot dénoncé n'est-il pas en fait organisé dans une forte proximité entre Sarkozy, Ouattara - ou même Soro et le procureur Ocampo : on savait, de la Libye à la Côte d'Ivoire, où était le donneur d'ordre, dont le ministre Mercier intervenait à La Haye en pleine Cpi.

Mais quand Ocampo vient voir la veille de la déportation du président Gbagbo, M. Ouattara à son domicile parisien ; ou féliciter par écrit Guillaume Soro de son *cursus honorum*, qui en toute justice devrait être, ainsi que son maître, poursuivi par une justice impartiale, comme criminel de guerre et coauteur d'acte de génocide, c'est plus qu'un désaveu ou un effondrement de l'accusation que devrait encourir Ocampo.

Ces faits reconnus devraient, in fine, devenir judiciairement condamnables ! Comme en miroir, il faut donc lire à rebours l'acte accusatoire d'Ocampo, inversant accusés et victimes, dévoilant la Politique, le Plan et le système des alliés d'Ocampo: le clan Ouattara/Soro et ses commanditaires. Vous pouvez retourner à vos études argentines, M. Ocampo : sans le savoir, vous avez tout dit !

DEUXIÈME PARTIE

VERS UN PROCÈS SANS PREUVES

Ahoua DONMELLO: Les grandes questions sur le DNC de Bensouda

Émile GUIRIÉOULOU : Le 17 mars 2011, qui a bombardé le marché d'Abobo ?

KOUAMÉ Kouakou Ok : Les manœuvres du Procureur de la Cpi dans l'affaire le Procureur contre Laurent Gbagbo en l'absence de preuves

OULAYE Hubert : Désarroi de Bensouda dans l'affaire le Procureur contre Laurent Gbagbo : le cumul de responsabilités comme palliatif à l'insuffisance des preuves

LES GRANDES QUESTIONS SUR LE DOCUMENT DE NOTIFICATION DES CHARGES DE LA PROCUREURE BENSOUDA

Par

Dr. Ahoua DONMELLO [91]

Selon le document de notification des charges du 13 janvier 2014 en son point 6 des exposés des motifs et au premier paragraphe (les attaques généralisées), la Procureure Bensouda écrit :

« Entre le 27 novembre 2010 et le 8 mai 2011, les forces pro-Gbagbo ont dirigé une attaque contre des civils considérés comme des partisans de M. Ouattara. Plus d'une centaine d'incidents impliquant les FDS ainsi que des jeunes pro-Gbagbo, des miliciens et mercenaires ont eu lieu au cours de ladite période. Selon une évaluation à minima, ces incidents ont causé la mort d'au moins 1000 civils, à Abidjan et dans certaines localités de l'Ouest du pays. Les forces pro-Gbagbo ont également arbitrairement arrêté au moins 520 personnes et ont infligé à plus de 140 civils de grandes souffrances et des atteintes graves à l'intégrité physique. Par ailleurs, pour la seule ville d'Abidjan, au moins 40 femmes et jeunes filles ont été violées par les forces pro-Gbagbo au cours des violences postélectorales »

La grande expertise, dans ce cas nous pouvons parler de prestidigitation, du Procureur Bensouda est d'avoir permuté les acteurs de la crise postélectorale : les crimes des rebelles sont attribués aux pro-Gbagbo et les victimes deviennent des pro-Ouattara dans des zones supposées être les fiefs des pro-Gbagbo.

La confrontation de l'histoire réelle de la crise avec le film-fiction de Mme Bensouda soulève plusieurs questions dont les réponses permettront de mieux éclairer l'opinion publique.

Question 1 : *Quel décalage y a t-il entre le DNC et la réalité de la crise ivoirienne ?*

[91] Ancien Ministre de l'équipement et de l'assainissement ; ancien Directeur Général du BNETD.

Réponse : Le 13 Janvier 2014, Mme Fatou Bensouda déposait à la Cour pénale internationale, le Document de Notification des Charges (DNC) amendé.

L'histoire récente de la Côte d'Ivoire, telle que relatée dans le document, passe sous silence des faits historiques vérifiables mais consciemment omis ou falsifiés pour accuser un homme : Laurent Gbagbo.

De 2000 à 2011, Laurent Gbagbo est accusé d'avoir élaboré un « plan commun » et une « politique » d'attaques systématiques et généralisées visant les partisans de M. Ouattara.

Tout observateur de la vie politique de la Côte d'Ivoire de 2000 à 2011, ne peut qu'être surpris de ce « coupé décalé » de l'histoire récente de la Côte d'Ivoire.

Cela rappelle l'histoire des armes de destruction massive qui ont justifié le bombardement de l'Irak et l'assassinat de Saddam Hussein et cela rappelle l'histoire récente de la Syrie heureusement mis en échec grâce à la vigilance de Poutine. Les faits étant têtus, la vérité sur la crise ivoirienne éclatera dans toute sa nudité.

Question2 : *Justement quelle est la réalité sur cette affirmation de Mme Bensouda disant que dès son accession à la Présidence en 2000, Gbagbo a eu pour objectif de se maintenir au pouvoir, y compris en réprimant ou en attaquant violemment ceux qui constituaient une menace pour son régime. Sachant l'élection présidentielle inévitable, Gbagbo a, conjointement avec son entourage immédiat, conçu et mis en œuvre un Plan commun afin de se maintenir à la Présidence par tous les moyens nécessaires*

Réponse : Chinua Achebe a raison quand il disait que tant que le lion n'aura pas son historien, l'histoire de la chasse sera toujours à la gloire du chasseur. Laurent Gbagbo attaqué par M. Ouattara dès son accession au pouvoir, n'a pas eu d'historien au cabinet du Procureur pour lui donner les faits. Il est bon de lui en donner quelques-uns : Laurent Gbagbo a accédé au pouvoir en Novembre 2000. Deux mois après sa prise de fonction effective, un coup d'État manqué avec occupation de la télévision ivoirienne est organisé par les partisans de M. Ouattara. Ensuite une tentative d'invasion connue en Côte d' Ivoire du nom du complot de la Mercédès noire est organisée depuis le

Burkina-Faso par les partisans de M. Ouattara. Cette tentative fut un échec. Deux ans après, une autre tentative de coup d'État échoue avec 60 gendarmes et leurs familles exécutées par les rebelles de M. Ouattara, le Ministre Boga Doudou Émile tué et 10 danseuses traditionnelles Baoulés de Sakassou exécutées.

Pour faire face à ces multiples crises, le Président Laurent Gbagbo accepte de s'asseoir autour d'une même table avec les rebelles pour produire un plan commun de sortie de crise sous la supervision de la France. Il en sortira les accords de Linas-Marcoussis et un gouvernement de réconciliation national avec un premier ministre de consensus et des rebelles au gouvernement. Si faire des rebelles des ministres, c'est les attaquer et les réprimer, beaucoup d'Ivoiriens souhaiteraient être attaqués et réprimés de la sorte. Si les accords de Linas-Marcoussis constituent un plan commun pour se maintenir au pouvoir, M. Ouattara peut en faire autant, lui qui a déjà annoncé sa candidature pour 2015.

Pendant que Laurent Gbagbo appliquait le plan commun de Linas-Marcoussis, le seul point qui était demandé aux rebelles de M. Ouattara, à savoir le désarmement qui devait intervenir dès la mise en œuvre du gouvernement de réconciliation n'a jamais eu lieu. Au contraire, la rébellion a fait main basse sur les ressources de la BCEAO dans les zones occupées, main basse sur le diamant, le coton, l'anacarde, le bois, le cacao dans la zone occupée et un trafic d'armes s'est développé avec comme base arrière le Burkina-Faso.

L'ONU dans sa résolution 1643 du15 décembre 2005, a demandé à l'ONUCI de : *« Recueillir et analyser toutes informations pertinentes en Côte d'Ivoire et ailleurs, en coopération avec les gouvernements de ces pays, sur les mouvements d'armes et de matériels connexes, sur la fourniture de toute assistance, de tout conseil et de toute formation se rapportant à des activités militaires, sur les réseaux opérant en violation des mesures imposées par le paragraphe 7 de la Résolution 1572 (2004), ainsi que sur les sources de financement, notamment l'exploitation des ressources naturelles en Côte d'Ivoire, consacrés à l'acquisition d'armes et de matériels connexes ou se rapportant à des activités apparentées. » et de « Prendre les mesures nécessaires pour interdire l'importation sur les territoires voisins de tous les diamants bruts en provenance de Côte d'Ivoire ».*

En lieu et place du désarmement, les rebelles de M. Ouattara ont continué à s'armer et commettre des crimes économiques, des crimes de guerre et des crimes contre l'humanité au Nord, au Centre et surtout à l'Ouest de la Côte d'Ivoire de 2002 à 2011. Au vu de ce qui précède, qui avait un plan caché pour prendre le pouvoir par tous les moyens y compris en réprimant ou en attaquant violemment ceux qui constituaient une menace pour son accession au pouvoir ? M. Ouattara bien évidemment.

Question 3 : *Selon Mme Bensouda dans le DNC amendé, le second tour de l'élection présidentielle a eu lieu le 28 novembre 2010 et l'annonce des résultats était prévue le 1 décembre 2010. Le 2 décembre, le Président de la CEI a annoncé les résultats provisoires et déclaré que M. Ouattara avait remporté 54,1% des voix et Gbagbo 45,9%. Le 3 décembre, le Président du Conseil constitutionnel, un allié de Gbagbo, a invalidé la décision de la CEI et annoncé la victoire de celui-ci. Les deux candidats se sont proclamés simultanément Président de la Côte d'Ivoire. Cependant, le 4 décembre, le Conseil constitutionnel a fait prêter serment à Gbagbo pour un nouveau mandat présidentiel. Peu après, Ouattara prêtait serment par écrit en tant que Président de la République. Les deux camps ont alors formé leurs gouvernements respectifs. Qui a gagné les élections présidentielles de 2010?*

Réponse : C'est l'arme de destruction massive qui a été découverte en Côte d'Ivoire pour ceux qui avaient l'intention de faire main basse sur une Côte d'Ivoire qui avait réussi à affirmer sa souveraineté sous Laurent Gbagbo. Madame Bensouda a omis de dire que le 2 décembre, c'est le Qg de M. Ouattara qui a donné des résultats et non le Président de la CEI qui était forclos le 1 er Décembre à minuit. La CEI n'avait, le 2 Décembre que des résultats partiels aussi bien au niveau du comptage électronique que du comptage manuel.

Ces résultats sont pour Laurent Gbagbo 53.87% pour les 14 régions sur 19 consolidés pour le comptage manuel et le comptage électronique affichait 51.24% pour 60% des électeurs. M. Ouattara avait 46.13% pour le comptage manuel et 48.76% pour le comptage électronique. Ce sont ces deux documents qui ont été transmis au Conseil Constitutionnel avec la liste des procès-verbaux frauduleux détectés par le comptage électronique. Au vu de ces documents, le

Conseil Constitutionnel a donné les résultats suivants : Gbagbo Laurent 51.45%, Alassane Ouattara 48.55%. Ces documents existent et sont vérifiables.

Si vous demandez à Mme Bensouda de vous donner un document de la CEI signé par les membres de la Commission électorale prouvant les résultats annoncés par France 24 et associés et repris par elle, elle en sera tout simplement incapable parce qu'un tel document est inexistant. Ce n'est pas en répétant un mensonge plusieurs fois et en le faisant certifier par l'ONU qu'il deviendra vérité. Comme en Irak, on découvrira un jour la vérité sur ces autres armes de destructions massives. Médiapart le célèbre média français a déjà donné le ton.

Question 4 : Bensouda écrit encore *« Entre le 27 novembre 2010 et le 8 mai 2011, les forces pro-Gbagbo ont dirigé une attaque contre des civils considérés comme des partisans de M. Ouattara. Plus d'une centaine d'incidents impliquant les FDS ainsi que des jeunes pro-Gbagbo, des miliciens et mercenaires ont eu lieu au cours de ladite période. Selon une évaluation à minima, ces incidents ont causé la mort d'au moins 1000 civils, à Abidjan et dans certaines localités de l'Ouest du pays. Les forces pro-Gbagbo ont également arbitrairement arrêté au moins 520 personnes et ont infligé à plus de140 civils de grandes souffrances et des atteintes graves à l'intégrité physique. Par ailleurs, pour la seule ville d'Abidjan, au moins 40 femmes et jeunes filles ont été violées par les forces pro-Gbagbo au cours des violences postélectorales. »*

Réponse : La grande expertise du Procureur Bensouda est d'avoir permuté les acteurs de la crise postélectorale : les crimes des rebelles sont attribués aux pro-Gbagbo et les victimes deviennent des pro-Ouattara dans des zones supposées être les fiefs des pro-Gbagbo.

En effet, le 28 novembre 2010, Mme Bensouda reconnaît que les rebelles ont progressé de l'Ouest, du Centre et de l'Est vers Abidjan. Mais, curieusement, les 1000 civils tués lors de leur progression (800 civils tués dans la seule ville de Duékoué et dans la seule journée du 28 novembre par les rebelles de M. Ouattara) sont attribués aux Forces de Défense et de Sécurité et aux jeunes pro-Gbagbo comme si les rebelles en progressant avec des armes jusqu'à Abidjan n'avaient tiré aucun coup de fusils et que dès qu'un rebelle était tué pendant les batailles, il devenait brusquement un civil. Pour rappel, le 28 novembre 2010, suite au déclenchement des attaques des rebelles passés sous le commandement de M. Ouattara par une « ordonnance » signée de ses propres mains le 17 Mars 2011, le régime du Président Gbagbo a appelé au respect du cessez-le-feu instauré par la résolution 1528 du 27 février 2004 sous surveillance de l'ONUCI. Les Forces de Défense et de Sécurité n'ont donc pas tiré. Seuls les rebelles massacraient, pillaient, volaient et violaient sur leur passage la population qui était sans résistance. Ce qui explique l'arrivée de ces derniers à Abidjan en moins de 3 jours. Pendant ce temps, à Abidjan, le commando invisible pro-Ouattara était à la manœuvre à Abobo massacrant des dizaines de villageois dans le village d'AnonkouaKouté et tuant des dizaines de policiers affectés sur ces lieux pour le maintien de l'ordre.

Voici une idée des attaques lors de la progression des rebelles en plus du génocide de Duekoué :

Lundi 28 mars 2011

- Région du Moyen Cavally

Les positions des Forces de Défense et de Sécurité de Guiglo, Duékoué et leurs postes à Guéhébly et Dibobly ont été attaquées par les rebelles. Ces attaques ont été précédées d'un ballet aérien des hélicoptères de l'ONUCI et des Forces françaises de l'Opération Licorne qui ont pré-positionné des rebelles et des armes en plusieurs endroits stratégiques de la région.

Les Forces de Défense et de Sécurité ont opéré un repli pour se reconditionner.

- Région de la Marahoué

Zuénoula. Huit (08) gendarmes de la brigade de la ville en patrouille à Kanzra ont été enlevés et pris en otage par des rebelles.

Bédiala. Des rebelles en provenance de Vavoua ont attaqué Bédiala. Les Forces de Défense et de Sécurité ont quitté leur position. Là encore, l'ONUCI était présente avec les MI 24.

- Région du Zanzan

A Doropo et Bondoukou, le mardi 1er avril à 04 heures 30 minutes, des rebelles en provenance de Bouna à bord de huit (08) véhicules de type 4x4 dont un (01) monté d'un canon 12,7 ont attaqué la position avancée des Forces de Défense et de Sécurité à Gbanhoui Sous-préfecture de Laoudiba, soixante (60) km de Bondoukou. Les Forces de Défense et de Sécurité se sont repliées à Bouna.

En fin d'après-midi, les positions des Forces de Défense et de Sécurité ont été attaquées par les rebelles lourdement armés, respectivement à Laoudiba et à Bondoukou. Les Forces de Défense et de Sécurité ont quitté leur position.

Mardi 29 mars 2011

- Région du Haut-Sassandra

Dans la nuit du 28 au 29 mars 2011.

Daloa. Les positions des Forces de Défense et de Sécurité ont été l'objet d'une attaque massive des rebelles. Les Forces de Défense et de Sécurité ont opéré un repli pour se reconditionner. Les renforts y sont acheminés en vue de lancer une contre-offensive. Les Forces de l'Opération de l'ONUCI et de l'Opération française Licorne effectuaient d'incessants mouvements terrestres et aériens hostiles dans le dispositif des Forces de Défense et de Sécurité sur l'ensemble du territoire national. A Duékoué, l'ONUCI a quadrillé la ville pendant les combats avec des chars. Les chars de l'ONUCI ont renseigné constamment les positions des FDS pendant les combats à Daloa. Les FDS se battent en réalité contre l'ONUCI qui apporte l'appui logistique conséquent aux terroristes qui attaquent la Côte d'Ivoire. L'Union Européenne n'a pas manqué à l'appel en prenant les décisions mortelles suivantes :

- L'embargo sur les médicaments ;
- La fermeture des banques ; et l'interdiction d'exporter le cacao privant ainsi la population ivoirienne de revenus pour se nourrir, se soigner, scolariser les enfants et vivre décemment.

Qui a financé, formé, armé, transporté ces rebelles, encadré, soutenu et ordonné les massacres ? Le paragraphe 9 b de la résolution1643 du 15 décembre 2005 citée plus haut nous donne un début de réponse ainsi que les faits ci-dessus rapportés.

Question 5 : *Des faits concrets ont été reprochés à Laurent Gbagbo dont les attaques liées aux manifestations devant le siège de la RTI (du 16 au 19 décembre 2010) et des civils non armés ont été tués sous ordre de Gbagbo. Qu'elle est la version réelle ?*

Réponse *:* La marche sur la RTI n'a pas été une marche pacifique. Elle fût organisée à l'hôtel du Golf, QG de M. Ouattara où les rebelles étaient convoyés par hélico et entraînés à l'hôtel du Golf. Les policiers qui étaient à la sortie du Golf Hôtel sur le chemin de la RTI ont été abattus par les supposés marcheurs. Cela prouve au moins une seule chose : certains parmi les marcheurs étaient armés. Pour les seuls mois de décembre et de janvier, 32 éléments des Forces de Défense et de Sécurité ont été tués. Une cérémonie commémorative a eu lieu en Janvier. Ils ont été décorés et promus à titre posthume. Le Président de la République a remis la somme de 160 millions de FCFA comme soutien immédiat à leur famille. Avant cette marche un reportage télé montrait une revue de troupe par M. Soro Guillaume et un de ses lieutenants qui disait à peu près ceci : « *Gbagbo n'a pas pu mater notre rébellion, nous allons mater la sienne*. »

Pendant cette marche, le gouvernement a noté la complicité entre les rebelles et les forces de l'ONUCI contre les Forces de Défense et de Sécurité. Le communiqué du conseil des ministres du 20 janvier 2011 est éloquent à ce sujet : *« Au plan sécuritaire, le mot d'ordre de « pays mort » lancé par le RHDP a eu une portée limitée. Le couvre-feu a été respecté mais l'on a constaté des affrontements répétés entre la population abidjanaise et les Forces Onusiennes, se soldant souvent par des victimes. Le Président de la République de Côte d'ivoire son Excellence Laurent Gbagbo, a tenu à rappeler la position de la République de Côte d'Ivoire suite au partenariat entre les rebelles et les Forces Onusiennes contre les forces régulières lors de la marche dite pacifique du RHDP le 16 décembre 2010.*

En effet, la Côte d'Ivoire a demandé par voie diplomatique le départ des Forces Onusiennes et des Forces Licorne et attend toujours une réponse par la même voie. »

Question 6 : *Il y a aussi la marche des femmes à Abobo qui a été violemment réprimée sur ordre de Gbagbo faisant plusieurs femmes tuées.*

Réponse : C'est l'évènement le plus extraordinaire du gouvernement Gilbert Aké N'Gbo qui était, le jour des faits, en conseil des ministres. Mais les journalistes avaient des détails sur le nombre de femmes tuées à l'arme lourde par les Forces de Défense et de Sécurité (FDS) alors qu'aucun service de police, de gendarmerie et de l'armée n'a pu faire un compte-rendu de la fameuse marche. C'est sur les réseaux sociaux que l'on découvre des images et vidéos amateurs montrant des femmes supposées mortes qui se relèvent comme un film en tournage et supposé relater les événements d'Abobo. Mais, la presse internationale qui demandait des preuves chaque fois que les rebelles commettaient des exactions, n'a pas pris la peine d'une moindre vérification des faits et passait déjà en boucle cette information sans fondement et accusait déjà le régime du Président Laurent Gbagbo.

Les journalistes de la presse internationale continuaient d'affirmer sans preuve le massacre de 7 femmes à l'arme lourde par le régime Gbagbo et ignoraient totalement le point de vue du gouvernement. Les deux ministres en charge de la sécurité et de la défense étaient obligés de compléter le communiqué du gouvernement par une conférence de presse le 5 mars 2011. Malgré ces démentis, la presse internationale continuait d'incriminer le régime malgré le communiqué ci-dessous du 4 mars 2011 provenant du gouvernement : *« L'État-major n'a envoyé aucun détachement à une quelconque manifestation à Abobo. Même dans un tel cas, aucun élément des Forces de Défense et de Sécurité (FDS) ne peut tirer sur des femmes, car aucun ordre n'est venu de la hiérarchie militaire demandant de tirer sur des manifestantes non armées. En l'état actuel des informations fournies par l'État-major des FDS, le gouvernement conclut donc à un complot ourdi par l'ONUCI, le RHDP, les rebelles et leurs mercenaires pour provoquer un choc émotionnel avant la réunion du panel prévue ce vendredi 4 mars à Nouakchott, en Mauritanie. Le gouvernement du Premier ministre Aké N'Gbo n'est pas étonné de cette manœuvre criminelle pour émouvoir la communauté internationale et justifier une attaque de l'ONUCI programmée contre la Côte d'Ivoire.*

Le gouvernement rappelle que dans le cadre de ce complot recherché depuis longtemps, l'ONUCI a brandi, la semaine dernière, une attaque des FDS contre trois de ses agents à Abobo. L'enquête a révélé que l'information était fausse. Toujours la semaine dernière, l'ONUCI a accusé le gouvernement d'avoir violé l'embargo en recevant trois hélicoptères de guerre de type Mi-24 du Belarus, cela aussi s'est avéré faux et l'ONU a reconnu, depuis New York, avoir été trompée par sa représentation en Côte d'Ivoire. N'oubliez pas aussi que dès le début de cette crise postélectorale, l'ONUCI a tenté de faire croire en l'existence de charniers en Côte d'Ivoire mais là aussi, cette lâche accusation s'est avérée fausse. Aujourd'hui, comme tous ces manèges ont échoué, les rebelles, l'ONUCI et le RHDP ont fait tuer leurs propres manifestantes pour accuser le gouvernement et justifier d'éventuelles attaques en préparation contre la Côte d'Ivoire. Quoiqu'il en soit, l'État-major des FDS a été instruit à l'effet de diligenter une enquête sur ces crimes crapuleux contre des femmes. En attendant, l'assassinat de ces femmes vient confirmer toutes les tueries perpétrées par l'ONUCI, les rebelles et leurs mercenaires à Abobo. Rappelez-vous que dans ce quartier, les éléments des FDS sont attaqués à l'arme lourde et tués par balles. Des civils sont brûlés vifs, atrocement découpés à la machette ou égorgés par les rebelles infiltrés. »

Question 7 : *Mme Bensouda fait aussi cas de l'attaque du marché d'Abobo sur ordre de Gbagbo ayant tué plusieurs civils.*

Réponse : C'était une autre surprise du gouvernement qui était ce jour en conseil des ministres. Après plusieurs enquêtes des services des FDS, le gouvernement a fait ce communiqué du 20 mars 2011 : *« Le jeudi 17 mars 2011, en sortant du Conseil des Ministres, le Gouvernement a appris avec surprise que l'armée ivoirienne a tiré à l'arme lourde sur un marché dans la Commune d'Abobo. Notre surprise était nourrie par le fait qu'Abobo n'était pas un théâtre d'opérations des Forces de Défense et de Sécurité ce jeudi 17 mars et que ce quartier est devenu un lieu de confrontation de factions rebelles. Le Gouvernement ivoirien a immédiatement diligenté une enquête sur les lieux, et après trois jours d'enquêtes, le Gouvernement ivoirien fait les constats suivants :*

1. *Les obus trouvés sur les lieux ne font pas partie de l'arsenal militaire des Forces de Défense et de Sécurité de Côte d'Ivoire ;*

2. *Aucun dégât n'a été observé dans le marché ;*

3. *Aucun mort n'a pu être présenté aux enquêteurs pour complément d'enquêtes jusqu'à ce jour.*

C'est le lieu d'interpeller le peu de professionnalisme dont font preuve les journalistes des médias internationaux promptes à diffuser des informations non vérifiées et surtout lorsque cela dessert le Gouvernement de Côte d'Ivoire ; mais observent un mutisme injustifié lorsque des exactions sont commises par les terroristes.

Le massacre des villageois du village d'AnonkouaKouté dans la même Commune d'Abobo n'a point eu d'intérêt pour ces mêmes média, ainsi que des personnes égorgées, tuées a bout portant ou brulées vives lors de l'attaque de l'antenne de la Radio Télévision Ivoirienne située dans la même commune. Par contre des charniers inexistants, des MI 24 imaginaires, des attaques imaginaires des Forces de Défense et de Sécurité sont diffusés en boucle par ces mêmes médias. L'objectif poursuivi est de donner des arguments au Conseil de Sécurité de l'ONU pour décider d'une intervention militaire contre le Gouvernement du Président de la République Son Excellence Monsieur Laurent Gbagbo *avec la complicité de l'ONUCI qui continue de tromper la communauté internationale avec de fausses informations et le réarmement des terroristes qui massacrent au vu et au su de tout le monde entier.*

Le Gouvernement appelle les médias internationaux à plus d'impartialité et d'objectivité pour ne point se rendre complices des terroristes comme le sont déjà les Forces Onusiennes et les Forces Licornes ; si non le Gouvernement les considérera comme le prolongement médiatique du terrorisme. »

Pour conclure, il est surprenant que Laurent Gbagbo soit désigné comme auteur de ces crimes sous le clavier de Mme Bensouda en lieu et place des donneurs d'ordre d'attaques et de bombardement des civils et des institutions de la Côte d'Ivoire à partir du 28 novembre 2010 et du 4 avril 2011 qui sont : Alassane Ouattara et le co-auteur indirect Nicolas Sarkozy.

Les horreurs du génocide Rwandais n'ont été découvertes qu'après la défaite des génocidaires. Pour éviter à la France le syndrome du Rwanda, le nombre de victimes en Côte d'Ivoire a été volontairement sous-estimé et la principale victime est devenue le bourreau pour faire du dilatoire et cacher la vérité. Et pourtant, il n'y a pas d'autres mots pour désigner l'extermination préméditée de 800 personnes sélectionnées sur la base de leur appartenance ethnique : **Génocide.**

« C'est la France qui a fait le travail...on ira jusqu'au bout », disait Laurent Gbagbo lors de sa première comparution à la Cpi.

«*Les gens ne peuvent être soudoyés ou forcés de changer leur histoire. Aucun pays n'est assez puissant - même s'il pense l'être - pour changer les faits* », a déclaré en anglais le président rwandais lors de la cérémonie de commémoration du génocide Rwandais le 7-04-2014, avant d'enfoncer, en français, «*après tout, les faits sont têtus. Le temps écoulé ne doit pas occulter les faits, amoindrir les responsabilités ou transformer les victimes en méchants* », a encore affirmé le chef de l'État rwandais.

17 MARS 2011, QUI A BOMBARDÉ LE MARCHÉ D'ABOBO ?

Par

Émile GUIRIÉOULOU[92]

Dans le Document amendé de notification des charges du 13 janvier 2014, la Procureure de la Cpi, madame Fatou Bensouda, écrit aux points 122 et 123 ce qui suit : *« en mars, les éléments postés au camp ont reçu l'ordre de leurs supérieurs hiérarchiques de tirer des mortiers sur Abobo. Le 17 mars 2011, en plein jour, des éléments du Bataillon d'Artillerie Sol-Air (BASA), basés au camp Commando, ont tiré au mortier sur une zone densément peuplée d'Abobo, où se trouvaient entre autres un marché local, une mosquée, un hôpital et des résidences privées. Des mortiers du BASA étaient installés au camp Commando. Le 17 mars, plusieurs obus de mortier ont été lancés depuis le camp et ont atteint sept endroits au moins, causant la mort de civils et faisant des blessés au marché Siaka Koné, dans le quartier village SOS et dans le secteur de Derrière Rails. »*

Pour leur part, les juges de la Chambre préliminaire 1, dans leur décision de confirmation des charges du 12 juin 2014, indiquent que *« Les éléments de preuve démontrent que, le 17 mars 2011, un certain nombre d'obus de mortier sont tombés sur le centre d'Abobo, faisant des morts et des blessés, en particulier au marché Siaka Koné, dans le quartier du village SOS et dans le secteur dit Derrière Rails ... Sur cette base, la Chambre considère que les éléments de preuve étayent de manière suffisante l'allégation du Procureur selon laquelle le 17 mars 2011, plusieurs obus de mortier sont tombés sur le marché d'Abobo ou dans les environs, faisant au moins 40 morts et blessant au moins 60 personnes. »*

Nous nous attelerons dans les lignes ci-dessous à expliquer que, le 17 mars 2011, les FDS n'ont pas tiré, depuis le camp commando de gendarmerie d'Abobo, des obus sur les cibles indiquées et que techniquement ils ne pouvaient pas le faire.

92 Ancien Ministre de l'Intérieur.

En effet, les Forces Armées Nationales de Côte d'Ivoire (FANCI) disposent dans leur arsenal de trois types de mortiers acquis seulement depuis 2002 : les mortiers de 81 mm et 82 mm et les mortiers de 120 mm.

I- DOTATION DES UNITÉS EN MORTIERS

11- Mortiers de 81 et 82 mm

Ces mortiers sont détenus par les Unités d'Infanterie et les Groupements du Théâtre des Opérations. Dans le jargon militaire, ce ne sont pas des armes lourdes. Ils constituent, pour ces unités, leurs appuis internes de petites portées, c'est-à-dire jusqu'à 2.000 mètres au maximum s'ils sont munis d'un matériel complémentaire appelé « relais ».

Le BASA n'est pas doté de mortiers 81 mm et 82 mm dans son arsenal.

12- Mortier de 120mm

Le mortier de 120 mm fait partie des armes dites lourdes. Il est détenu exclusivement par le BASA (Bataillon d'Artillerie Sol-Air) basé au camp militaire d'Akouédo. Son emploi fait l'objet d'un ordre à l'Artillerie à l'instar de toutes les armes lourdes détenues au Corps. Sa mise en œuvre exige une équipe de spécialistes d'artillerie commandée par un officier d'artillerie ou un sous- officier supérieur breveté. Ceci à cause de la complexité des données à réaliser pour l'exécution des tirs à distances variables.

Pendant la crise postélectorale, cet ordre n'a pas été donné par la hiérarchie et les tubes de ce calibre n'ont jamais été acheminés sur le théâtre des opérations dans les communes d'Abidjan.

II- LES TIRS D'OBUS

21- Obus de 81 et 82 mm

A supposer les tirs d'obus de mortier 81 mm ou 82 mm.

La Gendarmerie d'Abobo ne dispose pas de ces types de mortier. Si donc ils ont été utilisés à partir du camp commando de gendarmerie d'Abobo, c'est qu'ils y ont été transportés depuis une autre unité qui en dispose. Ils ne peuvent pas avoir été fournis par le BASA qui n'en dispose pas.

Alors questions : quelle est l'Unité de provenance de ces mortiers ? A quel moment le Commandant des opérations de la ville d'Abidjan, le Général Détoh Létoh, a-t-il mis ces armes à la disposition du chef des opérations d'Abobo au moment des faits, le Chef de Bataillon Gnahoua Dabley ? Quelles sont les consignes données ce jour-là par le chef des opérations ?

En effet, les objectifs de tir au mortier sont toujours fixés par le chef avant toute mise en œuvre ; de même que le nombre d'obus à tirer. Les ordres de début et de fin de tir sont donnés par le chef hiérarchique de contact. Or, dans ce cadre, la hiérarchie est connue : il s'agit du chef des opérations, le commandant Gnahoua Dabley, qui est sous les ordres directs du Commandant des Opérations de la ville d'Abidjan, le Général de Brigade Détoh Létoh.

22- Obus de 120 mm

A supposer un tir d'obus 120 mm.

Ce tir n'est pas possible parce qu'aucun tube de 120 mm n'a été acheminé sur le théâtre des opérations d'Abidjan et le personnel qui s'y trouvait n'était pas qualifié pour la mise en œuvre d'un tel armement. Il faut noter que conformément au règlement, l'utilisation des armes du BASA est du seul ressort du Chef d'Etat Major des Armées. C'est de lui et lui seul que le BASA reçoit des ordres de tir. Cette règle est connue et pratiquée dans toutes les armées du monde.

Dans la décision de confirmation des charges, au point 58, les juges déclarent : *« En outre, le témoin P-239 déclare que, déjà avant le 17 mars 2011, des éléments du BASA à Abobo avaient reçu l'ordre de tirer des obus de mortier de 120 mm et qu'étant donné la nature de l'arme, ils avaient demandé un ordre écrit pour le faire.»* Les juges ne disent pas de qui cet ordre était exigé. De plus, en affirmant par la suite que des tirs de mortiers 120 mm ont été effectués le 17 mars 2011 à Abobo, ils n'apportent pas non plus la preuve que cet ordre écrit a été finalement obtenu et de qui.

S'agissant des effets, pour qui connait la puissance du mortier 120 mm, si des tirs au mortier de 120 mm avaient été effectués, les dégâts et destructions auraient été dramatiques. Et là, on aurait enregistré des effondrements d'immeubles, de voies de circulation coupées et un nombre très élevé de personnes tuées puisqu'on nous dit que c'est *« une zone densément peuplée où se trouvaient entre autres un marché local, une mosquée, un hôpital et des résidences privées »,* etc. Rien de tout cela ne s'est produit ce 17 mars 2011 dans cette zone.

III- SITUATION DE LA ZONE DE TIR SUPPOSÉE

Le camp commando d'Abobo est situé à moins d'un kilomètre du village SOS et à un peu plus de deux kilomètres de la Mairie d'Abobo qui est attenante au marché dit Siaka Koné. Cet espace est une ruelle qui relie le secteur au rond-point de la Mairie et qui a été transformé en marché.

Sa partie profonde avoisine 200 mètres pour une largeur d'environ 30 mètres. Le reste du marché s'étend tout au long de la voie express pour une profondeur d'à peu près 10 mètres. Des immeubles bordent cet espace.

Les rails, dans le prolongement nord -sud sont situés à près de 3 kms du camp commando.

Dans tous les cas, il faut retenir que les tirs au mortier sont caractérisés par leur dispersion à l'impact.

Mais par-dessus tout, il importe de dire que même si tirs d'obus il pouvait y avoir depuis le camp commando d'Abobo pendant la crise post-électorale, il n'aurait pu s'agir que de mortiers 81 mm et 82 mm et non des tirs de mortiers 120 mm car comme nous l'avons dit plus haut, pendant la crise post-électorale, les mortiers de 120 mm n'ont jamais été acheminés sur le théâtre des opérations dans les communes d'Abidjan.

A ce niveau d'ailleurs, il faut souligner que l'Opération des Nations Unies en Côte d'Ivoire (ONUCI), dans un communiqué rendu public le 18 mars 2011, indiquait que *« l'examen des projectiles tirés jeudi après-midi au marché d'Abobo et dans ses environs permet de confirmer qu'il s'agit d'obus de mortiers de 81 mm »*.

Ceci étant dit, quelques réflexions s'imposent.

1)- A supposer que des tirs d'obus aient pour cible le village SOS.

Quel intérêt y aurait-il à tirer un obus sur le village SOS situé à moins d'un kilomètre donc à proximité du camp commando ? Comme l'a dit avec humour, mais à juste titre, à son procès le Mdl-chef Kamana Tanoh Brice-Eric, l'un des deux FDS (avec le commandant Gnahoua Dabley) qui comparaissaient devant les tribunaux ivoiriens à propos du bombardement du marché d'Abobo *« il aurait été plus rapide et plus efficace d'y aller à pied »*.

2)- A supposer que des tirs d'obus aient pour cible le quartier « Derrière Rails »

Cela était techniquement impossible, vu la distance (plus de 3 kms) qui sépare ce quartier du camp commando et en tenant compte de la portée maximale des mortiers 81 mm et 82 mm qui n'excède pas 2 kms, même munis d'un relais dont les FDS ne disposaient pas de surcroit.

3)- A supposer que des tirs d'obus aient pour cible l'espace Siaka Koné

La dispersion au mortier d'une telle gamme ne peut dépasser 100 mètres de rayon. Il est donc impossible que les espaces Village SOS et

RAILS soient touchés par des obus soumis à la règle de la dispersion à partir du marché Siaka Koné. Les distances les séparant du marché Siaka Koné sont trop élevées.

4)- A supposer toujours que la cible soit la même, le marché Siaka Koné

En considérant que les sept (7) obus aient leurs points de chute dans le secteur Siaka Koné, la distance qui relie le point de tir supposé (le camp commando) à ce lieu avoisine 2000 mètres. Or, les obus d'un tel calibre dans les Forces Armées Nationales de Côte d'Ivoire ne sont pas munis de relais qui consiste à augmenter la distance du projectile.

En tenant compte de la portée du mortier et des forces de frottement soumises au projectile au cours de sa trajectoire, on peut donc s'interroger sur les impacts réels de ces obus dans le dit marché.

5)- A supposer toujours le marché Siaka Koné

Même si des 07 obus tirés, puisque des témoins au procès d'Abidjan ont prétendu avoir entendu *« quatre déflagrations de mortiers »,* seulement 04 obus tombent par extraordinaire à pile dans la partie profonde de ce petit marché, compte tenu du rayon d'action de l'obus à l'impact, la voie express d'Abobo, le site de la Mairie et les gares routières voisines seraient tous endommagés avec un risque d'incendie. Rien de tout cela n'a été vu.

6)- A supposer que les sept (7) obus arrivent par extraordinaire au marché Siaka Koné

En tenant compte de la dispersion au mortier et de la dimension de l'espace, les immeubles qui bordent cet endroit devraient être les plus touchés. Les impacts se retrouveraient sur les dalles, les toits, etc. Les bâtiments seraient soumis soit à une dégradation totale des dalles à cause de la puissance de perforation des obus soit à un incendie généralisé à cause des toits et aux étagères du marché faits de bois. Les véhicules stationnés aux abords en rajouteraient en fonction du type de carburant utilisé. Les morts et les blessés le seraient non seulement par explosion d'obus mais par brûlures, asphyxie et par les débris des immeubles. Les propriétaires des immeubles touchés devraient alors normalement solliciter des constats suivis d'expertises pour la remise en état de leurs immeubles préparant ainsi les dédommagements.

Cette allée dudit marché étant bitumée, les impacts des obus devraient donc être visibles et cela devrait normalement faciliter l'examen balistique. Aucune interruption de la vie normale n'a été constatée dans le secteur attenant audit marché pour tous ceux qui y habitent depuis plus d'une trentaine d'années.

Rien de tout cela n'a été observé autour du marché Siaka Koné ; les bâtiments et les espaces sont restés à leur état initial.

De tout ce qui précède, on se pose toujours la question du lieu où sont réellement tombés ces obus, si tirs d'obus il y a eus ce jour-là.

Conclusion

Contrairement aux affirmations de la Procureure de la Cour pénale internationale dans l'affaire le Procureur c. Laurent Gbagbo, les Forces de Défense et de Sécurité (FDS) de Côte d'Ivoire n'ont pas effectué le 17 mars 2011, des tirs d'obus sur le marché Siaka Koné d'Abobo et ses environs et ne pouvaient pas le faire au vu des spécifications techniques des équipements à leur disposition à cette date mais aussi en raison de leur professionnalisme et du respect qu'ils ont du droit international humanitaire.

C'est d'ailleurs pour cela que le Tribunal militaire d'Abidjan, dont on ne saurait soupçonner des sympathies pro-Gbagbo en raison de la justice des vainqueurs qui règne en Côte d'Ivoire, a acquitté le 16 mars 2015, le Commandant Gnahoua Dabley et le Mdl-chef Kamana pour « faits non établis » devant l'absence de preuves d'une part et face à la faiblesse et la vacuité du dossier d'accusation ainsi qu'au peu de fiabilité des témoins à charges, d'autre part. Le Procureur militaire avouera lui-même devant le Tribunal qu'il reste *« profondément dubitatif quant au jour, au nombre d'obus et à l'objectif visé »* avant de conclure : *« il y a beaucoup de zones d'ombre qui permettent de déclarer les prévenus non coupables ».*

En effet, selon les déclarations du Mdl-chef Kamana Tanoh Brice-Eric rapportées par la presse ivoirienne, *« au regard de leur positionnement ce jour-là, il n'était pas possible que l'armée régulière tire en direction de ce marché. Car, leur ligne de mire n'était autre que la forêt du Banco où étaient regroupés les combattants pro-Ouattara. Ce bombardement, sans cratère, ne pouvait être que l'œuvre des groupes incontrôlés d'Abobo comme le «Commando invisible» du «général» Ibrahim Coulibaly dit IB, qui menaient une guerre asymétrique dans cette commune devenue Bagdad durant la crise post-électorale ».*

Le Tribunal militaire d'Abidjan ayant statué sur les faits relatifs au bombardement du marché d'Abobo et acquitté les deux militaires accusés d'en être les auteurs, et étant donné que ce sont les mêmes faits que la Cpi épingle dans ses « preuves », est-il encore justifié que le « bombardement du marché d'Abobo » soit toujours retenu et maintenu comme élément justificatif par la Cour pénale internationale contre le Président Laurent Gbagbo ? Avec la perte de ce chef d'accusation, ne sont-ce pas tous les autres chefs d'accusation qui tombent à l'eau ?

La Cpi peut-elle logiquement juger et condamner un « co-auteur » alors que les supposés « auteurs directs » des faits incriminés ont été jugés et acquittés par la justice nationale du gouvernement qui a actionné l'ouverture de l'enquête qui a abouti à ce procès?

Ce faisant, la Cpi ne viole-t-elle pas son propre statut qui, à l'alinéa 10 de son préambule, dispose que ***« la Cour pénale internationale dont le présent Statut porte création est complémentaire des juridictions pénales nationales »***. Cette disposition du préambule est ensuite reprise, pour certainement la renforcer, dans l'article premier du statut qui dispose : *« Il est créé une Cour pénale internationale (« la Cour »)* *en tant qu'institution permanente, qui peut exercer sa compétence à l'égard des personnes pour les crimes les plus graves ayant une portée internationale, au sens du présent Statut.* ***Elle est complémentaire des juridictions pénales nationales****. Sa compétence et son fonctionnement sont régis par les dispositions du présent Statut. »*

Par ailleurs, l'article 17 du statut stipule : *« Eu égard au dixième alinéa du préambule et à l'article premier, une affaire est jugée irrecevable par la Cour lorsque ... la personne concernée a déjà été jugée pour le comportement faisant l'objet de la plainte, et qu'elle ne peut être jugée par la Cour en vertu de l'article 20, paragraphe 3 ; »*

L'article 20, paragraphe 3, auquel, il est fait renvoi ici dispose : *« Quiconque a été jugé par une autre juridiction pour un comportement tombant aussi sous le coup des articles 6, 7 ou 8 ne peut être jugé par la Cour que si la procédure devant l'autre juridiction : a) Avait pour but de soustraire la personne concernée à sa responsabilité pénale pour des crimes relevant de la compétence de la Cour ; ou b) N'a pas été au demeurant menée de manière indépendante ou impartiale, dans le respect des garanties d'un procès équitable prévues par le droit international, mais d'une manière qui, dans les circonstances, était incompatible avec l'intention de traduire l'intéressé en justice. »*

Vu l'acharnement du régime Ouattara contre Laurent Gbagbo et ses partisans ainsi que la précipitation et le zèle dont il a fait preuve pour obtenir le transfèrement de Laurent Gbagbo à la Cour pénale internationale et compte tenu que les faits liés aux événements de la crise postélectorale et qui font l'objet des procès engagés devant les tribunaux ivoiriens sont les mêmes que ceux relatifs au procès de Laurent Gbagbo à la Cpi, il n'y a pas de « motifs substantiels de croire » que ce régime a organisé les procès en question dans le « *but de soustraire les personnes concernées, et au-delà d'eux Laurent Gbagbo, à leur responsabilité pénale* ».

La Cour pénale internationale doit donc tirer la seule conséquence logique qu'appelle le verdict de ce procès : prononcer l'acquittement pur et simple de Laurent Gbagbo et sa relaxe pour lui permettre de regagner la Côte d'Ivoire, sa patrie, afin qu'en Homme libre et lavé de toutes les accusations injustes dont il est l'objet, il puisse contribuer par sa présence et son implication effective au retour définitif de la paix en Côte d'Ivoire et à la réconciliation de la nation ivoirienne dans toutes ses composantes.

Faute de quoi, la Cpi renforcera le sentiment des Africains qui sont de plus en plus nombreux à penser qu'elle est un instrument de domination aux mains des puissances occidentales pour réduire au silence les leaders nationaliste et patriotes africains afin d'asservir l'Afrique et continuer de piller ses richesses en toute impunité.

LES MANŒUVRES DU PROCUREUR FATOU BENSOUDA DANS L'AFFAIRE LE PROCUREUR C. LAURENT GBAGBO EN L'ABSENCE DE PREUVES

Par

KOUAMÉ Kouakou dit OK[93]

Introduction

Le 3 juin 2013[94] la Chambre préliminaire 1 a décidé à la majorité, d'ajourner l'audience de confirmation des charges et demandé au Procureur d'apporter des éléments de preuves supplémentaires ou de procéder à de nouvelles enquêtes relativement aux charges portées contre le Président Laurent Gbagbo, conformément à l'article 61-7-c-i du Statut[95], malgré l'opinion dissidente[96] de la juge Fernández de Gurmendi.

Les Juges demandaient au Procureur, d'apporter des preuves supplémentaires, des compléments d'informations permettant de mieux préciser les faits rapportés, de manière à établir l'existence d'éléments de preuves montrant sans discussion, la responsabilité du prévenu recherchée sur la base de la coaction indirecte[97] (art 25-3-a) et de sa contribution[98] (art 25-3-d) dans la commission des crimes reprochés. C'est-à- dire en tant que complice.

Ils demandaient en outre au Procureur de répondre à un certain nombre de questions ayant trait au contexte dans lequel les

[93] Juriste d'Affaires-Manager, DESS Risk-Management.

[94] Voir Décision portant ajournement de l'audience de confirmation des charges conformément à l'article 61-7-c-i du Statut ICC-02/11-01/11-432-tFRA 19-06-2013 1/27 RH PT.

[95] Statut de Rome, article 61(7)-c-i.

[96] Voir Opinion dissidente de la juge Silvia Fernández de Gurmendi ICC-02/11-01/11-432-Anx-Corr-tFRA 19-06-2013 1/22 RH PT.

[97] Statut de Rome, article 25-3(a) relatif à la responsabilité en qualité de coauteur. La coaction indirecte signifie que le prévenu, aurait commis les crimes par l'intermédiaire d'un ou plusieurs personnes. Ici le prévenu est considéré comme auteur avec d'autres personnes

[98] Statut de Rome, article 25-3(b) relatif à la responsabilité en qualité de complice. Dans le cas de la responsabilité pour complicité, le prévenu sans être l'auteur matériel contribue par l'intermédiaire d'un groupe de personnes à la commission de l'infraction en toute connaissance de cause et en toute conscience.

évènements qu'il mentionnait avaient eu lieu. Il s'agissait par exemple, de disposer d'éléments leur permettant de se prononcer sur l'existence ou non d'une attaque générale ou systématique contre la population civile, telle que définie à l'Article 7 du Statut[99] de Rome.

Alors même qu'elle n'a pas eu à démontrer la moindre preuve des accusations qu'elle a porté sur le président Laurent Gbagbo, la chambre préliminaire 1 a estimé, dans une décision du 12 juin 2014[100] juridiquement infondée mais portée par des considérations politiques, qu'il fallait aller à un procès en confirmant les charges. La juge belge Christine Van den Wyngaert ayant estimé pour sa part qu'elle n'avait pas les arguments juridiques nécessaires pour renvoyer en procès le président Laurent Gbagbo parce que le dossier d'accusation était d'une vacuité juridique telle qu'il heurtait le bon sens de tout juriste, a donc émis une opinion dissidente[101].

C'est là tout l'intérêt de cette affaire qui n'est que politique. Et la Cpi en empruntant cette voie s'est discréditée fortement et grandement. C'est comme si elle voulait accompagner le Procureur dans ses manœuvres alors même qu'elle n'avait aucune preuve. Tout au long de cette affaire on aura observé que celle-ci, pour parer à l'absence de preuves, à user d'omissions délibérées, de mauvaise foi et de manœuvres parfois contraires au Traité de Rome sans que les juges ne la rappellent à l'ordre. C'est ainsi qu'elle a voulu faire passer sous silence, voire, discréditer un Rapport à la décharge du Président Laurent Gbagbo.

En effet le Procureur a écrit, sans le justifier, que ce Rapport, ne tenait que sur une seule page et ne mentionnait qu'un seul incident sans dire lequel. Il le qualifie de simulacre. En vérité, ce Rapport[102] international qui apporte la preuve que le Président Laurent Gbagbo n'est pas co-auteur des actes qui lui sont reprochés gêne le Procureur qui l'avait totalement passé sous silence dans son premier DNC. Il ya

[99] Statut de Rome, article 7.

[100] Voir Décision relative à la confirmation des charges portées contre Laurent Gbagbo ICC-02/11-01/11-656-Red-tFRA 21-07-2014 1/142 EC PT.

[101] Voir Opinion dissidente de la juge Christine Van den Wyngaert ICC-02/11-01/11-656-Anx-tFRA 18-07-2014 1/11 EC PT.

[102] Cf. Rapport final de la Commission Internationale d'Enquête sur les allégations de violations des Droits de l'Homme en de Côte Ivoire à la suite des élections présidentielles de 2010.

lieu de briser le silence dans lequel le Procureur veut la dissimuler dans son DNC amendé[103], afin de rétablir la vérité le concernant, notamment sa mission, son déroulement, ses résultats et sa diffusion.

Pour notre part, il semble important et opportun de mettre à nu ces manœuvres du Procureur de la Cpi Fatou Bensouda en l'absence de preuves dans l'affaire *Le Procureur c. Laurent Gbagbo*.

Les crimes imputés à tort au Président Laurent Gbagbo dans le cadre de cette procédure étant relatifs à la crise postélectorale, les scrutins électoraux en cause méritent un bref rappel avant d'en venir au Rapport Kadjo Djidji.

Ces scrutins présidentiels des 31 octobre et 28 novembre 2010 tenus en Côte d'Ivoire ont en effet causé de nombreux incidents, parmi lesquels, il a été constaté des violations graves des droits de l'homme. Selon les chiffres officiels, il y a eu plus de trois mille (3 000) morts, de nombreux blessés et personnes déplacées internes.

Alors que le premier tour, organisé le 31 octobre, s'est déroulé dans une atmosphère paisible et a laissé espérer la fin des crises politiques et militaires que le pays avait connues, le second tour, tenu le 28 novembre, a été marqué par des violences graves surtout dans la partie nord du pays sous contrôle de l'ex-rébellion pro-Ouattara où les militants et les électeurs pro-Gbagbo ont été victimes de graves exactions de leur part.

A la suite de ces scrutins, M. Laurent Gbagbo a été déclaré vainqueur par le Conseil Constitutionnel[104], juge des élections avec un score de 51,45% des voix contre 48,55% pour M. Alassane Ouattara, avec un taux de participation de 71%.

Quelques jours plus tard M. Alassane Ouattara est désigné élu par le président de la Commission Électorale Indépendante (CEI) dans des conditions de flagrantes irrégularités.

---

[103] Cf. Document amendé de notification des charges du Procureur, ICC-02/11-01/11-592-Anx113-01-2014 1/96 EK PT.

[104] Cf. Décision n° CI-2010-EP-34/03-12/CC/SG portant proclamation des résultats définitifs de l'élection présidentielle du 28 novembre 2010.

Cette décision va servir de prétexte à Alassane Ouattara pour former un gouvernement parallèle à celui du Président Gbagbo. La tension sociale est alors montée d'un cran.

Au regard des tensions sociales et du contexte politique difficile, le Président de la République, Monsieur Laurent Gbagbo, signe le 7 janvier 2011, un décret portant création d'une Commission Internationale d'Enquête, en vue de faire la lumière sur les allégations de violations des Droits de l'Homme en Côte d'Ivoire, qui auraient été commises à partir du 3 novembre 2010 jusqu'à l'établissement du rapport final de la Commission. Un autre décret signé le 10 janvier de la même année, et portant nomination des membres de ladite Commission, a désigné sept experts, dont quatre nationaux et trois non nationaux. Monsieur Kadjo Djidji Adolphe, Magistrat hors hiérarchie, ancien Secrétaire Général du Gouvernement sous le Président Bédié, en était le Président. Le rapport de la Commission a finalement été déposé le 6 mars 2011.

Dans le cadre de l'audience de confirmation ou d'infirmation des charges contre le Président Laurent Gbagbo à La Haye, dans l'affaire qui l'oppose au Procureur de la Cour pénale internationale (Cpi), le Procureur a écrit sans le justifier, que le Rapport de la Commission ne tenait que sur une seule page et ne mentionnait qu'un seul incident sans dire lequel. Il l'a même qualifié de simulacre de rapport, comme mentionné dans le Document amendé de notification des charges du 13 janvier 2014 : *« Le 16 février 2011, le Président de la Commission, Adolphe Kadjo Djidji a soumis le rapport provisoire à l'attention, notamment, du Ministre de l'Intérieur afin d'obtenir ses observations et commentaires sur ledit rapport. Le rapport fait à peine plus d'une page. Un seul incident identifiait les FDS comme auteurs présumés. »* Paragraphe 6, alinéa 82, page 35.

Pour notre part, cette déclaration suscite plusieurs interrogations dont il nous revient de trouver les réponses, à tout le moins une explication. Quelles mentions comportaient le « rapport provisoire » du 16 février 2011 dont parle le Procureur ? La Commission présidée par M. Kadjo Djidji a-t- elle réellement produit un tel rapport ? Le Procureur peut-il être en droit de le qualifier de simulacre de rapport ?

Dans le souci d'éclairer l'opinion sur le rapport en question, nous allons d'abord présenter la Commission et son *modus operandi* **(I)**, ensuite divulguer les résultats de ses enquêtes **(II)**, avant de révéler enfin les intentions réelles du Procureur concernant ce rapport qu'il cherche à occulter, parce qu'en réalité c'est un élément important à la décharge du Président Laurent Gbagbo **(III).**

1- PRÉSENTATION DE LA COMMISSION INTERNATIONALE D'ENQUÊTE ET DE SON MODE OPÉRATOIRE

Le Président de la République, Monsieur Laurent Gbagbo, tenant compte des violences, qui avaient lieu dans le pays en liaison avec l'élection présidentielle et soucieux de faire la lumière sur les atteintes aux droits de l'homme, a pris le décret **N° 2011-06 du 07 Janvier 2011** portant création d'une Commission Internationale d'Enquête sur les allégations de Violations des Droits de l'Homme en Côte d'Ivoire. La Commission était chargée de mener toutes les investigations nécessaires pour établir la vérité sur les violations des droits par les FDS et dont les medias occidentaux se faisaient l'écho. Avant de préciser le mode suivant lequel la commission a opéré **(C)**, il convient de présenter les personnes qui la composaient **(A)** ainsi que les missions assignées à cette commission **(B)**.

A) DE LA COMPOSITION

Pour conforter son caractère international, le Président de la République, par décret **N° 2011-07 du 10 Janvier 2011** portant nomination des membres de la Commission Internationale d'Enquête a désigné sept experts dont 4 Ivoiriens *(1)* et 3 non Ivoiriens *(2)*.

1) Membres nationaux

Quatre **(4)** experts nationaux dont le Président de la Commission. Ce sont : Monsieur Kadjo Djidji Adolphe, Magistrat, Président de la Commission; Monsieur Richmond Marc, Assureur à la retraite ; Madame Drepeuba Béatrice épouse Koudou, Magistrat; Madame Coulibaly Mawa épouse Diégou Bailly, Enseignante.

2) Membres non nationaux

Trois experts **(3)** non nationaux dont un Français, un Burundais et un Congolais : Robert Charvin Professeur émérite de l'Université de Nice (France) ; Monsieur Mbemba Jean Martin, Avocat, ancien Ministre de la Justice et des Droits de L'Homme et actuel Président de la Commission des Droits de l'Homme (Congo Brazzaville) ; Maître Rubeya Willy, Avocat au barreau du Burundi.

Le constat qu'on peut faire c'est que les membres de la commission n'ont aucune affinité avec tout groupement politique proche du Président Laurent Gbagbo. Les non nationaux sont originaires de pays qui ne sauraient être suspectés de sympathie pour Laurent Gbagbo. Quelles étaient les missions de ladite commission **(B)** ?

B) MISSIONS

L'objet ***(2)*** de la mission de la commission est spécifié dans l'article 4 du décret. C'est l'article 3 qui fixe sa durée ***(1)***

1) Durée

Selon l'**article 03** du décret de création, la Commission dispose d'un délai d'un mois pour exécuter sa mission à compter de la date de son installation officielle. Cependant, tenant compte de certaines contraintes d'ordre technique, la Commission qui a été installée le 12 Janvier a sollicité et obtenu par courrier N°**0033/PR/CIE** du 27 Janvier 2011 une prorogation de ses activités jusqu'au 06 Mars 2011

2) Objet

La mission de la Commission est spécifiée dans les dispositions de l'**article 4** du décret de création, il s'agit de : « *Enquêter sur les allégations de violation des droits de l'Homme depuis la proclamation des résultats provisoires du premier tour de l'élection présidentielle du 3 novembre 2010 ; établir les faits et les circonstances, identifier les auteurs éventuels ; formuler des recommandations en vue de prévenir et de faire cesser de telles violations* ».

La commission internationale d'enquêtes sur les allégations de violations des droits de l'homme durant la crise postélectorale, a travaillé selon un mode opératoire **(C)** très rigoureux

C) DU MODUS OPERANDI

Pour accomplir ses tâches de recherche et d'enquête, la Commission s'est divisée en trois (3) équipes composées chacune de (4) personnes. C'est-à-dire d'un Commissaire National plus un assistant et d'un Commissaire non National avec un assistant, pour aller à la rencontre des personnes victimes ou témoins oculaires des actes de violation des Droits de l'Homme.

C'est avec ces trois équipes que la Commission a sillonné les différentes communes et quartiers d'Abidjan où se sont produits des actes répréhensibles et attentatoires aux Droits de l'Homme. Elle a enquêté aussi dans les villes voisines d'Abidjan que sont Grand-Bassam, Bingerville, Songon, Dabou et Anyama.

La Commission s'est aussi rendue à l'intérieur du pays où elle a visité et enquêté dans les villes ci-après : Gagnoa, Divo, Lakota, Oumé, Daloa, Issia, Duékoué, Yamoussoukro, Sinfra, Tiébissou et Toumodi, Bocanda, Daoukro, Agnibilékro, Abengourou et Bondoukou.

Il convient de préciser que la Commission n'a pu se rendre dans les régions dites Centre, Nord et Ouest, pour des raisons évidentes de sécurité ; ces régions étaient sous le contrôle exclusif des rebelles qui avaient refusé de déposer les armes. Elle a néanmoins entendu à son siège, ou à d'autres endroits de la ville d'Abidjan, des personnes dites déplacées en provenance de la zone Centre-Nord-Ouest (CNO), victimes ou témoins d'actes attentatoires aux Droits de l'Homme qui se sont produits dans ces zones-là.

Pour mener à bien sa mission, la Commission a écrit à diverses organisations et associations de défense des Droits de l'Homme. La Commission a sollicité et obtenu des rendez-vous avec certaines de ces structures qui se sont soldés par des comptes rendus et la remise de documents qui lui ont donné un éclairage intéressant sur les violations des droits de l'homme alléguées. Elle a analysé différents rapports, recoupé les allégations et auditionné des témoins et tout sachant.

Les équipes ont procédé par des questionnaires et interviews à l'audition de cent soixante-dix-huit (178) personnes tant à Abidjan, que dans les villes de l'intérieur visitées. Vingt deux (22) villes ont été parcourues, des centaines de cas de violations graves recensées contrairement aux affirmations du Procureur de la Cpi.

Dans toutes ces communes et villes, la Commission a rencontré des personnes victimes ou témoins de manifestations ayant occasionné des atteintes aux Droits Humains. Des témoins appartenant à ces trois groupements ont été rencontrés :

- La Majorité Présidentielle (LMP)
- Le Rassemblement des Houphouëtistes pour la Démocratie et la Paix (RHDP)
- Les Forces de Défense et de Sécurité (FDS).

La Commission a révélé sur la base des témoignages et des preuves qui lui ont été fournis, que des violations des Droits de l'Homme ont été commises à la suite des élections présidentielles de novembre 2010.

La Commission ainsi présentée, il importe de rapporter les résultats de ses investigations **(II).**

2- LES RÉSULTATS DES INVESTIGATIONS

La Commission internationale d'enquête sur les allégations de violation des droits de l'homme durant la crise postélectorale, au cours de ses investigations a pu identifier les auteurs **(B)** des crimes qu'elle a recensés **(A)**.

A) LES VIOLATIONS RECENSÉES

Au cours de la période couverte par ce rapport, la Commission a relevé des cas de violations graves des Droits de l'homme, notamment des atteintes aux personnes, aux biens et aux libertés. Les actes attentatoires aux droits humains qui ont été relevés par l'équipe d'enquêteurs sont divers et liés :

- ✓ au droit de suffrage, à la liberté d'expression politique ;
- ✓ à la liberté, d'opinion de culte et de conscience ;
- ✓ aux atteintes aux droits économiques, sociaux et culturels ;
- ✓ aux atteintes aux biens ;
- ✓ aux atteintes à l'intégrité physique ;

- ✓ aux atteintes à la vie.

Ces violations observées sur toute la période des enquêtes sont imputables à un ensemble hétérogène d'acteurs (**B**) qui ont été cités à travers les auditions de victimes et de témoins

B) IDENTIFICATION DES AUTEURS

En effet, les investigations de la Commission ont permis d'identifier ces derniers avec divers niveaux d'implication dans les violations observées.

Les mis en cause appartiennent essentiellement à six grands groupes que sont : FDS (Forces de Défense et de Sécurité), FAFN (Forces Armées des Forces Nouvelles), les militants LMP (La Majorité Présidentielle), les militants RDR (Rassemblement Des Républicains) et RHDP (Le Rassemblement des Houphouëtistes pour la Démocratie et la Paix), Dozos (Milice pro-Ouattara composée de chasseurs traditionnels recrutés essentiellement dans le Nord du pays), ONUCI (Opération des Nations-Unies en Côte d'Ivoire) et la FESCI (Fédération Estudiantine et Scolaire de Côte D'Ivoire, un syndicat d'étudiants).

L'équipe de M. Kadjo Djidji a adressé des correspondances à chacune de ces organisations par voie d'huissier le 16 février 2011, d'abord pour les informer des charges retenues contre elles, ensuite recueillir leurs témoignages et appréciations des faits qui leurs sont reprochés. Cette procédure a été appliquée en vue de respecter le principe du contradictoire.

Il apparaît vraisemblablement que c'est de ce courrier dont a fait mention le Procureur de la Cpi, lorsqu'il affirmait : *« Le 16 février 2011, le Président de la Commission, Adolphe Kadjo Djidji, a soumis le rapport provisoire à l'attention, notamment, du Ministre de l'Intérieur afin d'obtenir ses observations et commentaires sur ledit rapport. Le rapport fait à peine plus d'une page. Un seul incident identifiait les FDS comme auteurs présumés ».*

C'est le lieu de corriger le Procureur de la Cpi pour lui dire que le Rapport comporte 115 pages ! Seuls la LMP et le Ministère de la Défense ont donné une suite à la demande d'explication, respectivement les 19 février et 2 mars 2011.

Aux termes de ses travaux, la Commission a conclu que :

1- Les violences qui ont eu lieu en Côte d'Ivoire trouvent leurs origines dans le coup d'État manqué du 19 septembre 2002 qui s'est muée en rébellion armée.

2- La crise postélectorale et les violences qui s'en sont suivis engagent principalement la responsabilité du Président de la Commission Électorale Indépendante, Monsieur Youssouf Bakayoko et de Monsieur Choi, Représentant Spécial des Nations-Unies en Côte d'Ivoire.

Concernant Monsieur Youssouf Bakayoko, le constat est qu'il n'a pas respecté ses obligations, en violant les règles de fonctionnement de la CEI, en allant proclamer seul et hors délais des résultats électoraux présentés comme définitifs, sans considération pour la légalité constitutionnelle.

Concernant Monsieur Choi, sa responsabilité est engagée pour avoir outrepassé les compétences qui lui sont reconnues par son mandat, provoquant un surcroît de violences dans la société ivoirienne.

3- Les manifestations n'étaient pas pacifiques car les manifestants sont passés bien au-delà des manifestations politiques habituelles pour se retrouver sur celui de l'insurrection armée sur toute l'étendue du territoire.

Ce qui est contraire aux affirmations du Procureur de la Cpi tendant à faire croire que c'était des manifestations pacifiques avec des manifestants aux mains nues ; or le rapport indique qu'il s'agit de manifestants armés le plus souvent.

4- Les violations des droits de l'homme constatées n'ont pas été que le fait des forces pro-Gbagbo uniquement, les forces pro-Ouattara ont aussi commis des crimes. Ces violations se sont produites aussi bien en zone gouvernementale qu'en zone sous contrôle des forces pro-Ouattara. Ce que le DNC du Procureur de la Cpi ne mentionne pas.

Pour terminer la Commission a eu à faire des recommandations aux parties ivoiriennes en réclamant le désarmement de la rébellion et en ordonnant des poursuites judiciaires à l'encontre des auteurs présumés des violations des Droits de l'homme.

À la Communauté Internationale, le Rapport a recommandé le respect de la Charte des Nations-Unies mais également la Constitution de la République de Côte d'Ivoire

Comme on le constate ce rapport, vient à divers niveaux contredire les thèses du Procureur de la Cpi sur la réalité des évènements mais il dégage aussi toute responsabilité du Président Laurent Gbagbo. Il le disculpe donc ; c'est ce rapport que le Procureur de la Cpi tente de disqualifier **(III).**

3- LE RAPPORT KADJO DJIDJI EST UN ÉLÉMENT À LA DÉCHARGE DU PRÉSIDENT LAURENT GBABGO QUE LE PROCUREUR DE LA CPI VEUT DISQUALIFIER

En vérité, ce rapport international qui apporte la preuve que le Président Laurent Gbagbo n'est pas co-auteur des actes qui lui sont reprochés gêne considérablement le Procureur qui l'avait totalement passé sous silence dans son premier DNC.

En effet, alors que le Bureau du Procureur avait initialement fondé toutes ses charges contre l'accusé Laurent Gbagbo autour du concept de «coauteur indirect» de crimes contre l'humanité, et de complicité, il change brutalement de braquet en ajoutant les articles 25(3)(b)[105] et 28(a)[106]; 28(b)[107] du Statut de Rome.

Mais que disent ces textes ?

L'article 25-3(b) est relatif à la responsabilité par instigation.

La responsabilité par instigation, est le fait pour le prévenu d'avoir encouragé, sollicité, ordonné la commission d'un crime. Ici le prévenu n'est pas auteur du crime, mais est celui par l'action de qui l'auteur principal se résout à commettre le crime. Les éléments matériels du crime sont : la planification du crime ; l'ordre donné de commettre les crimes et l'incitation à commettre les crimes.

---

[105] Statut de Rome, article 25-3(b) relatif à la responsabilité par instigation.
[106] Statut de Rome, article 28(a) relatif à la responsabilité en qualité de chef militaire.
[107] Statut de Rome, article 28(b) relatif à la responsabilité en qualité de supérieur hiérarchique civil.

Dans le cadre de la mise en œuvre de ce mode de responsabilité, on peut se demander si le président Laurent Gbagbo avait planifié la commission des crimes ou demandé au forces de défense et de sécurité de commettre les crimes ? Le président avait-il incité à la commission des crimes ? Ici aussi le procureur n'a pas réussi à apporter des éléments de preuves. Quant à l'article 28, il prévoit la responsabilité du supérieur hiérarchique militaire ou civil.

Selon cette disposition, tout chef militaire ou supérieur hiérarchique est considéré comme responsable de tout crime commis par ses subordonnés placés sous sa responsabilité ou son autorité, s'il savait que ses subordonnés commettaient ou allaient commettre des crimes et qu'il n'a pas pris des dispositions pour les en empêcher ou les punir une fois le crime commis.

Pour la mise en œuvre de cette responsabilité, il faut que le supérieur hiérarchique ait un contrôle effectif sur les troupes d'une part et d'autre part qu'il ait manqué à son obligation de prévention des crimes et de punition une fois les crimes commis.

Peut-on raisonnablement affirmer que le président Laurent Gbagbo avait un contrôle effectif des troupes sur le terrain au moment des faits ? Le Président Laurent Gbagbo a-t-il manqué à ses obligations de prévention et de punition ? La réponse négative s'impose.

La raison principale de cette multiplication de modes de responsabilité réside dans le fait que le procureur ne maitrise pas non seulement les faits mais aussi les preuves et donc n'a pas réussi à apporter les éléments de preuves en ce qui concerne la coaction directe et la complicité. En effet, le Président Laurent Gbagbo était poursuivi pour crimes contre l'humanité en qualité de co-auteur indirect des meurtres, viols, actes inhumains et persécutions commis par ses forces sur la base de l'article 25(3)(a) et de sa contribution dans la commission desdits crimes prévue par l'article 25(3)(d) du Statut de Rome. Mais dans le DNC amendé, le Procureur a inclus le mode de responsabilité du supérieur hiérarchique, mentionné à l'article 28 du Statut, et a ajouté un nouveau mode, la responsabilité par instigation fondée sur le fait d'ordonner, de solliciter ou d'encourager la commission d'un crime, mode mentionné à l'article 25(3)(b).

Désormais donc la responsabilité du Président Laurent Gbagbo est recherchée sur les fondements des articles[108] 25(3)(a), (d) et (b) et 28(a) et (b). L'ajout de nouveaux modes de responsabilité prouve très bien la fébrilité du Procureur qui cherche ainsi à augmenter ses chances d'obtenir la mise en accusation du Président Laurent Gbagbo. C'est à cette fin qu'il faut inscrire l'attitude du Procureur de la Cpi, qui associe mauvaise foi, dénigrements et omissions délibérées dans le cadre de l'affaire qui l'oppose au prévenu. Toute chose qui traduit parfaitement son parti pris dans les heurts qui ont opposé les partisans des deux groupements politiques lors du contentieux électoral de 2010 en Côte d'Ivoire.

Ce rapport de la Commission qui vient apporter des précisions importantes, aussi bien sur les éléments contextuels de l'infraction de crime contre l'humanité **(A)** prévus à l'article 7 du Statut, que sur la responsabilité du Président Laurent Gbagbo **(B)** dans la commission desdits crimes, est un élément à la décharge du Président Laurent Gbagbo. C'est d'ailleurs pourquoi le Procureur de la Cpi, tout en connaissant son existence essaie de le disqualifier car il vient battre en brèche toute son argumentation. En effet, le Procureur affirme dans son DNC amendé :

« Dès son accession à la Présidence en 2000, Gbagbo a eu pour objectif de se maintenir au pouvoir, y compris en réprimant ou en attaquant violemment ceux qui constituaient une menace pour son régime. Sachant l'élection présidentielle inévitable, Gbagbo a, conjointement avec son entourage immédiat, conçu et mis en œuvre un Plan commun afin de se maintenir à la Présidence par tous les moyens nécessaires. Le Plan commun a évolué jusqu'à inclure, au plus tard le 27 novembre 2010, une politique d'État ou organisationnelle qui avait pour but une attaque généralisée et systématique contre les civils considérés comme des partisans de Ouattara (« Politique »).

---

[108] Responsabilité du président Gbagbo est recherchée par le Procureur sur les fondements suivants :
Statut article 25-3-a ; responsabilité fondée sur la coaction indirecte.
Statut article 25-3-b ; responsabilité sur la base de l'instigation.
Statut article 25-3-d ; responsabilité en qualité de complice.
Statut article 28-a ; responsabilité fondée sur la qualité de chef militaire.
Statut article 28-b ; responsabilité fondée sur la qualité de supérieur hiérarchique.

3. Gbagbo a planifié, organisé, coordonné, ordonné, encouragé, autorisé et permis diverses mesures pour réaliser le Plan commun et les crimes reprochés. En application du Plan commun, des centaines de civils ont été persécutés, attaqués, tués, blessés et violés.

4. Pour la réalisation du Plan commun, Gbagbo s'est en particulier servi de l'appareil de l'État ivoirien y compris les Forces de Défense et de Sécurité (« FDS »), ainsi que des jeunes pro-Gbagbo, des miliciens et des mercenaires (les « forces pro-Gbagbo »). Celles-ci, en exécution du Plan commun, ont mené l'attaque contre les civils.

5. Gbagbo s'est, partant, abstenu de prendre les mesures nécessaires et raisonnables qui étaient en son pouvoir afin de protéger la population civile et d'empêcher ou de réprimer l'exécution des crimes commis par ses subordonnés, ou pour en référer aux autorités compétentes pour qu'elles mènent de véritables enquêtes et poursuites.

6. Gbagbo est responsable des crimes qui lui sont reprochés dans le présent Document en tant que co-auteur indirect, selon l'article 25-3-a du Statut. Gbagbo est également responsable selon l'article 25-3-b d'avoir ordonné, sollicité et encouragé la commission des crimes qui lui sont reprochés et pour sa contribution à la commission de ces mêmes crimes aux termes de l'article 25-3-d du Statut. Ces modes de responsabilité, alternatifs, retenus aux termes de l'article 25-3-a, b et d, s'appliquent non seulement aux actes commis par Gbagbo mais aussi à ses omissions qui ont contribué à la commission des crimes reprochés. Alternativement, Gbagbo est également responsable des crimes qui lui sont reprochés dans le présent Document aux termes de l'article 28-a et 28-b du Statut. » Or, les conclusions du Rapport de la Commission Kadjo Djidji affirment autre chose :

« Bien que la crise de la Côte d'voire et les violations des droits de l'homme qui se produisent sur l'ensemble du territoire national aient des causes qui remontent en 2002, la double proclamation des résultats des élections présidentielles a profondément altéré l'exercice de l'ensemble des droits et des libertés.

Cette crise électorale engage la responsabilité du Président de la Commission Électorale Indépendante, Monsieur Youssouf Bakayoko et de Monsieur Choi, Représentant Spécial des Nations-Unies en Côte d'Ivoire. Concernant Monsieur Youssouf Bakayoko, le constat peut-être fait qu'il n'a pas respecté ses obligations en violant les règles de fonctionnement de la commission en proclamant seul et hors délais des résultats électoraux présentés comme définitifs sans considération pour la légalité constitutionnelle.

Concernant Monsieur Choi, sa responsabilité est engagée pour avoir outrepassé les compétences qui lui sont reconnues par son mandat provoquant un surcroît de violences dans la société ivoirienne. En effet, les résolutions des Nations-Unies habilitent le Représentant Spécial du Secrétaire Général des Nations-Unies à certifier le processus électoral du début jusqu'à son terme. Ce qu'il a fait au premier tour à la satisfaction de tous. Mais au second tour, il a certifié des résultats donnés par le Président de la CEI dans des conditions totalement inappropriées et en occultant le rôle du Conseil Constitutionnel, outrepassant ainsi ses prérogatives.

Cette attitude du Chef de la mission des Nations-Unies a conforté les militants du RHDP dans leur conviction de victoire et a constitué l'élément aggravant et déclencheur des manifestations que nous déplorons depuis l'élection présidentielle.

Les enquêtes que la Commission a menées tant à Abidjan que dans certaines parties du territoire sous contrôle du Gouvernement, en particulier sur les sites ayant connu des violations graves des Droits de l'Homme et les témoignages recueillis des déplacés venus des zones CNO ont permis de relever un certain nombre de violations :

1-Il faut dire d'emblée que le ferment essentiel des manifestations en zone contrôlée par le gouvernement, provient de l'annonce différenciée des résultats de la présidentielle;

2-En ce qui concerne les différentes violations, la Commission a retenu celles considérées comme les plus graves, en tenant compte de la nature ou de l'ampleur des actes qui ont été commis;

3-Les enquêtes de la Commission ont été faites suivant la méthodologie décrite au chapitre III. Il faut noter que les actes attentatoires aux droits humains, en particulier ceux liés au droit de suffrage, à la liberté d'expression politique, ont été constatés pour l'essentiel dans la partie Centre, Nord et Ouest ;

4-Quant aux autres droits, les atteintes à la vie, les atteintes aux biens, les atteintes à l'intégrité physique qui se confondent pratiquement avec les crimes et délits de droit commun, ils ont été indifféremment constatés tant en zone gouvernementale qu'en zone CNO ;

5-les entraves à la liberté d'expression et d'opinion de culte et de conscience sont reflétées dans le rapport ;

6-Le rapport fait cas également de nombreuses violations graves de droits économiques, sociaux et culturels. Ces violations même si elles s'expriment à travers des manifestations politiques peuvent s'expliquer par l'aggravation de la situation économique qui prévaut en Côte d'Ivoire;

7-Les investigations de la Commission ont permis d'identifier les auteurs présumés des violations qui appartiennent à six grands groupes comme nous l'avons montré dans le chapitre VI ;

8-Il résulte des témoignages, qu'à l'annonce de résultats de l'Hôtel du Golf par la chaîne de télévision française, France 24, les militants et sympathisants du RHDP ont exprimé tout naturellement leur joie, invectivant les militants adverses de LMP, sans réaction de la part de ces derniers, même dans les villes où ils sont majoritaires.

Par contre, lorsque le Conseil Constitutionnel a proclamé les résultats définitifs, ce sont encore les militants du RHDP qui ont attaqué ceux de LMP, érigé des barricades et entravé la circulation des personnes et des biens.

Ces militants du RHDP sont de plus en plus armés lors des manifestations sinon infiltrés par des personnes armées.

Ce ne sont plus des manifestations politiques, mais de vrais défis lancés à l'autorité dans la mesure où les manifestations du RHDP contreviennent à l'interdiction de manifester hors enceinte.

Lorsqu'on fait le décompte presque macabre des victimes des manifestations du RHDP les nombreuses personnes blessées et tuées et même l'allongement des agents FDS blessés, assassinés, tués par balle ou par arme blanche ou par voie d'incendie- l'on se trouve bien au-delà des manifestations politiques habituelles pour se retrouver sur celui de l'insurrection armée disséminée à travers le territoire.

Cette perception est d'autant plus établie que les cibles visées sont les personnes qui incarnent l'autorité de l'État, administrateurs territoriaux de tous niveaux, officiers et sous officiers de tous corps d'arme et les immeubles qui abritent les différentes sources du pouvoir ainsi que les résidences officielles. Il s'agit à travers ces manifestations d'une volonté délibérée d'atteinte aux symboles de l'État. »

A l'évidence on se rend compte que pour les mêmes évènements, les conclusions de la Commission Kadjo Djidji et celles du Procureur de la Cpi divergent. Ainsi par exemple là ou pour qualifier le crime contre l'humanité, le Procureur de la Cpi parle d'attaques généralisées et systématiques dirigées contre une population civile non armée perçue comme soutenant l'opposition, le Rapport Kadjo Djidji affirme au contraire que les violences ont touchées indistinctement aussi bien les partisans du Président Laurent Gbagbo que ceux de son adversaire. De même la Commission ajoute que les manifestants pour la plupart étaient armés et que les manifestations de l'opposition avaient un caractère insurrectionnel. Sur l'existence du crime contre l'humanité au regard de l'article 7 du Statut, le Rapport de la Commission vient démentir l'argumentaire du Procureur **(A).**

A) SUR LES ÉLÉMENTS CONTEXTUELS DU CRIME CONTRE L'HUMANITÉ AU REGARD DE L'ARTICLE 7 DU STATUT

Aux termes de l'article 7 du Statut *« on entend par crime contre l'humanité l'un quelconque des actes ci-après lorsqu'il est commis dans le cadre d'une attaque généralisée ou systématique lancée contre toute population civile et en connaissance de cette attaque : a) Meurtre ; b) Extermination ; c) Réduction en esclavage ; d) Déportation ou transfert forcé de population ; e) Emprisonnement ou autre forme de privation grave de liberté physique en violation des dispositions fondamentales du droit international ; ».*

Selon le Rapport Kadjo Djidji, les éléments contextuels du crime contre l'humanité ne sont pas réunis car il n'ya pas eu d'attaque généralisée et systématique ***(1)*** dirigée contre les populations civiles perçues comme soutenant l'opposition ***(2),*** attaque qui serait basée sur une politique ***(3).***

1) Il n'ya pas eu d'attaque généralisée et systématique selon le Rapport Kadjo Djidji

Le Procureur de la Cpi soutient aux points 72 et 73 de son DNC amendé ceci :

« 72. L'attaque était généralisée et systématique. Elle était généralisée car : a) elle a entraîné la commission de crimes multiples et s'est étalée sur plus de cinq mois (entre le 27 novembre 2010 et le 8 mai 2011); b) au cours de cette période, son intensité et le nombre de crimes étaient considérables; c) ces actes ont fait un grand nombre de victimes (824 au moins pour les 39 incidents ci-dessus mentionnés); et d) l'attaque s'est déroulée dans la région densément peuplée d'Abidjan.

73. L'attaque était systématique car : a) le recours à la violence n'était pas fortuit ou aléatoire; les victimes étaient visées car elles étaient considérées comme des partisans de Ouattara ; b) la commission des actes épousaient un modus operandi car dans nombre d'incidents, les personnes prises pour cible étaient identifiées lors de contrôles d'identité à des barrages routiers illégaux, l'attaque a été lancée contre des quartiers où des institutions religieuses généralement fréquentées par les partisans de Ouattara , des armes lourdes étaient utilisées dans des quartiers densément peuplés, y compris pour disperser les manifestants acquis à la cause de Ouattara ;

c) la Politique à l'origine de cette attaque a été adoptée au sommet de l'État ; d) la mise en œuvre de cette Politique a été coordonnée conjointement par Gbagbo et son entourage immédiat ; e) les FDS, ont joué un rôle majeur dans la conduite de l'attaque et ont exécuté celle-ci de manière coordonnée et ils ont agi de concert avec des assaillants n'exerçant aucune fonction officielle (des mercenaires, miliciens et jeunes pro-Gbagbo); et f) les forces de l'ordre n'ont pas protégé les victimes mais participaient au contraire à la commission des crimes. »

La Commission internationale d'enquête pour sa part, si elle reconnait qu'il ya eu des violations graves des Droits de l'homme, constate cependant à la différence du Procureur de la Cpi qu'elles n'ont pas visées systématiquement les partisans de Monsieur Ouattara, dans la mesure où les partisans de M Gbagbo en ont été aussi victimes.

Selon le Rapport, les violations des Droits de l'homme constatées n'ont pas été que le fait des forces pro-Gbagbo uniquement, mais les forces pro-Ouattara ont commis aussi des crimes. Ces violations se sont produites aussi bien en zone gouvernementale qu'en zone sous contrôle des forces pro-Ouattara. Ce que le DNC du Procureur de la Cpi ne mentionne pas. Quid de l'argument du Procureur selon lequel l'attaque était dirigée contre les civils partisans de M. Ouattara **(2)** ?

2) Il n'ya pas eu d'attaque dirigée contre les populations civiles perçues comme soutenant l'opposition

D'une part, le Rapport révèle que les manifestations n'étaient pas pacifiques mais avaient un caractère insurrectionnel. Il y avait des combattants armés parmi les manifestants. Ce qui est contraire aux affirmations du Procureur de la Cpi tendant à faire croire que c'était des manifestations pacifiques avec des manifestants aux mains nues

D'autre part, les violences se sont déroulées aussi bien en zone gouvernementale qu'en zone sous contrôle de l'ex-rébellion pro-Ouattara. Comment dès lors le Procureur de la Cpi explique t-il que les partisans du Président Gbagbo aient été pris pour cibles si tant il est vrai que les violences ont visé uniquement et exclusivement les civils pro-Ouattara ?

En fait, la vérité que veut dissimuler le Procureur est tout autre que ce qu'il indique dans son DNC amendé. Les forces de défense et de sécurité faisaient face à une véritable guérilla urbaine à la suite de la double proclamation des résultats des élections présidentielles par le président de la CEI et le Conseil Constitutionnel. Il n'ya donc pas eu de volonté politique qui aurait sous-tendu ces attaques ***(3).***

3) Sur la politique consistant à lancer de violentes attaques contre la population civile afin de maintenir Gbagbo au pouvoir

Cette politique n'a jamais existé puisque le Rapport a identifié clairement les auteurs des violations constatées et ceux-ci ne se retrouvent pas uniquement et exclusivement au sein des forces pro-Gbagbo comme tente de le faire croire le Procureur de la Cpi. En effet, d'après le Rapport, ces violations observées sur toute la période des enquêtes sont imputables à un ensemble hétérogène d'acteurs qui ont été cités à travers des auditions de victimes et de témoins. Les mis en cause appartiennent essentiellement à six grands groupes que sont : FDS, FAFN, les militants LMP, les militants RDR et RHDP, les Dozos, l'ONUCI et la FESCI.

Le président Laurent Gbagbo ne peut pas concevoir une politique de répression de ses opposants afin de se maintenir au pouvoir avec ceux-ci puisqu'ils sont eux aussi parmi les auteurs des violences. Mais c'est la preuve là d'une des méthodes que le Procureur de la Cpi a choisi dans le cadre de la rédaction de son DNC à savoir la mauvaise foi. Il est parfois allé loin dans cette voie en modifiant en cours de procédure les modes de responsabilités passant de celui fondé sur la coaction indirecte, prévue à l'article 25(3)(a) du Statut de Rome dans son DNC initial à ceux prévus par les articles 25(3)(b), 28(a) et 28(b), espérant ainsi augmenter ses chances d'obtenir la mise en accusation du Président Laurent Gbagbo. Or sur la question de la responsabilité du Président Laurent Gbagbo dans les violences postélectorales, la Commission d'enquête internationale a plutôt disculpé ce dernier. L'ajout du mode de responsabilité de l'article 25(3)(b), semble être de la diversion. C'est sur l'article 28 que le Procureur de la Cpi veut en réalité obtenir la condamnation. Malheureusement pour lui l'existence de cette commission d'enquête internationale va contrarier ses plans car la mise en œuvre de ce mode de responsabilité ne saurait prospérer **(B).**

B) SUR LA RESPONSABILITÉ DU PRÉSIDENT LAURENT GBAGBO

Alors que le Rapport de la Commission incrimine le Président de la CEI et le Représentant Spécial des Nations-Unies d'être les responsables des violences postélectorales, le Procureur de la Cpi lui, estime au contraire :

« 211. Laurent Gbagbo est pénalement responsable des crimes contre l'humanité que sont le meurtre, le viol, les actes inhumains (ou, à titre subsidiaire, la tentative de meurtre) et la persécution, tels qu'exposés aux chefs 1 à 4 ci-après. Sa responsabilité dans ces crimes est

engagée en vertu des motifs de responsabilité pénale tels qu'exposés ci-après: l'article25-3-a du Statut (sous la forme de coaction indirecte); l'article 25-3-b (ordonner, solliciter et encourager) ; l'article25-3-d du Statut, s'agissant de la contribution à la commission de ces crimes conjointement avec les membres de son entourage immédiat, et au travers des forces pro- Gbagbo qui adhéraient à son Plan visant à rester au pouvoir par tous les moyens possibles. Ces modes de responsabilités, alternatifs, retenus au terme de l'article 25 sont non seulement pour les actes commis par Gbagbo, mais aussi pour ses omissions qui ont mené à la commission des crimes reprochés. Enfin, Gbagbo est également responsable des crimes qui lui sont reprochés du fait du lien de subordination existant avec les forces en question, conformément aux alinéas a) et b) de l'article28 du Statut »

Le Procureur de la Cpi sachant pertinemment qu'il a peu de chances d'obtenir la condamnation du Président Laurent Gbagbo. sur le fondement de l'article 25-3-a du Statut de Rome a ajouté le mode de la responsabilité fondée sur la qualité de supérieur hiérarchique prévue par l'article 28 du statut jouant donc son va-tout sur ce mode de « responsabilité bateau »

Il s'agit donc de savoir si le Procureur peut faire condamner le Président Laurent Gbagbo sur la base des fondements de responsabilité qu'il a retenu. C'est-à-dire, au titre des articles 25 et 28 du Statut de Rome ? Le Procureur de la Cpi doit non seulement rapporter la preuve de l'intention coupable mais prouver également que le Président Laurent Gbagbo a manqué à son obligation de prévenir ou de punir la commission de crimes.

L'inexistence d'une intention criminelle chez le Président Laurent Gbagbo ***(1)***, ainsi que l'absence de dissimulation des crimes ***(2)*** de sa part permettent de conclure que sa responsabilité personnelle ne peut être engagée ni en qualité de coauteur ni en tant que supérieur hiérarchique. C'est justement ce que révèle le Rapport de la Commission Kadjo Djidji.

1) L'absence d'intention criminelle : Le Président Laurent Gbagbo n'a ni ordonné, ni incité encore moins planifié l'un des actes quelconques, constitutifs du crime contre l'humanité aux fins du Statut de Rome

Pour obtenir la condamnation du Président Laurent Gbagbo, le Procureur doit rapporter la preuve que celui-ci durant la crise a agi avec l'intention de commettre des crimes contre l'humanité ou avait conscience et connaissance qu'un crime contre l'humanité a été commis ou allait être commis par les FDS au cours des opérations de sécurisation (cf. TPIY affaire Slobodan Milosevic).

Or, dans son DNC amendé, le Procureur de la Cpi n'a réussi à aucun moment à établir l'intention coupable de l'accusé de faire commettre des crimes par les forces pro-Gbagbo contre une population civile perçue comme soutenant l'opposition, pas plus qu'il ne prouve le manquement à son obligation de prévention et de punition des crimes une fois commis. La mise sur pied de la Commission d'Enquête Internationale traduit clairement sa volonté de ne point dissimuler les crimes commis (2).

2) L'absence d'intention de dissimulation des crimes et l'existence d'une volonté de punir** : **la mise sur pied d'une Commission d'Enquête Internationale

Selon les dispositions de l'article 28 du Statut :

a) Un Chef militaire ou une personne qui agit effectivement à ce titre sera pénalement responsable des crimes de la Cpi commis par des forces ou des personnes sous son commandement s'il savait ou aurait dû savoir que des crimes étaient commis et a omis de prendre des mesures raisonnables pour les prévenir ou empêcher leur perpétration.

b) Par opposition, les supérieurs hiérarchiques civils seront responsables des crimes de leurs subordonnés dont ils contrôlent les activités, s'ils savaient que des crimes étaient sur le point d'être commis, ou s'ils ont sciemment méconnu des informations indiquant la commission des crimes par leurs subordonnés. Le supérieur civil peut également être responsable s'il omet de prévenir, de réprimer ou de signaler les crimes aux autorités appropriées pour enquête et poursuites

Pour faire condamner une personne sur la base de la responsabilité fondée sur la qualité de supérieur hiérarchique, il faut que l'accusation apporte aux juges la preuve que non seulement des crimes aux fins du Statut de Rome ont été commis, mais aussi que le supérieur hiérarchique responsable informé n'a pas agi pour empêcher ou réprimer l'infraction. Dans les deux cas, c'est l'omission du supérieur qui lui est reprochée, c'est-à-dire le fait de ne pas avoir agi alors qu'il aurait dû le faire. Cette pure omission forme l'élément matériel de l'infraction.

Le supérieur hiérarchique responsable informé doit agir pour empêcher ou réprimer l'infraction. Or c'est bien ce que le Président Laurent Gbagbo a fait en mettant sur pied la commission d'enquête Internationale.

Le Président de la République, Monsieur Laurent Gbagbo, tenant compte des violences, qui avaient lieu dans le pays et soucieux de faire la lumière sur les atteintes aux Droits de l'homme, a pris le décret **N°2011-06 du 07 Janvier 2011** portant création d'une Commission Internationale d'Enquête sur les allégations de Violations des Droits de l'Homme en Côte d'Ivoire. La Commission était chargée de mener toutes les investigations nécessaires pour établir la vérité sur les violations des droits par les FDS.

Il apparaît que la volonté de faire en sorte que les crimes ne soient pas commis ou de faire cesser les crimes ainsi que de punir les auteurs a prévalu. Dès lors quand on sait que c'est l'omission du supérieur qui constitue l'élément matériel de l'infraction, on peut dire que ce mode de responsabilité ajouté récemment par le Procureur dans son DNC amendé ne saurait prospérer. Le Rapport de la Commission établit clairement que le Président Laurent Gbagbo n'a pas manqué à son obligation de prévention et de punition. Il était contre la commission de crimes par les FDS et avait bien, à travers la Commission Internationale d'Enquête, l'intention d'engager des punitions contre les auteurs éventuels, mais la suite des évènements ne lui a pas permis d'aller dans ce sens.

Conclusion

Au total, le Rapport Kadjo Djidji est un élément important en ce qu'il fait la lumière sur les violences postélectorales. Il vient contredire le DNC initial ainsi que le DNC amendé du Procureur de la Cpi dans plusieurs de ces thèses dans *L'Affaire Le Procureur c. Laurent Gbagbo.* Ce Rapport qui vient disculper le Président Laurent Gbagbo des charges qui pèsent sur lui, est un élément gênant pour le Procureur, c'est pourquoi il tend à vouloir le disqualifier. Ce Rapport mérite donc d'être versé au dossier dans le procès contre le Président Gbagbo.

En tout état de cause, à la lecture de ce rapport et de ses conclusions, il est loisible de se rendre compte que le Président Laurent Gbagbo n'a pu commettre les crimes à lui reprochés ni en qualité de coauteur, ni en tant que complice et instigateur encore moins en qualité de supérieur hiérarchique.

DÉSARROI DU PROCUREUR DANS L'AFFAIRE LE PROCUREUR CONTRE LAURENT GBAGBO : LE RECOURS À LA RESPONSABILITE MULTIPLE COMME PALLIATIF À L'INSUFFISANCE DES PREUVES

Par

Pr. Hubert OULAYE[109]

Introduction

Assurément le renvoi en jugement de Laurent Gbagbo était loin d'être « *dans le sac* » du Procureur Bensouda, bénéficiaire de l'ajournement d'audience du 3 juin 2013, date à laquelle, malgré la reconnaissance formelle de l'insuffisance des preuves, la Chambre préliminaire 1, au lieu d'infirmer purement et simplement les charges, lui accordait un temps supplémentaire pour apporter de nouvelles preuves ou, au besoin, compléter son enquête.

Cette prolongation de l'audience, analysée comme une « *séance de rattrapage* » injustifiée[110], a été mise fortement à profit par elle, pour mettre à mal le Règlement de procédure de la Cour, si l'on s'en tient aux réactions vigoureuses de la défense qui a dénoncé des violations flagrantes et inacceptables des règles en vigueur, et demandé, en fin de compte, une audience de mise en état en vue de préserver les droits de la défense.

Le non-respect des règles prévalant en matière de dépôt du document de notification des charges, s'accompagne d'une modification de fond du texte d'accusation. En effet, alors que pour demander le renvoi en jugement de Laurent Gbagbo, le document initial, fondait la responsabilité de celui-ci sur l'article 25-3-a et d du Statut, le Dnc amendé, y adjoint désormais la responsabilité sur la base de l'article 25-3-b, et à titre subsidiaire, la responsabilité sur le fondement de l'article 28 a et b du Statut (la responsabilité des chefs militaires et supérieurs hiérarchiques). La défense notait, suite au dépôt du Dnc amendé, que le Procureur avait profondément changé les bases

[109] Agrégé des Facultés de Droit, Université d'Abidjan-Cocody (Côte d'Ivoire).

[110] Félix Tano, « Après une audience des preuves…sans preuves », in *Cour pénale internationale : l'introuvable preuve contre le président Laurent Gbagbo*, Sous la coordination des professeurs Raymond Koudou Kessié, Hubert Oulaye et Félix Tano, « Afrique Liberté », l'Harmattan, 2013, p. 9 et s.

juridiques et factuelles de son Dcc, ce qui a conduit à « *une profonde modification de la substance et de la nature des charges en comparaison du Dcc initial de janvier 2013* »[111].

Pourtant, une lecture étroite de la décision du 3 juin 2013, montre bien que les juges ont simplement demandé au Procureur, d'apporter des preuves supplémentaires en vue d'étayer les charges énoncées et la responsabilité de l'accusé, recherchée sur la base de la coaction indirecte (art 25-3-a) et de sa contribution (art 25-3-d) dans la commission des crimes reprochés. De façon formelle, il n'a pas été demandé au Procureur de requalifier les charges ou les chefs de poursuites, ni de rajouter un autre chef de responsabilité. La décision demande au Procureur, d'apporter des preuves supplémentaires, des compléments d'informations permettant de mieux préciser les faits rapportés, de manière à établir l'existence d'éléments de preuves montrant sans discussion, la responsabilité du prévenu en tant que coauteur indirect.

Certes, le Statut permet au Procureur de modifier les charges, de les retirer ou d'en rajouter, mais l'article 61-4 ne semble admettre l'exercice de cette faculté qu'avant l'audience de confirmation des charges : « *Avant l'audience, le Procureur peut poursuivre l'enquête et peut modifier ou retirer des charges. La personne visée reçoit notification de tout amendement ou retrait de charges dans un délai raisonnable avant l'audience…* ». Or, dans l'affaire sous examen, l'audience est engagée depuis le 19 février 2013. Ajournée le 3 juin 2013, elle se trouve sinon à la fin du moins au milieu du délai d'examen imparti.

L'article 61-7 du Statut autorisant l'ajournement, peut-il ouvrir la voie à des modifications de cette nature en cours d'audience, sans porter atteinte aux droits de la défense tels que prévus , à l'article 61-3-a et b, relatif au délai raisonnable de notification des charges et des éléments de preuve à l'accusé avant l'audience ?

L'on notera que c'est dans le « *temps de rattrapage* », c'est-à-dire en cours d'audience que curieusement, le Procureur décide de recourir de sa propre initiative, à la responsabilité du prévenu en sa qualité de chef militaire, à la différence de l'affaire le Procureur contre Jean-

[111] Requête de la défense, 1er avril 2014.

Pierre Bemba, où les juges avaient expressément décidé de l'ajournement de l'audience et recommandé à l'accusation d'envisager de requalifier les charges sur la base de cette forme de responsabilité (article 28-a et b)[112]. Ce qui pourrait, à notre sens, poser un problème de recevabilité desdites modifications. Doit-on penser que dans le cas Laurent Gbagbo, une telle suggestion ait pu être faite de façon informelle au Procureur, qui à aucun moment ne l'avait initialement envisagé dans son accusation ? Aucune hypothèse n'est à écarter, vu le caractère éminemment politique de ce dossier.

En tout état de cause, sur le plan de la responsabilité du Président Laurent Gbagbo, le nouveau Dnc donne-t-il aux juges des motifs suffisants pour décider d'un renvoi du prévenu en jugement ? Sans préjuger du poids du politique dans le dénouement final de l'audience de confirmation des charges, on peut raisonnablement en douter.

A notre sens, la lecture du nouveau Dnc amendé ne montre pas que les insuffisances relevées par les juges ont été surmontées, de sorte à donner aux juges, des motifs suffisants de croire que le prévenu a commis chacun des crimes à lui imputés.

Bien au contraire, les incertitudes sur l'existence des éléments contextuels des crimes contre l'humanité allégués persistent (I) au point de contraindre l'accusation à une démultiplication des fondements de la responsabilité du prévenu, désormais recherchée sur la base des articles 25-3-a, d et b, et 28-a et b du Statut (II).

I- DES INCERTITUDES NON LEVÉES SUR L'EXISTENCE DES ÉLÉMENTS CONTEXTUELS DES CRIMES CONTRE L'HUMANITÉ ALLEGUÉS

Poursuivant l'accusé au titre de sa participation à la commission de crimes contre l'humanité pendant la crise postélectorale ivoirienne, l'accusation se devait d'apporter la preuve de l'existence des éléments contextuels desdits crimes, tels qu'exigés par l'article 7-1 et 2,a du Statut, à savoir : des crimes commis au cours d'attaques généralisées ou systématiques menées contre une population civile (en

[112] Chambre préliminaire III, ICC-01/05-01/08-388-tFRA.

l'occurrence, des partisans d'Alassane Ouattara) délibérément prise pour cible, en application de la politique conçue par l'accusé en vue de se maintenir au pouvoir.

C'est en vain que l'on cherchera le long des 91 pages du Dnc amendé, des preuves ou des développements nouveaux et convaincants, venant étayer l'existence de la politique ou du plan commun, conçus et mis en œuvre par le Président Laurent Gbagbo et son « *entourage immédiat* ». Idem, s'agissant de la véracité des attaques des forces pro-Gbagbo censées cibler « *des populations civiles, en application ou dans la poursuite d'une politique ayant pour but cette attaque* ».

En clair, le Procureur n'est pas parvenu, à l'issue du temps supplémentaire d'enquête qui lui a été généreusement accordé, à rapporter la preuve irréfutable de la « *politique d'attaques violentes* » conçue par l'accusé en vue de conserver le pouvoir (A), pas plus qu'il n'est parvenu à établir la réalité des allégations d'attaques généralisées dirigées contre la population civile proche d'Alassane Ouattara (B).

A- La preuve de la « politique » ou du « plan commun » conçus pour préserver le pouvoir n'a pas été rapportée. Parce qu'elle n'avait pas été convaincue par la démonstration et les éléments de preuve présentés par le Procureur lors de l'audience de confirmation, la Chambre a requis de celui-ci, de lui fournir des informations spécifiques sur les réunions au cours desquelles la politique ou le plan commun auraient été adoptés.

Elle a également demandé à être renseignée sur la manière dont l'existence et la teneur de la politique ou du plan commun ont été communiquées, une fois adoptés, aux membres des forces pro-Gbagbo[113].

Il était donc attendu de l'accusation, pour établir l'existence matérielle de « *l'entourage immédiat de Laurent Gbagbo* » ainsi que de la « *politique* » ou du plan commun, que celle-ci fournisse pour la suite de l'audience, des preuves directes, tels par exemple, des comptes rendus de réunions tenues par le prévenu et ledit « *entourage*

---

[113] Voir, Chambre préliminaire 1, décision portant ajournement de l'audience de confirmation des charges conformément à l'article 61-7-c-i du Statut, 3 juin 2013, ICC-02/11-01/11-432-tFRA 19-06-2013 1/27 RH PT, paragraphe 44, point 3.

immédiat », ou à défaut, des arguments ainsi que des preuves indirectes ou circonstancielles, plus convaincants que ceux précédemment exposés dans son Dnc initial. Cela n'est pas le cas, tant sur « *l'entourage immédiat* » (1°) que sur « *la politique* » ou le plan commun (2°).

1°- Concernant « *l'entourage immédiat* »

Si l'on en sait un peu plus sur l'identité des « *membres supposés* » du prétendu « *entourage immédiat* », vus les noms avancés par l'accusation dans le Dnc amendé (paragraphes 75 à 78), celle-ci n'apporte en revanche aucun élément concret permettant de crédibiliser l'énumération desdits membres. Donnant à nouveau dans des « *ouï-dire* », elle parle de personnes impliquées dans des trafics d'armes, des détournements de deniers publics et de financements illicites sans indiquer distinctement les « *supposés* » membres visés par ces accusations, ni apporter les preuves de ces graves allégations. Le Procureur, ne produit aucun procès-verbal de réunion dudit « *entourage* », justifiant son existence en tant qu'organisation, conformément à l'article 7-2 du Statut, ainsi que l'appartenance effective des membres supposés à ladite organisation, ni de documents se rapportant à des financements de groupes armés par ces personnes, d'achats d'armes, ou faisant état de détournements de deniers publics les concernant[114].

En l'absence de tels éléments, « *l'entourage immédiat* » de Laurent Gbagbo, n'est rien d'autre, qu'une construction purement imaginaire du Procureur, destinée à rendre artificiellement cohérente, au regard de l'article 7-1 et 2, a du Statut, sa thèse du crime contre l'humanité. Pour qu'il en soit autrement, il eut fallu, comme nous l'avions développé dans nos précédentes analyses, établir nettement, l'effectivité de l'emprise du prétendu « *entourage* » dans la gestion de la crise, dans la mesure où, le gouvernement en place, dirigé par le Premier Ministre Aké N'Gbo, était quotidiennement à l'œuvre durant tout le temps de celle-ci, ainsi qu'en attestent les communiqués successifs du Ministre Porte-parole dudit gouvernement[115].

[114] Bureau du Procureur, *Document amendé de notification des charges*, n° ICC-02/11-01/11 du 13 janvier 2014, paragraphe 79.

[115] Hubert Oulaye, « l'introuvable crime contre l'humanité du Président Laurent Gbagbo », in *Le Président Laurent Gbagbo à la Cour pénale internationale :*

Les informations données par le procureur sur ce point ne permettent pas de conclure à l'existence d'une organisation, constituant une entité, disposant des moyens de concevoir et de mettre en œuvre de façon autonome une politique d'attaques contre des populations civiles.

2°- Concernant la « *politique* » ou le « *plan commun* ».

A ce propos, le Procureur soutient que l'accusé, pour se maintenir au pouvoir, aurait conçu et mis en œuvre avec son « *entourage immédiat* », un « *plan commun, qui aurait évolué jusqu'à inclure au plus tard le 27 novembre 2010, une politique d'Etat ou organisationnelle, avec pour but une attaque généralisée et systématique contre Alassane Ouattara et les membres de son cercle politique, les civils opposants à son régime, et ceux qui étaient perçus comme des populations soutenant Ouattara* »[116].

On peut soutenir, à la lecture du Dnc amendé, que l'accusation n'est pas parvenue à étayer cette allégation pourtant capitale pour la qualification juridique des crimes reprochés, comme des crimes contre l'humanité.

En effet, faute de preuves directes, l'accusation s'est bornée à reprendre les mêmes arguments exposés dans le Dnc initial, lesquels avaient été largement battus en brèche, tant par la défense que par la Chambre. Il s'agit, pour l'essentiel, d'arguments déductifs, ne permettant pas, loin s'en faut, de conclure que le Président Laurent Gbagbo avait planifié l'extermination de civils pro-Ouattara dans le but de conserver le pouvoir.

L'accusation fonde l'existence de la « *politique* » alléguée sur six arguments difficilement recevables. **Le premier argument** a trait à des déclarations, discours, slogans de campagne électorale, préconisant selon le Procureur, des violences en vue de conserver le pouvoir en cas d'échec électoral, prêtés à l'accusé, à son épouse Simone Gbagbo, au leader des jeunes Charles Blé Goudé, au Chef d'Etat-major Philipe Mangou et à ses partisans lors de la campagne

---

Justice ou imposture ?, sous la coordination de Raymond Koudou Kessié et Hubert Oulaye, L'harmattan, 2013, p 99à 126.

[116] Bureau du Procureur, Document amendé de notification des charges, *op. cit.* paragraphes 79 – 131.

électorale[117]. Or, le Président Laurent Gbagbo, n'a jamais tenu les propos qui lui sont abusivement prêtés par le Procureur. Il n'existe aucun document ni enregistrement public ou privé, qui fondent les allégations du procureur[118].

Quant aux propos également prêtés à son épouse ainsi qu'à Charles Blé Goudé, le Procureur par mauvaise foi, les qualifie de façon tendancieuse, d'appels à la haine et à la violence.

A la vérité, ni l'une ni l'autre n'appellent qui que ce soit à la commission de crimes mais plutôt à la résistance contre l'imposture électorale et contre les attaques armées des rebelles infiltrés à Abidjan. Par exemple, lorsque le DNC mentionne que madame Simone Gbagbo aurait demandé aux FDS de tenir à Abobo-gare, dont il convient de rappeler qu'elle était à cette date, la représentante à l'Assemblée nationale, elle ne leur demande pas de tuer ou de violer des civils, mais seulement de faire face et de résister aux groupes armés pro-Ouattara qui ont résolu de se rendre maîtres de cette agglomération, en vue d'en faire leur base pour attaquer Abidjan. Les propos tenus ne visaient nullement l'extermination des populations civiles de la commune d'Abobo-gare, dans la mesure où cette agglomération n'était pas aux mains de manifestants pro-Ouattara, mais plutôt sous le feu des attaques quotidiennes du « *commando invisible* » dirigé par Ibrahima Coulibaly dit IB, un ancien garde du corps d'Alassane Ouattara, et cela dès le début du mois de janvier 2011[119].

L'accusation reconnaît d'ailleurs, en dépit des efforts du Procureur tendant à occulter la situation d'affrontements armés entre les groupes armés pro-Ouattara et les FDS, qu'Abobo-gare était devenue une zone dangereuse, lorsqu'elle fait mention du « *climat d'insécurité à Abobo-gare* » qui contraint le Général Mangou, Chef d'Etat-major, à déclarer que « *les attaques contre les FDS seraient désormais assimilées à des actes de guerre » et qu'il fallait considérer ses hommes sur le terrain comme se trouvant « en situation de légitime défense* »[120]. Il en va de même lorsque le Procureur reproche à l'accusé, le Président Laurent

[117] *Ibidem*, paragraphes 80-81.
[118] Voir Oulaye Hubert, « l'introuvable crime contre l'humanité du Président Laurent Gbagbo », *op. cit*, p. 102.
[119] Voir Germain Sehoué, *Le commandant invisible raconte la bataille d'Abidjan*, l'Harmattan, Paris 2012.
[120] Document amendé de notification des charges, op. cit. paragraphe 83.

Gbagbo, de ne pas avoir accepté de déclarer Abobo-gare Zone de guerre, ainsi que l'y invitaient les commandants militaires[121].

Or donc, il y avait la guerre à Abobo-gare et le Procureur n'en fait mention ni dans le Dnc initial, ni dans le Dnc amendé !

Enfin, on reste perplexe lorsque l'accusation continue de faire référence à un innocent slogan de campagne des partisans de Laurent Gbagbo, « *on gagne ou on gagne* », qui signifie victoire au premier tour ou victoire assurée au second tour, pour en inférer des intentions de commettre des violences ! Le détournement de sens opéré par le haut magistrat, est tout simplement le signe d'une mauvaise foi caractérisée et d'une absence d'arguments, et ne saurait tenir lieu de preuve d'une quelconque politique !

Le deuxième argument se fonde sur de « *prétendues* » attaques généralisées et systématiques, lancées entre le 27 novembre 2010 et le 8 mai 2011, contre des civils manifestant contre le régime et pris comme des partisans d'Alassane Ouattara[122]. Ce point sera plus amplement examiné dans la suite de cette contribution (notamment au point B). Il suffira pour l'instant de dire, que la Chambre n'avait pas été du tout convaincue de cette allégation, les éléments de preuve produits ayant été jugés « *sommaires* », « *imprécis* », « *incomplets* »[123]. De fait, contrairement aux allégations du Procureur, il n'y a pas eu d'attaques généralisées contre des civils partisans d'Alassane Ouattara, mais plutôt des opérations de maintien d'ordre et surtout des affrontements entre les groupes armés pro-Ouattara et les FDS.

La marche sur la RTI du 16 décembre, est en fait la seule manifestation officielle organisée et portée à la connaissance des autorités gouvernementales par le camp Ouattara au cours de la crise postélectorale.

Elle n'a pas été interdite, quand bien même les déclarations en provenance du camp Ouattara replié à l'hôtel du Golf, donnaient à penser, qu'il ne s'agissait pas d'une manifestation pacifique, mais bien

[121] Ibidem, paragraphe 82.
[122] Ibidem, paragraphe 88.
[123] Chambre préliminaire 1, décision portant ajournement de l'audience de confirmation des charges, 3 juin 2013, op.cit.

d'un assaut contre la radiotélévision ivoirienne, un organe stratégique de l'Etat, qui devrait être suivi le lendemain par un deuxième assaut en vue de prendre possession des locaux de la « *Primature* ».

La marche a dégénéré par la faute des manifestants, dont la plupart étaient armés, et non pas du fait des FDS commis pour protéger les locaux de la RTI. Les combattants FAFN repliés à l'hôtel du Golf, ont même attaqué à l'arme lourde, le poste de police du carrefour Marie-Thérèse Houphouët non loin dudit hôtel[124]. Ce fait n'a pas été démenti par le Procureur.

On peut donc affirmer que le 16 décembre 2010, les attaques armées sont venues des manifestants et non pas des FDS, qui étaient sur la défensive dans un grand nombre de communes d'Abidjan et qui ont perdu ce jour plusieurs des leurs, tués par balles ou par armes blanches[125].

La prétendue « *marche des femmes* » qui aurait eu lieu le 3 mars 2011 à Abobo-gare, n'avait pas fait l'objet d'une information publique, de sorte qu'aucun officiel, ni organe de presse, de radio ou de télévision, n'en était informé. En outre, elle se serait déroulée dans une commune qui, depuis le début du mois de janvier 2011, était devenue le théâtre quotidien d'affrontements entre groupes armés rebelles pro-Ouattara et FDS.

De sérieux doutes existent, que cette manifestation ait réellement fait l'objet d'une attaque dont les FDS seraient les auteurs. Cela est d'ailleurs confirmé par le Dnc amendé, qui ne fait état d'aucun échange de tirs entre les FDS et les forces rebelles d'Abobo-gare, censées assurer la sécurité de ces manifestants pro-Ouattara dans une zone sous contrôle du groupe armé pro-Ouattara dénommé le « *commando invisible* ». Il n'existe en outre aucun document médico-légal attestant que les victimes de ce jour avaient été touchées par des projectiles de chars de l'armée régulière comme allégué !

Au total, l'argument des attaques généralisées et systématiques en exécution de « *la politique* » d'attaques des partisans d'Alassane

---

[124] Alain Dogou et Emile Guiriéoulou, « la vacuité des accusations du Procureur de la Cpi contre le Président Laurent Gbagbo », in *Le Président Laurent Gbagbo à la CPI. Justice ou imposture ?*, op. cit. P 72 et s.
[125] *Ibidem.*

Ouattara, ne correspond pas à la réalité vécue, marquée plutôt par des affrontements entre FDS et groupes armés pro-Ouattara.

Le troisième argument table sur un prétendu blocus de l'hôtel du Golf, base du camp Ouattara, blocus opéré par les FDS, dans le but selon le Procureur, d'empêcher Ouattara de prendre ses fonctions de Président de la Côte d'Ivoire, mais aussi de le couper de ses sympathisants[126] !

Il importe d'abord de rappeler au Procureur, qu'Alassane Ouattara n'a pas gagné les élections. C'est Laurent Gbagbo qui a été proclamé vainqueur par le Conseil constitutionnel, conformément aux textes en vigueur en Côte d'Ivoire.

Il faut ensuite rappeler que la mise en place d'un point de contrôle de police, au carrefour de l'hôtel du Golf, fait suite au stationnement imprévu, à l'hôtel du Golf, de 300 combattants rebelles FAFN, qui n'ont pas regagné leurs bases dans le nord comme prévu à la fin de leur mission de sécurisation des opérations électorales dans la zone sud. Cette présence injustifiée au regard de leur feuille de mission était source d'insécurité étant donné la proximité de la Résidence présidentielle, ce qui avait conduit l'Etat-major à la mise en place d'un dispositif de sécurité, qui n'était point destiné à empêcher la libre circulation des personnes voulant se rendre ou sortir de l'hôtel du Golf. La présence des FDS au carrefour du Golf était d'ordre strictement sécuritaire et préventif.

Il est donc faux de parler d'un blocus de l'hôtel du golf. D'ailleurs, dans une adresse publique, le Président de la République, avait invité Alassane Ouattara et Henri Konan Bédié, ainsi que leurs états-majors présents à l'hôtel du Golf, à regagner sans crainte leurs domiciles. Mais ces derniers avaient jugé, politiquement plus rentable, face à l'opinion internationale, de demeurer en ce lieu, dans une posture de « *victimes* » du Président Laurent Gbagbo.

Le Procureur ne fait d'ailleurs état d'aucune tentative de sortie de l'hôtel du Golf d'Alassane Ouattara, ou de l'un quelconque de ses compagnons qui aurait été empêchée par les FDS ! Il ne verse au dossier, aucun acte d'interdiction de sortie pris à leur encontre par le

---

[126] Document amendé de notification des charges, *op. cit.* paragraphe 89.

régime du Président Laurent Gbagbo. Alassane Ouattara et ses compagnons, ne faisaient pas non plus l'objet de poursuites judiciaires alors qu'ils s'étaient placés en situation de défiance des institutions et même de sédition ouverte avec l'attaque lancée par leurs troupes contre le poste de police du carrefour du Golf, le 16 décembre 2010.

Au total, aucun élément de preuve ne vient étayer l'allégation de blocus de l'hôtel du Golf.

Le quatrième argument prend appui, sur les nombreuses rencontres et réunions qui ont eu lieu à la Résidence présidentielle, à l'occasion et en raison de la crise postélectorale. Ces réunions et rencontres ont impliqué de hautes personnalités de l'Etat, civiles et militaires, des hommes politiques, y compris le Président Laurent Gbagbo, son épouse Simone.

Pour le Procureur, toutes ces rencontres avaient un objet exclusif et un ordre du jour unique, à savoir la coordination de la mise en œuvre de la « *politique* » ou du plan commun[127]. Toutefois, de telles allégations ne sont pas étayées par des éléments de preuves édifiants. Il se contente d'affirmer sans démontrer ni prouver la véracité de ses assertions. A aucun moment, il ne vient à l'esprit du Procureur, que ces nombreuses rencontres, aient pu avoir pour préoccupation la recherche de solutions pour mettre fin à la crise postélectorale !

Pourtant, le Procureur n'ignore pas les appels du président Laurent Gbagbo, en faveur d'un règlement pacifique de la crise postélectorale consécutive au refus d'Alassane Ouattara d'accepter sa défaite électorale consacrée par le Conseil Constitutionnel. La proposition de l'accusé de procéder à un recomptage des voix par une commission internationale neutre, la mise en place de la commission internationale d'enquête le 7 janvier 2011, sont bien des décisions inspirées de ces réunions de crise indexées par le procureur, et qui sont à l'opposé de la coordination de la mise en œuvre d'une prétendue politique d'attaques des partisans d'Alassane Ouattara.

Le cinquième argument est particulièrement étonnant. Le Procureur énonce qu'au cours desdites réunions, les participants n'ont, à aucun moment, demandé de mettre fin aux massacres (de civils bien sûr), preuve par conséquent de la caution apportée par l'accusé aux crimes

[127] *Ibidem*, paragraphes 90-91-92.

commis ! Cependant il n'apporte aucune précision sur les dates, les lieux et les participants de ces réunions et surtout, concernant leur objet spécifique, la preuve de ses affirmations !

Le sixième argument qui attesterait de l'existence de la politique ou du plan commun, le Procureur le tire d'une contre-vérité flagrante. Selon lui, le Président Laurent Gbagbo même lorsqu'il a été arrêté n'a pas renoncé au pouvoir et a continué d'ordonner la mise en œuvre de la politique.

Or, le monde entier a pu voir et entendre, le 11 avril 2011, jour de son arrestation, le Président Laurent Gbagbo déclarer à la télévision : « *Le temps des armes est terminé, le temps de la discussion doit s'ouvrir* ». On se demande alors, quand et par quel moyen, l'accusé, arrêté puis détenu dans le nord de la Côte d'Ivoire avant d'être transféré à la Haye, a-t-il pu ordonner des mesures de mise en œuvre de la « *politique* » comme le prétend l'accusation. Le Procureur n'apporte aucun élément de réponse sur ce point précis.

Au total, aucun élément de preuve nouveau n'a été apporté par le Procureur en appui de sa thèse de l'existence d'une « *politique* ».

B - l'allégation d'attaques généralisées ayant ciblé les populations civiles n'a pas été démontrée

Il était attendu du Procureur, que cette allégation soit étayée à l'aide des informations précises demandées par les juges, notamment aux points 1, 3 et 4 du paragraphe 44 de la décision du 3 juin 2013 :

- **Point 1**. Quelles étaient les positions, mouvements et activités de tous les groupes armés opposés aux forces « *pro-Gbagbo* » (par exemple, le commando invisible et les forces nouvelles), notamment à Abidjan et alentour, entre novembre 2010 et mai 2011, y compris les informations spécifiques sur les confrontations entre ces groupes armés et les forces pro-Gbagbo ?

Tout comme dans le Dnc initial, le Procureur dans le Dnc amendé, a royalement esquivé cette question qui a trait au contexte général d'affrontements armés entre les FDS et les groupes armés pro-Ouattara qui a caractérisé la crise postélectorale.

Le Procureur a délibérément choisi de tronquer la vérité, en refusant d'apporter aux juges les informations attendues. Celles-ci établissent, sans discussion, la présence à Abidjan, des groupes armés Pro-Ouattara. Ceux-ci se sont livrés à des activités de guérilla d'abord, puis de guerre généralisée ensuite, entre le 16 décembre 2010 et mai 2011, contre les FDS et les partisans du Président Laurent Gbagbo.

La raison en est que, pour le Procureur, admettre le contexte de guerre, ruinerait totalement sa thèse selon laquelle, les forces pro-Gbagbo ciblaient délibérément et exclusivement, à travers des attaques généralisées, systématiques et violentes, une population civile manifestant pacifiquement, sans armes, pour des revendications politiques légitimes. Selon l'accusation, il n'y avait aucun combattant armé à Abidjan, mais seulement des manifestants non armés.

Mais il est notable cependant, de relever que le Procureur reconnait implicitement dans le Dnc amendé, certainement sans le vouloir, l'existence en Côte d'Ivoire à cette période, d'un conflit armé interne opposant les FDS aux groupes armés pro-Ouattara. Il en va ainsi, lorsque le Procureur dans ses tentatives d'établir l'existence de la « *politique* », reproche au Président Laurent Gbagbo, « *de n'avoir pas déclaré Abobo-gare zone de guerre après la première offensive, le 24 février 2011* »[128]. Il en va de même lorsque celui-ci ajoute que, « *suite au climat d'insécurité à Abobo-gare, le 12 janvier 2011, le CEMA, Philippe Mangou, avait décidé de considérer les attaques contre les FDS comme une déclaration de guerre et que les FDS, se trouvaient désormais en situation de légitime défense* »[129].

Toutefois, il ne va pas plus loin dans la relation des faits. Le Procureur se garde bien de dévoiler, qui menait l'offensive ou contre qui celle-ci était menée à ces différentes dates, à Abobo-gare ? En vérité, le Procureur, ne veut pas mentionner dans son Dnc amendé, que le « *commando dit invisible* », un groupe armé proche d'Alassane Ouattara, menait une guérilla urbaine à Abobo-gare, contre les FDS, par des attaques contre les patrouilles de police, les commissariats et les camps de gendarmerie de cette agglomération ainsi que contre les partisans civils du Président Laurent Gbagbo.

---

[128] *Ibidem,* paragraphes 82 et 122.
[129] *Ibidem,* paragraphe 83.

De même, le Procureur tente de dissimuler le fait que les attaques armées menées par les rebelles contre les FDS et les partisans de Laurent Gbagbo à Abobo-gare ont commencé bien avant le 24 février 2011 comme il l'a écrit, précisément à la date du 10 janvier 2011 au plus tard. A cette date, le Secrétaire général de la Fédération FPI du département de Madinani, Fanny Kassoum, était abattu avec son oncle à leur domicile d'Abobo-gare par les membres du groupe armé, qui se dévoilera quelques jours plus tard sous l'identité de « *commando invisible* ». Leurs deux corps furent exposés au carrefour du pk 18, en guise d'avertissement à tous les ressortissants du nord de la Côte d'Ivoire, militants du FPI, résidant dans cette commune[130].

Au lendemain de ce double meurtre aux mobiles notoirement politiques, l'opération sécuritaire de ratissage, engagée par la police le 12 janvier 2011, afin d'arrêter les auteurs, s'est soldée par la mort de deux policiers tués à l'arme automatique par les rebelles embusqués. Dans la nuit du 12 au 13 janvier, un détachement de six policiers en faction au carrefour de la mairie d'Abobo-gare, est attaqué à la roquette par des rebelles infiltrés. Le bilan : 5 policiers tués, un policier blessé[131]. La guérilla, débutée mi-janvier 2011 par le « *commando invisible* » s'est poursuivie jusqu'au 11 avril 2011. Elle s'est soldée par des meurtres tant de membres des FDS, que de la population civile proche de Laurent Gbagbo, par des viols, des exactions, des déplacements de populations, des pillages[132].

En fait, la guérilla menée par le « *commando invisible* » à Abobo-gare, rentrait dans un plan plus vaste d'attaque militaire généralisée contre le régime du Président Laurent Gbagbo. Ce plan a été effectivement mis en œuvre dès mi-décembre 2010, à travers les manifestations violentes dont la marche des 16 et 17 décembre 2010 qui avait pour but, la prise de contrôle de la RTI. Ces violences ont été relayées début janvier 2011, par les attaques armées menées par le « *commando invisible* » contre les FDS et les civils pris pour des partisans de Laurent Gbagbo, dans la commune d'Abobo-gare !

Ces affrontements armés ont par la suite opposé, les FDS et les FRCI, une milice créée par Alassane Ouattara le 17 mars 2011, composée

---

[130] Alain Dogou et Emile Guiréoulou, *op. cit.*
[131] *Ibidem.*
[132] *Ibidem.*

des FAFN de Soro Guillaume, des Dozos et des mercenaires venus du Burkina Faso, du Mali, de la Guinée, de la Sierra Léone et du Libéria. Le 28 mars 2011, Alassane Ouattara, avec l'appui militaire des forces franco-onusiennes aux FRCI, engage une offensive armée généralisée contre le régime de Laurent Gbagbo, qui se poursuivra jusqu'au renversement de ce dernier le 11 avril 2011 !

De ce qui précède, il ressort trois phases successives de confrontations entre les FDS et les partisans d'Alassane Ouattara :

- La première phase qui n'excède pas une semaine à compter du 16 décembre 2010, date de la marche sur la RTI, est la seule qui voit les FDS directement confrontées à des manifestants civils, avec la nuance importante cependant, que cette manifestation était fortement infiltrée, d'individus armés et qu'elle a été directement appuyée dans la commune de Cocody, par les FRCI qui ont attaqué à l'arme lourde le dispositif de sécurité des FDS sis au carrefour de l'hôtel du Golf.
- La deuxième phase est celle de la guérilla urbaine menée à Abobo-gare, par le commando invisible, groupe armé pro-Ouattara, contre les FDS et les partisans de Laurent Gbagbo. Elle commence début janvier 201, pour se prolonger jusqu'à la fin du mois de mars 2011. Elle met face à face les combattants des deux camps, à l'exclusion des civils.
- La troisième phase est celle du conflit armé généralisé qui a opposé les FDS aux FRCI d'Alassane Ouattara, appuyées militairement par les forces coalisées franco-onusiennes. L'offensive, partie de la ligne de front à l'intérieur du pays le 28 mars 2011, s'est achevée à Abidjan le 11 avril 2011, date du renversement du Président Laurent Gbagbo. Ici également, les civils n'étaient pas visés par les FDS.

Au total, et au regard des trois phases, comment le Procureur peut-il raisonnablement soutenir que les FDS, durant les 5 mois de la crise postélectorale, ont ciblé des partisans civils d'Alassane Ouattara, alors même qu'elles étaient aux prises avec les forces pro-Ouattara ? Sauf à considérer les combattants des groupes armés pro-Ouattara, comme des manifestants pacifiques et à qualifier la guérilla d'abord, puis ensuite la guerre généralisée, qu'elles ont menées contre les FDS, comme des manifestations pacifiques contre le régime, ce qui ne se peut, on ne peut que conclure à l'absence d'attaques des FDS ayant expressément ciblé des populations civiles, partisans d'Alassane Ouattara.

- **Point 2**. La manière dont l'existence et la teneur de la politique ou du plan ont-été communiquées aux membres des forces pro-Gbagbo ou portées à leur connaissance une fois adoptées.

Les forces dites pro-Gbagbo, composées selon le Procureur, des FDS forces régulières, de milices ainsi que de mercenaires, avaient-t-elles été informées ou sensibilisées, sur « *la politique* » ou « *le plan commun* » ? Quelles voies les concepteurs supposés ont-ils utilisées à cette fin ? L'accusé étant le Chef suprême des armées et non pas des milices et des mercenaires, dont la présence, la participation et la prise en charge dans la chaîne de commandement, sont sujettes à caution, seule la situation des FDS, sera examinée ici.

Au sein des FDS il n'y a qu'une voie officielle d'information tant des supérieurs que des subalternes, c'est la voie hiérarchique. Cette voie suppose que l'information est donnée au niveau le plus élevé, et transmise par paliers successifs de responsabilités, aux échelons inférieurs jusqu'au niveau de sa prise en charge opérationnelle.

Répondant à la question de savoir comment, une fois adoptés, la politique ou le plan commun, avaient été communiqués aux forces pro-Gbagbo, le Procureur affirme que : « *force est de conclure que les forces pro-Gbagbo ont souscrit à la politique du fait que les dirigeants politiques et militaires, dont Gbagbo et son entourage, avaient adopté cette dernière et travaillaient à sa mise en œuvre* »[133].

Autrement dit, le Procureur admet que les FDS n'ont pas été formellement informées de l'existence de la politique ou du plan par la voie hiérarchique. Une telle procédure ne s'imposait pas, ou bien était inutile, dans la mesure où selon lui, l'adhésion de leurs supérieurs hiérarchiques, civils et militaires, à la politique est une condition suffisante qui équivaut à l'acceptation automatique de celle-ci par les subalternes. A la limite, si l'on suit le Procureur, la connaissance de la politique par les forces pro-Gbagbo n'était pas nécessaire, elle est présumée de même que leur adhésion à celle-ci. Pour le Procureur, les FDS sont supposées savoir sans en avoir été informées, qu'elles allaient être impliquées dans des attaques contre les partisans

[133] Document amendé de notification des charges, *op. cit,* paragraphe 87.

d'Alassane menées dans le but de maintenir Laurent Gbagbo au pouvoir par la violence, dès lors que leurs chefs y avaient souscrit. Or, il n'apporte pas la preuve que les chefs militaires avaient effectivement souscrit à une politique ou à un plan commun, il se contente de l'affirmer !

Le Procureur, malheureusement, n'a pas donné le fondement de sa « *théorie de l'adhésion automatique des subordonnés militaires* » à une politique ou à un plan dont ils ignorent l'existence et le contenu, du seul fait de la souscription des supérieurs hiérarchiques, de sorte qu'il est impossible de la retenir. L'on retiendra par conséquent, que la politique ou le plan commun n'ont pas été communiqués aux FDS et que cette situation ne permet pas d'affirmer qu'ils y ont adhéré comme le soutient le Procureur : « *les forces pro-Gbagbo adhéraient à la politique qu'elles ont mise en œuvre de façon coordonnée…* »[134].

Est-il toutefois possible de déduire des actes desdites forces, qu'elles avaient implicitement accepté d'exécuter la « *politique* » d'attaques des partisans civils d'Alassane Ouattara ? C'est le sens et l'intérêt de la question n°4 (a) posée par la Chambre préliminaire1.

- **Point 3 (a)**. Les auteurs matériels agissaient-ils en application ou dans la poursuite de la politique alléguée ?

Au regard de l'article 7 du Statut, c'est seulement si les forces dites pro-Gbagbo ont agi en pleine conscience de la politique ou du plan commun, que leurs crimes éventuels seront considérés comme ayant été commis en application ou dans la poursuite d'une politique ou d'un plan criminels et qualifiés de crimes contre l'humanité.

En fait, l'accusation n'a pas apporté d'éléments de preuve attestant que les supérieurs hiérarchiques d'abord puis les subordonnés avaient été informés de la politique et qu'ils avaient accepté de la mettre en œuvre. Comment dans ces conditions, les FDS auraient-ils pu agir en application où dans la poursuite d'une politique dont ils ignorent l'existence et la teneur ? A la vérité, la situation qui prévalait en Côte d'Ivoire de décembre 2010 à Avril 2011, est marquée par la violence et la guerre, appelées et déclenchées contre la victoire de Laurent Gbagbo par Alassane Ouattara[135]. L'évolution du niveau de violence,

---

[134] *Ibidem.*
[135] Hubert Oulaye, *op. cit.*, p. 108.

a conduit le Président Laurent Gbagbo à prendre des mesures en vue de rétablir l'ordre troublé et défendre l'Etat attaqué. Les FDS ont été commises, dans ce contexte, à une triple mission à savoir :

- Le rétablissement de l'ordre public au cours du mois de décembre 2010, particulièrement à l'occasion de la marche du 16 décembre 2010 sur la RTI ;
- La sécurisation d'Abidjan et particulièrement de la commune d'Abobo-gare, fortement infiltrée par les rebelles membres du « *commando invisible* » qui ont engagé dès janvier 2011, des actions de guérilla urbaine ;
- La défense de l'État, des personnes et des biens, face à l'offensive armée généralisée lancée fin mars 2011 contre le Président Laurent Gbagbo, par Alassane Ouattara avec le soutien des forces coalisées franco-onusiennes.

C'est uniquement dans le cadre de cette triple mission que s'inscrivent les actes posés par les FDS pendant la crise postélectorale. Ces actes n'avaient donc pas pour cible, des partisans civils pacifiques d'Alassane Ouattara. Ainsi, contrairement aux allégations non étayées du Procureur, les FDS ont exécuté des missions de maintien d'ordre, de sécurisation et de défense nationale. Elles n'ont, ni agi en vue de maintenir l'accusé au pouvoir, ni ciblé des civils en exécution d'une politique ou plan criminel dans ce sens.

Au total, le Procureur n'a pas apporté les réponses attendues par les juges relativement aux allégations d'attaques ciblant les civils partisans d'Alassane Ouattara. Il a gardé le mutisme au sujet de la position et des activités des groupes armés pro-Ouattara, et sur les affrontements entre ces groupes et les FDS. Ce n'est assurément pas pour faute d'informations sur ce point, mais parce que une relation objective des faits, révèlerait les attaques armées des partisans d'Alassane Ouattara contre les FDS, ce qui remettrait profondément en cause sa thèse de l'attaque généralisée ciblant une population civile.

Le Procureur n'a pas réussi non plus à démontrer, que les FDS étaient informées de la « *politique* » ou du plan commun et avaient agi en connaissance de cause, c'est-à-dire en application ou dans la poursuite de celle-ci.

En l'absence de preuves de la « *politique* » ou du « *plan* » commun et de preuves d'attaques ayant pris pour cible des populations civiles, ce sont les éléments contextuels du crime contre l'humanité qui font défaut de façon cruciale à l'argumentaire de l'accusation.

Il convient toutefois, d'indiquer que l'existence des éléments contextuels, seule, n'aurait pas suffi pour imputer au prévenu la responsabilité des crimes reprochés. Le Procureur devrait en outre démontrer la responsabilité personnelle de l'accusé dans la survenance des crimes allégués.

Or sur ce plan également, le Dnc amendé laisse apparaître des hésitations de l'accusation, fortement liées aux incertitudes ci-dessus relevées, et se traduisant par la démultiplication des chefs de responsabilité.

II- INCERTITUDES ET RECHERCHE MULTIPLE DE RESPONSABILITÉ

Au regard du Dnc amendé, la responsabilité de l'accusé est recherchée sur la base de cinq fondements à savoir:

- la coaction indirecte (article 25-3-a), qui postule que des crimes ont été commis ou tentés d'être commis, sous le contrôle conjoint de l'accusé et d'autres coauteurs ;

- La contribution à la commission par complicité (article 25-3-d) qui se rapporte à l'aide apportée par l'accusé à l'auteur principal ou l'encouragement de ce dernier, dans la commission du crime ;

- La contribution à la commission par instigation (article 25-3-b), comprise comme l'incitation de l'accusé ayant déterminé l'auteur principal à commettre le crime ;

- La responsabilité en qualité de supérieur hiérarchique militaire (article 28-a) ou civil (article 28-b), qui sanctionne le manquement de l'accusé à son obligation de prévenir ou de punir la commission de crimes par ses subordonnés.

Cette démultiplication des chefs de responsabilité n'est pas le reflet du nombre et de la gravité des violations poursuivies, mais plutôt, le signe des hésitations du Procureur, peu assuré de l'ancrage idoine et efficace de son accusation. Mais on verra tour à tour, qu'aucun des chefs de responsabilité n'a été indiscutablement établi par l'accusation.

Les responsabilités pour coaction indirecte et pour complicité, déjà soulevées dans le Dnc initial et soutenues au cours de la première phase de l'audience de confirmation des charges, ne sont pas étayées dans le Dnc amendé par des éléments nouveaux, appelant de notre part des observations particulières. Il ne nous paraît nullement utile d'y revenir à nouveau. Ainsi que nous l'avions déjà écrit et développé, nous continuons de soutenir, que ni comme auteur principal, ni comme complice, le Président Laurent Gbagbo n'est responsable des crimes commis pendant la crise postélectorale[136].

En revanche, il y a lieu de s'intéresser particulièrement aux deux nouveaux chefs de responsabilité, ajoutés par l'accusation alors que l'audience de confirmation des charges était en cours, à savoir la responsabilité comme instigateur (A) et la responsabilité en qualité de chef hiérarchique (B).

A- UNE RESPONSABILITÉ INCERTAINE AU TITRE DE L'INSTIGATION AU CRIME (article 25-3- b)

S'agissant de la responsabilité à titre d'instigateur des crimes poursuivis, l'argumentation avancée par l'accusation pour ce nouveau chef d'imputation, manque, comme on le verra, de consistance.

Au regard de l'article 25-3-b du Statut, une personne est pénalement responsable si « *elle ordonne, sollicite, encourage la commission d'un tel crime, dès lors qu'il y a commission ou tentative de commission* ». Il s'agit d'une forme de responsabilité, considérée généralement comme accessoire par rapport à celle de l'auteur principal, et qui s'attache au comportement à l'origine du crime, dans la phase qui précède la résolution de l'auteur principal de commettre le crime[137]. L'instigateur est celui qui pousse l'auteur principal à prendre la décision de commettre le crime. Sans l'instigateur, exerçant une influence décisive sur l'auteur principal, celui-ci, aurait pu ne pas passer à l'acte. Ainsi, l'instigateur peut-il pousser l'auteur principal à la planification du crime (préparation matérielle des conditions

[136] Hubert Oulaye, *op. cit.* p 118 à 123.
[137] Olivier de Frouville, *Droit international pénal*, Pédone Paris, 2012, p.395 à 396.

d'exécution physique du crime) ; l'instigateur peut grâce à sa position hiérarchique donner un ordre à exécuter par l'auteur principal ; l'instigateur peut aussi inciter, encourager la commission du crime, selon sa capacité de persuasion[138].

Rapporté à l'affaire le Procureur contre Laurent Gbagbo, rechercher la responsabilité de ce dernier au titre de l'instigation, revient à soutenir que l'accusé a déterminé les auteurs principaux à planifier la commission des crimes allégués, et/ou a donné l'ordre aux auteurs principaux de commettre lesdits crimes, et/ou a incité (persuadé) les auteurs principaux, à commettre les crimes en question.

L'hypothèse de l'instigation postule que l'accusé, tout comme dans le cas de la complicité (art. 25-3-d), n'est plus visé en tant qu'auteur principal des crimes en cause. Il n'est plus poursuivi pour avoir commis conjointement avec d'autres co-auteurs, par l'intermédiaire d'un groupe de personnes, des crimes relevant de la compétence de la Cpi (art. 25-3-a). Il est poursuivi pour la part prépondérante, matérielle ou intellectuelle, qu'il aurait prise dans la résolution des auteurs principaux de commettre les crimes allégués.

Généralement, la responsabilité pour instigation, exige à la fois l'existence tant des éléments matériels des crimes (*actus reus*) (1°), que de l'élément psychologique (*mens rea*) (2°).

1°- ÉLÉMENTS MATÉRIELS (*ACTUS REUS*)

Leur existence est à rechercher au niveau, soit de la planification des crimes reprochés, soit des ordres donnés ou de l'incitation à les commettre.

a- Planification

Le Procureur doit pouvoir apporter la preuve que l'accusé a planifié et ainsi déterminé les auteurs principaux à programmer les comportements criminels constitutifs des crimes allégués, savoir, les meurtres, viols et violences sexuelles, les traitements inhumains et les persécutions commis dans le cadre d'attaques généralisées et systématiques contre les partisans civils d'Alassane Ouattara.

---

[138] *Ibidem.*

En l'espèce, ainsi qu'il a été développé plus haut, la preuve de l'existence d'un plan commun reste problématique. Les affirmations de l'accusation quant à l'existence d'un plan commun, n'ont pu être étayées par des éléments de preuves indiscutables de la part du Procureur.

Mais l'on sait cependant, et cela n'est pas contesté par l'accusation, que ce sont bien à des opérations de maintien de l'ordre que les FDS ont été commises dans un premier temps, avant d'être engagées dans de vraies opérations militaires par la suite : « *Durant la crise, les forces pro-Gbagbo qui avaient jusqu'alors eu recours aux moyens habituellement destinés à assurer le maintien de l'ordre, ont utilisé des armes variées, fusils mitrailleurs, grenades à tubes, mortiers, chars* »[139]. Cette gradation d'intensité de leurs missions correspond bien aux différentes séquences de confrontations entre les FDS et les partisans d'Alassane Ouattara :

- aux manifestations violentes de décembre 2010, correspond la phase de maintien de l'ordre ;
- A la guérilla urbaine à Abidjan du début de janvier 2011 au 28 mars 2011 correspondent des affrontements localisés ;
- A l'offensive généralisée du 28 mars 2011 au 11 avril 2011 correspond la phase des confrontations armées généralisées entre FDS et groupes armés pro-Ouattara.

Il ne peut y avoir eu de planification des crimes allégués, sauf à prétendre que c'est l'accusé lui-même qui aurait programmé ces différentes séquences, c'est-à-dire les manifestations violentes, la guérilla puis la guerre, en accord avec des partisans d'Alassane Ouattara y compris avec ce dernier afin de pouvoir commettre les crimes reprochés.

A la vérité, il y a eu de la part du gouvernement Gbagbo, une réaction appropriée face aux attaques lancées par Alassane Ouattara et ses partisans armés et non pas l'inverse comme tente de l'accréditer le Procureur.

Enfin, on ne voit pas pourquoi, l'accusé aurait planifié les crimes poursuivis. Les raisons avancées par le Procureur ne sont pas

---

[139] Document amendé de notification des charges, *op. cit.* paragraphe 198.

convaincantes et révèlent plutôt son ignorance de la réalité sociopolitique de la Côte d'Ivoire car en effet :

- Pour des raisons politiques ? Sur ce plan, c'est l'accusé qui a été déclaré vainqueur officiel de l'élection présidentielle par le Conseil constitutionnel et non pas Alassane Ouattara. Ce ne sont pas les manifestations des partisans qui devaient changer les résultats !
- Pour des raisons ethniques, religieuses ou nationales ? En Côte d'Ivoire, il n'y a ni tensions ethniques entre le nord et le sud, ni religieuses entre musulmans et chrétiens, ni nationales entre ivoiriens et originaires de la sous-région. La Côte d'Ivoire connait le plus fort taux d'immigration en Afrique (plus de 25% d'étrangers vivant sans heurt avec les nationaux).

Ces raisons mises en avant par Alassane Ouattara et reprises par le Procureur, sont purement artificielles et destinées à des fins de manipulations politiciennes sans prise avec la réalité sociopolitique ivoirienne.

b- Ordre de commettre les crimes allégués ?

En maints endroits du Dnc amendé, le Procureur fait mention d'ordres qui auraient été donnés par l'accusé aux membres des FDS : « *les ordres de Gbagbo ont été exécutés avant et pendant la crise postélectorale* »[140]. Mais s'agissait-il d'ordres donnés aux FDS en vue de la commission de crimes ? Non.

Plus haut, le Procureur écrivait dans le Dnc amendé que « *les commandants des unités (parallèles) galvanisaient leurs troupes contre les rebelles, leur ont ordonné de défendre Gbagbo par tous les moyens, y compris par des attaques contre les civils* »[141]. Le Procureur, cependant, ne donne aucune précision permettant d'identifier lesdits commandants, les unités et les évènements concernés, les crimes commis à la suite desdites déclarations. Surtout, nulle part le Procureur ne mentionne que ces commandants avaient déclaré agir sur la base d'ordres reçus de l'accusé en ce sens !

---

[140] *Ibidem*, paragraphe 176.
[141] *Ibidem*, paragraphe 173.

Mieux le Procureur a procédé lui-même au recensement des ordres donnés par le Président Laurent Gbagbo et dûment exécutés par les FDS. On y cherchera en vain des ordres ou des instructions demandant aux membres des FDS de commettre des crimes :

- « *Laurent Gbagbo a requis l'armée par décret le 14 novembre 2010 et celle-ci a été mise en alerte ;*
- *Laurent Gbagbo le 26 novembre a imposé des couvre-feux ;*
- *Laurent Gbagbo a ordonné le blocus de l'hôtel du Golf. Le dispositif a été mis en place en prévision de la marche du 16 décembre sur la RTI;*
- *Laurent Gbagbo a ordonné d'empêcher tout accès à la RTI. Les FDS ont été déployés ;*
- *Laurent Gbagbo a donné ordre le 24 février 2011 de tenir et de ne pas perdre Abobo-gare. Des opérations des FDS ont eu lieu dans cette commune.*
- *Laurent Gbagbo, le 3 mars 2011, s'est engagé à rester debout dans l'exercice de ses fonctions, et à continuer de défendre la souveraineté de l'Etat. Les FDS ont continué le combat.*
- *Laurent Gbagbo le 9 avril 2011, a appelé les FDS à poursuivre le combat, les FDS ont continué le combat* »[142].

Rien dans les déclarations et prises de position de l'accusé, telles qu'exposées ci-dessus, ne peut être interprété comme ordonnant ou invitant les FDS à commettre des crimes, y compris lors des affrontements armés avec les groupes rebelles pro-Ouattara infiltrés dans la ville d'Abidjan. Requérir l'armée pour faire face à des rebelles lourdement armés, ordonner des couvre-feux et des blocus à but préventif, la mise en place d'un dispositif sécuritaire destiné à empêcher l'accès à la radiotélévision d'Etat, ordonner aux FDS de faire face à la rébellion armée, de tenir, de poursuivre le combat pour défendre la souveraineté de la Côte d'Ivoire, ne sont pas des mesures appelant aux meurtres, aux viols, traitements inhumains ou persécution des combattants des groupes armés pro-Ouattara. Elles le sont encore moins pour les partisans civils de Ouattara, qui n'ont pas été délibérément ciblés en tant que tels.

Par ailleurs, dans la mesure où même en qualité de Chef suprême des armées, Laurent Gbagbo n'était pas en rapport direct avec les troupes

[142] *Ibidem*, paragraphes 176-177.

de terrain, il eut fallu que les ordres de commission de crimes, « *ordres manifestement illégaux* » au regard des lois militaires, soient relayés par les commandants et les officiers d'opérations. Aucune preuve, ni indication précise en ce sens, ne viennent étayer les raccourcis argumentaires de l'accusation.

Au total, c'est moins par des éléments de preuves et des arguments convaincants, mais plus par des pétitions de principe que l'accusation prétend que le prévenu a ordonné la commission des crimes poursuivis.

C - Incitation à commettre les crimes allégués

L'incitation dont s'agit ici s'entend dans le sens d'un encouragement de l'auteur principal à la commission de crimes. C'est le « *fait de provoquer une personne à commettre une infraction* ». Toutefois, la preuve doit être rapportée du lien existant entre ce comportement et le crime. En d'autres termes, l'incitation doit avoir substantiellement contribué au comportement de la personne qui a commis le crime[143].

Le Président Laurent Gbagbo a-t-il incité les membres des FDS en mission de maintien de l'ordre public, de sécurisation puis de défense de l'Etat, des personnes et des biens, à commettre les crimes allégués ? A l'examen du Dnc amendé en son paragraphe 186, l'accusation avance trois faits qui, selon elle, ont constitué de la part du Prévenu, une incitation des membres des FDS à commettre les crimes reprochés :

- La position centrale occupée par l'accusé dans la hiérarchie et dans l'élaboration du plan commun. Selon le Procureur, ce fait aurait déterminé les membres de l'entourage immédiat et les forces pro-Gbagbo à agir : « *Les membres de l'entourage immédiat et les forces pro-Gbagbo n'auraient pas commis les crimes si Gbagbo n'avait pas conçu et mis en œuvre le plan commun* ».

Autrement dit, c'est la participation effective du prévenu, son implication personnelle, non seulement dans la conception mais également dans sa mise en œuvre, qui aurait déterminé les forces pro-

[143] TPIY, *Arrêt Kordic et Cerkez*, 17 décembre 2004 paragraphe 27.

Gbagbo à commettre des crimes ! Mais on peut se demander si la commission des crimes s'imposait à eux alors même qu'ils pouvaient accomplir leurs missions avec succès sans que cela ne soit nécessaire ?

- L'accusé « *a dit de façon répétée à son entourage immédiat « si je tombe vous tombez aussi* ».

Pour l'accusation, qui par ailleurs ne précise pas d'où elle tire une telle déclaration attribuée à l'accusé, celle-ci aurait suffi pour déclencher la commission de crimes ! Or, la même déclaration, si elle est avérée, peut être entendue tout simplement, comme appelant ses partisans ainsi que les FDS, à une action de résistance ou de défense face aux actions de guérilla urbaine ou d'offensive militaire généralisée contre l'Etat. Rien ne permet de conclure à l'incitation au meurtre, au viol, etc. L'accusation n'apporte aucun élément précis autorisant à le penser.

Mais surtout, l'évolution des évènements pendant la crise postélectorale, est venue démentir l'allégation du Procureur. En effet nombre des responsables des FDS, dont plusieurs généraux auxquels le Procureur semble faire allusion en termes de fidélité et de loyauté, ou en termes d'intéressement pour leur carrière en cas de départ de l'accusé, ont fait défection avant même le renversement de ce dernier. La plupart ont même rallié le nouveau régime et ont connu des promotions. On ne peut donc pas dire que l'incitation-menace *« si je tombe vous tombez aussi »*, ait eu un grand effet sur les personnes supposées visées selon le Procureur, au point de les amener à commettre des crimes.

- L'accusé « *a aussi incité les forces pro-Gbagbo à commettre les crimes poursuivis en leur ordonnant de ne pas remettre en question la légalité des ordres qu'elles recevraient, en leur laissant entendre qu'elles ne seraient pas punies pour les crimes qu'elles commettraient et en ne prenant pas les mesures qui étaient en son pouvoir pour empêcher, réprimer et punir la commission de ces crimes par les forces pro-Gbagbo pendant la crise post-électorale* ».

En d'autres termes, l'accusé aurait incité les forces à la commission d'actes illégaux sous promesse d'impunité, et n'a pas, de façon effective, pris de dispositions pour empêcher les crimes ni punir leurs auteurs ! Il n'existe aucune preuve d'une telle déclaration de l'accusé, ni d'un acte pris par lui, assurant les FDS de toute impunité en cas de crimes commis par leurs membres. Par ailleurs, l'accusé n'étant pas en contact direct avec les forces en opération, mais plutôt avec les commandants responsables desdites forces, l'accusation doit apporter la preuve que celui-ci a formellement donné de telles instructions auxdits responsables et que ces derniers auraient à leur tour, également relayé de telles instructions à leurs subordonnés !

L'accusation prétend que l'accusé n'a pris aucune disposition pour empêcher ou punir la commission des crimes allégués, ce qui conforterait sa thèse de l'incitation-collusion ! L'accusation, oublie cependant qu'elle n'a pas convaincu de la matérialité des crimes allégués, de leurs auteurs, et que la Chambre préliminaire lui a demandé plus de précisions au point 4 du paragraphe 44 de la décision du 3 juin 2013, qu'elle a omis d'apporter dans le Dnc amendé.

En attendant de développer plus en avant cette question, qui est en rapport avec la responsabilité du supérieur hiérarchique, l'on se limitera simplement à dire que l'accusé, pour établir la matérialité des violations dont les médias se faisaient l'écho à l'époque, a engagé une enquête internationale dès le 7 janvier 2011. Comment aurait-il pu sanctionner les auteurs avant que les résultats de l'enquête entreprise ne soient disponibles ? Cependant, la mise en place de ladite commission est en soi un acte préparatoire à des sanctions contre les auteurs des violations alléguées. Ce qui anéantit la thèse de l'incitation sous promesse d'impunité défendue par l'accusation.

Au total, tant au niveau de la planification des crimes allégués, de l'ordre qui aurait été donné de les commettre ou de l'incitation à les commettre, la preuve des éléments matériels (*actus reus*) de l'instigation au crime n'a pas été rapportée par l'accusation.

Qu'en est-il de l'élément subjectif (*mens rea*) ?

2°- L'ÉLÉMENT SUBJECTIF (*MENS REA*)

Le Statut de Rome ne retient pas le principe d'une responsabilité sans faute. Aussi exige-t-il toujours, outre les éléments matériels des crimes, la preuve de l'élément psychologique, sans lequel l'on dérive vers cette forme de responsabilité. Sauf dispositions spécifiques contraires, propres à certains types de crimes, c'est l'article 30 du Statut qui pose en la matière les exigences normatives générales qui sont : l'intention de commettre le crime en question et la connaissance des conséquences criminelles.

En ce qui concerne l'instigation au crime, la jurisprudence des tribunaux pénaux internationaux, exige tant pour la planification, l'ordre donné et l'incitation, que soit établi un élément psychologique commun, qui est, soit un dol direct soit un dol éventuel. L'élément psychologique est alors considéré comme existant dans l'un des deux cas suivants :

- L'instigateur a agi avec l'intention directe de planifier, d'inciter ou d'ordonner la commission de crimes contre des populations civiles ;
- L'instigateur a agi avec la conscience d'une réelle probabilité que des crimes contre une population civile soient commis au cours de l'exécution des actes qui ont été planifiés, ordonnés ou incités[144].

Le Procureur a-t-il apporté dans le Dnc amendé, des éléments de preuve donnant à penser que l'accusé Laurent Gbagbo, en commettant les FDS à des missions de maintien d'ordre, de sécurisation et de défense de l'Etat, pendant la crise postélectorale, aurait agi avec l'intention de leur faire commettre des crimes contre une population civile, ou avait conscience que la commission de tels crimes serait très probable au cours desdites opérations ? Sur quoi l'accusation fonde-t-elle l'argument selon lequel, le Président Laurent Gbagbo, avait l'intention de faire commettre des crimes par les FDS contre les partisans d'Alassane Ouattara, ou avait conscience que des crimes seraient inévitablement commis contre eux au cours des différents évènements ?

Il faut se référer aux paragraphes 205 et 206 du Dnc amendé pour trouver des éléments en appui aux allégations du Procureur relatives à l'intention de l'accusé de faire commettre des crimes par les FDS :

---

[144] TPIY, arrêt Blaskic, paragraphes 27-42 ; arrêt Kordic et Cerkez paragraphes 25-32 ; arrêt Nahimana et autres paragraphes 479-481 ; arrêt Milosévic paragraphe 268. Jurisprudence citée par Olivier de Frouville, op cit, p. 396.

- « *Gbagbo entendait que les éléments objectifs des crimes se réalisent ou il était conscient qu'ils se réaliseraient dans le cours normal des évènements... Gbagbo, voulait que cette attaque soit dirigée contre des civils pour des motifs d'ordre politique, ethnique, religieux, et national* »[145].

- « *Gbagbo et son entourage immédiat savaient que le plan comportait un élément de criminalité et ont accepté en connaissance de cause que dans le cours normal des évènements les forces pro-Gbagbo attaquent les civils perçus comme soutenant Ouattara, et que les crimes reprochés soient commis dans le cadre de la mise en œuvre du plan commun. Le plan commun était intrinsèquement criminel et n'aurait pas pu être mis en exécution sans recours à la force* »[146].

Cependant, l'examen du Dnc amendé montre que l'accusation n'a pas rapporté la preuve, que Laurent Gbagbo voulait que des crimes contre l'humanité soient commis au cours des opérations de maintien d'ordre ou de défense (a), ou que celui-ci était conscient que ces crimes adviendraient immanquablement au cours desdites opérations (b).

a- La preuve n'est pas rapportée que le prévenu voulait que des crimes contre l'humanité soient commis par les FDS

Au paragraphe 205 du Dnc amendé, le Procureur écrit que le prévenu « *voulait que l'attaque soit dirigée contre des civils pour des motifs d'ordre politique, ethnique, religieux et national* ».

Cette grave affirmation de la part du Procureur n'est cependant pas étayée par des éléments de preuve, ou par des explications cohérentes permettant de la rendre crédible, car l'accusé n'avait, objectivement, aucune raison déterminante à voir commettre des crimes contre les différentes catégories de populations indiquées. L'accusé n'est pas connu comme développant de l'antipathie et de la haine contre l'opposition politique, contre une ethnie particulière, une confession religieuse ou des populations étrangères.

S'agirait-t-il pour l'accusé de faire payer à ces populations leur soutien à la cause d'Alassane Ouattara ? L'argument du « *règlement*

---

[145] Document amendé de notification des charges, op. cit. paragraphe 205.
[146] Ibidem, paragraphe 206.

de comptes » est totalement inopérant. Il tend à faire croire que les différentes communautés citées sont bien identifiées par leurs lieux d'habitation et de culte et que leurs membres ne se mêlent pas aux autres communautés, ni n'entretiennent avec celles-ci des rapports sociaux normaux. Cela est absolument faux. Mais surtout un tel argument ne reflète pas l'histoire récente de la Côte d'Ivoire. Ce pays en vérité, ne connait pas de conflits interreligieux ou interethnique[147].

Par ailleurs, les nationaux de la CEDEAO par exemple, ne participent pas aux élections, pourquoi seraient-ils visés par des crimes ?

Enfin, le prévenu, cela est notoire, est au sein de la classe politique ivoirienne le seul responsable politique dont le parti ne repose pas sur une composante ethnique ou régionale, mais jouit d'une audience plutôt nationale et interconfessionnelle.

Le prévenu est aussi reconnu pour être parmi les personnalités politiques ayant le plus agi en faveur des confessions islamiques, notamment à l'occasion des pèlerinages à la Mecque.

En tout état de cause le Procureur n'a pas apporté de preuves, ni directes ni indirectes au soutien de son affirmation laconique.

Mais, s'il n'avait pas l'intention de faire commettre des crimes, Laurent Gbagbo avait-il néanmoins conscience, que la commission par les FDS des crimes allégués était plus que probable au cours des missions qu'il a ordonnées en vue de maintien d'ordre, de sécurisation et de défense l'Etat ?

b- La preuve n'est pas rapportée que le prévenu avait conscience que des crimes seraient commis inévitablement par les FDS

Au paragraphe 206, le Procureur écrit que l'accusé : *« avait conscience, que le plan commun, les contributions apportées par les membres de l'entourage immédiat, ainsi que les forces sous son contrôle, permettraient que les éléments objectifs des crimes reprochés se réalisent ».* Selon le Procureur, *« Gbagbo et son entourage immédiat savaient que le plan comportait un élément de criminalité et ont accepté, en connaissance de cause, que dans le*

[147] Les conflits interethniques de Duékoué revêtent un caractère exceptionnel.

cours normal des évènements les forces pro-Gbagbo attaquent les civils perçus comme soutenant Ouattara... Le plan commun était intrinsèquement criminel et n'aurait pas pu être mis en exécution sans recours à la force ».

Tout comme l'affirmation précédente, dire que le prévenu avait conscience que des crimes seraient inévitablement commis par les FDS au cours des opérations, relève de la pure divination, d'autant qu'aucun élément de preuve n'est apporté en soutien, par-delà les supputations du Procureur. L'existence d'un plan criminel d'attaques ciblant des civils partisans d'Alassane Ouattara, n'a pas été établie par l'accusation ainsi que nous l'avons développé plus haut.

Mais on rappellera ici aussi, qu'il revenait au Procureur par-delà ses affirmations, de démontrer comment et pourquoi les FDS, en confrontation armée avec les groupes armés pro-Ouattara depuis le début du mois de janvier 2011, se détourneraient des combattants rebelles qui les attaquaient pour cibler des populations civiles ? Pourquoi, le recours à la force serait-il nécessaire contre des populations civiles non armées et qui se plient aux exigences légales propres aux manifestations ? Mais également, pourquoi les FDS ne devraient-elles pas recourir à la force dans le cas où elles sont attaquées par des manifestants armés, ou si elles doivent faire face à des opérations de guérilla urbaine ou à une véritable offensive militaire, comme ce fut le cas pendant les cinq mois de crise postélectorale ?

Ces questions, capitales pour la manifestation de la vérité, ne trouvent pas réponse dans le Dnc amendé, qui occulte totalement la présence des groupes armés pro-Ouattara, auteurs de graves crimes avant et pendant la crise postélectorale contre les FDS et les partisans civils de l'accusé !

C'est ici le lieu de rappeler que, sommé d'apporter des informations sur les positions des groupes armés pro-Ouattara pendant la crise postélectorale, ainsi que les confrontations ayant eu lieu avec les FDS, le Procureur n'a pas déféré à cette demande, qui aurait permis de savoir si les victimes civiles dont s'agit, étaient bien des civils n'ayant pas pris part aux combats qui ont eu lieu pendant la crise et ou des combattants pro-Ouattara, notamment des milices ou des mercenaires.

Par ailleurs, l'argument des zones données comme favorables à Alassane Ouattara, n'est pas recevable. La commune d'Abobo-gare souvent donnée comme l'exemple type, comprend toutes les communautés. Sa population est représentée à l'Assemblée nationale par le député Simone Ehivet Gbagbo, épouse de l'accusé et membre du FPI. On ne peut raisonnablement soutenir, que l'accusé ait demandé de commettre indistinctement des meurtres dans une commune qui vote pour son parti et où il compte de nombreux militants et sympathisants !

Généralement, le maintien de l'ordre et de la tranquillité publique, mettent face à face, les manifestants, en principe non armés, et les forces de l'ordre équipées en conséquence de matériel léger destiné à contenir la foule et au besoin les disperser en cas de débordements inattendus. La manifestation sur la RTI était censée correspondre à ce schéma. Mais les organisateurs l'ont transformée en une marche-insurrection destinée à prendre d'assaut le contrôle des lieux, y compris par des actes de violence et des attaques à l'arme lourde. Les manifestants avaient été conditionnés et s'étaient préparés en conséquence, la plupart d'entre eux étaient munis d'armes blanches ou d'armes à feux[148]. L'attaque à l'arme lourde, devait provenir de l'hôtel du Golf, où étaient positionnés 300 combattants rebelles des FAFN, qui avaient été galvanisés à cet effet par Soro Guillaume le 14 décembre 2010. Ainsi, si l'accusé pouvait avoir des raisons de penser que des affrontements pourraient avoir lieu entre les FDS et les Groupes rebelles pro-Ouattara, rien, en revanche, ne lui permettait à l'avance de penser que les crimes reprochés devaient immanquablement survenir tout particulièrement à l'encontre des civils ne participant pas aux combats.

L'accusé pouvait raisonnablement penser que des civils pourraient être victimes des effets collatéraux des affrontements armés entre les FDS et les Groupes armés pro-Ouattara, mais non pas que les populations soient directement prises pour cibles.

En dehors de la manifestation sur la RTI du 16 décembre 2010, et hormis les appels à la grève généralisée dans les secteurs publics et privés ou à des opérations villes mortes, lancés sans succès par les « *pensionnaires de l'hôtel du Golf* », tout le monde s'accorde pour

[148] Rapport Kadjo Djidji.

dire que nul en Côte d'Ivoire, n'était informé à l'avance de l'organisation de la prétendue « *manifestation des femmes d'Abobo-gare, du 3 mars 2011* ». Les populations de manière générale, et en particulier celles de la commune où la marche était censée avoir lieu, l'ignoraient, et le gouvernement en place n'en avait pas été saisi.

Il n'y a dépêché aucun FDS et ne peut en conséquence, être accusé d'avoir décidé de la réprimer, ainsi qu'il a été prétendu.

Au total, la responsabilité de l'accusé recherchée au titre de l'article 25-3-d du Statut, pour instigation au crime contre une population civile, ne peut être retenue faute d'éléments matériels et d'intention criminelle de la part de l'accusé.

L'accusation a également dans un recours ultime, tenté de retenir la responsabilité de l'accusé en sa qualité de supérieur hiérarchique des forces dites pro-Gbagbo. En vain.

B- LE VAIN RECOURS À LA RESPONSABILITÉ DE L'ACCUSÉ EN QUALITÉ DE SUPÉRIEUR HIÉRARCHIQUE (ARTICLE 28-a et b)

Aux termes de l'article 28,

- a) « *Un chef militaire ou une personne faisant effectivement fonction de chef militaire est pénalement responsable des crimes relevant de la compétence de la Cour commis par des forces placées sous son commandement et son contrôle effectifs, ou sous son autorité et son contrôle effectifs, selon le cas, lorsqu'il ou elle n'a pas exercé le contrôle qui convenait sur ces forces dans les cas où :*

i) Ce chef militaire ou cette personne savait, ou, en raison des circonstances, aurait dû savoir, que ces forces commettaient ou allaient commettre ces crimes ; et

ii) Ce chef militaire ou cette personne n'a pas pris toutes les mesures nécessaires et raisonnables qui étaient en son pouvoir pour en empêcher ou en réprimer l'exécution ou pour en référer aux autorités compétentes aux fins d'enquête et de poursuites

- b) En ce qui concerne les relations entre supérieur hiérarchique et subordonnés non décrites au paragraphe a), le supérieur hiérarchique

est pénalement responsable des crimes relevant de la compétence de la Cour commis par des subordonnés placés sous son autorité et son contrôle effectifs, lorsqu'il ou elle n'a pas exercé le contrôle qui convenait sur ces subordonnés dans les cas où :

i) Le supérieur hiérarchique savait que ces subordonnés commettaient ou allaient commettre ces crimes ou a délibérément négligé de tenir compte d'informations qui l'indiquaient clairement ;

ii) Ces crimes étaient liés à des activités relevant de sa responsabilité et de son contrôle effectifs ; et

iii) Le supérieur hiérarchique n'a pas pris toutes les mesures nécessaires et raisonnables qui étaient en son pouvoir pour en empêcher ou en réprimer l'exécution ou pour en référer aux autorités compétentes aux fins d'enquête et de poursuites ».

Il résulte finalement de l'article 28 a et b, que la responsabilité du supérieur hiérarchique est une responsabilité pour omission ou négligence, en vertu de laquelle le supérieur hiérarchique est déclaré responsable, non pour les actes des subordonnés, mais pour ses propres actes, sous la forme d'un manquement à son obligation de prévenir ou de punir des violations du droit international humanitaire. La confirmation des charges contre le Vice-président de la RDC, Jean-Pierre Bemba, a été décidée par la Chambre préliminaire II sur la base de cette forme de responsabilité[149].

La constitution ivoirienne du 1er aout 2000, en son article 47, fait du Président de la République, le Chef suprême des armées. L'accusé, le Président Laurent Gbagbo, est donc de « *jure* » le supérieur hiérarchique institutionnel des militaires, des gendarmes et des policiers qui composent les FDS de Côte d'Ivoire.

Toutefois, l'autorité exercée par le Président de la République en tant que supérieur hiérarchique, rencontre des limites objectives en ce qui touche le contrôle effectif des membres des FDS lorsque ceux-ci sont en opération. Il importe de relever ces limites ignorées par le Procureur mais dont la prise en considération, permet de relativiser sensiblement la capacité d'action du Président de la République sur les

---

[149] Chambre préliminaire II, ICC.01/05-01/08 du 15 juin 2009.

FDS (1°). En dépit de ces limites, l'accusé, au cours de la crise postélectorale a pris les mesures en son pouvoir pour satisfaire à son obligation de prévenir ou de punir des violations graves du droit international de la part de ses soldats (2°).

1°- L'autorité limitée de l'accusé sur le théâtre des opérations

D'abord, l'autorité de l'accusé est limitée dans son champ de compétence aux seuls FDS de Côte d'Ivoire. L'accusation mentionne abondamment que d'autres forces ont participé à la commission des crimes, soit en appui des FDS, soit de manière autonome : « *D'octobre 2000 au 11 avril 2011, Laurent Gbagbo était un chef militaire ou une personne faisant effectivement fonction de chef militaire à l'égard des FDS, des mercenaires, des jeunes pro-Gbagbo, et des miliciens intégrés dans les rangs des FDS. Gbagbo était le supérieur hiérarchique des jeunes pro-Gbagbo, des milices et des mercenaires non intégrés dans les FDS* »[150].

L'accusation sans en apporter les preuves, dont notamment leur prise en compte dans la chaîne de commandement, qualifie abusivement ces forces comme étant « *pro-Gbagbo* ». Or, l'autorité de l'accusé, autorité de « *jure* » n'est officiellement établie que sur les seuls FDS. C'est de leurs seuls actes qu'il répond et non pas des actes de supposées forces « *pro-Gbagbo* ».

La deuxième limite est tirée de la notion de contrôle effectif sur les subordonnés. Tant la jurisprudence des tribunaux pénaux internationaux, que celle de la Cpi, concordent pour reconnaître que « *l'autorité du chef militaire ou du supérieur hiérarchique d'où procède le lien de subordination de jure, ne suffit pas à établir la responsabilité de celui-ci, s'il ne se traduit pas par un contrôle effectif sur les subordonnés* », c'est-à-dire un contrôle de fait ou de facto[151]. Pour la Cpi, l'accusation doit démontrer que « *l'accusé avait de par sa position dans la hiérarchie officielle ou non, un contrôle effectif sur les subordonnés se traduisant par la capacité matérielle de prévenir ou punir les actes* »[152]. « *Le pouvoir de jure, est un indice de contrôle effectif, mais non pas une présomption qui reviendrait à renverser la*

[150] Document amendé de notification des charges, *op. cit.* paragraphe 226.
[151] TPIY, arrêt Mucic et autres, paragraphes 186 et s.
[152] Cpi, Chambre préliminaire 2, décision de confirmation des charges, J-P Bemba, paragraphe 415.

charge de la preuve»[153]. Les indices du contrôle effectif qui se dégagent de la jurisprudence, prennent en considération, entre autres, la position officielle de l'accusé, le pouvoir de donner des ordres et de les faire exécuter, la conduite d'opérations de combat impliquant les forces concernées, le pouvoir d'imposer des sanctions disciplinaires, le pouvoir de monter en grade et de libérer des soldats[154].

L'examen de cette jurisprudence fait ressortir l'absence de connexité directe entre l'autorité du supérieur hiérarchique et sa responsabilité du fait de ses subordonnés. Elle prend en considération la proximité du supérieur avec le subordonné, auteur physique du crime poursuivi. Cette position jurisprudentielle est fondée. En effet, il ne serait pas raisonnable d'exiger du supérieur hiérarchique non présent sur le théâtre d'opérations, de prendre des initiatives qui relèvent normalement, et de toute évidence, du supérieur qui dirige effectivement les opérations et qui se trouvant dans la proximité des faits, est mieux placé pour faire obstacle à la commission du crime ou pour prendre des mesures de punition. En clair, la responsabilité du titulaire de l'autorité, ne peut supplanter celle du supérieur qui exerce un contrôle direct sur le subordonné (contrôle de facto) et qui n'a pas réagi. C'est au chef militaire présent sur le terrain qu'il revient en premier d'empêcher qu'un meurtre, un viol, des traitements inhumains ou des persécutions soient commis au cours des opérations et non pas au Président de la République, Chef suprême des armées, détenteur certes de l'autorité, mais non présent sur les lieux au moment où des actes de violations sont commis ou vont l'être.

De même, lorsque la violation a été commise, c'est au chef des opérations concernées, qu'il revient en premier de prendre les sanctions, au moins disciplinaires qui s'imposent et de saisir ensuite la hiérarchie, afin que celle-ci donne à l'affaire les suites qui s'imposent. A ce premier stade, le Président de la République n'a généralement aucune compétence en la matière, dans la mesure où de telles sanctions relèvent par principe du Chef hiérarchique direct, ou de l'organe disciplinaire propre aux forces dont est membre l'auteur de la violation. Le président de la République n'est pas habilité à prendre directement des mesures disciplinaires. Il est généralement compétent

[153] TPIY, arrêt Oric paragraphe 87 et s.
[154] TPIY, Hadzi-Hasanovic, paragraphes 82 et 83.

pour prendre des sanctions d'un degré plus élevé, telle par exemple une radiation du corps. Mais, cela postule qu'auparavant, la situation de l'intéressé a été examinée, les mesures disciplinaires ont été prises et que toutes les procédures y compris judiciaires ont été épuisées. Il y a donc lieu dans le cas d'espèce et parce qu'il s'agit du Président Laurent Gbagbo, de ne pas faire exception à cette règle de bonne administration des forces armées. Cela par ailleurs, est conforme à la réglementation en vigueur au sein des FDS. Celle-ci exige que l'Etat-major, adresse non seulement des rapports circonstanciés sur les évènements graves qui se produisent au cours des opérations, mais également informe le gouvernement des mesures prises en vue d'empêcher des violations ou punir les cas de violations constatés. C'est alors seulement, que le Président de la République sera mis face à ses responsabilités et pourra être tenu d'en répondre, parce qu'il a été dûment informé, voir saisi et qu'il en partage la connaissance.

Il revient au Procureur d'apporter la preuve que l'accusé, Président de la République au moment des faits, avait connaissance des graves faits de violations supposés commis par les FDS ou qu'elles allaient commettre, pendant les opérations de maintien d'ordre, de sécurisation et de défense de l'Etat, à l'encontre de populations civiles prises pour des partisans d'Alassane Ouattara. Autrement, le Président Laurent Gbagbo savait-il et par quels moyens, que des crimes étaient commis ou allaient l'être par les FDS?

Le Procureur pour alléguer la connaissance par le prévenu en sa qualité de Chef militaire, des crimes commis ou programmés, s'appuie sur trois éléments :

- le Prévenu a conçu avec son entourage immédiat, une politique ou un plan commun dans le but de conserver le pouvoir par la violence contre les partisans d'Alassane Ouattara. La commission des crimes est inhérente à un tel plan du fait du recours à la force.

Il a été montré à suffisance dans nos précédents développements, que le Procureur n'avait apporté aucune preuve tangible de l'existence d'une politique et d'un plan conçus par l'accusé, y compris avec un « *entourage immédiat* ». En conséquence, l'accusé n'a pu programmer de crimes et en particulier ceux reprochés.

Il ne pouvait non plus imaginer que les FDS s'étaient préparées à commettre des crimes contre la population civile proche de Ouattara, car il s'agit d'une armée républicaine et non d'une milice à sa solde ou ayant épousé sa cause.

Les FDS comprennent toutes les composantes ethniques de la société ivoirienne, y compris de la région supposée d'Alassane Ouattara. Il aurait été impossible de fomenter des crimes ou de donner des ordres en ce sens, sans que ceux-ci n'en soient informés.

- L'accusé était en possession d'informations indiquant que ses troupes avaient commis des crimes, car il recevait des rapports réguliers et ces informations étaient diffusées par les médias et par la communauté internationale, qui ont porté à son attention les exactions commises par ses troupes[155]. L'accusé recevait certainement de la hiérarchie des FDS, des rapports réguliers sur l'évolution de la crise. Mais le Procureur ne donne pas la teneur desdits rapports. Est-il vrai, comme il l'affirme, que ces rapports faisaient état des exactions commises par les FDS ? Le Procureur veut-il dire qu'il existe des documents officiels émanant des FDS, reconnaissant et décrivant les crimes et exactions commis par leurs membres pendant la crise postélectorale?

L'on pourrait en douter car ces éléments de preuve, s'ils étaient en sa possession, auraient été présentés lors de la première phase de l'audience de confirmation des charges, cela n'a pas été le cas. Nul ne peut penser que ces rapports ne fassent pas mention des personnes victimes des évènements, qui ne se comptent pas uniquement parmi les seuls partisans d'Alassane Ouattara. Au nombre de ces victimes on trouve : des FDS tués à l'arme de guerre ou brûlés parfois avec des membres de leurs familles ; des combattants membres des groupes armés pro-Ouattara infiltrés à Abidjan ; des civils partisans de Ouattara et des civils partisans de Gbagbo. Si les partisans d'Alassane Ouattara ont été victimes d'exactions des FDS, de qui et de quoi les autres personnes sont-elles les victimes ?

Le manque de précisions relativement aux circonstances de survenance des faits reprochés, relatés par l'accusation, avait amené la Chambre préliminaire 1, à demander des compléments d'informations

[155] Document amendé de notification des charges, op. cit. paragraphes 210 et 228.

au Procureur[156]. Cela démontre bien que les documents et rapports officiels, dont fait mention le Procureur, soit n'existaient pas, soit n'apportaient pas des informations à même d'éclairer suffisamment la lanterne des juges, quant aux faits criminels supposés !

Dans ces conditions comment peut-on affirmer, à l'instar du Procureur, que ces mêmes documents ou rapports aient pu à l'époque, apporter à l'accusé alors Président de la République, des informations claires, dénuées de toute ambiguïté sur les faits signalés ? Quid des informations diffusées par les média et par la Communauté internationale sur les faits en cause ?

Il est vrai que les média, particulièrement les média occidentaux et la presse pro-Ouattara, ainsi que la Communauté internationale, faisaient chorus à l'époque, pour trouver des « *charniers* » là où il n'y en avait pas, des exactions et des « *massacres imaginaires* » de populations civiles pro-Ouattara manifestant avec les mains nues, tuées par des obus lancés « *sans raison apparente* » sur des marchés bondés de population ou par des tirs de chars de combat sur d'innocentes femmes.

Mais nul n'ignore que les médias occidentaux avaient pris fait et cause pour Alassane Ouattara, que la communauté internationale venait de reconnaître suite à des manœuvres orchestrées par le Président Nicolas Sarkozy à l'ONU, contre la Décision du Conseil Constitutionnel ivoirien en date du 3 décembre 2010, déclarant l'accusé Laurent Gbagbo, vainqueur de l'élection présidentielle.

D'ailleurs, à la suite des prétendus « *bombardements sur Abobo-gare* », abondamment relayés par les médias occidentaux, curieusement non présents sur les lieux de la manifestation supposée, mais les premiers et les seuls à en être informés, la Communauté internationale toujours amenée par le Président français Nicolas Sarkozy, votait une Résolution sur la base du chapitre 7 de la Charte des Nations-Unies, visant à assurer la protection des civils « *prétendument massacrés* » contre le « *dictateur et mauvais perdant* », Laurent Gbagbo[157]. Pourtant, des faits aussi « *graves* » au

---

[156] Chambre préliminaire 1, décision portant ajournement de l'audience de confirmation des charges, 3 juin 2013, *op.cit.*, paragraphe 44.

[157] Résolution 1975, du 30 mars 2011.

point de générer une Résolution du Conseil de sécurité se fondant sur le chapitre 7, n'ont pu être étayés par le Procureur par des preuves irréfutables au cours de la première phase d'audience, au point que des compléments d'informations, ont été demandés par la Chambre au Procureur[158]. Force est de constater, à la lecture du Dnc amendé, que malgré le temps supplémentaire de rattrapage accordé au Procureur, les compléments d'information attendus n'ont pas été apportés.

Au total, affirmer que l'accusé Laurent Gbagbo avait le contrôle effectif des membres des FDS, auteurs supposés des crimes allégués, alors que ceux-ci pendant les opérations étaient sous le contrôle direct de leurs chefs militaires dont la responsabilité n'est pas mise en cause, relève de l'acharnement judiciaire !

De même, affirmer que l'accusé savait que des crimes étaient commis ou pire, allaient être commis par les FDS, relève de la pure « *sorcellerie judiciaire* », alors même qu'après deux « *rounds* » d'enquêtes menées par le Procureur, rien à l'examen du Dnc amendé, ne vient en soutien des allégations de crimes contre l'humanité. Comment en effet soutenir, que le prévenu était au fait de crimes, que même les enquêtes, pour l'heure, n'ont pas confirmés!

En tout état de cause, bien qu'absent du théâtre des opérations menées par les FDS contre les groupes armés pro-Ouattara, le Président Laurent Gbagbo n'a pas adopté une attitude passive face aux informations alarmantes. Les mesures promptes adoptées par lui en tant que supérieur hiérarchique des FDS, permettent de soutenir qu'il n'a pas manqué à son obligation d'empêcher ou de punir des auteurs éventuels de crimes, membres des FDS.

2°- L'accusé Laurent Gbagbo n'a pas manqué à son obligation de prévenir ou de punir la commission de crimes.

a- Obligation de prévenir la commission de crimes

Les mesures à prendre par le supérieur hiérarchique en vue de prévenir ou empêcher la commission des crimes par ses subordonnés

[158] Chambre préliminaire 1, décision portant ajournement de l'audience de confirmation des charges, 3 juin 2013, op.cit., paragraphe 44.

peuvent se ranger en deux groupes, à savoir des obligations générales et des obligations spécifiques à chaque situation en cause.

Au nombre des mesures générales on trouve l'adoption de mesures législatives relatives au droit international humanitaire ou droit de la guerre et la formation des membres des forces armées à ce droit. Ce droit a pour objet essentiel la protection des civils et des combattants maîtrisés contre toutes dérives et exactions non utiles à la conduite des opérations militaires. Les membres des forces armées sont ainsi instruits de leurs droits et devoirs, ainsi que des interdictions en matière d'usage de la force au cours d'opérations sécuritaires, de maintien d'ordre et pendant la guerre. Au titre des interdictions, il leur est enseigné, de ne pas s'attaquer aux civils non combattants, de ne pas commettre d'exactions contre les combattants prisonniers...etc. Au titre des droits, ils sont informés de leur droit et devoir de ne pas déférer à l'ordre manifestement illégal donné par un supérieur hiérarchique, qui, par exemple, leur commanderait de commettre des meurtres, des viols et des exactions sur des civils ou des prisonniers.

A ce propos, il importe de souligner que les forces armées de Côte d'Ivoire, ne sont pas des milices et mercenaires armés, sans formation appropriée, à l'instar des FAFN de Guillaume Soro ou des FRCI d'Alassane Ouattara. Le code ivoirien de la fonction militaire[159], comporte des dispositions générales en rapport avec le comportement, tant des supérieurs hiérarchiques que des subordonnés sur les champs d'opérations :

- Le militaire doit d'une manière générale, (livre 1er, chap. 2, section 1)

- article 3
  Se conformer aux lois et obéir aux ordres donnés conformément à la loi ;
  Observer la discipline et les règlements militaires ;
  S'interdire de tout acte, propos ou attitude contraire aux intérêts ou à l'honneur de la Nation.

[159] Loi n° 95-695 du 7 septembre 1995, portant code de la fonction militaire.

- Au titre de l'autorité, des responsabilités et de la discipline (livre 1er, chap. 3)

- Article 12

  Dans l'exercice du commandement, le chef est dépositaire de l'autorité. Il a le devoir de la maintenir, de la transmettre telle qu'il l'a reçue et de faire exécuter les ordres.

  Toute faiblesse, comme tout abus d'autorité, constitue un manquement réprimé conformément aux lois et règlements.

- Article 13

  Tout militaire qui donne un ordre est responsable de son exécution et de ses conséquences.

  Tout militaire qui reçoit un ordre est responsable de sa bonne exécution.

- Article 14

  Ne peuvent être ordonnés ou accomplis :

  - des actes constituant des crimes ou délits ;
  - des actes contraires aux règles ;
  - du Droit international applicable dans les conflits armés ;
  - relatives aux Conventions internationales.

Les règles de prévention des crimes au cours des opérations de maintien de l'ordre et dans les conflits armés, ci-dessus rappelées sont demeurées en vigueur avant et pendant la crise postélectorale ivoirienne, c'est-à-dire sous le gouvernement de l'accusé, qui ne les a jamais remises en cause.

Concernant le respect de ces règles dans les opérations menées au cours de la crise postélectorale et en relation avec les crimes poursuivis, l'obligation d'empêcher la commission de crimes, incombait en premier aux supérieurs hiérarchiques en charge directe desdites opérations. Or, les rapports fournis par ces derniers n'établissent pas, ainsi que nous l'avons développé plus haut, l'existence des crimes reprochés, ni la prise de premières mesures disciplinaires à l'encontre d'éventuels suspects.

L'accusation a pu écrire, que la culture de l'impunité développée par l'accusé, participait de l'incitation des FDS à la commission des crimes reprochés. Si l'accusé avait puni les crimes passés, il aurait contribué à empêcher la commission de crimes futurs[160]. Ce faisant, l'accusé aurait manqué à son obligation d'empêcher. Or, l'examen des faits, dément cette assertion qui méconnait totalement l'histoire de la crise depuis le 19 septembre 2002, surtout après la signature de l'accord de Linas-Marcoussis, le 24 janvier 2003.

En effet, l'accord de Linas-Marcoussis, signé entre le gouvernement Gbagbo et l'opposition ivoirienne y compris la rébellion de Guillaume Soro, sous l'égide de la France et de la Communauté Internationale, a officiellement organisé l'impunité des rebelles, tant dans son dispositif que dans l'annexe faisant fonction de feuille de route du gouvernement de réconciliation nationale :

- Point 2 de l'accord :

« *La Table ronde se félicite de la cessation des hostilités... Elle appelle toutes les parties à faire immédiatement cesser toutes exactions et consacrer la paix. Elle* ***demande la libération immédiate de tous les prisonniers politiques*** ».

- Point 3-i de l'accord :

« *... Le gouvernement de réconciliation nationale* ***prendra les mesures nécessaires pour la libération et l'amnistie de tous les militaires détenus pour atteinte à la sureté de l'Etat et fera bénéficier de la même mesure les soldats exilés*** ».

Il ressort clairement des dispositions de l'accord de Linas-Marcoussis, que l'impunité des rebelles criminels est organisée, non pas par l'accusé, mais apparait comme une concession à lui imposée par la Communauté internationale.

---

160 Document amendé de notification des charges, *op. cit.* paragraphe 10.

Il est vrai que dans le point VI de l'annexe, constituant la feuille de route du gouvernement dit de réconciliation nationale issu de la Table ronde de Linas-Marcoussis, il est prévu qu'une Commission internationale d'enquête établira les faits de graves violations sur l'ensemble du territoire et qu'une Commission nationale mixte des droits de l'homme déterminera ce qui doit être porté devant la justice pour faire cesser l'impunité, particulièrement, les actions des « *escadrons de la mort* » et les auteurs d'exécutions sommaires.

Mais il faut souligner, en exécution de l'accord de Linas-Marcoussis, l'accusé, le Président Laurent Gbagbo, a fait adopter le 8 août 2003, une loi d'amnistie excluant les faits de violations graves du droit humanitaire. Auparavant il avait signé le 18 avril 2003, une Déclaration de reconnaissance de la compétence de la Cour Pénale Internationale, invitant cette institution à *« identifier, poursuivre et juger les auteurs et les complices des actes commis sur le territoire ivoirien depuis les évènements du 19 septembre 2002 » et dans laquelle il s'engageait à « coopérer avec la Cour sans retard et sans exception conformément au chapitre IX du Statut* ». Il est à noter, que dans le même esprit, l'accusé, suite à l'accord inter-ivoirien signé à Ouagadougou le 4 mars 2007, a adopté une deuxième loi d'amnistie par ordonnance en date du 14 avril 2007.

Jusqu'à ce jour, le Procureur de la Cpi, avant la crise postélectorale comme après cette crise n'a encore engagé aucune enquête relative aux évènements de septembre 2002 et à ceux de la dernière crise en ce qui touche le camp Alassane Ouattara, consacrant ainsi l'impunité des vainqueurs de la guerre. Ainsi donc, si l'accusé a adopté des lois d'amnistie, c'est bien à la demande expresse de la Communauté internationale. Il ne peut être en conséquence être accusé d'avoir cultivé l'impunité.

En revanche, le Procureur de la Cpi est mal placé pour parler d'impunité, lui qui délibérément se refuse à engager toute action contre les rebelles, en dépit des faits graves et avérés de crimes relevant de la compétence de la Cpi, commis par la rébellion en septembre 2002, notamment les meurtres sur 60 gendarmes et leurs familles à Bouaké. Idem, pour la crise postélectorale, où l'on voit le Procureur, user de tous les subterfuges malgré les injonctions de la Chambre préliminaire 3 lui demandant de le faire, pour ne pas engager de procédure contre le camp des vainqueurs, le camp d'Alassane

Ouattara[161]. Enfin, en insistant à maintes reprises dans le DNC amendé sur la réquisition de l'armée par le président Laurent Gbagbo, en vue d'appuyer les forces de police, le Procureur a voulu insinuer que cet acte aurait ouvert la voie à un usage excessif de la force dans les opérations menées par les FDS ! Rien n'est plus faux.

Faut-il le souligner, la réquisition de l'armée était destinée à faire face à toute attaque rebelle directe ou déguisée en manifestation, sur la ville d'Abidjan. Faut-il rappeler que sur ce point, l'accusé n'a pas eu tort. La présence indue de 300 rebelles irrégulièrement stationnés à l'hôtel du Golf, après la surveillance des opérations électorales, au lieu de regagner leurs bases dans le nord du pays comme prévu, le justifiait amplement. Mais surtout, les actions menées par les groupes armés pro-Ouattara contre les FDS et les Pro-Gbagbo dans la ville d'Abidjan, qui ont causé de nombreuses victimes parmi les FDS et les civils, donnent raison à l'accusé, et justifient après-coup la réquisition préventive de l'armée en décembre 2010. Ensuite, non seulement il n'est pas démontré par le Procureur, que les crimes poursuivis sont le fait de militaires et non d'agents de police, mais mieux, il ressort des évènements que la violence a plutôt été le fait des activistes et groupes armés pro-Ouattara, si l'on s'en tient au grand nombre de policiers tués par balles ou armes blanches au cours des pseudo- manifestations pacifiques, à la violence des attaques menées contre les commissariats et camps de gendarmerie et aux graves exactions commises par les groupes armés pro-Ouattara, notamment le massacre systématique par les FRCI, de plus de 1000 civils d'origine ethnique guéré, dans la seule journée du 31 mars à Duékoué dans l'ouest de la Côte d'Ivoire.

Comment le Procureur peut-il continuer de présenter la réquisition de l'armée à titre préventif, comme un élément à charge, face à la réalité marquée par la violence effrénée des groupes armés pro-Ouattara, alors même que l'accusation ne procède pas à la distinction des victimes liées à des interventions militaires, de celles liées à la police dans les crimes reprochés ?

Soutenir que la réquisition de l'armée par l'accusé serait à la base d'une violence excessive et la cause des crimes allégués est impossible si le Procureur n'a pas au préalable procédé à une telle

---

[161] Chambre préliminaire III, ICC-02/11-3 paragraphes 94, 95, 97, 101.

distinction. Or, rien de tel n'est mentionné dans le DNC amendé, de sorte que l'allégation d'un usage excessif de la force, n'est pas non plus étayée par des éléments de preuves.

Aussi, nous semble-t-il, qu'au regard de l'obligation d'empêcher qui pesait sur l'accusé en sa qualité de chef suprême des armées, aucun manquement ne peut lui être reproché.

On verra également, qu'au regard de l'obligation de punir, le Procureur n'a pu établir aucun manquement, l'accusé ayant plutôt démontré son souci d'établir la vérité des faits par des enquêtes avant de punir.

b- Obligation de punir

L'échec de la marche insurrectionnelle organisée par Alassane Ouattara et ses partisans, le 16 décembre 2010 sur la RTI, a laissé place à une vaste campagne médiatique de désinformation nationale et internationale contre le Président Laurent Gbagbo et son régime. Le thème utilisé à cet effet est connu et classique contre les présidents africains indociles aux instructions occidentales : c'est un dictateur accroché au pouvoir qu'il a perdu démocratiquement et qui s'attaque à ses populations pour se maintenir.

C'est dans cette logique de manipulation de l'opinion internationale que s'est inscrite la presse occidentale, qui on le sait, a commencé à diaboliser le régime « *Gbagbo* », dès l'attaque rebelle du 19 septembre 2002 et ne s'est jamais ravisée, soutenant ouvertement la rébellion jugée plus proche des intérêts occidentaux. Dans cette logique, des crimes inexistants sont inventés et amplifiés par ces média dans le seul but de discréditer le régime et particulièrement l'accusé, dont la victoire à l'élection présidentielle contre Alassane Ouattara, a été officiellement consacrée par le Conseil constitutionnel, le 3 décembre 2010, contre le souhait du Président français Nicolas Sarkozy.

Sans attendre et pour prendre l'opinion internationale à témoin, l'accusé, le Président Laurent Gbagbo, décide par décret n° 2011-06 en date du 7 janvier 2011, de créer une Commission internationale d'enquête sur les allégations de violation des droits de l'homme en Côte d'Ivoire.

A l'évidence, l'option pour l'enquête internationale visait à prévenir toute critique liée à l'objectivité dans une affaire dont l'extrême sensibilité n'échappe à personne. Dans la même veine, la création par l'accusé de cette commission tendait à montrer qu'il n'y avait de sa part aucune intention criminelle dans les décisions de gestion de la crise postélectorale, ni aucune volonté de dissimuler des crimes commis par les FDS, que ce soit de leur propre fait ou du fait des ordres qu'il aurait donnés.

La mission confiée à cette Commission était libellée comme-suit : « *Enquêter sur les allégations de violation des droits de l'Homme depuis la proclamation des résultats provisoires du premier tour de l'élection présidentielle du 3 novembre 2010 ; établir les faits et les circonstances, identifier les auteurs éventuels ; formuler des recommandations* ».

La Commission comprenait sept personnalités, dont quatre ivoiriens, un français, un congolais et un burundais.

Les membres ivoiriens :

-Monsieur Djidji Kadjo Adolphe, Magistrat, Président de la Commission;

-Monsieur Richmond Marc, Assureur à la retraite;

-Madame Drepeuba Béatrice épouse Koudou, Magistrat;

-Madame Coulibaly Mawa épouse Diégou Bailly, Enseignante.

Les membres non ivoiriens :

-Monsieur Charvin Robert, Professeur émérite de l'Université de Nice (France);

-Monsieur Mbemba Jean Martin, Avocat, ancien Ministre de la Justice et des Droits de L'Homme et actuel Président de la Commission des Droits de l'Homme (Congo Brazzaville)

-Maître Rubeya Willy, Avocat au barreau du Burundi

Les membres non nationaux de la Commission ne sont ni membres ni sympathisants d'un groupement politique proche du président Laurent

Gbagbo, de même, les membres non nationaux sont originaires de pays qui ne sauraient être suspectés de sympathie pour Laurent Gbagbo.

Après deux mois d'enquête sur les évènements survenus dans l'ensemble du pays et non pas seulement à Abidjan, la Commission conduite par M. Adolphe Kadjo Djidji a déposé son rapport auprès de la Présidence de la République mi-mars 2011. Auparavant, dans un souci d'équité, tous les acteurs impliqués dans les évènements survenus, ou cités comme auteurs d'actes de violence ont été officiellement saisis du contenu dudit rapport, afin qu'ils puissent réagir avant les conclusions finales. Ont été concernés : l'ONUCI, la force Licorne, le FPI de Laurent Gbagbo, le RDR d'Alassane Ouattara, le PDCI d'Henri Konan Bédié, l'UDPCI.

Dans ses conclusions assez objectives, le Rapport Kadjo Djidji fait remonter la crise et les violations des droits à l'attaque rebelle de 2002. Cependant, il retient comme cause directe, la proclamation illégale des résultats de l'élection présidentielle par le Président de la Commission Electorale Indépendante et la certification indue de ce résultat par le Représentant Spécial du Secrétaire général des Nations-Unies.

Mais, l'intérêt du Rapport Kadjo Djidji réside surtout dans le travail de fourmi réalisé pour recueillir les témoignages du plus grand nombre possible d'acteurs et de victimes, pour les livrer dans des conditions de grande objectivité. Même si les responsabilités sont situées comme dit plus haut, aucun camp n'est épargné des faits de violence imputables à ses membres : groupes et manifestants armés pro-Ouattara ; FDS ; FESCI ; Forces onusiennes ; forces françaises…

L'attitude du Procureur face au Rapport Kadjo Djidji est tout à la fois étonnante et paradoxale. Le procureur reconnait enfin son existence mais attribue aussitôt la création de la Commission qui l'a produit, à la pression exercée par la communauté internationale sur l'accusé[162] !

Ensuite, un tel Rapport, dont l'intérêt pour la cause en examen est manifeste, est rejeté du revers de la main par le Procureur, avec un superbe mépris que rien ne justifie, sinon une énorme gêne pour son

[162] Document amendé de notification des charges, *op. cit.* paragraphe 94.

argumentaire exclusivement à charge contre le prévenu et fondé pour l'essentiel sur l'occultation de la vérité.

Le Procureur est allé jusqu'à qualifier ledit Rapport de « *simulacre* », et à prétendre, par mauvaise foi, qu'il ne tenait qu'en une page alors qu'il en comporte 115[163].

Surprenante attitude d'un Procureur, bien connu pour prendre au pied de la lettre tout Rapport produit par des ONG du droit humanitaire telles que Amnesty International ou Human Rights Watch[164], mais qui dénie sans arguments sérieux, toute crédibilité à un Rapport émanant d'une commission internationale d'enquête qu'il n'a même pas pris le temps de lire, puisqu'il écrit que ledit Rapport ne tient qu'en une seule page ! Ce qui évidemment est faux.

Or, le Procureur disposait du pouvoir d'entendre les membres de ladite Commission d'enquête, de contester la compétence ou l'objectivité de ses membres, de critiquer ses méthodes de travail ou ses conclusions, s'il avait eu pour souci premier la manifestation de la vérité! Apparemment, tel n'était pas le but du Procureur qui s'est évertué à discréditer le Rapport faute d'arguments.

A la vérité, le Rapport Kadjo Djidji se présente dans le dossier en examen, comme un élément à décharge de haute teneur, qui réduit à néant les allégations infondées soutenues par le Procureur en vue de retenir la responsabilité de l'accusé, au titre de l'article 25-a, b et d bien sûr mais tout particulièrement, sa responsabilité en qualité de supérieur hiérarchique (article 28-a et b).

En effet, le Rapport Kadjo Djidji, établit sans contestation, que l'accusé, le président Laurent Gbagbo, n'a pas en tant que supérieur hiérarchique des FDS, manqué à son obligation de punir. Ce que le Rapport Kadjo Djidji établit en premier lieu, à la décharge de l'accusé, c'est la promptitude de réaction de l'accusé face aux informations récurrentes des médias accusant les FDS de commettre des exactions sur les partisans d'Alassane Ouattara, à partir du 16 décembre 2010. L'accusé n'a pas attendu un mois pour créer et mettre au travail la

---

[163] Document amendé de notification des charges, *op. cit.* paragraphe 210.
[164] Chambre préliminaire 1, décision portant ajournement de l'audience de confirmation des charges, 3 juin 2013, op.cit.

Commission d'enquête. Il a signé le décret de création le 7 janvier 2011, soit 22 jours après les évènements de la RTI.

En second lieu, le Rapport Kadjo Djidji établit que l'accusé, n'a eu aucune velléité de dissimulation d'actes graves de violation du droit humanitaire, le mettant en cause ou mettant en cause des membres des FDS.

Enfin et surtout, en tant que résultat de la mission d'enquête relatives aux allégations de violation des droits de l'Homme depuis la proclamation des résultats provisoires du premier tour de l'élection présidentielle du 3 novembre 2010, et en tant qu'il permet d'établir les faits et les circonstances, d'identifier les auteurs éventuels et de formuler des recommandations, le Rapport Kadjo Djidji se présente comme l'étape préparatoire, indispensable et préalable à la prise de mesures appropriées de punition à l'encontre d'auteurs éventuels. En effet sur quelle base le Procureur aurait-il voulu voir l'accusé, fonder légalement les punitions réclamées et contre quels auteurs en l'absence d'enquête fiable ?

Le Procureur semble indiquer que l'accusé aurait dû s'adresser à des compétences internes pour mener des enquêtes appropriées ! Le Procureur voudrait-il disqualifier toute enquête internationale dans ce dossier et quelles en seraient les raisons ? L'on n'en voit aucune qui réserverait l'exclusivité des enquêtes en vue de la manifestation de la vérité à des services nationaux ! Ce n'est pas non plus la première fois que la Côte d'Ivoire a recours à des enquêtes internationales !

Mieux, quel serait le sort réservé aux conclusions d'une enquête nationale commanditée par l'accusé, là où les conclusions d'une commission internationale d'enquête sont traitées de « *simulacre de Rapport* » ?

Le fait que le Rapport Kadjo Djidji, n'aie pas connu de suites judiciaires après son dépôt à la Présidence, est indépendant de la volonté de l'accusé et en tout état de cause, n'enlève en rien à sa valeur en tant qu'élément capital à décharge. En effet, il a été déposé mi-mars 2011, quelques jours seulement avant l'attaque généralisée lancée par les FRCI d'Alassane Ouattara contre le régime, avec l'appui militaire des forces franco-onusiennes, en vue d'installer celui-ci au pouvoir par la force. Il serait de mauvaise foi de penser qu'un tel

Rapport d'enquête internationale, dont le Procureur dit qu'il procède de la pression de la communauté internationale, n'aurait pas connu de suites si l'accusé n'avait pas été renversé par les troupes franco-onusiennes, le 11 avril 2011.

Au total, il ressort sans discussion, que l'accusé était contre la commission de crimes par les FDS au cours des différentes opérations engagées et avait bien, à travers l'enquête de la Commission internationale d'enquête, l'intention d'engager des punitions contre les auteurs éventuels de crimes avérés.

En conséquence de cette réalité, l'accusé qui a agi promptement et sans calcul, ni volonté de dissimulation, n'a manifestement pas manqué à son obligation de punir ou d'en référer aux autorités compétentes à cette fin. En tout état de cause le Procureur n'a apporté dans son DNC amendé aucun élément justifiant un tel manquement de la part de l'accusé, de sorte que la responsabilité de ce dernier en sa qualité de supérieur hiérarchique ne peut être valablement retenue à ce titre.

Conclusion

Pas plus dans le Dnc initial que dans le Dnc amendé, le Procureur n'a réussi à convaincre, non seulement de la matérialité des crimes d'humanité allégués mais également de l'intention de l'accusé, le Président Laurent Gbagbo, de les commettre ou de les faire commettre par les FDS. Le doute persiste tout le long du document de charge amendé, sur l'existence des éléments contextuels évoqués pour fonder des poursuites pour crimes contre l'humanité, dans la mesure où le Procureur s'est soigneusement attelé à éviter d'apporter les réponses attendues aux questions posées par la Chambre préliminaire 1, au paragraphe 44 de sa décision d'ajournement du 3 juin 2013, réponses essentielles à la manifestation de la vérité.

L'accusation a choisi de garder un silence total sur les positions, les mouvements des groupes armés pro-Ouattara ainsi que sur les confrontations entre celles-ci et les FDS. L'accusation n'a apporté aucun élément nouveau sur l'existence de la politique ou du plan commun, sur l'existence d'une organisation dénommée « *entourage immédiat de Gbagbo* » mais surtout, n'a pas établi la matérialité des crimes allégués, ni démontré que les FDS dont répond l'accusé

Laurent Gbagbo, avait agi en application de la politique ou du plan commun, supposés. Comment dans ces conditions établir le lien de responsabilité qui permettrait d'imputer les crimes allégués au prévenu ?

L'accusation, mal assurée de la solidité des charges formulées et des éléments de preuves en sa possession, n'a eu d'autre recours que de démultiplier les chefs de responsabilité contre l'accusé, afin d'espérer, comme au jeu de « *la roulette* », convaincre les juges de l'existence de motifs substantiels de croire que celui-ci est coupable des crimes allégués. Le Procureur, dans une ultime tentative a évoqué la responsabilité du prévenu en sa qualité de supérieur hiérarchique des FDS. Dans une autre affaire africaine, le recours à cette forme de responsabilité avait permis au Procureur d'obtenir la confirmation des charges contre le Vice-président de la RDC, Jean-Pierre Bemba.

Malheureusement pour l'accusation, si la grande difficulté des charges formulées au titre de l'article 25-3-a, b et d, est d'apporter, outre la preuve des éléments matériels des crimes supposés, la preuve de la volonté, de l'intention de l'accusé de commettre ou de voir commettre les crimes allégués, en ce qui concerne sa responsabilité en qualité de supérieur hiérarchique, des éléments concrets et irréfutables existent qui prouvent, que l'accusé, au cours de la crise postélectorale, n'a pas manqué à son obligation de prévenir ou de punir des faits éventuels de crimes commis par ses subordonnés. Le Rapport Kadjo Djidji, produit par la Commission internationale d'enquête mise en place par l'accusé le 7 janvier 2011, réduit à néant les charges formulées sur le fondement de l'article 28-a et b.

Il y a donc lieu, après l'examen du Dnc amendé déposé par l'accusation le 13 janvier 2014, de conclure que rien de nouveau ou de consistant n'a été apporté au dossier le Procureur contre Laurent Gbagbo, en cours d'examen par la Chambre Préliminaire 1. Il en faudrait de beaucoup pour conclure, que le nouveau document de charges déposé donne aux juges des motifs suffisants de croire que l'accusé Laurent Gbagbo est responsable de crimes contre l'humanité, qui auraient été commis pendant la crise postélectorale ivoirienne.

Mais, pouvait-il en être autrement, quand l'on sait que jamais il n'a été dans l'intention de l'accusé, démocrate parmi les démocrates, convaincu depuis toujours, que le pouvoir se conquiert par les urnes et non pas par les armes ou la violence, qui a fait de cette conviction politique un véritable crédo dans son combat pour la liberté et la démocratie, de se maintenir au pouvoir par la force encore moins par les crimes odieux dont on le charge à tort.

Il reste qu'après avoir établi par les analyses ci-dessus développées, que la décision logiquement attendue de la Chambre à la reprise de l'audience dans les mois prochains, ne peut être qu'une décision d'infirmation des charges, il soit possible que la politique refasse irruption dans le Grand Prétoire de la Cpi, pour tordre le coup au droit et à la justice.

L'opinion africaine et internationale, qui suit attentivement le dossier le Procureur contre Laurent Gbagbo et qui, aujourd'hui beaucoup plus qu'hier, est parfaitement au fait de son contenu, de ses contours et de l'environnement complexe dans lequel il se dénoue, attend, elle aussi, la décision finale de la Chambre pour prononcer son jugement à l'égard de la Cpi : justice ou imposture !

TROISIÈME PARTIE

LE CRIMINEL CONTRE L'HUMANITÉ N'EST PAS CELUI QUI EST DANS LE BOX DES ACCUSÉS

Raymond KOUDOU Kessié : Un « Plan commun » et une « Politique » pour l'extermination de civils favorables à Ouattara n'ont jamais été dans la logique de pouvoir du Président Gbagbo

Émile GUIRIÉOULOU : Les groupes armés pro-Ouattara et leurs crimes que le Procureur de la Cpi refuse de voir

Bertin KADET : Les dérives tribales d'un harcèlement politico-judiciaire contre le Président Laurent Gbagbo

Émile GUIRIÉOULOU : Non, Mme Fatou Bensouda, Laurent Gbagbo n'est pas tribaliste !

Arsène DOGBA Gnakouri : Le Président Gbagbo n'a pas manœuvré pour se maintenir au pouvoir - les obstacles posés par la rébellion, causes des reports successifs des élections de sortie de crise

Hubert OULAYE : La Décision de Confirmation des Charges contre le Président Laurent Gbagbo du 12 juin 2014. Une Décision « hors-normes »

Emmanuel CALEB : Les victimes de Duékoué écrivent au Président Gbagbo, pilier incontournable du pardon et de la vraie réconciliation en Côte d'Ivoire

UN PLAN ET UNE POLITIQUE POUR L'EXTERMINATION DES CIVILS FAVORABLES À OUATTARA N'ONT JAMAIS ÉTÉ DANS LA LOGIQUE DE POUVOIR DU PRÉSIDENT LAURENT GBAGBO

Par

Pr. Raymond KOUDOU Kessié[165]

« Beaucoup de gens sont morts en Côte d'Ivoire en raison de l'ingérence extérieure. [...] La France a joué un rôle clé dans le conflit ivoirien parce que la France avait promis de donner le pouvoir à l'autre partie. Mais elle n'allait pas le faire par les urnes ou les négociations, elle avait l'intention d'utiliser l'armée française. Et c'est exactement ce qu'elle a fait. [...] Je crois que c'était l'ingérence de pays étrangers, des Nations-Unies et de tous les organismes, qui ont vraiment aggravé le conflit en Côte d'Ivoire. Je me suis demandé pourquoi les Nations-Unies, une institution de la paix fondée pour favoriser la paix dans le monde, a pris parti dans un conflit interne et créé l'escalade à l'aide de ses troupes qui sont intervenues, ont même combattu, pour une partie au conflit. » Téodoro Obiang Nguema Basogo[166]

Introduction

Selon la Cour pénale internationale (Cpi), « *Laurent Gbagbo aurait engagé sa responsabilité pénale individuelle pour quatre chefs de crimes contre l'humanité, perpétrés à Abidjan, Côte d'Ivoire, conjointement avec les membres de son entourage immédiat, et par l'intermédiaire des forces pro-Gbagbo (article 25(3)(a) du Statut), ou à titre subsidiaire, en ordonnant, sollicitant ou encourageant la commission de ces crimes (article 25(3)(b) du Statut de Rome), ou à titre subsidiaire, en contribuant de toute autre manière à la commission de ces crimes (article 25(3)(d) du Statut): le meurtre, le viol, les autres actes inhumains ou, - à titre subsidiaire -, la tentative de meurtre, et la persécution.*

[165]Enseignant-Chercheur à l'UFR Criminologie de l'Université d'Abidjan-Cocody (Côte d'Ivoire). Ancien Ambassadeur de Côte d'Ivoire en France, au Portugal, puis en Israël et en Turquie. En exil au Royaume Uni après le Ghana.

[166]Téodoro Obiang Nguema Basogo, « *L'ingérence de la France et de l'Onu en Côte d'ivoire a créé un mauvais précédent* », interview exclusive du Président Équato-guinéen au magazine panafricain *Africawatch*, http://rene.kimbassa.over-blog.com/article-interview-du-president-de-guinee-equatoriale-obiang-nguema-basogo-l-ingerence-de-la-france-et-de-l-o-115817646.html, 5 septembre 2013.

Ces actes auraient été perpétrés entre le 16 et 19 décembre 2010 pendant et après une marche de partisans d'Alassane Ouattara qui se rendaient au siège de la Radiotélévision Ivoirienne (RTI), le 3 mars 2011 lors d'une manifestation de femmes à Abobo, le 17 mars 2011 par le bombardement au mortier d'un secteur densément peuplé d'Abobo, et le 12 avril 2011 ou vers cette date à Yopougon. »

L'acte principal d'accusation est construit autour de l'affirmation selon laquelle le Président Laurent Gbagbo avait déjà prévu avant les élections présidentielles, de se maintenir au pouvoir à tout prix et conçu à cette fin le « *Plan commun* » et la « *Politique* » pour tuer des civils, partisans d'Alassane Ouattara.

Dans cette contribution, nous voudrions montrer qu'il n'en est rien. Nous nous proposons de le faire en mettant d'abord en évidence certaines des accusations contenues dans le Document amendé de Notification de Charges (DNC)[167] du Procureur de la Cpi et la Décision relative à la Confirmation des Charges (DCC)[168] de la Chambre Préliminaire 1 de la Cpi. Nous mettrons ensuite en exergue les nombreux efforts de paix et d'apaisement du Président Gbagbo qui battent en brèche les charges portées contre lui. Une question et une hypothèse sont au départ de notre démarche.

La question : Pourquoi, quelqu'un qui voulait se maintenir au pouvoir par tous les moyens aurait-il proposé comme solution de sortie de crise le recomptage des voix sous le contrôle de la communauté internationale?

L'hypothèse : Le Président Laurent Gbagbo, qui a recherché et accepté tous les compromis au nom de la paix et de la réconciliation nationale, à travers de nombreux accords de paix, ne peut être celui qui se serait inscrit dans une logique de se maintenir au pouvoir, par

---

[167]Document amendé de Notification de Charges, ICC-02/11-01/11-357 17-01-2013 1/3 NM P : Document amendé de Notification de Charges dans *L'affaire Le Procureur c. Laurent Gbagbo,* 17 janvier 2013.

[168]Décision relative à la Confirmation des Charges, ICC-02/11-01/11-656-Red-tFRA 21-07-2014 1/142 EC PT : Décision relative à la confirmation des charges dans *L'affaire Le Procureur c. Laurent Gbagbo*, 17 janvier 2013.

tous les moyens, y compris par l'emploi de la force contre des civils au motif qu'ils sont pro-Ouattara.

Cet article se consacre à cette hypothèse. Il est composé de quatre parties :

1- Sur quelles preuves les charges portées contre le Président Laurent Gbagbo reposent-elles ?
2- Le Président Gbagbo qui a fait tant de compromis et de concessions aux rebelles et à leurs alliés pour la paix ne peut être accusé d'avoir été dans une logique de violence
3- Le Président Gbagbo n'était pas un chef militaire mais le Président élu de l'État de Côte d'Ivoire
4- Le Président Gbagbo a été destitué par la force des armes franco-onusiennes au nom de la destruction d'armes lourdes qui n'ont jamais été présentées

1- Sur quelles preuves les charges portées contre le Président Laurent Gbagbo reposent-elles ?

Pour répondre à cette question, nous présentons d'abord certains points du Document amendé de Notification de Charges afin de bien saisir en quoi ils constituent des éléments de preuves au sens de la Chambre Préliminaire 1 de la Cpi.

1-1- Le Président Gbagbo était-il dans une logique de violence depuis 2000 ?

Point N°2 du DNC amendé : « Dès son accession à la Présidence en 2000, Gbagbo a eu pour objectif de se maintenir au pouvoir, y compris en réprimant ou en attaquant violemment ceux qui constituaient une menace pour son régime. Sachant l'élection présidentielle inévitable, Gbagbo a, conjointement avec son entourage immédiat, conçu et mis en œuvre un Plan commun afin de se maintenir à la Présidence par tous les moyens nécessaires. Le Plan commun a évolué jusqu'à inclure, au plus tard le 27 novembre 2010, une politique d'État ou organisationnelle qui avait pour but une attaque généralisée et systématique contre les civils considérés comme des partisans de Ouattara (" Politique "). »

Est-on vraiment sûr de parler de la même personne ? Nous ne le croyons pas, à moins de considérer que tous les efforts de paix et la main tendue du Président Gbagbo s'inséraient dans une stratégie de violence pour se maintenir au pouvoir.

Le Président Laurent Gbagbo qui a proposé le recomptage des voix pour vider pacifiquement le contentieux électoral n'était pas dans une logique de violence. Il l'explique lui-même :

« *Je ne peux pas tuer une mouche. A plus forte raison tuer un homme, mon semblable. Je n'ai donc envoyé personne tuer qui que ce soit en Côte d'Ivoire. On a organisé des élections en Côte-d'Ivoire et je les ai gagnées. Quelqu'un d'autre dit que c'est lui qui les a gagnées. Comme je dis que j'ai gagné et qu'il dit qu'il a aussi gagné, j'ai alors demandé qu'on recompte les voix devant tout le monde entier et qu'on voit qui a effectivement gagné. L'autre a dit : Non, je ne veux pas qu'on recompte. Je veux plutôt qu'on va fasse la guerre. Entre celui qui dit : on va recompter et celui qui affirme : on va faire la guerre, qui a fait tuer les Ivoiriens ? Puisqu'on dit qu'il y a eu 3 000 morts. Entre celui qui dit : recomptons les voix et celui qui dit : faisons la guerre, qui a fait tuer les 3 000 personnes [...]?*»

Un Président qui veut se maintenir par tous les moyens au pouvoir préconiserait-il le recomptage des voix à la communauté internationale ? Le recomptage des voix est-il un moyen de se maintenir au pouvoir par la force ? Non ! Il ya autre chose. Et, plus le temps passe, plus les nuages se dissipent sur la crise postélectorale et la déportation du Président Gbagbo à La Haye.

1-2- Le Président Gbagbo était-il un chef militaire?

Point N° 226 du DNC amendé : « D'octobre 2000 au 11 avril 2011, Gbagbo était un chef militaire ou une personne faisant effectivement fonction de chef militaire, à l'égard des FDS, des mercenaires, des jeunes pro-Gbagbo et des miliciens intégrés dans les rangs des FDS. De plus, Gbagbo était le supérieur hiérarchique des jeunes pro-Gbagbo, des miliciens et des mercenaires qui n'étaient pas intégrés dans les rangs des FDS, et qui lui étaient fidèles. Gbagbo était aussi le supérieur hiérarchique des membres de son entourage immédiat et de son gouvernement et à travers lesquels il exerçait son autorité. »

Si l'on soutient que le Président Laurent Gbagbo s'est accroché au pouvoir, alors une réponse s'impose à la question de savoir qui a gagné les élections présidentielles du 28 novembre 2010 en Côte d'Ivoire. De cette date au 11 avril 2011, date à laquelle une coalition internationale amenée par la France a imposé M. Ouattara comme nouveau Chef d'État, qui était donc le Président de la Côte d'Ivoire ?

1-3- Qui était le Président élu de la Côte d'Ivoire ?

La Cpi écarte volontairement la question de savoir qui a gagné les élections présidentielles du 28 novembre 2010 en Côte d'Ivoire alors que c'est de celle-ci que découle tout le reste. Nous nous y attarderons donc ici pour faire droit à une des requêtes du Président Gbagbo qui disait fort justement que la responsabilité de toute la crise postélectorale incombe à celui qui n'a pas gagné les élections mais qui s'est imposé par la force.

- ***Pour le Procureur de la Cpi***

Point 42 du DNC amendé : « Le second tour de l'élection présidentielle a eu lieu le 28 novembre 2010 et l'annonce des résultats était prévue le 1 décembre 2010. Le 2 décembre, le Président de la CEI a annoncé les résultats provisoires et déclaré que Ouattara avait remporté 54,1% des voix et Gbagbo 45,9%. Le 3 décembre, le Président du Conseil Constitutionnel, un allié de Gbagbo, a invalidé la décision de la CEI et annoncé la victoire de celui-ci. Les deux candidats se sont proclamés simultanément Président de la Côte d'Ivoire. Cependant, le 4 décembre, le Conseil Constitutionnel a fait prêter serment à Gbagbo pour un nouveau mandat présidentiel. Peu après, Ouattara prêtait serment par écrit en tant que Président de la République. Les deux camps ont alors formé leurs gouvernements respectifs».

Mme le Procureur parle fort justement des résultats provisoires à propos des résultats annoncés par le Président de la CEI. Mais, alors, à quel moment et qui a annoncé les résultats définitifs ? C'est au seul Conseil Constitutionnel que revient cette charge. Or, pour Mme le Procureur de la Cpi, le Président du Conseil Constitutionnel est "un allié de Gbagbo". Mais qui est l'allié du Président de la CEI ? La Procureure se garde bien de le dire. Elle passe sous silence le fait que le Président de la CEI, Youssouf Bakayoko est un membre du

Rassemblement des Houphouëtistes pour la Démocratie et la Paix (RHDP), la coalition des partis politiques dont M. Alassane Ouattara était le candidat et dont les membres étaient issus en majorité. Avant la lecture de ce point 42 du DNC amendé, on pouvait encore croire à la neutralité du Procureur à propos des résultats de l'élection présidentielle du 28 novembre 2010. La réalité est cependant autre puisqu'elle annonce elle-même qui est son favori :

Point 41 du DNC amendé : « [...] Le 7 novembre 2010, Bédié a annoncé son soutien à Ouattara, qui est devenu le candidat du RHDP au second tour. Gbagbo avait le soutien de « La Majorité Présidentielle » ("LMP"), une alliance entre son Front Populaire Ivoirien ("FPI") et d'autres partis politiques, mais Ouattara, fort de l'appui du PDCI et des autres partis politiques du RHDP, devenait le ***favori pour gagner l'élection****. Gbagbo a alors mis en œuvre le Plan commun afin de rester au pouvoir en utilisant la violence contre les militants de Ouattara et des civils perçus comme soutenant l'opposition. »* (C'est nous qui soulignons)

Le parti pris de Mme le Procureur est flagrant, parce que l'on ne sait de quels sondages elle tire le pronostic que M. Ouattara était le "**favori pour gagner l'élection**". C'est même avec mépris qu'elle désigne le parti politique du Président Gbagbo par les termes, "**son Front Populaire Ivoirien**". Ce parti pris devient encore plus bouleversant lorsqu'elle dénombre les partisans de M. Ouattara "**en milliers**" dans les rues pour réclamer le départ de M. Gbagbo ; elle qui n'était pourtant pas présente à Abidjan pour les compter :

Point 43 du DNC amendé : « S'en est suivi une crise postélectorale, lors de laquelle des ***milliers de partisans de Ouattara*** *se sont rassemblés dans les rues d'Abidjan et dans d'autres parties du pays pour réclamer la démission de Gbagbo. La communauté internationale, dont l'ONU, l'Union africaine, la Communauté Économique des États de l'Afrique de l'Ouest ("CEDEAO") et l'Union européenne, a également reconnu la victoire de Ouattara et exhorté Gbagbo à céder le pouvoir. »*[169]

- **Pour le Conseil Constitutionnel ivoirien (C.C.)**

[169] C'est nous qui soulignons.

- M. Gbagbo Laurent est le Président élu de Côte d'Ivoire

Le Conseil Constitutionnel a rendu son verdict[170] le 3 décembre 2010. Celui-ci est sans appel :

« *Les résultats du scrutin du 28 novembre 2010 se présentent comme suit : Électeurs inscrits : 5 725 721 Votants : 4 081 765. Taux de participation : 71,28%. Suffrages nuls : 88 556. Suffrages exprimés : 3 993 209. Ont obtenu : M. Gbagbo Laurent : 2 054 537, soit 51,45 %. M. Ouattara Alassane : 1 938 672, soit 48,55 %. Décide : Monsieur Gbagbo Laurent est proclamé élu Président de la République de Côte d`Ivoire* ».

Ce verdict est intervenu après l'annulation des résultats du scrutin dans les départements de 5 régions du Nord et du Centre où M. Ouattara a été annoncé comme vainqueur par la CEI avec une majoration "frauduleuse" des suffrages exprimés en sa faveur. Le Conseil Constitutionnel motive sa décision d'annulation ainsi[171] :

« *L'examen des procès-verbaux et le croisement des chiffres fait apparaître que le nombre total de voix obtenues par le candidat Ouattara Alassane dans la Vallée du Bandama s`élève à 244 471 voix ; qu'en réalité, le candidat Ouattara Alassane n`a obtenu que 149 598 voix, s`attribuant ainsi frauduleusement, avec la complicité de la Commission électorale régionale, 94 873 voix supplémentaires; qu'un tel agissement est caractéristique d`une volonté manifeste de travestir la vérité et entame gravement la sincérité du scrutin dans toute la Région de la Vallée du Bandama […] Qu'au surplus, il résulte des rapports des ONG et observateurs accrédités par la Commission électorale indépendante, que des actes de violence ont été commis sur les représentants du candidat de La Majorité Présidentielle et sur la population elle-même; qu`ainsi ils n`ont pu ni exercer leur droit de vote, ni assurer la représentation de leur*

---

[170] Décision N°CI-2010-EP-34/03-12/CC/SG du 3 décembre 2010 portant proclamation des résultats définitifs de l'élection présidentielle du 28 novembre 2010.
[171] *Ibid.*

candidat, comme le prescrit la loi; qu'il s'ensuit que ces irrégularités doivent entraîner l'annulation des résultats du scrutin dans le département de Séguéla. ».

- M. Gbagbo Laurent est élu par les Ivoiriens mais c'est M. Alassane Ouattara qui est le Président de la République de Côte d'Ivoire

Pourquoi après avoir proclamé "*Monsieur Gbagbo Laurent élu Président de la République de Côte d'Ivoire*"[172], le même Conseil Constitutionnel a-t-il proclamé, quelques mois plus tard "*M. Alassane Ouattara Président de la République de Côte d'Ivoire* ?"[173]

Deux présidents successifs et par deux décisions différentes de la même Institution, le Conseil Constitutionnel. Deux types de serment ; l'un, devant le Conseil Constitutionnel et l'autre par "écrit" et "sur l'honneur" ! Quelques mois plus tard, le Conseil Constitutionnel finit par recevoir, en se compromettant, le serment de M. Ouattara, comme nous l'explique plus loin Emmanuel Agbaovi[174].

Dans la Décision proclamant M. Gbagbo élu Président de la République de Côte d'Ivoire, c'est après avoir rappelé que M. Gbagbo Laurent a obtenu 2 054 537, soit 51,45 % que le Conseil Constitutionnel a décidé que *« Monsieur Gbagbo Laurent est proclamé **élu Président** de la République de Côte d'Ivoire »*. (C'est nous qui soulignons)

Dans la Décision portant proclamation de M. Alassane Ouattara en qualité de Président de la République de Côte d'Ivoire, c'est *« après avoir **fait siennes** les décisions du Conseil de paix et de sécurité de l'Union Africaine sur le règlement de la crise en Côte d'Ivoire »* que le Conseil Constitutionnel a proclamé *« M. Alassane Ouattara*

---

172 Décision N°CI-2010-EP-34/03-12/CC/SG du 3 décembre 2010 portant proclamation des résultats définitifs de l'élection présidentielle du 28 novembre 2010.

173 Décision N°CI-2011-EP-036/04-05/CC/SG du 04 Mai 2011 portant proclamation de Monsieur Alassane Ouattara en qualité de Président de la République de Côte d'Ivoire.

174 Emmanuel Agbaovi, Le parjure de Yao Paul Ndré, Président du Conseil Constitutionnel de Côte d'Ivoire, in *Infodabidjan.net* du 5 mai 2012 ; in *Grigri international* du samedi 21 mai 2011.

***Président** de la République de Côte d'Ivoire.*» (C'est nous qui soulignons)

Il est loisible de noter ici une différence de taille introduite d'une part, par les mots "proclamé élu Président" concernant M. Gbagbo; et de l'autre, par les mots "fait siennes les décisions de l'Union Africaine" à propos de M. Ouattara. Le Président du Conseil Constitutionnel se fonde sur le fait que M. Gbagbo Laurent, parce qu'il a obtenu 2 054 53 voix, soit 51,45%, est proclamé élu Président de la République de Côte d'Ivoire. Par contre, en ce qui concerne M. Ouattara, il se fonde sur "les décisions du conseil de paix et de sécurité de l'Union Africaine", qu'il fait "siennes". Or, ces institutions n'ont ni le pouvoir, ni la compétence de prendre des décisions en matière électorale dans l'État de Côte d'Ivoire. Au surplus, la Décision du Conseil Constitutionnel du 04 mai 2011 portant proclamation de M. Ouattara en qualité de Président de la République mentionne les noms de deux conseillers qui disent n'avoir pas siégé à la session du 4 mai 2011[175]. Cerise sur le gâteau du faux !

Le Président du Conseil Constitutionnel se voulait subtil en recourant à un jeu de mots, mais, hélas ! La subtilité a tué le texte, là où, après sa première décision qui est sans recours, son silence eût-été d'or pour sauver la situation et le contexte postélectoral. Celui-ci a occasionné des milliers de morts, des milliers de personnes mutilées ou balafrées à vie, des milliers et des milliers de sans abris et d'exilés. C'est là malheureusement l'une des nombreuses turpitudes dans le drame ivoirien. Emmanuel Agbaovi[176] parle même de parjure et de compromission politique du Président du Conseil Constitutionnel, M. Paul Yao Ndré, au détriment du Droit.

- Le Président du Conseil Constitutionnel : Parjure et compromission politique au détriment du Droit

[175]Cf. Annexe 3, les lettres de protestation de deux Conseillers constitutionnels qui interpellent le Secrétaire général à propos de la mention de leur nom parmi les membres statutaires qui auraient siégé alors qu'ils disent n'avoir pas pris part à ladite session ; si jamais une telle session s'est réellement tenue.

[176]Emmanuel Agbaovi, Le parjure de Yao Paul Ndré, Président du Conseil Constitutionnel de Côte d'Ivoire, in *Infodabidjan.net* du 5 mai 2012 ; et in *Grigri international* du samedi 21 mai 2011.

Pour Agbaovi, Paul Yao Ndré « *a été le premier Président d'un Conseil Constitutionnel à avoir accepté le serment de deux Présidents de République sans que l'un d'eux ne soit décédé ou déclaré incapable à la fonction.* »

Pour lui, les délibérations par lesquelles le Conseil Constitutionnel a fait de M. Ouattara, le Président de Côte d'Ivoire, manquent de base légale tant au niveau de la forme qu'au niveau du fond.

Sur la forme, « *le Conseil constitutionnel ne peut s'autosaisir comme il l'a fait par son Président. M. Ouattara ne pouvait pas non plus saisir le C.C. puisqu'en tant que candidat, il était forclos (délai de trois jours après la fermeture des bureaux de vote) ; mais en plus, M. Ouattara ne pouvait pas se prévaloir de la qualité de Président à ce moment, car il n'était pas encore entré en fonction en tant que Président de la République. C'est par zèle et au mépris du droit que le Conseil Constitutionnel a siégé du reste, amputé de deux de ses membres*[177]*, jetant ainsi un doute sur la constitution même du Conseil en audience.* ».

Sur le fond, *« pour motiver sa décision, le C.C. s'est appuyé de façon exclusive sur deux Communiqués du Conseil de paix et de sécurité (CPS) de l'UA*[178]*, mais malheureusement « la décision du CC n'est pas conforme aux conclusions du CPS. Mais en plus, les décisions du CPS ne peuvent avoir de valeur supra constitutionnelle. »*

« Le changement opéré en Côte d'Ivoire s'est fait en dehors du cadre tracé par l'U.A. et constitue un cas grave de violation du principe de gouvernance constitutionnelle que le C.C ivoirien tente de légitimer maladroitement en conférant de façon exagérée une valeur supra constitutionnelle aux décisions du CPS. »

« Les décisions du Conseil Constitutionnel continuent donc de s'imposer à tous y compris à l'Union africaine et au Conseil constitutionnel lui-même. C'est pour cette raison que le même Conseil

---

[177] Les lettres de protestation de ses conseillers figurent en Annexe, comme nous l'avons dit plus haut.

[178] Le premier en date du 28 janvier 2011 qui met en place le Groupe de haut niveau appelé à évaluer l'élection présidentielle du 28 novembre 2010 et le second daté du 10 mars 2011 qui a reconnu M. Ouattara comme vainqueur en indiquant les modalités du processus de sortie de crise.

ne s'est pas plié à la certification des élections par M. Choi, Représentant Spécial du Secrétaire Général de l'ONU agissant au nom de l'ONU. Pourquoi avoir refusé à l'ONU ce que M. Yao Ndré et ses Conseillers viennent de reconnaître à l'U.A. Pourquoi avoir attendu qu'il y ait eu tant de morts et de destruction de biens pour reconnaître la suprématie d'une organisation de moindre importante quand l'on a refusé cela à l'organisation internationale la plus importante. Pour cela seul, j'accuse Yao Ndré de parjure. Il a pris une décision aux conséquences très graves. »

Quant aux conséquences de la décision du Conseil Constitutionnel, elles sont analysées à deux niveaux, juridique et politique.

Au niveau juridique, « *elle rompt le principe de l'infaillibilité du Juge Suprême et détruit toute l'ossature judiciaire* », puisqu'il « *est admis que les décisions que prend le Conseil Constitutionnel sont insusceptibles de recours. Elles sont frappées du sceau de l'incorruptibilité parce que émanant de personnes infaillibles.* »

« Si les Ivoiriens ne peuvent plus faire confiance à leur juridiction suprême qui peut se dédire aussi facilement, c'est tout l'appareil judiciaire qui se disloque faisant ainsi perdre aux Ivoiriens les repères les plus essentiels de leur existence dans la société. Depuis tout le temps, l'on a rusé avec le Droit en Côte d'Ivoire. La fuite en avant s'est achevée avec le Professeur Yao Paul Ndré qui vient de soumettre définitivement le Droit à la politique. »

Au niveau politique elle met à nu « *les compromissions politiques au détriment du droit. La conséquence reste la fragilité de nos institutions qui ne finissent pas de vivre leurs crises d'adolescence. La décision du Conseil Constitutionnel entérine à souhait l'idée selon laquelle tout est possible en Afrique (...) En Côte d'Ivoire, Le Président Yao Ndré vient de jeter un voile noir sur le jeu politique. Il n ya plus de limite dans les compromissions. C'est un leurre de croire que la paix et la démocratie peuvent se construire en dehors du Droit. Tuer le Droit, c'est tuer également la paix et la démocratie. Depuis plus depuis plus de 20 ans, le droit était en agonie en Côte d'Ivoire. L'estocade vient de lui être portée, ironie du sort, par celui qui est censé le défendre à double titre. Premièrement en tant que professeur titulaire de Droit et ensuite en tant que Haut magistrat, gardien de la Constitution ivoirienne. La société ivoirienne est malheureuse.* »

Il nous faut cependant ajouter à ce volet politique, les pertes innombrables en vies humaines sous-estimées par la communauté internationale rien qu'à 30 000 victimes.

- La décision du Conseil Constitutionnel du 4 mai 2011 n'a aucune valeur juridique : elle n'est pas opposable aux Ivoiriens

L'analyse du CNRD[179] rejoint fondamentalement celle d'Agbaovi. Pour cette organisation en effet, la curieuse décision du Conseil Constitutionnel du 4 mai 2011, qui n'a aucune valeur juridique n'est pas opposable aux citoyens ivoiriens :

« [...] La décision de proclamation de M. Alassane Ouattara en qualité de Président de la République de Côte d'Ivoire manque de base légale, par rapport au droit positif ivoirien, et souffre d'énormes insuffisances au point de vue du droit international. Elle n'a aucune valeur juridique. Cette décision du 4 mai 2011 doit s'analyser comme l'émission d'un faux billet que le peuple souverain de Côte d'Ivoire, l'unique émetteur de vrais billets a su détecter. Elle n'est donc pas opposable aux citoyens ivoiriens. »

En tout état de cause, le seul résultat de l'élection présidentielle ivoirienne du 28 novembre 2010 qui mérite d'être pris en considération, c'est celui qui a été proclamé par le Conseil Constitutionnel dans sa Décision du 3 décembre 2010. Et, cette décision ne peut être opposée à aucune autre, émanant de ce Conseil lui-même comme la Décision du 4 mai portant proclamation de M. Ouattara en qualité de Président, ou encore moins celle émanant de la CEI ou d'institutions internationales. Il en est ainsi conformément à la Constitution de Côte d'Ivoire[180] qui dispose en son Article 98, dernier alinéa :

« Les décisions du Conseil Constitutionnel ne sont susceptibles d'aucun recours. Elles s'imposent aux pouvoirs publics, à toute autorité administrative, juridictionnelle, militaire et à toute personne physique ou morale. »

---

[179]Congrès National de la Résistance pour la Démocratie (CNRD), *Si le tribunal du peuple siégeait ?* Cnrd eburny@yahoo.fr, Abidjan, 15 mai 2013, p.15.
[180]Loi N°2000-513 du 1er Août 2000 portant Constitution de la Côte d'Ivoire.

Au regard de tout ce qui précède, nous pouvons dire que le Président Laurent Gbagbo, en assumant les charges de Chef de l'État ivoirien, était au poste où les citoyens ivoiriens l'avaient placé par leur vote et non pas pour s'accrocher au pouvoir par tous les moyens comme le prétend l'acte d'accusation porté contre lui par la Cpi. Le 11 avril 2011 donc, c'est le Président légal et légitime de Côte d'Ivoire que les troupes françaises de la Licorne ont bombardé, enlevé et livré à ses adversaires. Celui qui voulait éviter la guerre à son pays et qui a proposé comme solution de sortie de crise postélectorale, le recomptage des voix s'est vu malheureusement imposé une guerre injuste au terme de laquelle il a été débarqué de son poste et déporté à La Haye.

Le Procureur de la Cpi, ainsi que la Juge de la Chambre Préliminaire 1, en faisant l'impasse sur la question centrale, de la procédure actuellement en cours à La Haye, à savoir qui était le Président de la République de Côte d'Ivoire au moment des faits ici incriminés, détournent le procès de son cours et lit naturels. La Présidente de la Chambre Préliminaire 1 de la Cpi, Silvia Fernandez de Gurmendi doit se garder de nous rappeler M. Delegorgue, le tristement célèbre Président de la Cour d'assises de Seine et la Cour de Cassation (3-7 février et 31 mars - 02 avril 1898) dans le procès Zola, dans l'Affaire Dreyfus[181]. Ce procès avait en effet à l'époque, non seulement mis au grand jour la collusion entre le politique et le militaire, mais aussi entre le politique et le juridique. Le Président de la Cour, M. Delegorgue, prétextant l'allongement de la durée des audiences, ne voulait pas qu'une question autre que la diffamation reprochée à Zola soit évoquée. Sa phrase « *la question ne sera pas posée* », répétée des dizaines de fois est donc tristement célèbre pour tous ceux qui sont assoiffés de justice et qui croient que seul le Droit mérite considération au prétoire. Ceux qui croient qu'un événement d'importance susceptible d'éclairer le procès comme la question "*Qui a gagné l'élection présidentielle ivoirienne de 2010 ?* ", ne doit pas être occultée. Si le procès à venir suivait la Présidente de la Chambre, c'est tout un pan des droits de l'accusé qui se trouverait ainsi bafoué. Une autre injustice ?

---

[181]Alfred Dreyfus poursuivi pour « *espionnage et intelligence avec l'ennemi* » avait cependant été acquitté puis réhabilité.

Pour revenir à la décision renvoyant le Président Gbagbo en procès, la Décision de Confirmation des Charges (DCC) de la Chambre Préliminaire 1, nous voulons montrer que les juges ont mis tout en œuvre pour trouver des preuves afin d'aider la Procureure qui avait été renvoyée à ses enquêtes pour "insuffisance de preuves". Discours, interviews et autres propos du Président Gbagbo se trouvent ainsi criminalisés.

Arrêtons-nous à quatre parmi les "éléments de preuve" retenus par la Chambre lors de l'audience de confirmation des charges :

- Le discours de Divo
- Le discours relatif à la RTI
- L'interview accordée à *Euronews*
- L'interview accordée à *Al Jazeera.*

1-4- Le discours du 27 août 2010 à l'occasion de l'installation de la CRS à Divo retenu comme élément de preuve

Ce discours du Président Gbagbo est reproduit en Annexe pour que chacun s'en fasse une idée propre. Mais le plus surprenant, c'est l'interprétation qu'en fait la Chambre (Paragraphe B-Expression de l'intention de rester au pouvoir à tout prix) :

Point N°110 de la DCC : « Les éléments de preuve mettent en lumière certains événements survenus avant la crise postélectorale ou aux tout premiers stades de celle-ci, ce qui, en conjonction avec d'autres éléments de preuve pertinents, révèle, chez Laurent Gbagbo et l'entourage immédiat, une intention de se maintenir au pouvoir à tout prix, y compris par l'emploi de la force contre des civils ».

La Chambre cite de nombreux passages de ce discours au point 111 de sa DCC pour accuser en faisant abstraction du contexte. Pour la Chambre, le discours du Président Gbagbo à Divo a été un signal faisant comprendre à ses partisans qu'ils seraient autorisés à commettre des crimes contre des civils pro-Ouattara en toute impunité. La Chambre n'est surtout pas d'accord avec l'interprétation qu'en fait la Défense :

Point N°112 de la DCC: « La Défense soutient que ce discours portait sur la lutte contre le banditisme dans la région et n'avait aucun rapport avec l'élection présidentielle à venir, mais la Chambre juge cette interprétation intenable étant donné que Laurent Gbagbo y mentionne plusieurs fois la défense de la République, parle de combat et, surtout, déclare en métaphore à peine voilée que dans certaines circonstances, il est prêt à employer la force plutôt que la négociation. De plus, la Chambre accorde une importance particulière à l'injonction adressée par Laurent Gbagbo aux unités des FDS de ne pas remettre en question la légalité des ordres donnés et, en outre, elle n'est pas sans remarquer ce qui apparaît clairement comme une assurance totale qu'aucune punition ne serait infligée quels que soient les moyens employés pour exécuter les ordres. »

Le discours ici incriminé, placé dans son contexte nous permet cependant de bien voir son unique objet qui n'est rien d'autre et de plus que le maintien de l'ordre et la lutte contre le banditisme dans la région. L'Opinion dissidente (OD) de la juge Christine Van den Wyngaert[182] l'exprime :

Point N° 5 de l'OD : « [...] Je ne partage pas l'interprétation de mes collègues sur le fait que le discours de Gbagbo à Divo le 27 août 2010 a été un signal faisant comprendre à ses partisans qu'ils seraient autorisés à commettre des crimes contre des civils pro-Ouattara en toute impunité. Je ne crois pas non plus qu'il était prévisible que le meurtre et le viol de civils auraient lieu dans le cours normal des événements. »

Si un résumé de texte s'était imposé, nous rendrions le discours ici mis en cause dans cette phrase que nous tirons du discours même du Président Gbagbo :

« À tous ceux qui sèment le désordre à Divo, je vous envoie la CRS. »

[182]ICC-02/11-01/11-656-Anx-tFRA 18-07-2014 1/11 EC PT, *Opinion dissidente de la juge Christine Van den Wyngaert.*

1-5- L'accusation fondée sur le discours du 21 décembre 2010 relatif à la marche sur la RTI

Pour la Chambre : *« Le 21 décembre 2010, Laurent Gbagbo a prononcé un discours à la RTI, dans lequel il a affirmé : « Les troubles que l'on observe aujourd'hui en Côte d'Ivoire sont nés du refus de mon adversaire de se soumettre aux lois », et a imputé les meurtres, les incendies et les actes de pillage perpétrés dans le contexte de ce qu'il a appelé « la marche insurrectionnelle» sur la RTI à des personnes agissant en violation des lois ivoiriennes. Ce discours révèle également que Laurent Gbagbo savait à l'époque que certaines des personnes décédées lors de la marche en direction de la RTI n'appartenaient pas aux FDS. »*

La Chambre a-t-elle vraiment pris la peine de s'interroger sur le caractère pacifique de cette marche ? Nous croyons que non, puisqu'elle fait peu de cas des déclarations des premiers responsables de la marche dont le caractère insurrectionnel était évident. Une vidéo de la RTI des 16 et 17 décembre 2010, est toujours disponible sur Youtube[183] et aurait pu être prise en compte par les juges de la Cpi. On y voit M. Soro Guillaume, alors Premier Ministre de M. Ouattara, donner des consignes qui n'étaient pas adressées aux militants allant à une simple marche de protestation, mais à des soldats et des militaires d'une armée parallèle allant en guerre. Leurs consignes militaires aux troupes FRCI méritent l'attention des juges :

Soro Guillaume : *« Soldats, militaires, je vais à la Radiotélévision Ivoirienne, pour installer le nouveau Directeur général de cette télévision, parce que le Président de la République me l'a demandé. Vous devez vous tenir prêts ; donc il faut que vous vous mobilisiez, jeudi, nous allons à la télévision, je compte sur vous.*

Issiaka dit Wattao : *« Comme tous les deux patrons ont parlé, nous, on n'a rien à dire encore, donc il faut qu'on soit prêt pour le jeudi. »*

Mourou Ouattara : *« Demain à 8h, rassemblement à la piscine avec tous vos équipements militaires et de combat, l'amusement est fini. »*

---

[183] http://www.Youtube.com/watch?v=iE7ZCNWZdmM.

Des équipements militaires et de combat pour une marche pacifique ? Qu'est-ce que ces hommes en armes de guerre et tenues de combats avaient-ils à faire dans une marche ? C'est bien une marche insurrectionnelle programmée qui a été organisée avec des FRCI en armes et en tenues de combats. Comment la Chambre Préliminaire 1 peut-elle ne pas prendre en compte de telles consignes militaires qui se sont traduites le lendemain sur le terrain par l'usage d'armes de guerre[184] par les éléments FRCI que l'on voyait du reste appuyés par des éléments des troupes de l'ONUCI.

Des preuves abondent sur les appuis en tous genres reçus par les forces rebelles, de la part de l'ONUCI, de la France et de sa force Licorne. Citons pour se faire le témoignage d'un rebelle tiré du livre-révélations de Germain Séhoué[185]. Voici la réponse de ce rebelle à la question "comment opériez-vous à Abobo ?":

« Nous avions d'abord reçu de la Licorne tous les plans, tous les repères stratégiques d'Abidjan pour pouvoir venir envahir la ville. Elle nous avait également fourni toutes les cartes des communes d'Abidjan où les coins et recoins sont bien identifiés. Au début, c'est par le train qu'on a fait entrer petit à petit nos éléments à Abidjan. Et nous sommes allés nous installer à Bois-Sec, un petit endroit du côté de N'Dotré, à Abobo, pour former un petit camp. Et lorsque nous avons reçu les armes que la France nous avait promises, nous avons commencé à passer à l'acte, en envahissant Abobo et en faisant subir des atrocités à la population pour faire peur au pouvoir. C'est là qu'on a commencé sous les consignes et ordres de l'ONUCI. C'est l'ONUCI qui nous livrait les armes, les véhicules et les moyens de combats, tout. Par la suite, nous avons envahi Anyama, Anonkoua-Kouté, Bocambo et les zones Abobo Centre, Ouest, Nord. Lorsqu'on a pris le contrôle d'Abobo en commençant par Abobo ouest, vers Akéikoi, dans le rayon du camp commando d'Abobo, on a pris davantage de confiance. Mais comme on n'arrivait pas à déloger les hommes du camp d'Abobo, on avait demandé des renforts en armes lourdes que la Licorne nous avait promises. »

---

[184]http://WWW.Youtube.com/watch?v=mMRCktguCgA.

[185]Germain Séhoué, Le commandant invisible raconte la bataille d'Abidjan, Paris L'Harmattan, *2012*, p.36.

Aucun démenti, ni de l'ONUCI, ni de la Licorne. Pouvait-il en être autrement sans paraître ridicule face à des preuves multiples et aux nombreux témoignages des populations ? L'ONUCI et la force française Licorne devront en répondre le moment venu puisque la Cpi ne les a pas prévus à la barre.

Les preuves qui soutiennent ce que nous avons dit plus haut à propos des consignes de combats données aux FRCI par la hiérarchie rebelle ne font l'objet d'aucune attention de la Cpi. La Chambre Préliminaire 1 préfère plutôt criminaliser les discours du Président Gbagbo, lui qui est la victime, lui qui a été assiégé par une coalition armée composée des troupes de l'Organisation des Nations-Unies en Côte d'Ivoire (ONUCI), des troupes françaises de la Licorne et des FRCI (rebelles). Dans le message qui suit, le Président Gbagbo prend le peuple à témoin, interpelle la communauté internationale et dit qu'il compte défendre le pays[186] :

« L'élection présidentielle est terminée. Le Conseil Constitutionnel a proclamé les résultats. Sa décision est irrévocable. J'observe cependant, comme vous, l'attitude de mon adversaire, qui s'est volontairement retranché à l'hôtel du Golf. J'observe, comme vous, l'attitude de l'Organisation des Nations-Unies (ONU) et de quelques pays puissants du monde. J'observe, comme vous, l'attitude de quelques Chefs d'État africains proches ou lointains. Ne nous y trompons pas. Ne nous laissons pas abuser par le prestige des mots. Il s'agit d'une tentative de coup d'État menée sous la bannière de la communauté internationale. Cette action est destinée à installer, par la force s'il le faut, à la tête de ce pays, un homme que les Ivoiriens n'ont pas choisi dans les urnes. Car mon adversaire a été régulièrement battu à l'élection présidentielle du 28 novembre 2010. Je refuse la politique de la terre brûlée. Nul n'a le droit d'appeler des armées étrangères à envahir son pays. Notre premier devoir envers la patrie, c'est de la défendre contre les attaques extérieures, et non de la livrer à ceux qui veulent la soumettre. »

[186]Discours du 31 décembre 2010 adressé à la nation à l'occasion du nouvel an par le Président Gbagbo, cité par Bertin Kadet : L'engagement du Président Laurent Gbagbo pour la sécurisation du processus électoral et la paix disqualifie les accusations portées contre lui par le Procureur de la Cpi, in *Koudou Kessié Raymond, Hubert Oulaye et Félix Tano (Ss. la dir.de),* L'introuvable preuve contre le Président Laurent Gbagbo, Paris, L'Harmattan, 2014, p. 116.

La Constitution fait en effet obligation au chef de l'État de défendre la patrie quand elle est attaquée. Et, personne ne peut dire que tel n'était pas le cas et ce, depuis la levée d'une rébellion armée et soutenue par des puissances étrangères, la France, l'ex-colonie à leur tête. C'est le Chef de l'État, le Président Gbagbo lui-même, répondant aux questions de la chaîne de télévision française *LCI*, le Mardi 5 Avril 2011 qui le dit :

« Ouattara n'a pas gagné les élections. Je réclame la vérité des urnes. Je ne suis pas en train de démissionner. Les Français sont en guerre contre nous. Je ne lâcherai pas parce que si à l'époque j'avais tout lâché on n'aurait pas eu le multipartisme. »

S'abritant derrière la Résolution 1975 de l'ONU sur la crise ivoirienne, qui ne le lui en donnait aucunement le droit, la France a en effet fait la guerre sans l'avoir déclarée, aux Institutions ivoiriennes, à l'État de Côte d'Ivoire et à son Président, proclamé élu par le Conseil Constitutionnel. Défendre l'intégrité de l'État, tel a été l'objectif du Président Gbagbo. Et, le Statut de Rome, instituant la Cour pénale internationale n'y contrevient pas, qui précise en son article 8, paragraphe 3 que :

« Rien n'affecte la responsabilité d'un gouvernement de maintenir ou rétablir l'ordre public dans l'État ou de défendre l'unité et l'intégrité territoriale de l'État par tous les moyens légitimes. »

Le Président Gbagbo, Chef de l'État de Côte d'Ivoire, proclamé élu par le Conseil Constitutionnel ivoirien n'a fait ni plus ni moins que ce que prescrit l'article 8 du Statut de Rome ci-dessus visé.

1-6- L'accusation fondée sur l'interview à *Euronews*

Point N° 114 de la DCC : « Le 31 décembre 2010, Laurent Gbagbo a accordé à Euronews une interview au cours de laquelle il a déclaré ce qui suit : [Traduction] Au début de ma campagne, j'ai dit au peuple ivoirien qu'il aurait à choisir entre un candidat pour la Côte d'Ivoire et un candidat pour les étrangers. Cela peut sembler assez caricatural, mais c'est la réalité. [...] Je ne crois pas du tout qu'il y aura une guerre civile. Mais il est évident que si ces pressions persistent, elles rendront la confrontation plus probable ».

Il est ici utile de rappeler ce que le Président Gbagbo disait exactement au début de la campagne dont il parlait :

« L'élection du 31 Octobre 2010 est singulière en ce sens qu'elle met fin à dix ans de crise parce qu'elle oppose deux types de candidats [...]. Il y a d'un côté un candidat pour la Côte d'Ivoire et de l'autre côté ***des candidats qui écoutent toujours l'extérieur.*** *»* (C'est nous qui soulignons)

Ou encore : *« Un jour viendra où, dans ce pays, il y aura deux camps. D'un côté celui dont le territoire et la nation se confondent pour la défense de ce que nous sommes et de l'autre, celui pour lequel, ni la nation, ni le territoire, encore moins la République que nous tentons de bâtir n'a de sens, encore moins de valeur ».*

C'est l'analyse logique du contexte électoral qui a amené le Président Gbagbo à craindre une confrontation probable. Quoi de plus normal pour un Chef d'État, surtout s'il a conscience de ce qu'il y a en face de lui, un adversaire ou un candidat, avec la bannière des intérêts étrangers. Ceci n'est donc vraiment pas surprenant pour l'observateur attentif de la scène politique ivoirienne. Mais certainement que pour les autres une explication s'impose car le vrai problème concernait le mandat du futur Président de la Côte d'Ivoire. Serait-ce celui d'un Président qui protège les intérêts des Ivoiriens ou celui d'un Président qui protège les intérêts de la communauté internationale à qui il doit son fauteuil ? A plusieurs occasions, le Président Gbagbo a décliné son option souverainiste, indépendantiste et anticolonialiste :

« Je veux une Côte d'Ivoire ouverte aux autres, pas une Côte d'Ivoire à qui l'on donne des ordres. Des conseils, oui. Des ordres, jamais. Ce pays n'est pas recolonisable. Nous n'avons pas peur d'être libres » (13 octobre 2010). Ou encore, *« J'ai choisi d'être acteur de l'histoire de la Côte d'Ivoire et de ne pas être une marionnette. Je vous engage à lutter ensemble. »* (Février 2011)

Le reproche de la communauté internationale à l'encontre du Président Gbagbo concerne en réalité le fait qu'il est le porte-drapeau de la souveraineté nationale. Bernard Binlin Dadié, Président du CNRD en a la conviction :

« Laurent Gbagbo [...] est [...] en otage, là-bas, au cœur de l'Europe, ***parce qu'il s'est montré peu docile*** *[...]»* (C'est nous qui soulignons)

Leslie Varenne[187], une journaliste d'investigation, qui a couvert le conflit en Côte d'Ivoire pour *La Tribune de Genève* en 2010 et 2011, l'a elle aussi bien vu et compris sur le terrain. Elle traduit indirectement ce que veut dire l'expression "un candidat pour les étrangers" dans les propos du Président Gbagbo :

« La communauté internationale se réjouit. ***Le mandat d'Alassane Ouattara sera le sien.*** *Les Américains sont ravis. Barack Obama félicite Nicolas Sarkozy pour l'avoir aidé à installer l'ami américain sur son trône. »* (C'est nous qui soulignons)

La confrontation que le Président Gbagbo craignait a fini par être imposée à la Côte d'Ivoire du fait précisément des fortes pressions de la communauté internationale qui va imposer par la force des armes M. Ouattara à la tête de la Côte d'Ivoire. M. Jerry Rawlings[188], ancien Président ghanéen, d'indiquer fort à propos l'instrumentalisation de l'ONU par les puissances étrangères, dont la France en tête, en Libye comme en Côte d'Ivoire :

« Nous avons vu en Libye comment ils ont arraché Kadhafi des mains de son peuple pour être tué comme un chien. Et l'utilisation abusive de l'ONU par la France en Côte d'Ivoire non seulement pour renverser un gouvernement, mais aussi pour se saisir d'un leader élu et patriote et pour le faire juger à La Haye. »

Le Président sud africain Jacob Zuma, nous dit Alain Dogou[189], est allé encore plus loin dans la remise en cause de la vision onusienne et française du conflit ivoirien en admettant ceci :

---

[187] Varenne Leslie, *Abobo La Guerre. Côte d'Ivoire : terrain de jeu de la France et de l'ONU*, Paris, Éditions Mille et Une Nuits, 2012, p.15.

[188] http://www.graphic.com.gh/news/politics/19214-rawlings-condemns-double-standards-of-developed-countries.html#sthash.0zmOQ0iZ.dpuf.

[189] Alain Dogou, *Ma vérité sur le complot contre Laurent Gbagbo, Contre-rapport des résultats de la Commission internationale de l'ONU sur la crise postélectorale*, Paris, L'Harmattan, 2012, p.93.

« En Côte d'Ivoire, il n'y a pas eu d'élection. Les rebelles n'ont pas déposé les armes [...], des citoyens ont été empêchés de voter [...], si ce qui s'est passé, vous appelez cela une élection, alors c'est Laurent Gbagbo qui a gagné ».

1-7- L'accusation fondée sur l'interview à *Al Jazeera*

Point N° 115 de la DCC : « La Chambre observe également que, selon des éléments de preuve présentés par la Défense, Laurent Gbagbo a accordé une interview à Al Jazeera fin décembre 2010. Interrogé sur les enlèvements et les meurtres qui avaient été rapportés, il a répondu ce qui suit : Le vrai problème, c'est que les Ivoiriens ont voté au deuxième tour des élections présidentielles. Qui a gagné ? [...] Alors comme les hommes n'ont plus d'arguments sur le terrain, ils veulent faire glisser le débat sur les problèmes des droits humains. Nous ne sommes pas des assassins, donc nous allons faire front. Nous allons chercher toutes informations pour les donner à tous ceux qui le veulent. »

Nous ne pouvons que saluer l'Opinion dissidente de la juge Christiane Van Den Wyngaert[190] qui explique pourquoi elle ne peut pas suivre ses collègues qui ont décidé de confirmer les charges contre le Président Gbagbo et de l'envoyer au procès :

« Je suis dans l'incapacité de suivre mes collègues quant à leur décision de confirmer les charges contre Laurent Gbagbo sur la base de l'article 25(3) (a), (b) et (d). Pour les raisons explicitées dans cette opinion, je suis d'avis que les preuves restent insuffisantes. En ce qui concerne les accusations en vertu de l'article 25 (3) (a), je ne suis pas convaincue par les éléments de preuve disponibles qu'il existe des motifs substantiels de croire que le plan commun présumé de Laurent Gbagbo de se maintenir au pouvoir soit explicitement ou implicitement la cause de la commission de crimes contre des civils pro-Ouattara . Il n'existe aucune preuve convaincante, à mon avis, qui montre que Laurent Gbagbo s'est entendu à un quelconque moment avec son supposé "cercle rapproché" pour commettre des crimes contre des civils innocents. Par conséquent, je ne suis pas convaincue qu'il y avait un effort délibéré de la part de Laurent Gbagbo et de son

[190] ICC-02/11-01/11-656-Anx-tFRA 18-07-2014 1/11 EC PT, *Opinion dissidente de la juge Christine Van den Wyngaert.*

"cercle rapproché" en vue de préparer mentalement et matériellement ses partisans à commettre des crimes contre des civils... »

Que dire de plus après une telle opinion ? Passons donc au point suivant.

2- Le Président Gbagbo qui a fait tant de compromis et de concessions aux rebelles et à leurs alliés pour la paix ne peut être accusé d'avoir été dans une logique de violence

Le Président Gbagbo n'est pas un chef militaire, ni ce Président enfermé dans une logique de violence telle qu'il supprimait à loisir tous ceux qui étaient une menace pour son régime. Les nombreuses concessions et les nombreux compromis faits aux forces rebelles et à leurs alliés l'ont été dans une logique de dialogue, de paix et de réconciliation nationale.

Le Président Laurent Gbagbo a parcouru nombre de pays et de capitales non pour attaquer ou éliminer les rebelles qui constituaient une menace pour son régime, mais pour rechercher avec eux la paix dans l'intérêt de son pays. Les nombreuses négociations de sortie de crise et les nombreuses concessions faites aux rebelles parlent d'elles-mêmes et ce, depuis Accra (Ghana), en passant par Lomé (Togo), Linas-Marcoussis et Kléber (France), Pretoria (Afrique du Sud), pour se terminer à Ouagadougou (Burkina Faso).

2-1- Les Accords de Linas-Marcoussis

La Table Ronde de Linas-Marcoussis du 18 au 24 janvier 2003, qui s'est tenue sous la présidence d'un constitutionnaliste français, Pierre Mazeaud[191] a consacré de façon révoltante la violation de la Constitution ivoirienne. Pour M. Laurent Gbagbo, Linas-Marcoussis était un traquenard que lui avait tendu la France. C'est ainsi que ces accords ont mis sur un pied d'égalité l'État de Côte d'Ivoire et des rebelles avec pour seule intention l'éviction du Président Gbagbo ;

[191] Pierre Mazeaud a été nommé par le Président Jacques Chirac comme Président du Conseil Constitutionnel français, le 27 février 2004, soit un an seulement après les négociations de Linas-Marcoussis, certainement pour service rendu. Il avait été membre de cette institution de 1998 à 2004.

éviction non obtenue par la tentative de coup d'État meurtrier du 17-18 septembre 2002 et qui se mua en une rébellion encore plus meurtrière. Lesdits accords ont été aussitôt validés par la Conférence des Chefs d'État au Sommet de Kléber du 26 janvier 2003, sous l'égide de l'ONU. Le Président Gbagbo, bien que mis devant le fait accompli à Kléber, a accepté au nom de la paix pour son pays d'appliquer ces Accords de Linas-Marcoussis[192] qu'il n'avait pas personnellement négocié et duquel tout représentant de l'État de Côte d'Ivoire avait été écarté par la France.

- **La nomination d'un nouveau Premier Ministre M. Seydou Diarra**

Le Premier Ministre du Président Gbagbo, M. Affi N'Guessan, a perdu son poste au profit de M. Seydou Diarra et avec des pouvoirs élargis dont la formation du gouvernement. Le Président Gbagbo a été obligé de le nommer sur le sol français ; dans un pays étranger.

- **La formation du gouvernement par le nouveau Premier ministre**

Le Président Gbagbo a accepté au nom de la paix, un gouvernement de réconciliation nationale dans lequel il ne se reconnaissait pas ; un gouvernement avec des rebelles à la tête de ministères importants. La plupart des ministres du gouvernement de M. Affi ont perdu leurs portefeuilles ministériels au profit de rebelles nommés par M. Diarra avec la caution de la France. Ainsi, le chef rebelle, Guillaume Soro[193], un étudiant n'ayant pas terminé ses études, a été propulsé ministre d'État en charge de la Communication.

---

[193] Soro Guillaume, *Pourquoi je suis devenu un rebelle* ? Paris, Éditions Hachette, 2005.

- **La suppression immédiate de la carte de séjour**

Instituée par M. Alassane Ouattara, alors Premier ministre de M. Houphouët-Boigny, la carte de séjour[194] est pourtant mise au compte du Président Gbagbo comme étant une mesure vexatoire contre les étrangers. Elle est proposée pour être supprimée immédiatement car constituant *« un moyen d'identification détourné pour les étrangers originaires de la CEDEAO »*.

- **La rédaction de nouvelles conditions d'éligibilité à la présidentielle**

C'est la Table ronde de Linas-Marcoussis qui rédige depuis l'étranger, à Paris, en lieu et place d'une assemblée constituante, le texte de la modification de l'article 35 de la Constitution sur les conditions d'éligibilité à la présidence de la République en ces termes :

« Le Président de la République est élu pour cinq ans au suffrage universel direct. Il n'est rééligible qu'une fois. Le candidat doit être exclusivement de nationalité ivoirienne né de père ou de mère Ivoirien d'origine ».

Cette pomme de discorde persistera néanmoins avant que le Président ne la prenne en charge au nom de la paix (voir plus loin, le sous-titre intitulé **la nationalité et l'éligibilité de M. Ouattara**).

- **L'amnistie accordée aux rebelles alors que tout plaidait pour le contraire**

Le Président Gbagbo a aussi accepté de mettre en œuvre les mesures d'amnistie au profit des rebelles conformément aux recommandations de la Table Ronde de Linas-Marcoussis. Une loi d'amnistie a été votée par l'Assemblée nationale, à majorité FPI, à cette fin, le 12 avril 2007. L'impunité venait ainsi d'être gravement consacrée à la demande de la France et des rebelles. Aujourd'hui, curieusement, ce sont ces rebelles au passé chargé de crimes, et qui ont bénéficié de l'amnistie sous le Président Gbagbo, qui ne veulent pas en entendre parler à propos des

[194] La carte de séjour pour les étrangers a été adoptée par la loi N°90-437 du 29 mai 1990 relative à l'entrée et au séjour des étrangers en Côte d'Ivoire.

mis-en-cause et autres condamnés relativement à la crise postélectorale de 2010.

2-2- Les Accords de Pretoria

Les négociations et les Accords de Pretoria I du 6 avril 2005 et de Pretoria II des 28 et 29 juin 2005 sont intervenus du fait des blocages sur les questions essentielles pour aller aux élections, dont la question de la nationalité et de l'éligibilité de M. Ouattara.

- **La nationalité et l'éligibilité de M. Ouattara**

Le Président Henri Konan Bédié avait lancé un mandat d'arrêt international contre M. Ouattara pour "*faux sur l'identité et usage de faux documents administratifs*". Ce dernier n'avait donc pas pu se présenter aux élections présidentielles de 2000. Sous feu le Général-Président, Robert Guéï, il avait été déclaré inéligible pour "nationalité douteuse". M. Ouattara traînait donc son problème de nationalité et d'éligibilité comme un boulet. Le Forum pour la Réconciliation nationale du 3 décembre 2003 avait renvoyé le problème devant la justice pour règlement, mais sans suite. M. Ouattara s'est, dit-on, prévalu d'une nationalité autre que la nationalité ivoirienne. Les termes "se prévaloir" nous avaient personnellement surpris puisque rendant floue la réponse à la question précise de savoir quelle était la nationalité de M. Ouattara. La réponse à cette question ne pouvait naturellement pas trouver une réponse dans cette formule floue, mais plutôt dans des faits et actes inattaquables. C'est en cela que la surprise du journaliste Francis Kpatindé, à propos de la nationalité voltaïque de l'intéressé, rapportée par l'ex député Williams Atteby, rencontre la nôtre. Selon Onana Charles (2013)[195]:

« *Kpatindé explique [...] pourquoi il a toujours été surpris du débat sur la nationalité de Ouattara. En effet, selon lui, c'est Ouattara lui-même qui a accordé une interview à Siradiou Diallo à l'époque journaliste à Jeune Afrique. C'est à la fin de cette interview que Ouattara a remis son CV à Siradiou Diallo et c'est sur ce CV que*

[195] Onana Charles, *France-Côte d'Ivoire La Rupture*, Paris, 2013, Éditions Duboiris, p.120.

Ouattara a écrit de sa main, nationalité voltaïque. Ce CV est toujours disponible aux archives de Jeune Afrique ».

Le quotidien ivoirien *Fraternité Matin*[196] rendant compte de la décoration de M. Ouattara en son temps parlait aussi de lui en tant que Voltaïque :

« *Notons que M. Alassane Dramane Ouattara (Haute Volta) et M Patrice Kouamé (Côte d'ivoire) ont reçu des mains du ministre Abdoulaye Koné leurs insignes de chevalier de l'ordre national de Côte d'ivoire. Insignes qui leur ont été remis au nom du Président de la République* ».

Le périodique *Afrique Agriculture*[197] parle également du ressortissant du Burkina Faso (ancienne Haute Volta) à propos de M. Ouattara :

« *Alassane D. Ouattara, ressortissant du Burkina-Faso a été nommé directeur du département Afrique du Fonds monétaire (Fmi)...* ».

Tous dans le faux ! Mais qu'avaient-ils tous donc à être d'accord sur une chose qui semblait si évidente, mais pourtant si étrangère à l'intéressé lui-même ? M. Bédié ne s'en est pas laissé compter. Ainsi, après avoir conçu la thèse de l'ivoirité, lança-t-il un mandat d'arrêt international en 1999 contre M. Ouattara pour "faux sur l'identité et usage de faux documents administratifs". Sa "témérité" sera cependant punie d'un coup d'État dont la paternité est attribuée à M. Ouattara par beaucoup. Onana Charles[198] rapporte des propos de l'ancien Président de l'Assemblée nationale, M. Mamadou Koulibaly disant de Ouattara que c'est lui qui a créé la rébellion et organisé la tentative de coup d'État de 2002. Mais que dire des propos prêtés à M. Ouattara lui-même par le journaliste Kpatindé, cité également par Onana[199], propos que M. Ouattara n'a jamais démenti :

---

[196]Fraternité Matin, quotidien ivoirien du 27 décembre 1982.
[197]Afrique Agriculture N°112 de décembre 1984.
[198]Onana Charles, *ibid.*, « *En 2002, Alassane Ouattara, qui n'était pas d'accord avec les résultats des législatives et des municipales, a créé la rébellion [...]. Ce n'est plus un secret, c'est lui qui a fait la tentative de coup d'État en 2002 puis qui organisé la rébellion [...]* », p. 121, citant le quotidien camerounais *Mutations* du 28 mai 2013.
[199]Onana Charles, *ibid.*, pp. 119-120.

« La veille de la prestation de serment du Président Amani Toumani Touré, lui Kpatindé était au Mali avec son patron Béchir Ben Yahmed, grand ami et partenaire en affaires de monsieur Ouattara. Après un repas, alors qu'ils prennent un verre dans l'hôtel, monsieur Ouattara s'adresse à Béchir Ben Yamed et lui recommande d'éviter la Côte d'Ivoire à partir de septembre de cette année 2002 car "il a décidé de prendre ses responsabilités". »

Mais, les certificats de nationalité délivrés par le juge Zoro-Bi Balo et ensuite par la juge Cissé Matto Loma, ne règleront pas le problème de l'éligibilité de M. Ouattara. La question est remise sur le tapis du Forum de la Réconciliation Nationale du 3 décembre 2002. Celui-ci, tout en prenant une résolution "au nom de la Nation", s'en lave les mains en se déchargeant sur la Justice ivoirienne afin qu'elle reconnaisse la nationalité ivoirienne de M. Ouattara. Mais sans aucune suite. C'est finalement le Président Gbagbo qui sauve la situation par le recours à l'article 48 de la Constitution, en rendant par Ordonnance, M. Ouattara éligible pour la seule présidentielle d'octobre 2010. Le problème de ce point de vue restera donc pendant pour le scrutin de 2015. L'ex-Président du FPI, M. Affi N'Guessan a déclaré à ce propos, le mardi 07 janvier 2014 :

« Il faut que Alassane Ouattara se détermine, parce qu'il ne peut pas faire ce qu'il veut. Il parle de bavardage, mais il était chaud quand il voulait être candidat. Alassane Ouattara n'est pas éligible [...]. Laurent Gbagbo n'est plus là et c'est la Constitution qui va s'appliquer. Comment va-t-il faire pour être candidat ? Il peut le proclamer, mais il n'est pas éligible ».

L'ex-Député de Bako, M. Mamadou Ben Soumahoro est du même avis. Répondant en effet à un journaliste de *Le Temps*[200], qui lui rappelait l'Ordonnance du Président Gbagbo comme mettant fin à ce débat, il affirme que ce problème persistera :

« Ce n'est pas fini et il continuera d'alimenter l'actualité politique. Parce que le bénéficiaire de l'article 48 de la Constitution sait qu'il n'est pas natif de ce pays ».

- **L'acceptation d'une CEI déséquilibrée à son désavantage**

[200]Le Temps, quotidien ivoirien du vendredi 19 octobre 2007.

Le Président Gbagbo a accepté l'inacceptable au nom de la paix; une Commission électorale dite indépendante mais en réalité à l'avantage des rebelles et de leurs alliés du RHDP. C'est l'Accord de Linas-Marcoussis qui en a donné le ton par sa composition en affectant à chaque signataire deux représentants. Or, il est de notoriété publique que les rebelles et leurs alliés y étaient surreprésentés[201]. Les Accords politiques de Pretoria I et II de 2005 vont dans le même sens que ceux de Linas-Marcoussis et Kléber pour entériner la configuration suivante de la CEI :

« Deux (2) représentants nommément désignés par chaque partie signataire de l'Accord de Linas-Marcoussis dont six (6) pour les Forces nouvelles. Seuls ont voix délibérative : les représentants des parties signataires de l'Accord de Linas-Marcoussis ainsi que le représentant du Président de la République et celui du Président de l'Assemblée nationale. »

Pour la CEI de 2010, vingt deux (22) des trente un (31) membres ont voix délibérative, dont la répartition est à l'avantage du camp Ouattara[202]. Un tel compromis comme celui d'aller aux élections avec des rebelles en armes ont pesé lourd dans le hold-up électoral du clan Ouattara et la crise qui s'en est suivie.

- **Le financement des partis politiques non représentés au parlement**

C'est pour y inclure le parti de M. Ouattara, le RDR, que ce "rattrapage" financier a été fait. Le Président Gbagbo a fait cette autre concession avec l'espoir que la situation s'apaiserait dans l'intérêt de la Côte d'Ivoire. Mais, les visions de cet intérêt se sont avérées divergentes et, tous les sacrifices consentis, sont bien loin d'être reconnus par ceux qui en ont bénéficié. Aujourd'hui par exemple, le FPI du Président Gbagbo ne reçoit pas de financement de l'État.

[201] Les rebelles à la veille de la Table Ronde de Linas-Marcoussis ont créé d'autres branches rebelles pour avoir artificiellement la majorité.
[202] Sur un total de 22 membres ayant voix délibérative, le camp Ouattara totalisait 16 membres ainsi repartis : PDCI (2), RDR(2), UDPCI (2), MFA(2), PIT (2) et les rebelles : MPCI (2), MPIGO (2), MJP (2). Pour le camp Gbagbo, ce n'est que 6 membres ainsi repartis : FPI (2), UDCY (2), Assemblée nationale (1), Présidence de la République (1).

Ouattara en a décidé ainsi seul, violant l'esprit et la lettre des dispositions légales instituées par le Président Gbagbo pour permettre le fonctionnement optimal des partis politiques.

Il nous faut ajouter que les efforts de paix et de réconciliation nationale du Président Gbagbo ont surtout concerné les rebelles des FAFN pour les mettre en confiance et les rassurer sur sa sincérité et son engagement pour la paix dans l'intérêt du pays. Bertin Kadet[203] rappelle que dans la continuité des efforts de renforcement de la paix, le Président Laurent Gbagbo a signé plusieurs décrets d'intégration des combattants des Forces Nouvelles, comme le lui recommandaient les accords politiques de Ouagadougou (APO I et APO II)

2-3- Les Accords politiques de Ouagadougou

Plusieurs points importants ont sanctionné les négociations de Ouagadougou. Nous en retiendrons ici quelques-uns.

- **Les primes de démobilisation aux rebelles**

Afin d'accélérer la démobilisation des ex-combattants des Forces Nouvelles (rebelles), les Parties ont invité le Gouvernement à verser aux ex-combattants démobilisés, une prime ou aide directe de démobilisation d'un montant de cinq cent mille (500.000) francs CFA pour solde de tout compte. Le Président Gbagbo a fait d'immenses efforts dans ce sens, mais les rebelles n'ont jamais été démobilisés.

- **La reconnaissance des grades aux militaires rebelles ayant appartenu aux Forces de Défense et de Sécurité (FDS)**

Les deux officiers généraux des Forces nouvelles (forces rebelles), les colonels Soumaïla Bakayoko et Gueu Michel ont été nommés au

[203]Bertin Kadet, L'engagement du Président Laurent Gbagbo pour la sécurisation du processus électoral et la paix disqualifie les accusations portées contre lui par le Procureur de la Cpi, in *Koudou Kessié Raymond, Hubert Oulaye et Félix Tano (Ss. la dir.de)*, L'introuvable preuve contre le Président Laurent Gbagbo, Paris, L'Harmattan, 2014.

grade de Général de brigade par décret[204] présidentiel et, ce, pour compter de la date d'adoption de deux lois d'amnistie, l'une de 2003[205] et l'autre de 2007[206]. Le Président Gbagbo a aussi conféré le statut de gendarmes à 300 éléments des forces nouvelles. Les officiers, sous-officiers ou militaires du rang à la retraite au moment du déclenchement de la crise ont eu le bénéfice des pensions de retraite. Bertin Kadet *(Ibid.)* précise :

« *A Mankono, où il était en mission en novembre 2009, il harmonise la situation des ex-combattants des Forces Nouvelles, en signant plusieurs décrets portant avancement des officiers des FAFN, des sous-officiers, des militaires de rang et le décret portant statut des 3400 éléments des Forces Nouvelles commis à la sécurisation du processus électoral et mis à la disposition du Centre de Commandement Intégré.* »

- **La reconstitution de carrière et le paiement de rappel de soldes aux anciens FDS rebelles**

Les officiers, sous-officiers et militaires du rang ayant appartenu aux Forces de Défense et de Sécurité encore en activité ont bénéficié, de la reconstitution de leur carrière sur la base du principe d'harmonisation des grades avec leurs promotionnaires des FDS, du paiement du rappel de leurs soldes et ont été réintégrés dans la nouvelle armée nationale pour compter de la date d'adoption de la loi d'amnistie du 12 avril 2007.

Ceux d'entre eux qui le souhaitaient ont fait valoir leur droit à la retraite ou ont été admis dans d'autres corps de l'État à des emplois équivalents aux grades auxquels ils ont été promus, etc. Le Président Gbagbo a également autorisé l'entrée de plusieurs centaines de rebelles à l'École de Gendarmerie[207].

---

[204] Journal Officiel de la RCI (2010), Décret N°213 du 05 août portant promotion aux grades des officiers et militaires, Yamoussoukro.

[205] Journal Officiel de la RCI (2003), Loi N°Bo-2003-309 du 8 août portant amnistie.

[206] Journal Officiel de la RCI (2007), Ordonnance N°2007-457 du 12 avril 2007 portant loi d'amnistie.

[207] Décret N°380 du 16 novembre autorisant 300 éléments des Forces Nouvelles à entrer à l'École de Gendarmerie Nationale dès la rentrée 2010.

Il a par ailleurs accordé le statut de volontaires à la Gendarmerie Nationale à 3400 rebelles des forces nouvelles [208]. Il a enfin promu de nombreux officiers de la rébellion à des grades supérieurs[209].

La contrepartie tant attendue des rebelles était relative au désarmement. Qu'en a-t-il été ?

2-4- Le désarmement la seule contrepartie exigée des rebelles par tous les accords de paix n'a jamais eu lieu

C'est la seule part de compromis qui avait été demandée aux rebelles sans discontinuer et ce, depuis les Accords de Linas-Marcoussis jusqu'à ceux de Ouagadougou. C'était même un préalable à réaliser deux mois avant la date de l'élection présidentielle. Les rebelles ne se sont jamais acquittés de leur part de tous les accords. Malgré cela, le Président Gbagbo a accepté d'aller aux élections au nom de la paix. Et, à ce propos, certains répètent à juste titre, qu'après avoir tout consenti aux rebelles, il n'aurait pas dû accepter d'aller à des élections biaisées. Le Président Gbagbo le leur a concédé. Ce compromis sera malheureusement lourd de conséquences, car c'est fort de leurs armes que les rebelles ont pris en otage les populations du Nord lors de la présidentielle de 2010. Comment en effet, un scrutin pouvait-il être crédible, sincère et transparent dans une région où les électeurs sont tenus en joue par les rebelles ? La crise était inévitable. C'est aussi le point de vue de l'ancien ministre de la Communication et ex-porte-parole de la junte militaire de feu le Général-Président, Robert Guéï, de 1999 à 2000, le Colonel-major Henri-César Sama Damalan[210] :

« *L'on pouvait éviter par exemple la crise de 2010, s'il y avait eu le désarmement. On ne fait pas des élections pour l'extérieur mais pour nous-mêmes. Nous avons cédé à la pression de la communauté internationale. Nous savions très bien que ces élections étaient porteuses de conflit. Tant que le pays était divisé, on ne pouvait pas*

[208] Décret N°381 du 16 novembre accordant à 3400 éléments des Forces Nouvelles, le statut de volontaires à la Gendarmerie Nationale.

[209] Décret N°376 du 16 novembre portant promotion de 30 officiers des Forces Nouvelles à des grades supérieurs.

[210] Quotidien ivoirien *Notre Voie* du 07/05/2014.

aller aux élections. Il y avait un semblant de dialogue. La réalité, c'est que le pays était divisé. »

Malgré tous les compromis et les concessions faites aux rebelles au nom de la paix, aucun signe d'apaisement n'a été enregistré de leur part pour revenir dans la République, pourtant poignardée dans le dos par eux. Et, pour paraphraser feu le Ministre Bohoun Bouabré[211] :

« *Tout se passe comme si le Président Gbagbo s'était attaqué à un État qui s'appelle la rébellion* ».

3- Le Président Gbagbo n'était pas un chef militaire mais le Président élu de l'État de Côte d'Ivoire

M. Gbagbo Laurent en tant que Président de la République de Côte d'Ivoire est, conformément à l'article 47 de la Constitution ivoirienne, le Chef suprême des armées, Président du Conseil supérieur de la Défense et Président du Conseil de sécurité. C'est parce que la Procureure de la Cpi le reconnaît qu'elle affirme dans son DNC amendé :

Point N° 225 du DNC amendé : « *Les victimes des crimes susvisés sont des personnes dont Gbagbo, en sa qualité de Chef de l'État ivoirien, devait assurer la protection.* »

Elle ne peut donc pas passer aussi allégrement du titre de Chef de l'État ivoirien que M. Gbagbo était à une qualité quelconque de chef militaire, en se contentant d'écrire :

Point 226 du DNC amendé : « *D'octobre 2000 au 11 avril 2011, Gbagbo était un chef militaire ou une personne faisant effectivement fonction de chef militaire, à l'égard des FDS, des mercenaires, des jeunes pro-Gbagbo et des miliciens intégrés dans les rangs des FDS. De plus, Gbagbo était le supérieur hiérarchique des jeunes pro-Gbagbo, des miliciens et des mercenaires qui n'étaient pas intégrés*

---

[211] L'ex-ministre Bohoun Bouabré qui s'était rendu en Israël pour des soins intensifs qu'exigeait son état de santé, s'y est éteint faute de moyens financiers, ses comptes et avoirs ayant été gelés par M. Ouattara.

dans les rangs des FDS, et qui lui étaient fidèles. Gbagbo était aussi le supérieur hiérarchique des membres de son entourage immédiat et de son gouvernement et à travers lesquels il exerçait son autorité. »

Le Président Laurent Gbagbo n'est pas un chef militaire, mais le Chef légitime de l'État ivoirien. Les Forces de Défense et de Sécurité de Côte d'Ivoire (FDS) constituaient les forces militaires régulières de Côte d'Ivoire ayant à leur tête un État-major et un Chef d'État-major. Et, être Chef suprême des armées n'a jamais fait du Président Gbagbo, ni un Général d'armées, ni un Chef d'État-major. Par ailleurs, le Président Gbagbo, Chef de l'État ivoirien ne pouvait être le supérieur hiérarchique de quelque entité que ce soit ; même s'il plaît au Procureur de la Cpi de les catégoriser en "miliciens et mercenaires", "jeunes pro-Gbagbo", "membres de son entourage immédiat", ou encore "son gouvernement".

Comment en effet, un Chef d'État, reconnu comme tel par le Procureur, peut-il être caractérisé ainsi ? Oui, c'est un Chef d'État africain. Mais tout de même ! Qui plus est, attaqué par une rébellion soutenue par la France et le Burkina Faso, avant d'être vaincu par des troupes franco-onusiennes coalisées.

4- Le Président Gbagbo a été destitué par la force des armes franco-onusiennes au nom de la destruction d'armes lourdes qui n'ont jamais été présentées

La France a évoqué le mandat et la Résolution 1975[212] du Conseil de sécurité de l'ONU sur la Côte d'Ivoire pour légitimer son intervention militaire contre le Président Laurent Gbagbo. Cette Résolution, même en ces points 6 et 7 ne dit pas ce qu'elle lui a fait dire. Qu'autorise-t-elle ?

«Point 6 : Le Conseil de sécurité, rappelle, tout en soulignant qu'il l'a assurée de son plein appui à cet égard, qu'il a autorisé l'ONUCI, dans le cadre de l'exécution impartiale de son mandat, à utiliser tous les moyens nécessaires pour s'acquitter de la tâche qui lui incombe de protéger les civils menacés d'actes de violence physique imminente, dans la limite de ses capacités et dans ses zones de déploiement, y

---

[212] ONU : *Texte de la Résolution 1975 du Conseil de sécurité sur la situation en Côte d'Ivoire,* 30 mars 2011.

compris pour empêcher l'utilisation d'armes lourdes contre la population civile, et prie le Secrétaire général de le tenir informé de manière urgente des mesures prises et des efforts faits à cet égard;
Point 7 : Le conseil de sécurité, demande à toutes les parties de coopérer pleinement aux opérations de l'ONUCI et des forces françaises qui la soutiennent, notamment en garantissant leur sécurité et leur liberté de circulation avec accès immédiat et sans entrave sur tout le territoire de la Côte d'Ivoire afin de leur permettre d'accomplir pleinement leur mission ».

Il est certes explicitement mentionné dans la Résolution que l'ONUCI est autorisée à utiliser tous les moyens nécessaires. Mais à quelles fins ? La réponse est tout aussi sans ambigüité : pour s'acquitter de la tâche qui lui incombe de protéger les civils menacés d'actes de violence physique imminente. Le pan de phrase *"utiliser tous les moyens nécessaires"* ne peut être évoqué sans la mention *"pour protéger les civils menacés d'actes de violence physique imminente"*. Nulle part, ladite Résolution n'autorisait les forces françaises à tirer à l'arme lourde sur la résidence du chef de l'État ivoirien qui ne menaçait pas les civils *"d'actes de violence physique imminente"* et qui ne s'apprêtait pas à *"utiliser des armes lourdes contre la population civile"*. Qui plus est, il est dit que les forces françaises *"soutiennent l'ONUCI"*. D'où vient-il donc qu'elles étaient aux avant-postes pour conduire toutes les opérations contre le Président Gbagbo, Chef de l'État ivoirien ? Alain Le Roy, Secrétaire général adjoint de l'ONU, chargé des opérations de maintien de la paix, revient sur les modalités de l'appui des militaires français de "Licorne" aux forces des Nations-Unies en Côte d'Ivoire :

« La Résolution 1962 du 21 décembre 2010 donne clairement mandat aux forces françaises en Côte d'Ivoire d'intervenir à la demande de l'ONUCI. Le 30 mars dernier, la Résolution 1975, votée à l'unanimité des membres du Conseil de sécurité autorisait «toutes les mesures nécessaires» pour mettre hors d'état de nuire les «armes lourdes» menaçant les civils en Côte d'Ivoire. Or, depuis plusieurs jours, l'usage des armes lourdes par les partisans de Laurent Gbagbo s'était fortement intensifié contre la population civile ainsi que contre les Casques bleus. Dimanche, Ban Ki-moon a donc demandé à l'ONUCI de prendre toutes les mesures nécessaires pour neutraliser ces armes lourdes. Compte tenu de leur nombre, il a demandé le renfort de la

force «Licorne», conformément à la Résolution 1962. Le Secrétaire Général de l'ONU a eu Nicolas Sarkozy au téléphone pour lui demander ce renfort. Le Président français a donné son feu vert et l'accord a été confirmé par échange de lettres. La mise au point du plan d'intervention n'aura pris au total que quelques heures. L'ONUCI ne disposant que de trois hélicoptères d'attaque, le soutien des troupes françaises était nécessaire pour mener des frappes simultanées contre les armes lourdes, chars, véhicules blindés, mitrailleuses et RPG en tout genre. Faute de pouvoir frapper simultanément, nous nous serions inévitablement exposés à des tirs en retour. »[213]

En quoi les bombardements de la résidence d'État du Président de la République par les forces militaires françaises répondaient-ils à la neutralisation d'armes lourdes ? Celles-ci étaient-elles enfermées dans la résidence ? En tout cas, sous le prétexte d'armes lourdes à détruire, la résidence présidentielle a été détruite et ses occupants, dont entre autres, le Chef de l'État, le Président Gbagbo et son épouse Simone, n'ont eu la vie sauve que par miracle. En réalité, l'interprétation faite de la Résolution 1975 ne doit plus surprendre. La Côte d'Ivoire est un enjeu pour la France et sous aucun prétexte, elle ne doit avoir à sa tête un Chef d'État se réclamant de la souveraineté nationale comme M. Laurent Gbagbo.

Ici, il convient enfin de répondre à la question de savoir si nos États doivent ou non se défendre face aux rebellions puissamment armées et souvent montées de toutes pièces? Le Président de la Guinée Équatoriale, M. Téodoro Obiang Nguema Basogo[214], Président de l'UA à l'époque de la crise postélectorale ivoirienne aborde cet aspect de la question dans l'interview donnée à *Africawatch* :

---

[213]http://www.lefigaro.fr/international/2011/04/05/01003-20110405ARTFIG00753-le-soutien-des-troupes-francaises-etait-necessaire.php.

[214]Africa Watch, Interview du Président Téodoro Obiang Nguema Basogo, Postée par *Gbagbo.ci*, sous le titre *L'ingérence de la France et de l'Onu en Côte d'ivoire a crée un mauvais précédent*, le dimanche 3 février 2013. L'intégralité de cette interview est disponible à l'Annexe 2.

« Dans tous les pays, si un gouvernement est attaqué par des rebelles armés, le gouvernement a le droit de se défendre par le déploiement de son armée. C'est inscrit dans le droit international [...]»

Qui est responsable ? Les rebelles et leurs parrains ? Les chefs d'État qui défendent leur État attaqué par la rébellion? Pour nous, la responsabilité de la crise postélectorale ivoirienne et de ses nombreux morts doit-être imputée à ceux qui ont piétiné les décisions du Conseil Constitutionnel ivoirien et qui ont préféré la guerre au recomptage des voix. M. Nicolas Sarkozy, Président français à l'époque de cette crise est de ceux-là ; lui qui ne cache pas sa satisfaction d'être intervenu militairement pour faire pencher la balance en faveur de son ami Ouattara, malgré les nombreuses pertes en vies humaines. Les confidences faites à deux chroniqueurs, Nathalie Schuck et Frédéric Gerschel[215], sont sans ambigüité sur sa responsabilité personnelle et celle de la France :

« Il y a eu une improvisation sur le Mali et la Centrafrique. Je ne dis pas qu'il ne fallait pas intervenir, mais je n'ai toujours pas compris ce qu'on allait y faire. Le Mali, c'est du désert, des montagnes et des grottes. Quand je vois le soin que j'ai mis à intervenir en Côte d'Ivoire [...]. On a sorti Laurent Gbagbo, on a installé Alassane Ouattara, sans aucune polémique, sans rien. »

La Côte d'Ivoire, nous dit explicitement M. Sarkozy, ce n'est pas du désert, des montagnes et des grottes. Ce sont de grandes richesses avec de grands dividendes pour la partie française. Le prix ou le coût de cette ingérence politique et militaire françaises, nous n'en connaissons tous aujourd'hui que la partie visible. C'est pourquoi, le Président Gbagbo déclarait[216] fort à propos :

« L'Occident a un problème avec les autres mondes. Quand on écoute les gens parler de nos problèmes, il y a parfois tellement d'arrogance. Je ne comprends pas que des gens puissent croire qu'ils aiment nos pays plus que nous, qu'ils connaissent nos pays plus que nous. Et ça,

---

[215]Nathalie Schuck et Frédéric Gersc, *Ça reste entre nous, hein ? Deux ans de confidences de Nicolas Sarkozy,* Paris, Éditions Flammarion, 2014.

[216]Interview parue dans le journal français *Le Figaro* du jeudi 09 mars 2006.

c'est à la base de beaucoup de difficultés dans nos rapports. Dans mon cas spécifique, je vise Paris. On est plus pauvre, c'est vrai. On est certainement moins puissant. Mais cela ne peut pas conduire certains à penser qu'ils connaissent nos pays mieux que nous-mêmes. »

Ce dont il s'agit, c'est de la souveraineté et du droit des peuples à disposer d'eux-mêmes et de leurs richesses. Et le Président Gbagbo le défend avec force :

« S'il ya une chose que je ne supporte pas, c'est la soumission. Surtout quand elle engage la vie de tout un peuple. Mes convictions ne sont pas négociables. Tant pis si j'en paie le prix. Je n'accepterai jamais que mon pays soit soumis pour l'intérêt d'un autre peuple ou d'une autre nation fut-elle la France ».

Par sa détention à La Haye, après avoir été bombardé, débarqué, kidnappé puis embastillé à Korhogo, il paie au prix fort son engagement pour plus de souveraineté de son pays et pour l'Afrique.

Conclusion

La Procureure de la Cpi avait été renvoyée à ses enquêtes pour insuffisance de preuves. Elle en est revenue les mains bien chargées, mais de qualifications nouvelles. Des preuves ? Nous n'en avons pas vu à travers les qualifications nouvelles pour charger le Président Gbagbo. Les juges de la Chambre Préliminaire 1, lors de l'audience de confirmation des charges de juin 2014 auraient pu en tirer toutes les conséquences d'autant que des preuves nouvelles n'ont pu être mises à leur disposition par le Procureur. L'on ne peut inventer ce qui n'existe pas. L'une des trois juges qui en a courageusement tiré les conséquences a préféré ne pas s'associer à ses deux autres collègues afin de ne pas être partie au maintien injuste du Président Gbagbo en prison.

Ici se déroule, sous nos yeux, à la Cpi, une injustice flagrante contre un Président africain, légitime et légal et à qui la France et les rebelles soutenus par elle ont fait la guerre à cause de son option pour la souveraineté et l'indépendance de son pays. Les rebelles en premier et la France ensuite, par l'intervention directe de ses troupes Licorne aux côtés des rebelles, ont été à la base de nombreuses pertes en vies humaines. Ils ne font l'objet d'aucune notification de charges pendant que la victime de la rébellion, la victime des différentes tentatives de coup d'État ayant abouti aujourd'hui à sa chute, son enlèvement et sa déportation à La Haye, ne sont même pas cités à comparaître, ne serait-ce même que comme témoins.

Où sont en effet tous ces rebelles criminels et buveurs de sang de leurs victimes? Où est Ouattara, le principal auteur de la tragédie ivoirienne et que les rebelles ont cité nommément comme leur parrain ? Où est la France, qui les a portés à bout de bras, prenant les armes à leurs côtés pour chasser du pouvoir un Président élu par son peuple ?

Dans le procès qui reste à envisager, la responsabilité de la France qui a été jusqu'à présent occultée devra ressortir pour que la véritable justice soit rendue. En intervenant traîtreusement contre les Institutions d'un autre État sans lui avoir déclaré la guerre, la France porte à titre principal, la responsabilité de la tragédie postélectorale ivoirienne. Il en est du reste de même pour l'ONUCI. Mais la Cpi étant une institution des Nations-Unies, est-il probable que l'ONU s'auto-accuse, en appelant à la barre de la Cpi une de ses missions ? Ce n'est pas du tout sûr, et pourtant il faut revenir impérativement au Droit en évitant le parti pris.

Il faut rassurer le monde sur l'existence d'une justice internationale non soumise au dictat des grandes puissances. Que signifie pour nous, de revenir au Droit ?

C'est de déclarer un non lieu dans *L'affaire Le Procureur c. Laurent Gbagbo.*

C'est de libérer le Président légitime et légal de Côte d'Ivoire, le Président Laurent Gbagbo.

C'est de libérer du même coup la Côte d'Ivoire qui a besoin de son Président pour reprendre sa marche vers plus de démocratie et de développement avec tous ses Fils et Filles, enfin Rassemblés, Unis et Réconciliés.

C'est d'engager enfin le vrai procès, celui des rebelles et de leur parrain, M. Ouattara; celui d'une France qui n'a pas encore compris que la souveraineté des peuples, leur droit à disposer d'eux-mêmes ainsi que de leurs richesses nationales n'est pas valable que pour elle et son peuple.

Nous attendons donc le vrai procès qui est pour le moment loin d'être programmé, s'il venait un jour à être programmé.

Références bibliographiques

I- Ouvrages

1- Congrès National de la Résistance pour la Démocratie (CNRD), *Si le tribunal du peuple siégeait*, cnrd _ eburny@yahoo.fr, Abidjan, 2013.

2- Congrès National de la Résistance pour la Démocratie (CNRD), *Le CNRD revisite la crise ivoirienne*, cnrd _ eburny@yahoo.fr, Abidjan, 2014.

3- Congrès National de la Résistance pour la Démocratie (CNRD), *Pourquoi les Ivoiriens réclament-ils la libération de Laurent Gbagbo ?* CNRD, Abidjan.

4- Cours Nouveau, Revue Africaine Trimestrielle de Stratégie *et de Prospective*, N° spécial n°9-10-Janvier-Juin 2013 ; *L'impunité Jusqu'où l'Afrique est-elle prête ?* Paris, L'Harmattan, 2012.

5- Alain Dogou, *Ma vérité sur le complot contre Laurent Gbagbo*, Contre-rapport des résultats de la Commission internationale de l'ONU sur la crise postélectorale, Paris, L'Harmattan, 2012.

23- Gaha Bi Loùkou, Tata Kôkôtré et d'Océanie Siloué (*Ss la dir. de*) : Côte d'Ivoire ; *Le « rattrapage ethnique » sous Alassane Ouattara*, Paris, L'Harmattan, 2012.

6- Émile Guiriéoulou et Alain Dogou : Le Président Laurent Gbagbo n'est pas le responsable des violences et des crimes de la crise postélectorale de 2010-2011, in *Le Président Laurent Gbagbo à la Cpi : Justice ou imposture ? Sous la coordination* des Pr. Raymond Koudou Kessié et Pr. Hubert Oulaye, Paris, L'Harmattan, 2013.

7- Bertin Kadet, L'engagement du Président Laurent Gbagbo pour la sécurisation du processus électoral et la paix disqualifie les accusations portées contre lui par le Procureur de la Cpi, in *L'introuvable preuve contre le Président Laurent Gbagbo,* sous la direction de *Pr. Raymond Koudou Kessié, Pr. Hubert Oulaye et Pr. Félix Tano*, Paris, L'Harmattan, 2014.

8- Bertin Kadet, *La politique de défense et de sécurité de la Côte d'Ivoire,* Paris, L'Harmattan, 2011.

9- Konan Bédié Henri, Les chemins de ma vie, Paris, 1999.

10- Koudou Kessié Raymond (*Ss. la dir.de*), *Laurent Gbagbo, au centre d'un complot*, Paris, L'Harmattan, 2013.

11- Koudou Kessié Raymond, Hubert Oulaye, *Le Président Laurent Gbagbo à la Cpi : Justice ou imposture ? Sous la coordination* des Pr. Raymond Koudou Kessié et Pr. Hubert Oulaye, Paris, L'Harmattan, 2013.

12- Koudou Kessié Raymond, Hubert Oulaye et Félix Tano (*Ss. la dir.de*), *L'introuvable preuve contre le Président Laurent Gbagbo*, Paris, L'Harmattan, 2014.

13- Gildas Lelidec, *De Phnom Penh à Abidjan, Fragments de vie d'un diplomate*, Paris, L'Harmattan, 2014.

14- Mattei François, *Laurent Gbagbo selon François Mattei, Pour la vérité et la justice, Côte d'Ivoire : Révélations sur un scandale français*, Editions du moment, Paris, 2014.

15- Nathalie Schuck et Frédéric Gersc, *Ça reste entre nous, hein ? Deux ans de confidences de Nicolas Sarkozy,* Paris, Flammarion, 2014.

16- Notin Jean-Christophe, *Le crocodile et le scorpion, La France et la Côte d'Ivoire (1999-2013)*, Paris, Éditions du Rocher, 2013.

17- Onana Charles, *France-Côte d'Ivoire La Rupture*, Paris, Éditions Duboiris, 2013.

18- Onana Charles, *Côte d'Ivoire, Le coup d'État*, Paris, Éditions Duboiris, 2011.

19- Hubert Oulaye, L'introuvable crime contre l'humanité du Président Laurent Gbagbo, in *Le Président Laurent Gbagbo à la Cpi : Justice ou imposture ? (Ss la coord.)* des Pr. Raymond Koudou Kessié et Pr. Hubert Oulaye, Paris, L'Harmattan, 2013.

20- Protche Grégory, *On a gagné les élections mais on a perdu la guerre, 5 raisons de ne pas marcher à la victoire de Ouattara*, Paris, Le Gri-Gri, 2012.

21- Sehoué Germain, *Le commandant invisible raconte la bataille d'Abidjan*, L'Harmattan, 2012.

22- Soro Guillaume, *Pourquoi je suis devenu un rebelle ?* Paris, Éditions Hachette, 2005.

23- Félix Tano, *La gouvernance judiciaire mondiale à l'épreuve de la crise ivoirienne : La Cour pénale internationale et l'affaire le Procureur c. Laurent Gbagbo*», in Impunité Jusqu'où l'Afrique est-elle prête ?, Actes du Workshop organisé les 3 et 4 décembre 2012 à Addis-Abeba (Ethiopie), Cours nouveau, *Revue Africaine Trimestrielle de Stratégie et de Prospective, numéro spécial* n°9-10 - Janvier- Juin 2013, Paris, L'Harmattan.
24- Varenne Leslie, *Abobo La Guerre Côte d'Ivoire : terrain de jeu de la France et de l'ONU, Documents, Paris, Mille et Une Nuits, 2012.*

II- Recueil de textes

25- Accord de Linas-Marcoussis sur la crise ivoirienne (S/2003/99) du 24 janvier 2003.
26- Accord de Paix de Ouagadougou sur la crise ivoirienne, Ougadougou, 27 mars 2007.
27- Accord Complémentaire IV de l'Accord de Paix de Ouagadougou, 22 décembre 2008.
28- Accord de Pretoria sur le processus de paix en Côte d'Ivoire, Pretoria, 6 avril 2005.
29- Constitution de la République française, *Constitution du 4 octobre 1958 (Version mise à jour en janvier 2015).*
30- Constitution de la République de Côte d'Ivoire (2000), Loi n°2000-513 du 1er août, *Journal officiel*, Abidjan.
31- Conseil Constitutionnel, *Décision portant proclamation des résultats définitifs de l'élection présidentielle du 28 novembre 2010*, N°CI-2010-EP-34/03-12/CC/SG du 3 décembre 2010.
32- Conseil Constitutionnel, *Décision du Président du Conseil Constitutionnel portant désignation d'un président de la République*, N°CI-2011-036 du 4 mai 2011.
33- Conseil de Sécurité des Nations-Unies, *Résolution 1975 sur la Côte d'Ivoire*, 30 mars 2010.
34- Cour Pénale Internationale, *Opinion dissidente de la juge Christine Van den Wyngaert*, ICC-02/11-01/11-656-Anx-tFRA 18-07-2014 1/11 EC PT.
35- Cour Pénale Internationale, *Document amendé de Notification des Charges dans L'affaire Le Procureur c. Laurent Gbagbo,* ICC-02/11-01/11-357 17-01-2013 1/3 NM P, 17 janvier 2013.

36- Cour Pénale Internationale, *Décision relative à la Confirmation des Charges dans L'affaire Le Procureur c. Laurent Gbagbo,* ICC-02/11-01/11-656-Red-tFRA 21-07-2014 1/142 EC PT : 17 janvier 2013.

III- Périodiques

37- *Afrique Agriculture* N°112 de décembre 1984.
38- *Africawatch, L'ingérence de la France et de l'Onu en Côte d'ivoire a créé un mauvais précédent*, Posté par Gbagbo.ci, le dimanche 3 février 2013.
39- *Fraternité Matin* du 27 décembre 1982.
40- Le Grigri international du samedi 21 mai 2011, *Le parjure de Yao Paul Ndré, Président du Conseil Constitutionnel de Côte d'Ivoire,* de E. Agbaovi.
41- Infodabidjan.net du 5 mai 2012, *Le parjure de Yao Paul Ndré, Président du Conseil Constitutionnel de Côte d'Ivoire,* de E. Agbaovi.
42- *Le Temps* du vendredi 19 octobre 2007.
43- *Notre Voie* du 07/05/2014.

IV- Liens internet

44- http://www.graphic.com.gh/news/politics/19214-*rawlings-condemns-double-standards-of-developed-countries*.html#sthash.0zmOQ0iZ.dpuf.
45- http://www.youtube.com/watch?v=iE7ZCNWZdmM http://www.Youtube.com/watch?v=mMRCktguCgA.
46- http://www.lefigaro.fr/international/2011/04/05/01003-20110405ARTFIG00753-le-soutien-des-troupes-francaises-etait-necessaire.php.
47- http://www.rene.kimbassa.over-blog.com/article-interview-du-president-de-guinee-equatoriale-obiang-nguema-basogo-l-ingerence-de-la-france-et-de-l-o-115817646.html.

LES GROUPES ARMÉS PRO-OUATTARA ET LEURS CRIMES QUE TENTE DE CACHER MADAME FATOU BENSOUDA, LA PROCUREURE DE LA CPI

Par

Émile GUIRIÉOULOU[217]

Introduction

Dans l'affaire le Procureur c. Laurent Gbagbo, la Chambre préliminaire 1 de la Cour pénale internationale (Cpi) a rendu le 03 juin 2013 une décision ajournant sa décision de confirmation des charges au motif d'une insuffisance de preuves. En conséquence, la Chambre a demandé au Procureur un complément d'enquête en lui enjoignant de mieux étayer son dossier d'accusation en lui indiquant particulièrement, au paragraphe 44, six points sur lesquels des enquêtes complémentaires devaient être effectuées.

En réponse à cette exigence, la Procureure Fatou Bensouda a produit le 13 janvier 2014 un nouveau document amendé de notification des charges sensé répondre à toutes les préoccupations exprimées par la Chambre préliminaire 1 dans sa décision du 3 juin 2013, notamment en ce qui concerne les six points indiqués au paragraphe 44 de ladite décision.

A la lecture de ce nouveau dossier d'accusation, nous constatons que la Procureure évite soigneusement de répondre au point 1 qui lui demande pourtant d'indiquer *« les positions, mouvements et activités de tous les groupes armés opposés aux forces pro-Gbagbo (par exemple, le Commando invisible et les Forces nouvelles), notamment à Abidjan et alentour, entre novembre 2010 et mai 2011, y compris les informations spécifiques sur les confrontations entre ces groupes armés et les forces pro-Gbagbo entre 2010 et mai 2011 ».*

Cet « oubli » de Fatou Bensouda révèle en réalité son malaise dans la conduite de son dossier. En effet, comment concilier la thèse d'une

[217] Ancien Ministre de l'Intérieur.

« attaque contre des populations civiles non armées » avec la présence sur le terrain de groupes armés identifiés et organisés, ayant une chaîne de commandement bien hiérarchisée et connue de tous ? Devant un tel dilemme dont la résolution annihilait son argumentaire, la Procureure, faute de preuves étayées par des faits tangibles, choisit la fuite en avant : faire l'impasse sur la demande des juges.

Même si ceux-ci, par la confirmation des charges prononcée le 12 juin 2014, ont semblé avoir perdu la mémoire en ne se souvenant plus des questionnements contenus dans leur précédente décision du 3 juin 2013, la question demeure : y avait-il des groupes et mouvements armés en face des forces dites « pro-Gbagbo » ? Si oui, quels sont ces groupes et qu'ont-ils fait pendant la crise dite « postélectorale » ?

En effet, contrairement aux affirmations de la Procureure de la Cpi, les Forces de Défense et de Sécurité (FDS) ivoiriennes ont eu à faire face à des attaques armées de la part des mouvements rebelles qui, depuis 2002, occupent le nord de la Côte d'Ivoire.

Ces groupes armés sont:

1. Les Forces Armées des Forces Nouvelles (FAFN) composées des trois mouvements rebelles : MPCI, MJP et MPIGO qui ont revendiqué la tentative avortée de coup d'Etat contre la Côte d'Ivoire en septembre 2002 ;
2. Le commando invisible, une aile dissidente des rebelles, dirigé par Ibrahim Coulibaly dit IB
3. La confrérie Dozo, une caste de chasseurs traditionnels originaires du nord de la Côte d'Ivoire, du Burkina Faso, du Mali et de la Guinée ;
4. Les supplétifs burkinabés de la forêt classée du Mont Péko dans la région de Duékoué, à l'ouest du pays ;
5. Les mercenaires.

1. LES FORCES ARMÉES DES FORCES NOUVELLES (FAFN)

a) Les FAFN et leurs positions avant la crise postélectorale

Dans la nuit du 18 au 19 septembre 2002, des hommes armés attaquent plusieurs cibles militaires dans la ville d'Abidjan dans l'intention de s'emparer du pouvoir en évinçant le Président Laurent Gbagbo, démocratiquement élu le 22 octobre 2000 et qui se trouvait alors en visite officielle en Italie et au Vatican où il devait être reçu par le Pape Jean Paul II.

Cette tentative de coup d'Etat échoue, les assaillants ayant été mis en déroute par les Forces de Défense et Sécurité ivoiriennes. Ce jour-là on enregistrera dans la seule ville d'Abidjan plus de trois cents (300) morts dont l'ancien chef de l'Etat, le général Robert Guéï, le ministre d'Etat, ministre de l'Intérieur Emile Boga Doudou, le colonel Yodé et l'artiste musicien Marcellin Yacé. Dans leur repli vers le Burkina Faso d'où ils sont venus, ces assaillants réussissent à s'emparer de Bouaké et de Korhogo, après avoir assassiné le 19 septembre 2002 des officiers militaires de ces deux villes : le colonel Dagrou Loula, commandant du BASS (Bataillon d'Artillerie Sol Sol) et le colonel Ouattara Oyénan à Bouaké ; le colonel Dally Oblé, commandant de la Compagnie Territoriale de Korhogo (CTK).

Le coup d'Etat manqué venait ainsi de se transformer en une rébellion armée revendiquée quelques temps plus tard par Soro Guillaume, en tant que chef du MPCI (Mouvement Patriotique de Côte d'Ivoire).

Après la signature le 17 octobre 2002 d'un accord de cessez-le-feu sous l'égide de la CEDEAO, des négociations sont engagées à Lomé au Togo entre la rébellion et le gouvernement sous la présidence du Président togolais d'alors, le général Gnassingbé Eyadéma.

C'est pendant que ces négociations se déroulaient à Lomé que le MPCI, pour contourner l'accord de cessez le feu, se démultiplie en créant deux nouveaux mouvements rebelles dont le champ d'opération est l'ouest de la Côte d'Ivoire.

Il s'agit du MPIGO (Mouvement Populaire Ivoirien du Grand Ouest) dirigé par N'Guessan Saint Clair qui se fait appeler Doh Félix pour faire local et du MJP (Mouvement pour la Justice et la Paix) dont le responsable est Deli Gaspard.

Après l'accord de Marcoussis (24 janvier 2003) les trois mouvements rebelles se sont réunifiés sous l'appellation de « Forces Nouvelles » et leur aile armée devient « Forces Armées des Forces Nouvelles (FAFN) ».

Ainsi donc, de 2002 à avril 2011, sur le territoire ivoirien, coexistent deux armées : les FANCI (Forces Armées Nationales de Côte d'Ivoire) et les FAFN (Forces Armées des Forces Nouvelles), comme si « Forces Nouvelles » était un Etat pour disposer de ses propres forces armées. Les FAFN fonctionnaient sous la responsabilité politique de Soro Guillaume, Secrétaire Général des Forces Nouvelles, en tant que « chef suprême des armées ».

Il résulte de ces faits que le Président Gbagbo ne faisait pas face à une population civile non armée ; bien au contraire, l'Etat de Côte d'Ivoire dont il était le garant de l'intégrité faisait face à une véritable armée de bandes de mercenaires dont la plupart ont été entraînées et équipées depuis le Burkina Faso.

Le territoire sous contrôle des Forces Nouvelles était divisé en zones militaires et administratives sous le commandement des Commandants de zones, les Com-Zones. Les Com-Zones sont chacun à la tête d'unités militaires qui leur sont entièrement dévouées avec des dénominations spécifiques : Guépards, Anaconda, etc. Il est à noter que la plupart des Com-zones figuraient dans la garde rapprochée d'Alassane Ouattara du temps où ce dernier était premier ministre d'Houphouët-Boigny entre 1990 et 1993.

De 2002 à 2007, dans les zones CNO (Centre-Nord-Ouest) qu'elles contrôlaient, les Forces Nouvelles ont à leur passif de nombreuses violations des droits de l'homme, avec un accent particulier sur les populations Wê de l'ouest de la Côte d'Ivoire : meurtres, assassinats, viols, mutilations, sévices corporelles, destructions et vols de biens. Le journal ivoirien « L'Inter », dans sa parution du 19 septembre 2008, nous donne un aperçu des crimes commis par la rébellion pro-

Ouattara en 2002-2003 dans un article intitulé « Les vérités que cache Soro » Cet article faisait suite à une interview de Soro Guillaume à Jeune-Afrique dans laquelle il a affirmé que *« La rébellion ivoirienne n'a jamais coupé de bras, ni violé, ni creusé des charniers ».*

Voici quelques extraits de cet article :

« La rébellion a occupé le département de Toulépleu et la sous-préfecture de Bloléquin (aujourd'hui érigé en chef-lieu de département), entre octobre 2002 et mars 2003. Elle y a commis de violents crimes de sang inimaginables, des viols et des tortures les plus cruels. Des vieillards ont été décapités, des personnes enfermées et brûlées vives dans des maisons, des femmes enceintes éventrées à l'arme blanche, des bras, des jambes et des sexes de petits garçons tranchés à la machette, des yeux crevés à l'aide de produits chimiques...
** Lydie Boukéhi dont les parents avaient été massacrés sous ses yeux, pour sauver son seul fils, avait offert, à la demande des rebelles, son bras à couper. D'un coup sec, son bras a été sectionné à la machette par les rebelles de Soro Guillaume.*

Bahibo Mélangninon, dont l'oncle (Martin Bouheï) a eu la tête tranchée, lui, aussi, à la machette, avait donné un membre de son corps à couper, à la demande des rebelles, pour rester en vie. Aujourd'hui, elle est unijambiste... Les rebelles ont porté leur choix sur sa jambe droite, qui a été coupée d'un coup de roquette.

A Péhé, toujours dans le même de département, plusieurs femmes enceintes dont Mme Zonhi, ont été éventrées, tout simplement, parce que les rebelles « voulaient connaître le sexe des enfants qu'elles portaient ». Elles et leurs bébés n'ont pas survécus à « ces césariennes »... Pour sa part, Kadjiké Eloi, surpris dans sa plantation, a été amputé de sa jambe à l'aide de sa propre tronçonneuse.

A Guiéllé, trône un « monument aux morts » ... Ici, ce sont 57 personnes qui ont été massacrées. Tout comme à Saïbly ... situé à 7 km de Toulépleu. Là, plus de 83 personnes, en majorité des femmes et des enfants, reposent dans une fosse commune.

A Toulépleu, presque tous les villages ont chacun leur fosse commune ou charnier. Bloléquin a aussi ses charniers et ses fosses communes... ».

En ce qui concerne les exactions et crimes commis dans d'autres régions du pays, nous renvoyons le lecteur au rapport d'Amnesty International qui porte sur le massacre des gendarmes en octobre 2002 à Bouaké.

Voilà donc ce qu'étaient les FAFN qui deviendront en mars 2011 « Forces Républicaines de Côte d'Ivoire (FRCI) ».

b) La transformation des FAFN en FRCI

C'est Soro Guillaume qui, le premier, annonce ce changement de dénomination lorsque, le 10 mars 2011, il déclare depuis Man *« Désormais il n'existe plus de Forces Nouvelles. Après concertation avec le Président de la République, nous avons décidé de mettre sur pied les Forces Républicaines de Côte d'Ivoire ».* Ce qui autorise le capitaine Alla Kouakou Léon, porte-parole de Soro Guillaume, à écrire dans son communiqué N° 014 du 10/03/11/CAB-PM-MD/PP : *« Ce jour, 10 mars 2011, le Premier Ministre, Ministre de la Défense, Monsieur Guillaume Kigbafori Soro s'est rendu en personne successivement à Man, Danané, Zouan-Hounien, Bin-Houyé et Toulepleu pour encourager les Forces Républicaines de Côte d'Ivoire ».*

Le 17 mars 2011 monsieur Alassane Dramane Ouattara prendra une « ordonnance » pour « officialiser » la création de ces « Forces Républicaines de Côte d'Ivoire ». L'appellation « Forces républicaines » n'est pas fortuites. C'est bien indiquer leur mise sous tutelle de son parti, le RDR (Rassemblement Des Républicains) dont ces forces constituent en réalité une milice. Ainsi, à côté des autres structures du RDR comme les « Jeunes Républicains », les « Femmes Républicaines », les « Enseignants Républicains », etc., prennent désormais place les « Forces Républicaines ».

Dans une interview accordée en 2011 au journaliste anglais Sir David Frost dans son émission « Frost Over the World » diffusée sur la version en anglais de la chaîne de télévision Al Jazeera", Alassane Ouattara confirmera lui-même que les FRCI ne sont rien d'autre qu'une milice tribale qui lui est totalement dévouée. En effet, réagissant à l'intervention du journaliste qui soutenait que ce sont les Français qui ont capturé Laurent Gbagbo et le lui ont remis, Alassane Ouattara déclarera : *« Non, non, non, ce n'est pas ce qui est arrivé.* ***C'est l'armée composée des jeunes gens venus du Nord et qui sont descendus sur Abidjan »***. Poursuivant sa réponse, il dira plus loin : *« Les Nations Unies ont pris une résolution pour détruire les armes de Laurent Gbagbo.* ***Ce qui a permis à MON ARMÉE, L'ARMÉE NORDISTE de prendre le dessus et de le chasser »***.

La mission assignée à ces « Forces Républicaines » par monsieur Ouattara est de « libérer » la Côte d'Ivoire. Leurs chefs lui font alors allégeance au cours d'une cérémonie à l'Hôtel du Golf. Leur porte-parole du jour, le colonel Kouassi Patrice, s'adressant à Alassane Ouattara, dira : *« Ordonnez, nous obéirons, commandez, nous exécuterons ».* Ce à quoi, celui-ci répondra *« je vous ordonne de vous mettre en marche ».*

Sur la base de cet ordre d'Alassane Ouattara, les FRCI vont déclencher une offensive généralisée à compter du lundi 28 mars 2011 contre les positions des FDS sur plusieurs fronts à l'ouest, au centre-ouest, au centre et à l'est du pays.

c) Les positions des Forces Armées des Forces Nouvelles et leurs confrontations avec les FDS durant la crise postélectorale

c-1. Front ouest

A l'ouest, deux offensives ont été lancées par les FAFN/FRCI contre les FDS.

La première offensive est partie de Danané le 23 février 2011, bien avant le démarrage de l'offensive générale. Cette offensive a été déclenchée sous le prétexte de poursuite de jeunes libériens en armes, qui auraient attaqué une de leur base dans la localité Téapleu. Les FAFN/FRCI ont commis sur leur passage des crimes indescriptibles qui expliquent qu'aujourd'hui encore 60.000 ressortissants de cette région se retrouvent en exil au Libéria :

- Dans le département de Toulépleu, précisément dans les villages de Bakoubly, Denan, Tahibly, Méo, Péhé, Diai et dans la ville de Toulepleu, ce sont 116 personnes qui ont été exécutées entre le 6 et le 26 mars 2011.
- Dans le département de Bloléquin, on a enregistré entre le 14 et le 31 mars 2011:
  - 52 personnes exécutées à Doké. Le chef du village Oulai Emile dit Gadoa a été brûlé vif.
  - 77 personnes tuées dans le village de Béoué où on compte à ce jour encore 17 disparus.
  - A Tinhou, Dédjéan, Tuambly, Zouyahi, Petit Guiglo : 30 morts.
  - A Diboké : 43 tués ; les écoles primaires, le dispensaire et la maternité incendiés.

La deuxième offensive des FAFN/FRCI a été lancée à partir de Man le 16 décembre 2010 à la date de la supposée marche de la RTI. Ce jour-là les FAFN sont allés occuper la ville de Bangolo sise dans la zone de confiance. Le 28 mars 2011 au petit matin, les FAFN soutenues militairement par les soldats de l'ONUCI, s'attaque au sousgroupement tactique ouest des FDS à Duékoué avec les renforts constitués par les combattants Dozos et les supplétifs burkinabés d'Amadé Ouérémi venus de la forêt classée du Mont Péko. Les populations de Duékoué majoritairement de l'ethnie guéré, favorables au président Laurent Gbagbo, sont alors massacrées par les soldats des FAFN/FRCI et leurs supplétifs. Les organisations humanitaires ont estimé à plus de 1000, les populations Wê exterminées dans la ville de Duékoué après le départ des FDS le 28 mars 2011. Un véritable génocide planifié dont l'objectif est de les voir disparaitre de leurs riches terres pour faire place à de nouveaux occupants. Le faisant, le régime Ouattara entend aussi se débarrasser d'un peuple qu'il estime lui être hostile.

En effet les propos tenus par les hommes armés de-Ouattara, quand ils ont envahi le pays Wê en mars-avril 2011 pendant l'offensive des FRCI vers Abidjan sont sans détour sur leurs véritables intentions.

Face aux populations Wê, les pro-Ouattara ne s'embarrassaient pas de faire connaitre à leurs victimes le sort qu'ils leurs réservaient désormais dans la nouvelle Côte d'Ivoire qu'ils entendaient construire. Le journal français le Nouvel Observateur, dans sa parution du 12 mai 2011 sous la plume du journaliste Jean Paul Mari à la suite d'un reportage sur le terrain à Duékoué, décrit parfaitement cette politique délibérée d'extermination systématique des Wê mais évite, peut-être par pudeur, d'employer le terme génocide et parle plutôt **«d'une épuration ethnique»**. Ces propos rapportés par le journaliste français sont sans équivoque.

En voici quelques morceaux choisis: « Vous avez voté Gbagbo ! Traîtres ! » «On va en finir avec ces agoutis». «On va vous tuer tous, jusqu'au dernier».

« Vous nous avez pris pour des domestiques. Nous sommes revenus en maîtres. Nous prendrons vos femmes, vos terres, vos champs. Et vous mangerez de la boue ! Vous deviendrez nos domestiques! »

c-2. Front centre-ouest

Au niveau du centre-ouest, les FRCI ont lancé leur offensive sur Daloa à partir de Vavoua le mardi 29 mars 2011. Leur première cible a été l'école de gendarmerie de Toroguhé avant d'attaquer le deuxième bataillon des FANCI basé à Daloa.

c-3. Front centre

Toujours en exécution du mot d'ordre d'Alassane Ouattara repris par Soro Guillaume, une autre offensive a été lancée le 28 mars 2011 par les forces nouvelles basées à Bouaké.

Les soldats rebelles, après plusieurs tentatives infructueuses face au détachement des FDS basé dans la localité de Tiébissou ont réussi à franchir le 30 mars 2011 le cap de cette ville grâce à l'appui que leur ont apporté dans les combats les soldats de l'ONUCI.

c-4. Front est

L'offensive des FAFN à l'est du pays est partie de la localité de Bouna. Les FAFN/FRCI ont ainsi franchi le 28 mars 2011, la zone de confiance et attaqué le détachement des FDS basé dans la localité de Lahoudiba pour continuer leur avancée sur Bondoukou, Agnibilékrrou, Abengourou... jusqu'à Abidjan.

Dans chacune des régions et villes ainsi conquises, les FAFN/FRCI et les Dozos ont tué plusieurs civils, pillé et/ou incendié leurs habitations.

d) La bataille d'Abidjan entre les FDS ou « forces pro-Gbagbo » et les FAFN/FRCI ou « forces pro-Ouattara »

d-1 Activités des FAFN/FRCI installées à l'Hôtel du Golf

Dans le cadre de la sécurisation des opérations de vote du deuxième tour de l'élection présidentielle le 28 novembre 2010, des éléments FAFN ont été déployés dans le sud du pays.

A la fin du vote, alors que tous les FDS ont regagné leurs bases d'origine, une partie des éléments FAFN ont, eux, rejoint l'Hôtel du Golf, QG de campagne d'Alassane Ouattara qui s'y était déjà retranché avec ses partisans. D'après le Général Philippe Mangou, Chef d'État-major de l'armée régulière ivoirienne, ils étaient environ 800 éléments FAFN repliés à l'Hôtel du Golf. Certainement en prévision des troubles que le camp Ouattara envisageait de provoquer en cas de défaite.

Ces unités des FAFN/FRCI basées à l'Hôtel du Golf, parallèlement au commando invisible d'Abobo, ont effectué des opérations de guérilla dans la ville d'Abidjan à compter du 16 décembre 2010.

L'implication de ces éléments des FAFN dans la marche du 16 décembre 2010 sur la RTI et les différentes attaques opérées dans plusieurs quartiers d'Abidjan est confirmée par les images montrant Soro Guillaume s'adressant à eux au cours d'un rassemblement dans les jardins de l'Hôtel du Golf le 14 décembre 2010 : *« Soldats, militaires, je vais à la Radio Télévision Ivoirienne pour installer le nouveau Directeur Général de cette télévision parce que le Président de la République me l'a demandé. Vous devez vous tenir prêts. Donc, il faut que vous vous mobilisiez. Jeudi, nous allons à la télévision. Je compte sur vous.»*

Le 10 mars 2011, Jeannot Ahoussou Kouadio, en déplacement à Bruxelles en Belgique, alors qu'il était Ministre de la justice d'Alassane Ouattara à l'Hôtel du Golf a déclaré à « *DirectAbidjan.com* », une télévision en ligne: *« Il y a des jeunes gens qui étaient venus nous accompagner pour la marche du 16, aux environs de 300, et qui sont restés là. C'est maintenant qu'on vient de les faire partir. C'est eux qui bougent sur le terrain. Ils étaient là... bien conditionnés, bien formés. On leur a dit : « **bon, ça suffit comme ça, allez y sur le terrain** » parce que c'était avec eux qu'on devait aller libérer la télé... et donc ce n'étaient pas des femmelettes ». Donc on les a libérés. On leur a dit : « **bon, allez y sur le terrain, allez faire bouger le terrain** ».*

Effectivement ces unités se sont investies sur le terrain pour le « faire bouger » en même temps que le commando invisible d'Abobo avec à la clé les nombreuses victimes tant parmi les FDS que dans la population civile.

d-2 Affrontements directs entre FDS et FAFN/FRCI

Les affrontements armés directs entre les FDS et les FAFN/FRCI ont eu lieu du 31 mars au 9 avril 2011.

Il est bon de signaler qu'à aucun moment durant toute cette crise, les FDS n'ont été à l'initiative d'une offensive mais étaient constamment en position défensive alors que tous les jours, les FAFN/FRCI lançaient des assauts, en bénéficiant des appuis aériens des hélicoptères de type apaches et tigre de l'opération française « Licorne » et de type Mi 24 de l'Opération des Nations Unies en Côte d'Ivoire (ONUCI).

Ainsi, du 4 au 11 avril 2011, les FAFN/FRCI ont bénéficié de l'appui logistique de l'ONUCI et de la Licorne : des soldats FAFN/FRCI étaient héliportés par la Licorne et l'ONUCI et déposés sur les toits des immeubles. Ces derniers transformés en snipers, tiraient à partir de leurs positions sur les FDS puis s'abritaient dans les domiciles privés. Les FDS ont subi plusieurs pertes à cause de cette tactique et du parti-pris flagrant des troupes agissant sous mandat de l'ONU qui combattaient aux cotés des FAFN/FRCI dont ils avaient épousé la cause à savoir chasser Laurent Gbagbo du pouvoir afin d'y installer Alassane Ouattara.

Sur tous ces théâtres de confrontations, après une semaine de combats intenses, toutes les offensives FAFN/FRCI avaient été repoussés avec succès par les FDS. La Licorne et l'ONUCI entreront alors en action pour combattre directement les FDS et permettre aux FAFN/FRCI de prendre le contrôle d'Abidjan.

Du 4 au 10 avril 2011, les hélicoptères de combats de la Licorne et de l'ONUCI se sont attelés à détruire toutes les armes et munitions dans les camps militaires d'Abidjan.

C'est dans ces conditions que le 11 Avril 2011, les soldats français ont pénétré sans combattre, dans la résidence présidentielle en feu sous la puissance des bombardements aériens et ont arrêté le président Laurent Gbagbo pour le remettre aux FAFN/FRCI qui ont tué le Secrétaire Général de la Présidence et ancien Ministre de l'Intérieur Désiré Tagro, qui était pourtant sorti à leur rencontre avec un drapeau blanc en main.

Au vu du déroulement de tous ces événements, peut-on raisonnablement affirmer que les FDS ont eu affaire à des manifestants pacifiques non armés comme tente de le faire croire la Procureure de la CPI ?

La réponse est évidemment non.

En effet, la supposée marche pacifique du 16 décembre 2010 était en réalité un prétexte visant à déclencher une insurrection armée dans le but d'installer Alassane Ouattara au pouvoir. Sinon comment comprendre que ce même 16 décembre 2010, les FAFN aient lancé deux offensives armées sur Tiébissou à partir de Bouaké et Bangolo à partir de Man ? Si l'offensive sur Tiébissou a échoué, celle de Bangolo a permis aux FAFN de prendre pied dans cette localité de la zone de confiance et de s'y installer.

Déjà le 15 décembre 2010, plusieurs journaux du RHDP donnaient le ton de cette visée insurrectionnelle. Ainsi on pouvait lire à la une du journal Nord-Sud (proche de Soro Guillaume), les titres suivants : *« Après sa victoire à la présidentielle, la rue va installer Ouattara »* ou encore *Wattao : « Demain nous accompagnons Soro à la RTI »*. Le journal Le Démocrate, proche du PDCI, lui, titrait *« RHDP et départ de Gbagbo, des actions vigoureuses en vue. Wattao se dit prêt »*

Le 16 décembre 2010, ces mêmes journaux RHDP consacraient leurs unes à l'événement : Nord-Sud : *« Marche pour l'installation d'ADO. Objectif : Abidjan »*. L'expression : *« La marche de la victoire » et* Le Nouveau Réveil : *« L'assaut final ! »*

Si cette marche était une marche pacifique de civils, que venaient y chercher Wattao, un chef militaire de la rébellion, pour qu'il se dise « prêt » ; et « prêt » à quoi ? Ce faisant d'ailleurs, Wattao ne faisait que se conformer aux ordres donnés par Soro Guillaume le 14 décembre 2010 aux FAFN basés à l'Hôtel du Golf, comme nous l'avons montré plus haut.

Si les manifestants ne sont pas armés, comment alors expliquer le nombre élevé de FDS tués par balles ? Il est à signaler que les combattants FAFN, notamment avant le 31 mars 2011, opéraient à Abidjan en tenues civiles. Pour cette raison, nombre de personnes présentées comme des civils sont en réalité des combattants tués pendant les affrontements avec les FDS.

La vérité est qu'aucune manifestation pacifique n'a été organisée par Alassane Ouattara et ses partisans. Bien au contraire, ce sont des actions de guérilla auxquelles nous avons assistées à travers les principales villes du pays : Abidjan, Daloa, Yamoussoukro, Divo, Grand-Bassam, San-Pedro, Gagnoa, Daoukro, Dimbokro, Bondoukou, Abengourou, etc. En effet, comment pouvaient-ils lancer des mots d'ordre de « pays mort », « villes mortes », ou encore appeler les travailleurs à rester chez eux et s'abstenir d'aller à leurs lieux de travail et dans le même temps organiser des manifestations de rues ? N'est-il d'ailleurs pas surprenant qu'un « gouvernement » se disant légal et légitime appelle les travailleurs du pays qu'il gouverne à la grève et les citoyens à ne pas payer l'impôt ?

2. LE COMMANDO INVISIBLE

Ce commando dit « invisible », est une faction dissidente des FAFN de Soro Guillaume mais fidèle à Alassane Ouattara. Il était dirigé par le sergent-chef Ibrahim Coulibaly dit « IB » qui vivait en exil au

Burkina Faso puis au Bénin depuis 2000, après ses déboires avec le Général Robert Guéï sous le régime de la transition militaire (24 déc. 1999- 26 oct. 2000).

Il est rentré en Côte d'Ivoire à l'occasion de la crise postélectorale par les zones CNO sous contrôles des FAFN.

Le commando invisible a fait son apparition à Abidjan dans la commune d'Abobo à l'occasion de la marche du jeudi 16 décembre 2010 des militants de l'opposition du RHDP sur le siège de la télévision nationale (RTI).

Ses méthodes d'opérations ont été d'abord de la guérilla urbaine : brûler et attaquer les symboles de l'Etat, les domiciles des FDS. Dès février 2011, le commando invisible a pris le contrôle de la commune d'Abobo, à Abidjan.

A partir de mars 2011, ce furent des affrontements directs avec les FDS dans les autres quartiers d'Abidjan.

Il est à noter qu'à partir du 25 février 2011, le commando invisible, une force pro-Ouattara, était devenu le seul maître à bord, dans le contrôle de la commune d'Abobo, que les forces régulières ivoiriennes avaient pratiquement désertées à cause des attaques surprises de guérilla dont ses éléments étaient constamment victimes. Bien que des éléments des FDS étaient présents au camp commando de la gendarmerie, ils y étaient confinés, encerclés par le commando invisible ; ce qui les mettaient dans l'impossibilité d'en sortir pour se déployer sur le terrain. Même les convois qui venaient les ravitailler subissaient continuellement les assauts de cette guérilla des forces pro-Ouattara de sorte qu'entre le 25 mars 2011 et le 30 mars 2011, date de leur évacuation négociée du camp commando ces éléments n'avaient reçu aucun ravitaillement.

3. LES DOZOS

Cette confrérie de chasseurs traditionnels était localisée exclusivement dans le nord de la Côte d'Ivoire. On retrouve les Dozos au Mali, en Guinée et au Burkina Faso. On les retrouve également en Sierra Leone sous l'appellation de Kamajors.

Au lendemain de l'attaque des FAFN en 2002, les mouvements rebelles venus du Burkina-Faso, ont recruté les Dozos et leur ont fourni des fusils de type kalachnikov.

Pendant la crise postélectorale, les membres de la confrérie Dozo ont combattu aux côtés des FAFN dont ils constituaient les supplétifs. Les Dozos ont donc participé à tous les combats contre les FDS pour le contrôle des différentes localités.

Plusieurs rapports d'ONG et les témoignages des populations rapportent la cruauté des Dozos, notamment après la prise de la localité de Duékoué où de nombreux partisans de Laurent Gbagbo, de l'ethnie Wê, ont été massacrés.

Les Dozos ont instauré dans toutes les villes conquises jusqu'au plus petit hameau, une insécurité brutale en tuant les partisans de Laurent Gbagbo et pillant les biens meubles et immeubles de ceux-ci. C'est souvent que les Dozos prennent en otage des partisans de Laurent Gbagbo dont les parents sont contraints de payer des rançons pour obtenir leur libération.

Trois années après la crise postélectorale, les Dozos demeurent encore présents dans toutes les villes et les villages de la partie sud de Côte d'Ivoire. Malgré les protestations et plaintes des populations et les dénonciations des ONG et même de l'ONUCI (voir son récent rapport), demandant au pouvoir Ouattara le retour des Dozos dans leur aire culturelle d'origine qui est le nord, ceux-ci, assurés d'une complaisante compréhension de la part du gouvernement, refusent de partir.

4. LES SUPPLÉTIFS BURKINABÉS DU MONT PEKO

Les FDS ont été confrontés à plusieurs reprises, à des combattants de nationalité burkinabé constitués de plus de 600 soldats localisés dans la forêt classée du Mont Péko, dans la sous préfecture de Bagohouo, département de Duékoué.

Ces combattants dirigés par Ouédraogo Rémi dit « Amadé Ouérémi » s'étaient, disent-ils, donnés pour mission d'assurer la sécurité des cultures appartenant aux burkinabé, qui, exploitaient illégalement les terres de la forêt classée qu'ils ont massivement investie lorsque le pays a été coupé en deux, après l'attaque de 2002.

Pendant le conflit postélectoral, les troupes d'Amadé Ouérémi ont été recrutés par les FAFN pour constituer une unité de supplétifs burkinabés. Des armes de guerre (Kalachnikov, RPG, lance-roquettes) et des treillis militaires estampillés FRCI leur ont été distribués. Ces supplétifs burkinabés ont attaqué le 2 décembre 2010 à Bagohouo, le détachement des FDS à un poste de sécurité et tué deux (2) gendarmes et trois (3) militaires dont un officier.

Au moment des combats FDS/FAFN dans la localité de Duékoué, les supplétifs burkinabés ont « coupé » la retraite des FDS vers la ville de Daloa. Ils sont fortement impliqués dans le massacre des populations Wê du quartier Carrefour de Duékoué les 28 et 29 mars 2011.

Après l'arrestation du président Laurent Gbagbo, les supplétifs burkinabés ont regagné leur zone de prédilection de la forêt du Mont Péko. Leur chef, Amadé Ouérémi, a été arrêté en mai 2013 et « gardé au secret » pour « occupation illégale de la forêt classée » et non en raison de sa participation aux nombreux crimes commis sur les populations civiles Wê. Ses hommes sont restés en place et continuent leurs activités sans avoir été désarmés contrairement aux affirmations du gouvernement. Selon un rapport de l'Agence pour le Désarmement, la Démobilisation et la Réinsertion (ADDR) publié le 12 septembre 2013 *« Le recensement fait dans le Mont Péko indique que la population totale qui y vivait était de 27 045 personnes soit une moyenne de 4 personnes par ménage avec 6715 ménages. 4% des occupants de ce parc sont d'origine ivoirienne et 96% d'origine étrangère avec une prédominance de Burkinabé estimé à 99% de la population étrangère » a-t-il précisé indiquant que la quasi-totalité des personnes vivant dans le parc, a accepté de partir à la fin de leurs récoltes prévues pour la fin décembre ».* Deux ans après, en juin 2015, aucun occupant illégal n'est parti du Mont Péko et l'ADDR reste muette en attendant peut-être « la fin de leurs prochaines récoltes ».

D'ailleurs, l'occupation du Mont Péko est devenue une affaire d'Etat très sensible entre le Burkina Faso et la Côte d'Ivoire au point de figurer au centre des discussions entre les Chefs d'Etat des deux pays comme l'a déclaré à la presse Djibril Bassolé, alors ministre des Affaires étrangères du Burkina Faso en visite le lundi 20 janvier 2014 à Abidjan : *« Nous avons parlé également de la situation de l'occupation illégale de la forêt du mont Péko. Le Président Ouattara avait fait il y a quelques semaines au Président Compaoré le point de la situation et un certain nombre de suggestions. Il a été question pour nous aujourd'hui d'opérationnaliser cette grande relocalisation et déguerpissement. Le Président a reçu le compte rendu de la séance de travail que nous avons eue qui consiste à arrêter en réalité un calendrier de mise en œuvre en nous entourant du maximum de précautions pour que les populations concernées soient suffisamment bien sensibilisées pour que tout se passe évidemment dans le respect de la légalité pour que nos partenaires au développement, les partenaires financiers, soient associés à l'opération de manière à ce que tout se déroule pour le plus grand bien des populations de nos deux grands pays ».*

Ces précautions, les « clandestins » de la forêt classée de Niégré n'ont pas pu, eux, en bénéficier. L'AFP (Agence France Presse) dans une dépêche du 9 juillet 2013 nous relate le sort de « deux poids, deux mesures » que le gouvernement ivoirien a réservé aux clandestins de la forêt classée de Niégré : « *Le gouvernement ivoirien a sorti les gros moyens, soldats et bulldozers, pour reconquérir la forêt classée de Niégré, dans le sud-ouest du pays, laissant sur le carreau des milliers de paysans qui l'exploitaient illégalement depuis des années.*

Enclavé au cœur de cette forêt tropicale s'étendant sur 10.000 hectares dans la région de Sassandra (environ 360 km à l'ouest d'Abidjan), le village de Baléko-Niégré a été complètement rasé lors d'une opération, dite de "déguerpissement", menée tambour battant courant juin. Maisons en dur, cases en terre mais aussi école, marché et église ont subi les assauts des bulldozers, tandis que des militaires armés parfois de lance-roquettes investissaient les lieux. ***"Nous avons occupé la forêt classée à la recherche de nourriture"****, explique à l'AFP un des paysans qui l'occupaient, Raymond N'Dri Kouadio. Certes, les villageois vivaient ici "clandestinement", mais* ***"l'évacuation a été brutale et surprenante"****, soupire Léon Koffi N'Goran, un octogénaire. Au total, au moins 20.000 clandestins auraient été chassés de Baléko et d'autres campements disséminés dans la même forêt ».* (Publié le mardi 9 juillet 2013, AFP).

Les « clandestins » du Mont Péko sont donc des chanceux. Qu'ont-ils donc de si spécial, ces gens-là? Amadé Ouérémi, leur chef, nous en donne la réponse quand il déclare en août 2011 à un journaliste du quotidien gouvernemental Fraternité Matin: *« Nous avons combattu aux côtés des Forces Nouvelles. En récompense, on nous demande de travailler dans les forêts classées jusqu'à ce que le gouvernement nous récompense ».* On ne peut être plus clair !!!

5. LES MERCENAIRES

Il est de notoriété publique que depuis 2002, des mercenaires recrutés dans la sous-région ouest-africaine compte dans les effectifs des FAFN et leur transformation en FRCI n'a pas mis fin à ce phénomène.

Plusieurs faits corroborent la réalité de la présence de mercenaires au sein des FAFN/FRCI:

1. Le journal français *Le Figaro* écrit, à ce propos, dans son numéro du 21 janvier 2003 : *« la route goudronnée ainsi que les pistes qui descendent de Man à Duékoué sont occupées par des hordes de combattants venus du Libéria et de la Sierra-Leone, associés à des rebelles du MJP et du MPIGO.*

Plusieurs témoignages concordants font état de la présence de nombreux soldats ne s'exprimant qu'en anglais. »

2. Didier Samson, journaliste à *RFI* (Radio France Internationale), rapporte sur cette radio ce qui suit en janvier 2003, au moment où se déroulait le sommet de Marcoussis : « *Selon un communiqué de l'état-major de l'opération Licorne à Abidjan,* ***«il est maintenant avéré que des bandes importantes d'incontrôlés venant du Libéria ont fait intrusion en territoire ivoirien dans la région de Toulépleu****, depuis le 22 janvier après-midi. A l'ouest de la Côte d'ivoire, une recrudescence des attaques armées contre les positions tenues par l'armée française font peser une lourde menace sur les négociations inter-ivoiriennes de Marcoussis.* ***Le MPIGO et le MJP sont tenus responsables des dérapages occasionnés par leurs éléments libériens.*** *Les légionnaires français du 21ème REP (Régiment étranger de parachutistes) sont la cible, depuis quelques jours, d'attaques répétées des mouvements rebelles de l'ouest, dans la région de Duékoué.* ***Ces attaques seraient l'œuvre «d'éléments incontrôlés» du MPIGO et du MJP : des Libériens. Selon des sources militaires françaises, ils seraient plusieurs milliers à s'être infiltrés en Côte d'Ivoire. A Duékoué, les Libériens auraient attaqué aux lance-roquettes, avant d'être repoussés par les patrouilles françaises qui ont relevé deux blessés graves dans leur camp.*** *L'un d'eux a été amputé de l'avant-bras. A Toulépleu, les Libériens ont encerclé les forces loyalistes ivoiriennes, tentant de leur reprendre la ville ».*
3. Il est établi aussi que Sam Bockarie, l'un des principaux responsables du Revolutionary United Front (RUF) avec Foday Sankoh, durant la guerre civile de Sierra Leone a été recruté par les rebelles ivoiriens pour combattre en leur sein. Surnommé « Mosquito » (moustique), en raison, semble-t-il, de sa minceur et son appétit pour le sang humain, il est considéré comme le maître d'œuvre de la campagne de terreur du RUF, « manches longues ou manches courtes », qui consistait, en Sierra Leone, à couper les mains ou les bras des personnes pour, semble-t-il, les empêcher de voter. Il a été tué

à la frontière ivoiro-libérienne en mai 2003 dans des circonstances floues.

4. Le rapport du 20 avril 2011 du groupe des experts de l'ONU en charge de la surveillance de la mesure d'embargo sur les armes en Côte d'Ivoire a clairement établi la participation des mercenaires burkinabés et nigérians aux cotés des FAFN/FRCI pendant les combats contre les FDS.
5. En mars 2013, la presse ivoirienne a révélé qu'un drapeau burkinabé flottait au Camp Commando de la gendarmerie d'Abobo devenu camp du 1er BCP (1er Bataillon des Commandos Parachutistes). Le chef rebelle des FAFN, Koné Gaoussou dit Jah Gao, commandant en second du 1er BCP, a reconnu que c'était du fait d'un « élément en stage ».
6. Sept (7) soldats FAFN/FRCI qui ont commis des exactions et tué froidement le 17 décembre 2011, cinq (5) civils dans la localité de Vavoua, ont été jugés en avril 2013, par le tribunal militaire d'Abidjan. Parmi les soldats inculpés, il y en avait deux qui ont été présentés comme étant des burkinabé : les nommés Kaboré Amidou et Bazémon Daouda.

Contrairement aux Dozos et aux supplétifs d'Amadé Ouérémi, les mercenaires qui ont combattu aux cotés des FAFN/FRCI n'étaient pas constitués en unités spécifiques. Ils étaient fondus dans les unités mixtes de combat, si bien qu'on ne peut pas dissocier leurs actions de celles des FAFN/FRCI.

Quatre ans après l'arrestation du président Laurent Gbagbo, ces mercenaires élèvent de temps en temps la voix pour réclamer leurs primes à Alassane Ouattara.

Conclusion

Madame Fatou Bensouda, Procureure de la Cour pénale internationale, a déposé le 13 janvier son nouveau document amendé de notification des charges contre le Président Laurent Gbagbo. Alors que l'on s'attendait à ce que ce document apporte des réponses claires aux préoccupations des juges de la Chambre préliminaire 1 qui, dans leur décision du 3 juin 2013, l'avaient renvoyée à sa copie, il s'avère une fois de plus que le « *document amendé de notification des charges* » est un condensé de « ouï-dire » et d'omissions suspectes, qui n'a apporté en réalité aucune preuve, ni ancienne, ni nouvelle, contre le Président Laurent Gbagbo.

Face au silence volontaire et coupable de la Procureure sur les groupes armés pro-Ouattara qui, depuis 2002 ont porté le glaive au cœur de la nation ivoirienne, comme le lui ont demandé les juges, nous avons tenu dans cette modeste contribution à lui rappeler la réalité des faits que nul ne saurait occulter.

La vérité est que c'est monsieur Alassane Dramane Ouattara qui, dans son désir de parvenir à tous prix au pouvoir en Côte d'Ivoire, a levé une rébellion et recruté des mercenaires pour attaquer et massacrer les populations civiles ivoiriennes avec l'appui de puissances étrangères, notamment de la France au nom de ses intérêts politiques et économiques.

Ce dont la Côte d'Ivoire a besoin aujourd'hui, après toutes ces destructions inutiles ayant causé la dislocation du tissu social de ce pays, c'est la réconciliation de tous ses enfants. Pour répondre à cette intentionnalité sociale, la présence du Président Laurent Gbagbo sur le sol de la Côte d'Ivoire est plus qu'indispensable car, le chemin de la réconciliation passe par lui.

Victime d'une injustice inédite et inqualifiable car innocent, Laurent Gbagbo est le seul dont le message de compassion et de pardon pourra non seulement apaiser les Ivoiriens mais aussi amener ces derniers à sceller un nouveau pacte du futur pour une Côte d'Ivoire réconciliée et unie en vue d'affronter et relever les défis qui se dressent sur le chemin de son développement.

LES DÉRIVES TRIBALES D'UN HARCÈLEMENT POLITICO-JUDICIAIRE CONTRE LE PRÉSIDENT LAURENT GBAGBO

Par
Bertin KADET[218]

Introduction

Le juin 12 juin 2014, les juges de la Chambre préliminaire 1 de la Cour pénale internationale (Cpi) ont confirmé les charges contre le Président Laurent Gbagbo, à l'issue d'une audience à huis clos, le renvoyant devant une chambre de première instance pour y être jugé. Dans l'histoire des relations internationales, c'est la première fois qu'un Chef d'État africain démocratiquement élu conformément aux lois et institutions de son pays, est bombardé dans sa résidence officielle puis arrêté par une coalition militaire internationale, et déporté dans une juridiction internationale hors de son pays, pour y répondre de ses actes de gouvernance. Cette situation inédite interroge et interpelle notre conscience, d'autant plus qu'un an auparavant (3 juin 2013), les mêmes juges renvoyaient le procureur de la Cpi à sa copie pour insuffisance de preuves, à l'issue d'une audience publique de confirmation des charges (19-28 février 2013).

En effet, il avait été demandé au procureur de *« soumettre des preuves additionnelles ou de conduire des enquêtes supplémentaires »* qui permettent d'apporter des réponses sur des points précis de ses accusations (Oulaye, 2013 : 32-43). En réponse, le procureur a rendu public (13 janvier 2014) un nouveau document des charges (Altit, 2014 : 12), dans lequel le Président Laurent Gbagbo est accusé d'avoir conçu un « Plan commun » et une « Politique », avec les membres de sa famille, son groupe ethnique les Bété et leurs alliés les Guéré, des

[218] Ministre délégué à la Défense de la République de Côte d'Ivoire (2002-2003), Conseiller auprès du Président de la République (2003-2011), Docteur en Géographie, Enseignant-Chercheur à l'École Normale Supérieure d'Abidjan (Côte d'Ivoire).

milices, des mercenaires et des gens du sud ivoirien, pour éliminer des populations civiles pro-Ouattara non armées, notamment des gens du Nord de confession musulmane, ainsi que des étrangers originaires d'Afrique de l'Ouest. Manifestement, l'accusation portée contre le Président Laurent Gbagbo emprunte la voie du tribalisme et de la xénophobie pour accabler celui-ci. Malgré l'abondance des preuves contredisant ces allégations, les juges de la Chambre préliminaire 1 ont accordé un satisfecit aux thèses développées par le procureur de la Cpi (Fernandez de Gurmendi et *al.*, 2014 : 1-142).

La présente contribution se propose de montrer que le Président Laurent Gbagbo n'a mis en place ni aucun « plan commun » ni aucune « politique » d'extermination de son peuple. Son action à la tête de la Côte d'Ivoire ne peut être qualifiée de tribale. En outre, l'utilisation de milices et de mercenaires ne concerne pas cet homme d'Etat qui disposait des forces régulières de son pays agressé par des bandes armées venues de l'extérieur. En conséquence, la décision prise par les juges, en confirmant les charges contre lui, est à la fois une injustice à son égard et un déni de l'État de Côte d'Ivoire dont il était le garant.

I- Du projet politique de Laurent Gbagbo

Dans le « *document amendé de notification des charges* » du procureur de la Cpi, la thèse du plan commun et de la politique, soutient que « *dès son accession à la présidence en 2000, Gbagbo a eu pour objectif de se maintenir au pouvoir* ». Pour ce faire, il aurait « *conçu et mis en œuvre un Plan commun afin de se maintenir à la Présidence par tous les moyens nécessaires* ». Ce Plan commun aurait évolué en une politique d'Etat organisationnelle dont le but est de s'attaquer à des civils considérés comme des partisans d'Alassane Ouattara (Bensouda, 2014 : 4). Or, les faits montrent le contraire de ces allégations. Durant toute sa vie politique, Laurent Gbagbo a œuvré pour la promotion de la démocratie en Côte d'Ivoire.

1- Promouvoir une société de liberté et de démocratie

Tout d'abord, l'« *objectif de se maintenir au pouvoir* » n'est pas un projet politique, ce n'est pas non plus un projet de société ou un programme de gouvernement. Alors, prêter une telle intention à Laurent Gbagbo dès 2000, amène à se demander si ce dernier n'était pas porteur d'un projet politique pour les Ivoiriens, au moment où il devient Président de la République ? La réponse est affirmative car, Laurent Gbagbo a un projet de société pour la Côte d'Ivoire.

Les idées, les objectifs et la politique de Laurent Gbagbo sont connus des Ivoiriens et du monde entier, bien longtemps avant qu'il n'accède à la Présidence de la République de Côte d'Ivoire, en octobre 2000, à l'issue d'élection démocratique crédible et reconnue. Laurent Gbagbo a passé les décennies 60 et 70 à étudier la société ivoirienne. Les recherches qu'il a menées dans le cadre de sa formation universitaire ont fait l'objet de nombreuses publications parmi lesquelles son ouvrage intitulé « ***Côte d'Ivoire : Economie et société à la veille de l'indépendance (1940-1960)*** publié en 1982 à Paris, aux éditions L'Harmattan. L'expérience accumulée à partir de ces recherches lui a donné une meilleure connaissance de la Côte d'Ivoire, ses problèmes et ses attentes. Ainsi, s'étant aperçu que le parti unique est un obstacle au progrès social et économique, à la liberté individuelle et collective des Ivoiriens, il propose dès 1983, la voie du pluralisme politique à ses compatriotes. Sa vision politique et le projet de société qui la portent sont contenus dans son livre « ***Côte d'Ivoire, pour une alternative démocratique,*** édité à Paris par l'Harmattan. Laurent Gbagbo, qui a toujours privilégié la réflexion avant l'action, publie ensuite, en collaboration avec un groupe d'intellectuels ivoiriens, « ***les propositions pour gouverner la Côte d'Ivoire*** » en 1987. Lorsque le multipartisme est proclamé en Côte d'Ivoire en avril 1990, il officialise au lendemain de cette proclamation, la création d'un parti politique, le Front Populaire Ivoirien (FPI) qui est à la fois le cadre et l'instrument de son combat pour l'instauration de la démocratie dans son pays. Un an plus tard, il publie « ***Agir pour les libertés*** » (1991), réaffirmant ainsi son engagement pour la démocratie. L'ensemble de ses orientations politiques et doctrinales sont déclinées en des objectifs opérationnels dans le ***« Programme de Gouvernement du FPI*** » publié en 1994. Plusieurs autres ouvrages dont Laurent Gbagbo est l'auteur ont précédé ou suivi ceux que nous venons de mentionner à titre indicatif.

En octobre 2000, l'objectif de Laurent Gbagbo est de pouvoir gouverner la Côte d'Ivoire dans un contexte de pluralisme politique, en appliquant purement et simplement le ***« Programme de Gouvernement du FPI*** », son parti politique. Dans ce programme, il n'y a pas la moindre trace d'élimination d'Ivoiriens, encore moins de pro-Ouattara.

2- Reconstituer l'État de Côte d'Ivoire : la priorité du Président Gbagbo dès sa prise du pouvoir en 2000

Au moment où Laurent Gbagbo est investi Président de la République de Côte d'Ivoire, le 26 octobre 2000, le pays qu'il va diriger se trouve dans un coma socio-économique profond. Une dette extérieure colossale cumulée de plus de 6 000 milliards FCFA a été laissée par les régimes Houphouëtistes successifs. La croissance économique est négative et les bailleurs de fonds internationaux ont coupé tout lien avec la Côte d'Ivoire. Au plan social, les populations ivoiriennes sont désemparées à cause de la paupérisation croissante des couches les plus défavorisées, et les jeunes diplômés ne trouvent pas d'emploi. Le désarroi des populations est d'autant plus inquiétant que les forces de défense et de sécurité qui doivent garantir leur sécurité ainsi que celle du pays tout entier, sont dans une situation de dénuement et de sous-équipement généralisés, conséquences à la fois d'une gestion par procuration de ce secteur depuis quarante ans, et d'une transition militaire désastreuse (1999-2000).

Face à tous ces problèmes, le Président Laurent Gbagbo cherche d'abord à établir la confiance entre la Côte d'Ivoire et les institutions de Breton Wood dès 2000. C'est ainsi qu'il rembourse les 18 milliards FCFA de l'Union Européenne occasionnés par la gestion du PDCI, renoue avec la Banque Mondiale et l'Union Européenne, et ramène la dette extérieure de 6700 à 4000 milliards FCFA, dans une conjoncture nationale particulièrement difficile. Concomitamment, il assainit les finances publiques par des mesures de maîtrise budgétaire (budget de sauvegarde, budget sécurisé). En outre, le Président Gbagbo s'attèle à reconstituer l'État dont les fondements ont été sapés par le coup d'État militaire de décembre 1999 (Assemblée Nationale, Conseil Économique et Social). Il a créé d'autres structures, notamment dans le cadre de la décentralisation effective du pays, grâce à la loi de juillet 2001 et les premières élections départementales de juillet 2002.

Dans le secteur de l'agriculture, pilier du développement économique national, il confie la gestion de la filière café-cacao aux paysans. Une banque de financement pour l'agriculture (BFA) et d'autres nouvelles structures de financement sont alors créées dans ce secteur, pour aider et soutenir les efforts d'organisation, de financement et d'encadrement des paysans. Par ces mesures, le Président Gbagbo concrétise ainsi une promesse électorale faite aux ivoiriens en 2000, laquelle se résume dans sa formule de campagne électorale bien connue des Ivoiriens : « *donnez-moi le pouvoir, je vais vous le rendre*.»

Dans le secteur de la communication, le Président Gbagbo décrète la liberté de la presse grâce à la loi sur la dépénalisation des délits de presse. Sous sa gouvernance, jamais d'organe de presse suspendu, jamais de journaliste inquiété, jamais d'opposant inquiété. Laurent Gbagbo fait la promotion de la femme dans les grandes administrations de l'État (membre de gouvernement, corps préfectoral, finance, etc.), et engage une politique de gratuité de l'école dès janvier 2001. L'électrification et l'accès à l'eau potable des localités rurales connaissent également d'énormes progrès. Par la diversité des voies du développement individuel et collectif qu'elles offrent, les infrastructures mises en place dans ces différents secteurs profitent avant tout à la jeunesse ivoirienne pour qui elles constituent des opportunités d'épanouissement.

Persuadé que tout développement n'est possible que dans un environnement de paix, le Président Laurent Gbagbo organise un forum sur la réconciliation nationale en octobre 2001. C'est à cette occasion qu'il décide le retour en Côte d'Ivoire d'Alassane Dramane

Ouattara et du Président Konan Bédié, deux personnalités politiques qui se sont mutuellement chassés du pays. Le 22 janvier 2002, il réunit autour de lui à Yamoussoukro, Konan Bédié, Robert Guéï et Alassane Ouattara lors d'un sommet dit « *des quatre grands leaders politiques*» (Kadet, 2013 : 47).

Ainsi qu'on le constate, Laurent Gbagbo a toujours eu une approche de conciliation et une approche démocratique des problèmes de la Côte d'Ivoire. Par contre, c'est lui, Laurent Gbagbo qui a subi les violences de ses adversaires politiques, ces derniers ayant décidé depuis toujours de le renverser par des méthodes non démocratiques et anticonstitutionnelles. C'est ce programme non démocratique et anticonstitutionnel conçu par ses adversaires politiques contre lui le Chef d'État élu de la Côte d'Ivoire, qui est le véritable « *Plan commun* » et la véritable « *Politique*. »

Le coup d'État manqué du 19 septembre 2002 contre le régime de Laurent Gbagbo, qui s'est mué en une rébellion armée pendant dix ans, est une étape essentielle dans la mise en œuvre de ce *Plan commun* et de l'application de cette *Politique* de négation de l'Etat, conçus par ses adversaires politiques issus du RHDP (Rassemblement des Houphouëtistes pour la Démocratie et la Paix). Les membres de la rébellion ayant mis le pays sous coupe réglée pendant dix ans, n'étaient pas des civils non armés, loin de là. Entraînés et armés à partir du Burkina Faso, les membres de cette rébellion ont tout détruit sur leur passage avec des armes de guerre avant d'atteindre Abidjan. C'est ce programme de renversement d'un régime démocratiquement élu, qui s'est achevé par le coup d'Etat du 11 avril 2011. Dès lors, il est utile de préciser le contexte de ces déchaînements destructeurs et meurtriers.

3- Le non-respect des lois et des institutions républicaines : le véritable « *plan commun* » et la véritable « *Politique* » contre la Côte d'Ivoire

Contrairement à ce qu'affirme le procureur de la Cpi (Bensouda, idem : 7), la disparition (1993) de Félix Houphouët-Boigny, premier Président de la République de Côte d'Ivoire, n'est pas la cause profonde de la crise survenue dans ce pays. Soutenir une telle thèse, c'est forger dans l'opinion, l'idée selon laquelle le premier Chef d'État ivoirien n'aurait jamais dû quitter la présidence de la Côte d'Ivoire, tellement sa disparition a plongé le pays dans l'incertitude et le chaos. C'en n'est pas vrai du tout. D'ailleurs, cette perception de la longue crise ivoirienne amène évidemment les tenants de cette thèse, notamment le procureur de la Cpi, à présenter les faits de son épisode postélectoral, à travers le prisme d'un citoyen, fut-il Houphouët-Boigny, là où l'analyse devrait plutôt privilégier le fonctionnement des institutions qui organisent la vie de la société ivoirienne.

Dans toutes les démocraties du monde, ce sont les règles démocratiques qui s'appliquent. En cela, il suffit simplement d'évoquer le cas de la France, pays auquel la Côte d'Ivoire doit son organisation institutionnelle. La France n'a pas connu le chaos, suite à la vacance du pouvoir due à la démission du Général de Gaulle de la présidence, en 1969. Comme le prévoit la constitution de la cinquième république, c'est le président du sénat Alain Poher qui a occupé les fonctions de président par intérim. Candidat lui-même à l'élection présidentielle, Alain Poher a été battu en juin 1969 par Georges Pompidou qui a obtenu 58.21 % des suffrages. Après la mort de Pompidou en 1974, le même Alain Poher, Président du Sénat, a une nouvelle fois occupé le poste de Président par intérim.

En Côte d'Ivoire, le premier Chef d'État Félix Houphouët-Boigny, a pourtant laissé des institutions qui garantissent la continuité de l'État. Sa succession a été réglée par l'article 11 de la Constitution de la première République ivoirienne, lequel dispose qu'en cas de vacance du pouvoir, c'est le Président de l'Assemblée Nationale qui termine le mandat présidentiel. C'est Alassane Ouattara, Premier ministre d'Houphouët-Boigny au moment où ce dernier rendait l'âme, qui a tenté d'empêcher l'application de cette disposition constitutionnelle. En 1993, pour faire appliquer cette disposition constitutionnelle et faire ainsi respecter la loi, le Président Henri Konan Bédié a dû se faire accompagner à la télévision ivoirienne, par une équipe de commandos gendarmes. L'opinion nationale et internationale connait cette histoire qui a failli faire basculer inutilement le pays dans la violence.

En conséquence, la mort d'Houphouët-Boigny et la succession de ce dernier ne peuvent constituer les fondements d'un argumentaire scientifique crédible. C'est plutôt autour de la question du respect des lois et des institutions ivoiriennes que se situe le débat. A partir du moment où les lois et les institutions que le pays s'est données sont respectées par les citoyens et leurs dirigeants, il ne peut y avoir de véritable problème. De même, toutes les questions relatives à la *nationalité*, à *l'ethnie* et à *l'ivoirité* peuvent trouver des solutions dans un cadre institutionnel. Eluder cette perspective, c'est se détourner de la voie royale du bon sens et du droit.

En réalité, c'est la défiance des lois et des institutions ivoiriennes, c'est le non-respect des engagements internationaux par Alassane Ouattara, les rebelles de Guillaume Soro et leurs alliés Houphouëtistes, qui est le véritable contexte de la crise politico-militaire ivoirienne. C'est pourquoi, lorsque le procureur affirme que Laurent Gbagbo est devenu président « *au terme d'une élection au cours de laquelle le Conseil Constitutionnel a disqualifié 14 des 19 candidats* », il ne fait que conforter ainsi notre analyse, qui établit la primauté des institutions démocratiques sur les considérations d'ordre paternaliste ou émotionnel. Car, c'est bien la Cour Suprême (pas le Conseil Constitutionnel qui n'existait pas encore)[219] et non la personne de Laurent Gbagbo, qui a disqualifié des candidats. Dès lors que la Haute Juridiction du pays a tranché, le débat devrait être clos. Hélas non, les mêmes personnes qui se sont mises dans une posture de défiance permanente des lois et des institutions ivoiriennes ont organisé des attaques armées en décembre 2000, en janvier 2001, puis en septembre 2002.

Concernant les manifestations organisées contre le Président Laurent Gbagbo par des opposants en novembre-décembre 2000 et en 2001, qui auraient été réprimées par les forces de l'ordre (Bensouda, ibidem : 7), il faut rappeler que le 1er décembre 2000, la Cour Suprême ivoirienne a déclaré irrecevable, la candidature d'Alassane Dramane Ouattara aux élections législatives du 10 décembre 2000, en raison des doutes sur sa nationalité. Aussitôt, son parti le RDR conteste cette décision, se retire du scrutin législatif, et appelle à des manifestations. Le 4 décembre 2000, le meeting de ce parti prévu au stade Houphouët-Boigny déborde, ses militants se déchaînent à travers

---

[219] En faisant référence au Conseil Constitutionnel en 2000, alors que cette Haute Juridiction Nationale n'existait pas encore, le Procureur de la CPI avoue implicitement l'existence d'une hypothétique collusion impliquant Laurent Gbagbo et celle-ci.

la capitale économique Abidjan, et tentent d'assiéger les symboles de l'Etat, notamment le Palais de la Présidence, la Radio et la Télévision nationales. Malgré le couvre-feu décrété par le gouvernement, la milice tribale de ce parti, formée de chasseurs traditionnels Dozos ainsi que d'autres militants armés de haches, de machettes, de gourdins et autres objets investissent les rues d'Abidjan. Des biens publics et privés sont attaqués et incendiés, des Commissariats de police sont assiégés par des manifestants armés, le régisseur de la mairie de Treichville est égorgé. C'est dans ce contexte que des manifestants et des organisateurs de la manifestation ont été arrêtés par les forces de l'ordre.

Ensuite, les 7 et 8 janvier 2001, des assaillants armés attaquent l'un des principaux camps de gendarmerie d'Abidjan, le siège de la télévision et celui de la radio nationale. L'attaque, repoussée au petit matin par les forces loyalistes, a fait 15 morts et neuf blessés, selon un bilan officiel. Enfin, dans la nuit du 18 au 19 septembre 2002, le pays subit une attaque armée qui se transforme en une rébellion, occasionnant la partition du pays. Pendant dix ans, la Côte d'Ivoire est malmenée par cette rébellion dont les membres affirment avoir été envoyés par Alassane Ouattara (dixit Koné Zakaria). Toutes ces séries de violences armées sont conduites par des personnes ayant appartenu à la garde rapprochée d'Alassane Ouattara (Ibrahim Coulibaly dit IB, Chérif Ousmane, Issiaka Ouattara dit Wattao, Morou Ouattara, etc.). La quasi-totalité (exception faite de ceux qui sont morts) sont aujourd'hui les chefs de la nouvelle armée ivoirienne appelée les Forces Républicaines de Côte d'Ivoire (FRCI, 2011).

En fin de compte, le véritable « *Plan commun* » et la véritable « *Politique* » sont à rechercher dans le camp des adversaires politiques de Laurent Gbagbo. En 2000, alors que celui-ci appliquait le projet de société du FPI et le programme de gouvernement de ce parti, une rébellion est venue tout stopper. Si une véritable enquête de terrain avait été menée, alors les juges de la Chambre auraient su que de 1999 à 2014, les vrais concepteurs et les metteurs en scène du « plan commun » et de « la politique » sont passés par des phases successives dans la déstabilisation du pays : un coup d'État (1999), des attaques armées (2000, 2001), une rébellion (2002-2010), avant de parvenir finalement au pouvoir par les armes (2011). Une fois sa mission accomplie, une partie de la branche armée (forces nouvelles) est retournée dans sa formation originelle, le Rassemblement Des

Républicains (RDR), tandis que les milices tribales continuent d'assujettir le pays et les populations.

II- La thèse infondée de la gouvernance tribale de Laurent Gbagbo

Une deuxième thèse d'accusation soutient que Laurent Gbagbo se serait appuyé sur son groupe ethnique et ses alliés, pour gouverner en excluant les populations du Nord ivoirien. Ces dernières, des populations civiles pro-Ouattara non armées, du Nord du pays et de confession musulmane, auraient été éliminées, de même que des étrangers originaires d'Afrique de l'Ouest (Bensouda, *ibidem* : 4 ; 6 ; 8-9 ; 14 ; 32-33 ; 57 ; 69). Cette ligne d'attaque est mise en exergue à travers des procédés de démonstration ne reposant d'une part, sur aucun fondement théorique, comme l'attestent les productions intellectuelles et scientifiques de l'intéressé (supra) ; d'autre part, cette accusation n'a pas non plus de fondement pratique, lorsqu'on examine les actes gouvernementaux posés par le Président Gbagbo.

1- Une méthode parcellaire et tendancieuse : la démonstration de l'accusation

Divers procédés de démonstrations sont utilisés par le procureur, pour montrer que Gbagbo a une gouvernance tribale. L'un d'entre eux consiste à user à profusion de l'expression *« Gbagbo et son entourage »*, c'est-à-dire Laurent Gbagbo s'est entouré de personnes qui sont à sa dévotion. Pourtant, lorsqu'il s'agit de désigner les personnes qui sont avec Alassane Ouattara, l'expression consacrée est : *« les membres du cercles politiques de... »* (Bensouda, ibidem : 14). Une telle perception de la réalité politique ivoirienne n'est pas objective. En réalité, Laurent Gbagbo n'a pas un entourage. Laurent Gbagbo fait partie des premiers leaders politiques ivoiriens qui ont pensé et écrit que la Côte d'Ivoire « *n'a pas besoin d'un gourou, ni même d'un chef infaillible et irresponsable car ce faisant, elle serait privée d'un véritable arbitre à la démocratie* » (Paranque, 2011 : 31) A l'instar de l'homme politique français Pierre Mendès France (Paranque, *op. cit.*), le Président Laurent Gbagbo a écrit que la vie d'un pays ne peut reposer sur une seule personne supposée tout savoir, décider de tout, ne jamais se tromper. Laurent Gbagbo n'est pas l'homme d'un pouvoir personnel, contrairement à ce que ses accusateurs tentent de faire croire. En tant que Président de la république de Côte d'Ivoire, il a nommé des personnes à des postes de responsabilité qui l'aident dans la gestion des affaires publiques de l'Etat. Dans ce cadre, il dispose d'une équipe gouvernementale composée de Ministres, d'un Cabinet du Président de la République dans lequel les membres sont nommés conformément aux textes de loi qui organisent les services de l'Etat de Côte d'Ivoire, comme cela se fait dans tout Etat moderne. Les fonctions et les rôles des personnes qui travaillent avec lui ne prévoient pas « *un entourage* », comme s'il s'agissait d'un chef de clan ou de tribu, ce à quoi d'ailleurs renvoie l'usage de cette expression.

En outre, l'accusation écarte volontairement les faits qui décrédibilisent ses propres thèses. En exemple, lorsqu'il présente le statut matrimonial de Laurent Gbagbo, le « *Document amendé de notification des charges* » écrit notamment :

« *Gbagbo est né d'une famille de confession catholique... ; il est marié légalement à Simone Gbagbo avec laquelle il s'est converti au christianisme évangélique, et il est marié traditionnellement à Nadiana Bamba* ».

On le sait, l'axe majeur de l'accusation portée contre Laurent Gbagbo est que celui-ci aurait tué des populations pro-Ouattara, du Nord ivoirien qui seraient de confession musulmane. Mais alors pourquoi, lorsqu'il décline le statut matrimonial de Laurent Gbagbo, le procureur de la CPI ne dit rien sur la religion de Nadiana Bamba, alors qu'il précise bien celle (chrétienne) de Simone Gbagbo ? Y a-t-il une gêne à mentionner que cette dame est musulmane pratiquante et du Nord ivoirien ? Comment le procureur explique-t-il le fait que Laurent Gbagbo qui n'aime pas les Dioula, les gens du Nord, les musulmans, épouse leur fille selon les rites de la tradition de ce groupe de population, et va jusqu'à concevoir un enfant avec cette dernière ?

Il convient de rappeler ici, que la vie familiale de Laurent Gbagbo a commencé avec sa première épouse, une française du nom de Jacqueline Chamois[220]. L'union du couple a donné naissance à Michel

---

[220] Mme Jacqueline Chamois est à l'initiative de la création en France, de l'Association des *Amis de Laurent Gbagbo*, une Organisation Non Gouvernementale

Gbagbo, son premier fils aujourd'hui maltraité sans raison valable par le régime d'Abidjan. En 1971, c'est le régime houphouëtiste d'alors qui a traité l'épouse de Gbagbo d'étrangère et qui l'a rapatriée manu militari en France, avec son fils à peine âgé de quelques mois. En secondes noces, Laurent Gbagbo a épousé Simone Ehivet qui lui a donné deux filles. Simone Ehivet-Gbagbo est Abouré du groupe ethnique Akan. Laurent Gbagbo ne peut pas être un tribaliste et un xénophobe et faire les choix de vie ainsi déclinés. L'argument qui consiste à utiliser l'ethnie ou la religion, ou qui tend à opposer les populations du Nord ivoirien aux autres, dans le but d'accabler Laurent Gbagbo n'est pas justifié. On le voit bien, c'est un montage qui s'écroule de lui-même, au regard des faits.

L'accusation a aussi constamment recours à des termes empruntés à l'anthropologie coloniale (Bété, Guéré), pour pouvoir porter des accusations contre le Président Laurent Gbagbo. Dans le contexte d'une crise qui a frappé toute la Côte d'Ivoire, l'instrumentalisation de groupes ethniques particuliers n'a d'autre objectif que de diaboliser et criminaliser. La fréquence des noms de collaborateurs du Président Gbagbo, issus du même groupe socioculturel que lui, vise à persuader l'opinion que Laurent Gbagbo gouverne avec un clan, constitué de sudistes et des membres de sa famille, excluant les nordistes. De telles allégations ne sont pas justes car totalement fausses. Les faits démontrent qu'une telle thèse d'accusation ne devrait avoir aucune chance de prospérer, surtout lorsque l'on se réfère aux actes de gouvernance sous le Président Gbagbo.

2- Le combat du Président Laurent Gbagbo contre le sectarisme

Le Président Laurent Gbagbo est le Chef d'État ivoirien qui a pris une loi réprimant le tribalisme en Côte d'Ivoire. Il s'agit notamment de la loi modifiant et complétant les dispositions du Code pénal relatives à la répression du racisme, de la xénophobie, du tribalisme et des discriminations raciales et religieuses (RCI, 2009 : 694-695). En son article premier, la loi définit le tribalisme comme étant la « *manifestation d'hostilité ou de haine à l'égard d'une personne ou*

---

ayant pour but de défendre et faire connaître à l'opinion, le combat pour les libertés démocratiques que mène Laurent Gbagbo depuis plus de quatre décennies dans son pays, et de pouvoir obtenir sa libération et sa réhabilitation.

d'un groupe de personnes, fondée sur exclusivement sur l'origine ethnique ou tribale, toutes faveurs accordées à une personne ou un groupe de personnes sur la base de considérations exclusivement tribales ou ethniques.»

En Côte d'Ivoire, quiconque se rend coupable de tribalisme, de xénophobie, de racisme ou de discrimination raciale ou religieuse, est puni d'un emprisonnement de cinq à dix ans et d'une amende de 500 000 à 5 000 000 de francs CFA. Le Président Laurent Gbagbo qui a pris cette loi, tient à ce qu'elle soit scrupuleusement respectée par les Ivoiriens dont lui-même. Vouloir faire croire qu'il est tribaliste, c'est se méprendre sur son action à la tête de la Côte d'Ivoire. Ensuite, lorsqu'on examine des faits de nomination, on s'aperçoit que le Président Gbagbo est un véritable républicain :

3- Les nominations dans les instances de l'État

Au sein du cabinet présidentiel, les plus proches collaborateurs du Président Gbagbo n'étaient ni les membres de sa famille, ni des ressortissants de son ethnie ; souvent les membres issus de son parti, le FPI, sont minoritaires. En effet, depuis qu'il est président de la république (2000-2011), Laurent Gbagbo a eu un seul directeur de Cabinet en la personne de Monsieur N'Zi Paul David. Ce haut cadre est de l'ethnie Baoulé et militant du PDCI, le parti d'Houphouët-Boigny, aujourd'hui dirigé par Henri Konan Bédié, allié d'Alassane Ouattara. De 2000 à 2010, la fonction de Secrétaire Général de la Présidence de la République a été exercée par Amédée Kouassi Blé ; il est ressortissant de l'ethnie Baoulé et militant du PDCI. Son adjoint à ce poste est Sangolobé, de l'ethnie Djimini, du Nord ivoirien. De 2000 à 2011, le Directeur financier de Laurent Gbagbo se nomme Anoma Jacques, il est de l'ethnie Attié et membre du PDCI. Son adjoint financier, N'Da, est de l'ethnie Baoulé.

Concernant les présidents d'institution, les premiers ministres sous Laurent Gbagbo ont été :

- Pascal Affi N'Guessan, Agni (Est), militant du FPI ;
- Seydou Eliman Diarra, Malinké (Nord), militant du PDCI ;
- Charles Konan Banny, Baoulé (Centre), militant du PDCI ;
- Guillaume Soro, Sénoufo (Nord), Chef de rébellion et militant du RDR

- Gilbert Aké N'Gbo, Attié (Est), militant du FPI.

En outre, le Président de l'Assemblée Nationale, Mamadou Koulibaly est Sénoufo (Nord) et militant du FPI ; le Président du Conseil Economique et Social, Laurent Dona Fologo, est Sénoufo (Nord) et militant du RPP ; les deux Présidents du Conseil Constitutionnel qui se sont succédé, Yanon Yapo et Paul Yao N'Dré sont respectivement Attié (Est), membre de la société civile, et Dida (Sud-Ouest) et militant du FPI ; le Président de la Cour Suprême, Tia Koné est Yacouba (Ouest) et militant de l'UDPCI un parti allié d'Alassane Ouattara ; le Grand Chancelier de l'Ordre National, Youssouf Koné est Malinké (Nord) et militant du PDCI ; le Grand Médiateur, Ekra Mathieu est Abouré (Sud-lagune) et militant du PDCI ; l'Inspection Général d'État, Sangaré Aboudrahamane est Malinké (Nord) et militant du FPI ; le Président de la Commission Électorale Indépendante, Youssouf Bakayoko est Malinké (Nord) et militant du PDCI. Ainsi sur les 9 présidents d'institutions, il n'y a aucun membre de l'ethnie de Gbagbo, et son parti le FPI n'a que trois représentants. Il convient d'ajouter à cela, le fait que la présidence du Front Populaire Ivoirien, instrument de lutte politique crée par Laurent Gbagbo, a été confiée à Pascal Affi N'Guessan, et ce dès que son fondateur est devenu Chef d'État. Pascal Affi N'Guessan a été également son premier directeur de campagne en 2000. En 2010, le directeur de la campagne électorale de Laurent Gbagbo, lors des dernières élections présidentielles est Docteur Issa Malick Coulibaly, membre de l'ethnie Sénoufo, musulman pratiquant et originaire du Nord.

4- Les appels à candidatures dans les régies financières

Le Président Laurent Gbagbo est l'initiateur de l'opération dénommée « *appel à candidatures* », lorsqu'il s'est agi de nommer les responsables des régies financières en Côte d'Ivoire. Du fait de l'extrême sensibilité des secteurs de la douane, des impôts et des finances, le Président Gbagbo a personnellement veillé à ce que les cadres ivoiriens qui doivent y occuper les plus hautes charges soient sélectionnés sur la base de leurs dossiers, ce qui nécessite un appel à candidatures aux postes de responsabilité. C'est dans le cadre de l'appel à compétences que les personnalités ci-dessous ont été nommées :

- Directeur Général du Trésor : Diby Koffi Charles de 2001 à 2008, Baoulé, Centre. Devenu ministre de l'économie et des finances en 2006, il a cumulé pendant deux ans, son poste ministériel avec celui de Directeur général du Trésor. En 2008, il a été remplacé par sa collaboratrice Djédjé Mama Simone, Bété, Centre-Ouest.
- Directeur Général des Douanes : Gnamien Konan de 2001 à 2008, Baoulé, Centre, puis Mangly Alphonse de 2008 au 11 avril 2011, Yacouba, Ouest.
- Directeur Général des Impôts : Feh Kessé Lambert de 2001 à 2011, Yacouba, Ouest.

Sur la base de faits vérifiables, les arguments se rapportant à l'ethnie, au tribalisme et à toute forme de sectarisme accusant Laurent Gbagbo sont d'une légèreté déconcertante. En revanche, les fondements républicains de son action à la tête de la Côte d'Ivoire sont avérés. Ces constats peuvent être multipliés au sujet de toutes les administrations, y compris le secteur sensible de la sécurité.

5- Les nominations dans le secteur de la défense

Le procureur fait une référence sélective de certains collaborateurs du Président Laurent Gbagbo (Bensouda, ibidem : 8-9 ; 13 ; 32-33) pour développer sa thèse sur la gouvernance tribale de ce dernier. A l'analyse, ceux qu'il indexe en particulier, sont les ressortissants Bété, Wê et Attié originaires de l'Ouest et du Sud. En exemple, le procureur soutient que Bertin Kadet est « *le neveu de Laurent Gbagbo* », pour faire croire que le Président Laurent Gbagbo gouverne avec les membres de sa famille.

Pourtant, dans la langue française, le terme neveu désigne le fils du frère ou de la sœur, ce qui signifie que le père de Kadet serait le frère de Laurent Gbagbo ou que sa mère en serait la sœur. Cela est totalement faux. Pour s'en convaincre, il aurait suffi au procureur, qui a des représentants en Côte d'Ivoire, de diligenter une enquête à Mama, leur village. Ce faux scoop du procureur a évidemment reçu la mise au point du Président Gbagbo lui-même, dans sa brève et mémorable intervention, lors de l'audience de confirmation des charges tenue du 19 au 28 février 2013.

Bertin Kadet est militant du FPI depuis 1990, et membre de la direction de ce parti. Il a été appelé au Gouvernement de la République en qualité de ministre délégué auprès du Président de la République chargé de la défense, le 12 octobre 2002, quelques semaines après l'attaque des institutions républicaines par des groupes armés, dans la nuit du 18 au 19 septembre 2002. Avant d'être appelé à cette responsabilité, il était enseignant-chercheur à l'École Normale Supérieure (ENS) et cumulativement directeur de la formation professionnelle et de la pédagogie, au ministère de l'Emploi et de la Formation Professionnelle depuis le 28 décembre 2000. Sa position à ces responsabilités ne saurait avoir un quelconque rapport avec son origine ethnique. Nommé directeur de cabinet du ministre de la défense (octobre 2001), il a travaillé sur plusieurs projets de dynamisation de l'armée ivoirienne dont le *projet de loi de programmation militaire* approuvé par le Gouvernement en septembre 2002. C'est au moment où l'Assemblée Nationale s'apprêtait à voter ce projet de loi, qu'éclate la crise de rébellion. Nommé au Gouvernement, par le Décret n°2002-473 du 12 octobre 2002, il passe cinq mois à la tête du ministère de la défense qu'il n'a pas le temps d'organiser, à cause des évènements marquant cette période de troubles. Après l'Accord de Linas-Marcoussis, en janvier 2003, un gouvernement de réconciliation nationale est formé en février-mars 2003, dont il ne fait pas partie. En mars 2003, une autre personnalité est désignée pour diriger le Ministère de la défense, ce qui consacre la fin des fonctions ministérielles de Kadet, devenu conseiller du Chef de l'État, le 12 avril 2003.

Il est utile de rappeler que le Ministère de la défense ivoirien, pendant la gouvernance du Président Laurent Gbagbo, a enregistré dans l'ordre de nomination, selon leur origine socioculturelle et politique, les ministres successifs suivants[221]:

---

221 A titre de comparaison, il est à noter que sous les gouvernements Houphouët-Boigny (1960-1993) et Konan Bédié (1993-1999), les personnalités ayant dirigé le ministère de la défense étaient toutes invariablement originaires du même groupe ethnique que ces deux Chefs d'Etat, et pendant la transition militaire (1999-2000), le Général Guéï était lui-même Ministre de la Défense.

- Moïse Lida Kouassi, Dida et militant FPI (2000-2002) ;
- Bertin Kadet, Bété et militant du FPI (12 octobre 2002- 24 mars 2003) ;
- Assoa Adou, Agni et militant du FPI (24 mars 2003- 12 sept. 2003) ;
- Réné Amani, Baoulé et militant du PDCI (12 sept. 2003- 03 jan. 2006) ;
- Aphing Kouassi, Baoulé et militant du PDCI (03 jan. 2006-03 avr. 2007) ;
- Michel Amani N'Guessan, Baoulé et militant du FPI (03 avr.2007- 2010) ;
- Alain Dogou, Dida et militant du Fpi (Gouvernement Aké NGbo).

Ainsi qu'on l'aura constaté, Bertin Kadet n'est pas crédité d'une longévité ministérielle exceptionnelle. On ne peut donc pas dire qu'il bénéficiait de la confiance exclusive du Président Gbagbo pour continuer à gérer le ministère de la défense, après qu'il en soit parti. Souscrire à une telle perception du fonctionnement de ce service, c'est dénier aux responsables qui y sont promus, toute capacité à diriger, en leur faisant croire que quelqu'un d'autre fait le travail à leur place. Cela est impossible car, sous le Président Laurent Gbagbo, le rapport à la responsabilité n'est pas une question de parenté.

Il résulte de l'analyse qui précède que le seul argument sur lequel se fondent ici les détracteurs du Président Gbagbo, relève de ses liens supposés de parenté avec certains de ses collaborateurs, de son appartenance à « *l'ethnie Bété* » ainsi qu'à l'ensemble des sudistes (par opposition aux nordistes). Les faits montrent que cet argument n'est pas crédible. Pourtant c'est cet argument que le procureur de la Cpi met en avant lorsqu'il aborde la question des nominations dans l'armée.

Concernant l'armée, l'allégation selon laquelle « *Gbagbo et son entourage ont alors fondé les nominations, les promotions, comme les dotations en matériel et armes sur des bases ethniques* » (Bensouda, ibidem : 57) est dénuée de tout fondement car, toutes les mesures prises par le Président Laurent Gbagbo dans cette période de crise, y compris les nominations et les promotions, sont celles que les différents accords de règlement de la crise (Accord de Linas-

Marcoussis (2003), Accord de Pretoria (2005), Accord de Paix de Ouagadougou (2007) ont exigées (Kadet, 2013 : 115-153), comme il est résumé dans le tableau de la page suivante.

S'agissant en particulier, des nominations aux différents grades de l'armée, d'août 2010, nous étions nous-mêmes présents aux délibérations qui ont eu lieu à Yamoussoukro, le 03 août, dans une des salles de la Résidence de feu Félix Houphouët-Boigny. La séance de travail a débuté à 19 heures et a pris fin à 22 heures, en présence des membres statutaires, notamment le Chef d'État-major des Armées (CEMA), le Commandant Supérieur de la gendarmerie (CoSupGend), les commandants des forces, le Directeur des Services de Santé des Armées (DSSA), et le Directeur de l'Administration et de la législation Militaire (DALM). Ces nominations ont concerné à la fois les officiers FDS et rebelles FAFN.

Tableau : Les exigences des accords de paix en matière de sécurité et les réponses du Président Laurent Gbagbo

Les exigences des accords de paix	**Les réponses du Président Laurent Gbagbo**
Accord de Paix de Ouagadougou (2007)	
L'APO demande au Président Laurent Gbagbo de prendre une loi d'amnistie.	Le Président Laurent Gbagbo a pris les lois d'amnistie. Une première loi d'amnistie est intervenue en 2003 (**JO-RCI, 2003 : n°-309**) suivie d'une deuxième en avril 2007 (**JO-RCI, 2007 : n°457).**
L'APO préconise la mise en place d'un Centre de Commandement Intégré CCI (**APO, 2007**)	Le CCI a été crée; il est cogéré par l'armée régulière ivoirienne et les forces rebelles tel que préconisé par l'APO (**APO, 2007**)
Demande que 4000 rebelles (3400 +600) soient affectés à des tâches de sécurisation des élections, et que ce choix respecte le principe de parité entre les forces régulières et les forces rebelles.	Le Président Gbagbo a demandé que soient mis à la disposition du CCI, 4000 hommes issus des forces rebelles et 4000 autres issus de l'armée régulière pour la sécurisation des élections (**LG, Message radiotélévisée du jeudi 30 avril 2009**).
L'Accord complémentaire IV, art.3 de l'APO exige que 3400 rebelles aient le statut de volontaires à la Gendarmerie nationale et à la Police.	Le Président Laurent Gbagbo a signé le Décret conférant ledit statut à 3400 éléments des forces rebelles (**JO-RCI, 2009 : décret n°381).**

L'Accord complémentaire IV, art.3 et 4) préconise la création de Compagnies Mixtes de Sécurisation des Elections (CMSE) sur l'ensemble du territoire national, composés en part égale, des forces régulières et des forces rebelles.	Le Président Laurent Gbagbo l'a fait en instruisant le Ministre de la défense à l'effet de créer cette structure (**Minidef, 2009 : arrêté n°0344**).
L'APO demande au Président Laurent Gbagbo de réintégrer les anciens militaires de l'armée régulière, qui sont passés dans la rébellion en 2002.	Le Président Laurent Gbagbo a fait réengagé ces militaires (**Minidef, 2009 : n°0191**) **qui ont ainsi** bénéficié de quatre années de bonification, en plus des soldes afférant à leur grade (**Minidef, 2009 : n°0242**). Plusieurs d'entre eux ont connu une harmonisation de grades (**JO-RCI, 2009 : n°376**), et certains chefs rebelles ont été nommés dans des grades supérieurs (**JO-RCI, 2010 : n°213**). C'est le cas de Soumaïla Bakayoko (général), Gueu Michel (général) et Ouattara Karim (colonel).
Accord de Pretoria (2005)	
L'Accord de Pretoria (2005) recommande que 300 rebelles soient recrutés à l'Ecole Nationale de gendarmerie.	Le Président Laurent Gbagbo a signé un Décret dans ce sens (**JO-RCI, 2009 : n°380**)

Il faut rappeler que dans l'armée ivoirienne, les promotions dans les grades ont lieu chaque année et obéissent à des règles de procédure. Tout d'abord, les « proposables » sont notés au sein de leur arme respective (Terre, Air, Mer) et les candidats sont classés par ordre de mérite. Ensuite, une commission nationale présidée par un officier général et comprenant les chefs des grands commandements examine les dossiers et procède aux dernières sélections. Les travaux de cette commission durent plusieurs mois. Les candidats sont retenus en tenant compte des postes budgétaires. Telle est la procédure prescrite par le Code de la fonction militaire (RCI, 1995). A la session d'août 2010, les militaires FDS retenus sont passés par la Commission d'attribution des grades. En revanche ceux des rebelles (FAFN) promus à cette occasion n'ont pas respecté cette procédure. Les noms des officiers FAFN ont été proposés par le Général issu de la rébellion, Soumaïla Bakayoko lui-même, et le Président Laurent Gbagbo a fait une dérogation spéciale, au nom de la paix, nous disons bien, au nom de la paix.

Ces officiers issus de la rébellion sont immédiatement inscrits au Tableau National des grades dès après leur nomination, c'est-à-dire, ils sont retenus en tant que militaires de l'armée nationale de Côte d'Ivoire et non plus des militaires de la rébellion : la portée républicaine de ces nominations qui, tout en réaffirmant l'autorité des chefs militaires, contribuent au renforcement de l'unité et la solidarité au sein de l'institution militaire, est évidente. C'est à l'occasion de ces nominations que les lieutenants-colonels Ouattara Karim et Soumahoro Gahoussou, tous deux issus des forces rebelles et originaires du Nord, ont été élevés dans le grade de Colonel, de même que cinq autres officiers subalternes de la rébellion. C'est également à cette occasion que pour la première fois en Côte d'Ivoire, une femme, Mme Kouamé Akissi, est promue au grade de Médecin Colonel-Major, ce qui place cette dame dans le starting-block des futurs généraux de l'armée ivoirienne. Mme Kouamé Akissi n'est pas une ressortissante de l'ethnie de Gbagbo, elle est Baoulé du groupe Akan. Si elle a été nommée, c'est parce qu'elle est tout simplement ivoirienne et mérite ce grade. Je me souviens qu'au cours de cette séance, le Général Touvoli Bi Zobo, Chef d'État-major Particulier du Président de la République a été élevé dans le grade de Général de Corps d'Armée, alors qu'il était à la retraite et qu'il ne devait plus prétendre à l'avancement. Quelques heures après la fin des travaux, grâce à la vigilance du DALM (Directeur de l'Administration et de la Législation militaire) qui s'est aperçu de cette erreur, le Président Laurent Gbagbo a exigé qu'elle soit aussitôt corrigée et que le concerné soit informé du retrait de son grade. Cela a été fait avant la publication du Décret intervenu le 5 août 2010.

Donc, loin d'être restrictives ou à base ethnique, ces nominations concernent les membres de toutes les tendances ethniques au sein de l'armée ivoirienne et des mouvements rebelles. Elles ne sont pas faites à des fins d'élimination d'opposants ou d'extermination des partisans d'Alassane Ouattara, loin de là ; ces nominations procèdent d'un souci d'apaisement et visent la recherche de l'unité des forces ivoiriennes. Dans le strict respect des Accords de paix, le Président Laurent Gbagbo s'est ainsi efforcé de ramener les combattants issus de la rébellion dans l'ordre républicain. Le constat qui s'impose ici, est que le Président Laurent Gbagbo s'est montré légaliste et attaché à la paix, dans la gestion sécuritaire de la crise ivoirienne, en ayant appliqué l'Accord de Paix de Ouagadougou et les accords subséquents.

Enfin, s'agissant des dotations en matériels et armements qui seraient faites sur « *des bases ethniques* », c'est totalement irréaliste de faire prospérer une telle allégation. Car, comment expliquer que le GEB (gendarmerie), l'IUGN (gendarmerie), le FUMACO/DMIR (Marine) et le BASA (Terre), soient les quatre unités militaires d'élite les plus redoutables et craintes en Côte d'Ivoire, si ce n'est à cause de la qualité et du niveau de leur armement, et cela malgré le sous-équipement général de l'armée ivoirienne ? Pourtant ces unités d'élite sont respectivement dirigées par Jean Noel Abéhi (Baoulé), Ali Bassanté Badara (Malinké), Konan Boniface (Baoulé) et Dadi Tohourou (Dida). Aucun, nous disons bien aucun de son ethnie Bété. Peut-on en dire autant pour ce qu'il nous est donné d'observer sous la gouvernance actuelle de la Côte d'Ivoire ? En réalité, les faits montrent que le tribalisme, le sectarisme et la haine des gens du Nord, ne sont pas des arguments justifiés.

III- La question des mercenaires et des milices

L'accusation soutient que Laurent Gbagbo, Président de la République de Côte d'Ivoire de 2000 à avril 2011, disposant des forces régulières de l'Etat, a eu recours aux mercenaires, aux milices, et a acheté des armes. Quelle est la réalité des faits ?

1- Le Président Laurent Gbagbo n'a jamais eu recours à des mercenaires

Concernant les prétendus mercenaires français et sud-africains (Bensouda, *ibidem* : 8), c'est une allégation totalement inexacte car, durant nos années de service aux côtés du Président Laurent Gbagbo, jamais ce dernier n'a engagé la moindre conversation au sujet de prétendus mercenaires, encore moins l'engagement de ceux-là aux côtés des Forces Armées Nationale de Côte d'Ivoire. Par principe, le Président Gbagbo est attaché à la promotion des compétences ivoiriennes. Durant sa gouvernance, il a engagé une politique de recensement des cadres et diplômés ivoiriens éparpillés à travers le monde, à des fins de promotion au service du pays. En exemple, dans le secteur du sport, le travail confié à l'ex-président de la Fédération Ivoirienne de Football, Jacques Anoma, a conduit au recrutement dans l'équipe nationale « les éléphants », des célébrités telles que Didier Drogba, Baki Koné, Kolo Touré, Yaya Touré, et tant d'autres. Ceci l'est davantage dans la sécurité, un secteur longtemps négligé et géré dans un cadre de délégation de compétence (cf. accords de coopération 1961), sous les régimes du parti unique (1960-1999).

La réalité est que dans le cadre de la conscription, le gouvernement ivoirien lance tous les ans, selon la loi, le recrutement de jeunes ayant atteint l'âge du service national. Cette opération qui a été retardée sous la transition militaire à cause des difficultés du pays, a été rendue nécessaire après l'attaque du 19 septembre 2002. C'est ainsi qu'en novembre 2002, le gouvernement a pris un décret de recrutement de 4000 jeunes âgés de 18 à 21 ans, pour renforcer la capacité militaire de l'armée. Ce décret est disponible à la Direction de l'Administration et de la Législation militaire (DALM), ainsi que la liste exhaustive des appelés sous les drapeaux. Le Chef d'État-major de l'armée ivoirienne de cette époque, a supervisé ces opérations de recrutement, qui ont eu pour cadre l'école nationale de la gendarmerie à Abidjan et dans les villes de l'intérieur. C'est au cours d'une conférence de presse tenue au Cabinet du ministère de la défense, que le Ministre a officiellement lancé l'opération des recrues 2002, et chargé le Chef d'État-major pour sa mise en œuvre. Cette armée régulière ivoirienne, dont les soldats sont recrutés selon la loi, ne comporte pas de supplétifs mercenaires.

A quelle date et par quel acte ministériel, des mercenaires français, Sud-africains ou angolais auraient-ils été embauchés par Laurent Gbagbo ? Les mercenaires ne sont pas des philanthropes, par conséquent ils ne se mettent au service d'un pays sans une convention engageant le gouvernement de ce pays. Nous sommes dans une administration d'Etat ; quel est l'acte administratif qui engage ces mercenaires ?

De par notre formation et notre métier d'enseignant, nous savons que durant les décennies écoulées, les mercenaires du français Bob Denard ont causé des ravages dans les pays africains, notamment au Bénin, au Congo, aux Comores. Est-ce réaliste d'affirmer que les autorités gouvernementales ivoiriennes, qui avaient des soupçons quant au rôle trouble de certaines puissances occidentales dans l'attaque perpétrée contre leur pays, engagent des mercenaires issus de ces mêmes pays ?

En revanche, on se demande par quel qualificatif le Procureur de la Cpi désigne les troupes venues du Burkina Faso qui ont attaqué la

Côte d'Ivoire ? Quels termes s'appliquent aux ex-combattants de Fodé Sankho et de Sam Boukary recrutés par Deli Gaspard et Soro Guillaume dans la rébellion qui a défiguré ce pays? Dans quelle rubrique le procureur classe les chasseurs traditionnels Dozo de l'Afrique de l'Ouest qui constituaient les forces de cette rébellion et qui continuent d'écumer les villes, villages et campements ivoiriens ? Et que dire de tous les autres, mécaniciens et délinquants de tous bords qui ont mis la Côte d'Ivoire sous coupe réglée, pendant dix ans, au nom d'Alassane Ouattara ? S'agissant des mercenaires, telles sont les vraies questions.

En réalité, la vraie histoire des mercenaires en Côte d'Ivoire est suffisamment documentée, due aux actions de déstabilisation orchestrée par la coalition des houphouëtistes dans la sous-région ouest-africaine, depuis plusieurs décennies. Le 11 avril 2011, cette coalition des houphouëtistes est revenue au pouvoir en Côte d'Ivoire par des méthodes non démocratiques. Il est cependant utile de rappeler les grandes lignes de ces relations avec les mercenaires.

- La coalition des houphouëtistes et les mercenaires en Afrique de l'Ouest

Pendant de nombreuses années, les mercenaires des houphouëtistes ont été à la base de la déliquescence de plusieurs Etats en Afrique de l'Ouest. L'une de leurs victimes est le Libéria, un Etat voisin de la Côte d'Ivoire, victime d'une rébellion à partir du 24 décembre 1989. Suite à l'assassinat du Président libérien Samuel Doe, et malgré la présence de l'ECOMOG une force d'interposition de la CEDEAO, le Libéria a plongé dans une guerre totale dont l'horreur n'est comparable qu'à celle de la Sierra Leone voisine. Après plusieurs années d'instabilité, le chef rebelle Charles Taylor, fortement soutenu par les houphouëtistes et leurs amis, prend le pouvoir et règne d'une main de fer, puis forme avec ses soutiens ivoiriens et Burkinabé, un véritable "axe du mal" qui soutient les rebellions en Afrique de l'Ouest (Dukule, 2014 : 3).

L'un après l'autre, les Etats de la sous-région sombrent dans le chaos, sous les attaques de mercenaires ambulants. La Sierra Leone, la

Guinée Bissau, la Guinée Conakry sont aspirées dans la spirale de la violence. En Guinée Conakry, le Général Lansana Conté refuse de négocier un partage de pouvoir avec les rebelles; il soumet ces derniers à un bombardement intensif et soutenu. Les survivants se replient sur leur base arrière du Libéria d'où ils grossissent les rangs des malfaiteurs errants de la sous-région. Pendant que les rebelles du RUF décapitent, violent et amputent les populations civiles en Sierra Leone, le vieux Caporal Foday Saybana Sankho, allié de Charles Taylor, est hébergé et adulé à Abidjan par le régime d'Houphouët-Boigny, aux frais des contribuables ivoiriens. Il était pénible de constater que les dirigeants ivoiriens pouvaient s'accommoder d'un tel individu. La responsabilité internationale dont jouissait le régime ivoirien était mise au service de ces criminels.

- L'avènement du Président Laurent Gbagbo et les inquiétudes des houphouëtistes

Le 24 décembre 1999, exactement dix ans, jour pour jour après le début de l'horreur au Libéria, le régime houphouëtiste entre dans une zone de turbulence en Côte d'Ivoire, suite à des luttes internes au PDCI qui aboutissent à l'éviction de Président Konan Bédié. La perte du pouvoir par les houphouëtistes s'achève en octobre 2000 avec l'élection du Président Laurent Gbagbo, opposant pacifiste de longue date, face au Général Guéï Robert un houphouëtiste. L'élection de Laurent Gbagbo inquiète alors ces derniers et leurs alliés car, à leurs yeux, le nouveau Chef d'Etat ivoirien serait imprévisible, il a un esprit indépendant et ne dirigera pas la Côte d'Ivoire selon leurs diktats. Ils décident alors de tout mettre en œuvre pour le « *dégager* » de la présidence de la Côte d'Ivoire, par des méthodes non démocratiques. La rébellion de 2002 à 2011 qui a détruit la Côte d'Ivoire, est malheureusement la réponse aux inquiétudes des Houphouëtistes et leurs alliés. Dans un coup minutieusement planifié et bien coordonné, des hordes de mercenaires en provenance de nombreux pays, dirigé par Guillaume Soro, envahissent la Côte d'Ivoire à partir de leur base arrière du Burkina Faso. Tous les accords de règlement de la crise ivoirienne n'ont pas réussi à désarmer ces mercenaires, qui continuent encore aujourd'hui, de jouir de l'impunité absolue, parce que leurs parrains sont parvenus au pouvoir grâce à leurs armes. Telle est l'origine des véritables mercenaires en Côte d'Ivoire et dans la sous-région Ouest africaine. L'accusation portée contre le Président Laurent Gbagbo devrait chercher à bien connaître la crise ivoirienne, afin de pouvoir situer les responsabilités. A cette fin, elle se doit d'éviter les coupures des journaux du Rassemblement Des Républicains (RDR) le parti d'Alassane Ouattara, et les dépêches de certaines agences de presse étrangère en mission commandée.

2- La question des milices

Sous la gouvernance de Laurent Gbagbo (2002-2011), la Côte d'Ivoire qui dispose d'une armée régulière, n'a aucun intérêt à confier le sort des Ivoiriens entre les mains de milices, c'est-à-dire, des gens qui ne sont pas des professionnels des armes. L'armée ivoirienne souffre d'un sous équipement généralisé, une situation que tous les ministres qui se sont succédé au département de la défense ont déplorée, et que des rapports d'organisations non gouvernementales (nationales ou internationales) ont également décriée. D'où viendraient alors les armes distribuées à des milices alors que l'armée du pays n'en a pas ? En tout état de cause, cette problématique des milices mérite d'être examinée, surtout que le procureur attribue à tort des milices au Président Laurent Gbagbo.

En Côte d'Ivoire, la première personnalité politique à avoir créée une milice est le Président Félix Houphouët-Boigny. Sa milice était au service du parti unique et avait pour nom « *la Milice du PDCI-RDA* ». A la faveur du multipartisme, la milice du PDCI a été supprimée dans les années 90. Après cet épisode, les milices sont réapparues dans l'environnement sécuritaire ivoirien avec la rébellion de 2002. Les troupes de Guillaume Soro, ayant attaqué le pays en septembre 2002, ne sont rien d'autres que des groupements de milices constituées par des mercenaires burkinabés, d'anciens combattants Sierra-Leonais de Foday Sankho et Sam Boukary, d'une milice tribale « les chasseurs Dozos, ainsi que des déserteurs de l'armée ivoirienne depuis la

« Transition », entraînés et armés à partir du Burkina Faso. Cette armée de milices est connue sous la dénomination Mouvement Patriotique de Côte d'Ivoire (MPCI). A cette milice, s'ajoutent deux autres, le Mouvement pour la Justice et la Paix (MJP) du commandant Deli Gaspard, originaire de Man, capitale de l'Ouest, et le Mouvement Populaire Ivoirien du Grand Ouest (MPIGO) dirigé par N'Guessan Saint Clair, originaire du Centre ivoirien mais, qui s'est prénommé Doh Félix, pour faire local en région Wê. Selon les propos de Deli Gaspard lui-même, sur les antennes de RFI de cette période, ces «*nouveaux mouvements rebelles* » étaient nés pour « *venger Robert Guéï* » et « *créer un nouveau Rwanda à l'ouest* ». Face à ces milices de mercenaires, Laurent Gbagbo, Président de la République de Côte d'Ivoire avait l'armée nationale, pour défendre le pays et ses habitants attaqués. Le Président Laurent Gbagbo n'a donc ni crée ni armé de milice.

Le conflit ivoirien fait suite à une série de conflits régionaux (Sierra Leone, 1991-2001; Libéria, 1990-1996; Bissau Guinéen, 1998-1999). La guerre du Libéria a provoqué un exode massif de populations civiles et militaires en direction de la Côte d'ivoire. Le président Samuel Doé, un des protagonistes dans la crise libérienne, appartient au groupe socioculturel Krahn, cousin libérien des populations Wê de Côte d'Ivoire. Or, étant donné que les déstabilisateurs des Etats africains manient avec une dextérité manipulatrice la carte du tribalisme, les Krahn ont été opposés aux Gios dont serait originaire Charles Taylor. La chasse aux sorcières menée par les partisans de ce dernier contre leurs propres frères Krahn, oblige alors ces derniers à se réfugier en territoire Wê, en Côte d'Ivoire, dans les départements de Toulepleu, Bloléquin, Guiglo et Duékoué. En 1992, le quartier Nicla de Guiglo, était essentiellement peuplé de réfugiés Libériens dont la plupart sont intégrés aux natifs Wê, et ne sont jamais retournés au Libéria.

Dans le cadre du règlement de la crise ivoirienne, un premier cessez-le feu intervenu le 16 octobre 2002, ouvre des perspectives de négociations à Lomé (Togo). A la veille de ce rendez-vous, la rébellion ivoirienne met en œuvre une stratégie de démultiplication de ses bases, afin de pouvoir disposer de plusieurs représentants dans les négociations. Ainsi, à côté du Mouvement Patriotique de Côte d'Ivoire (MPCI) de Guillaume Soro, qui a revendiqué la rébellion à ses premières heures, deux autres milices de mercenaires, dont le champ opérationnel est l'Ouest ivoirien, apparaissent : le MJP (Mouvement pour la Justice et la Paix) du commandant Deli Gaspard et le MPIGO (Mouvement Populaire Ivoirien du Grand Ouest) de N'Guessan Saint Clair, alias Doh Félix. Ces mouvements rebelles lancent des attaques dans l'Ouest ivoirien où ils occupent les principales villes, malgré la présence de la force d'interposition française. Ces villes sont notamment Kouibly et Facobly dans le département de Man, et Zouan-Hounien dans le département de Danané. Tour à tour, les départements de Toulépleu à la frontière libérienne (28 novembre 2002), Bloléquin (04 décembre 2002), Bangolo et le nord de Duékoué (20 décembre 2002) tombent entre les mains de ces mouvements. Dans leur progression à partir de Bloléquin, les rebelles arrivent à Bédi-Goazon, localité située à 25 kms de Guiglo, dernier verrou avant d'atteindre la ville-carrefour de Duekoué, située à 30 kms de là, pour faire la jonction avec Man et boucler ainsi la prise de tout l'Ouest.

Les nombreux déplacés, qui affluent de ces zones occupées, apportent les témoignages des atrocités et massacres qui s'y déroulent : tueries massives, viols, éventrements de femmes enceintes, amputations de membres, pillages suivis d'incendies des habitations, qui sont les méthodes d'extermination de Foday Sankho et son ami Sam Boukary, lors du conflit sierra leonais (Souaré, 2007 : 171-190).

C'est alors que les jeunes des deux régions s'organisent en groupes d'auto-défense pour protéger leurs populations et leurs villages, de faire barrage à leurs agresseurs en mettant fin aux exactions criminelles de ces milices (Guiriéoulou, 2013). Une rébellion ne peut réussir sans la coopération des populations locales. Lorsque les populations locales décident de s'y opposer, la rébellion échoue. C'est ce qui s'est produit en 2002 dans l'Ouest ivoirien, une région qui a cependant beaucoup souffert. Les populations Wê ont réussi à repousser les rebelles au-delà de Zouan-Hounien, et à libérer les départements de Bloléquin et de Toulépleu. Ce sont ces jeunes, qui ont refusé de mourir gratuitement qui sont abusivement qualifiés de *miliciens pro-Gbagbo*, alors que les vrais miliciens, les bourreaux des populations continuent de se livrer à leurs activités d'extermination des populations de cette région. Ces groupes d'autodéfense qui sont apparus dans l'ouest ivoirien en 2002 pour s'opposer aux massacres du MPCI (Guillaume Soro), MJP (Deli Gaspard) et MPIGO (N'Guessan Saint Clair alias Doh Félix), ne sont pas des créations du Président Gbagbo. En revanche, ce que le Président Gbagbo s'est employé à faire pendant la durée de la crise ivoirienne, c'est de faire en sorte que toutes ces forces informelles, non légales, soient désarmées afin que le pays puisse retrouver la normalité.

3- La prétendue violation de l'embargo

Concernant les prétendus « achats d'armes en violation de l'embargo de novembre 2004 », qui seraient le fait de conseillers de Gbagbo, ces allégations ne reposent sur aucune preuve sérieuse car, aucun conseiller ne peut acheter des armes en Côte d'Ivoire, surtout en violant un embargo onusien. Aucun document administratif ne peut soutenir un tel énoncé. Il est de notoriété que la Côte d'Ivoire n'est ni productrice ni vendeuse d'armes, et que pour assurer sa sécurité et celle de sa population, elle est donc obligée de s'adresser à l'extérieur. Toutefois, la décision de l'embargo onusien sur ce pays date de 2004 (résolution 1572 du 15 nov. 2004) et, le Groupe d'experts chargé d'en assurer la supervision, a été créé en 2005 (Résolution 1584 du 1er février 2005). Nos fonctions ministérielles ayant pris fin depuis mars 2003, il n'est pas possible que nous puissions signer une quelconque commande d'armes en violation de l'embargo. Lorsque deux rapports du Groupe d'experts sur la Côte d'Ivoire (*Rapport final d'avril 2012 et celui d'avril 2013*) nous ont injustement cité dans des cas de violations de l'embargo, nous avons aussitôt récusé ces allégations, en écrivant au Président du Comité des Sanctions du Conseil de Sécurité de l'ONU, par l'entremise de notre avocat (Kadet, 2013 : 1-7). En tant que Conseiller du Président de la République, jamais nous n'avons passé de commande d'armes ou de matériel militaire et, aucun réseau d'achats ou de trafics d'armes en Afrique ou ailleurs ne peut nous compter parmi ses membres. Dans aucune administration ivoirienne et d'ailleurs, il n'est pas possible de trouver la moindre preuve de commande ou d'achat d'armes portant notre signature, en cette qualité. La raison est simple, sous le Président Laurent Gbagbo, ce n'est pas un conseiller qui commande ou achète les équipements militaires. Par ignorance ou par mauvaise foi, les détracteurs du Président Laurent Gbagbo vont même jusqu'à accuser la République d'Angola de livrer des armes et des combattants à la Côte d'Ivoire. Or, un tel scénario n'a jamais existé. L'Angola n'a jamais livré des armes à l'armée ivoirienne, et n'a jamais envoyé de soldat pendant la durée de la longue crise ivoirienne. Telle est la vérité, le reste n'est que de la spéculation.

Ceci dit, tout acte d'achat d'armes requiert une traçabilité administrative. Il était donc loisible au bureau du Procureur de la Cpi de se rapprocher de l'administration ivoirienne actuelle, dans le cadre de sa collaboration avec le pouvoir d'Abidjan, pour recenser tous les actes relatifs à des opérations de ce genre. En l'absence de toutes ces preuves, toutes les spéculations relèvent d'un grossier montage.

En revanche sur la question des armes, le véritable débat porte sur l'origine des armes de la rébellion. Qui a fourni des armes à Guillaume Soro et ses milices tribales « Dozos » et autres mercenaires ambulants en quête de guerre dans la sous-région, pour venir détruire tout un pays durant une décennie ? Qui sont les financiers de cette coalition armée ? Poser de telles questions dans une juridiction internationale comme la Cpi, relève du droit de tout peuple de pouvoir jouir d'une existence paisible, et non d'être impunément agressé par des bandes armées. Or ce n'est pas ce qui a été fait.

En vérité, le but de ces manœuvres est de noircir l'image du Président Laurent Gbagbo, un homme qu'il fallait « *dégager* » du pouvoir d'Etat à tous prix, y compris par des méthodes non démocratiques, pour installer Alassane Ouattara. Pour cela, ses opposants politiques, qu'ils soient ivoiriens ou d'ailleurs, ont décidé d'impliquer des personnes considérées à tort comme étant très proches ou influentes : tel est l'objet de ce montage dont l'origine se trouve dans les officines du Rassemblement Des Républicains (RDR), le parti d'Alassane Ouattara et ses alliés. Expertes dans l'intoxication, les officines du RDR et leurs alliés ont élaboré diverses stratégies de diabolisation du Président Laurent Gbagbo et d'honnêtes citoyens. Malheureusement, le procureur de la Cpi s'est fait l'écho de l'ingéniosité de ces officines d'intoxication.

4- Des organigrammes imaginaires : « *structure formelle des FDS* » et « *structure parallèle au sein des FDS* »

Dans les annexes du « *document amendé de notifications des charges* », le procureur de la Cpi présente deux schémas de commandement militaire et sécuritaire dits « *structure formelle des FDS* et *structure parallèle au sein des FDS*. Ce qui frappe le lecteur à la vue des deux schémas, c'est qu'ils ne concernent que des structures militaires et sécuritaires de la ville d'Abidjan, et dans une certaine mesure Adiaké, une localité située au bord de la lagune, à quelques kilomètres d'Abidjan. On ne voit pas apparaître les liens existant entre ces structures d'Abidjan et celles présentes de l'intérieur du pays. Est-ce à dire qu'il n'y a pas de structure sécuritaire à l'intérieur du pays ? Et pourtant elles existent. Quelles sont ces structures, où sont-elles localisées et comment interviennent-elles dans la gestion de la sécurité sur le territoire ivoirien ? Pourquoi ne sont-elles pas prises en compte dans la chaîne de commandement ? Quel est le sort réservé à ces structures de l'intérieur ? Laurent Gbagbo, Président de la République et Chef Suprême des Armées et ses forces armées ont-ils choisi de ne régner qu'à Abidjan ? Quel est ce Président de la République qui, « *dès son accession à la présidence en 2000, ...a eu pour objectif de se maintenir au pouvoir* » mais, se contente de gérer des structures militaires et sécuritaires réduites au seul territoire d'Abidjan, négligeant ainsi les autres parties de son pays ? Tout cela est quand même bizarre et l'on aimerait en connaître les raisons ?

En réalité, les infrastructures militaires et sécuritaires sont présentes sur l'ensemble du territoire ivoirien ; elles ne sauraient être réduites à quelques structures basées à Abidjan. Le pays est couvert par des Régions Militaires, des Légions de Gendarmerie, des Escadrons de Gendarmerie, des Brigades de Gendarmerie, des Préfectures de Police, des Commissariats de Police (Kadet, 2011 : 21-70). C'est justement parce que dans la moitié Nord du territoire ivoirien, ces structures militaires et sécuritaires ont été assiégées de 2002 à 2011 par divers groupes de milices lourdement armées (la rébellion), que le Président Laurent Gbagbo s'est plié à tous les accords internationaux, afin que celles-ci puissent désarmer mais, ces milices de rebelles n'ont jamais désarmé. Ensuite, il faut noter l'antériorité de ces infrastructures par rapport au régime Gbagbo. En effet, la plupart des structures militaires et policières ivoiriennes ont été créées sous le régime du Président Houphouët-Boigny. Tel est le cas des Forces Armées Nationales de Côte d'Ivoire (FANCI) et ses démembrements, la Garde Républicaine, la Gendarmerie nationale, la Police nationale, qui existaient avant l'avènement de Laurent Gbagbo.

En outre, il convient d'indiquer que l'existence de ces structures militaires et sécuritaires, leur localisation géostratégique et leur fonctionnement, sont codifiés par des textes officiels émanant des gouvernements successifs, depuis Houphouët-Boigny à Laurent Gbagbo. C'est la validation par les textes officiels qui confère aux dites structures un caractère formel. Existe-t-il de tels textes à propos des Dozos et la panoplie des ex-combattants de la rébellion ivoirienne qui constituent les forces pro-Ouattara, et qui, en réalité sont les véritables forces parallèles aux forces régulières ivoiriennes ? Non. Par conséquent, l'opération qui consiste à sélectionner quelques structures militaires d'Abidjan, pour produire un schéma de commandement, et tenter de faire créditer la thèse d'une commission de crimes n'est pas juste et n'est pas sérieux.

S'agissant de la sécurité de la Présidence de la République, elle est également régie par des textes officiels qui déterminent les différents services et leurs missions. Or, dans les schémas qu'il nous est donné de voir, n'apparaît pas l'État-major Particulier du Président de la République, commandé par un Général d'armée qui est pourtant le patron des structures militaires et sécuritaires de la Présidence. Ce n'est pas un civil ou un conseiller qui est le patron du cabinet militaire de la Présidence, il n'en n'est même pas l'interlocuteur privilégié. Par ailleurs, à quel niveau de la chaîne de commandement sont situés les services de renseignement de l'Agence Nationale de la Stratégie et de l'Intelligence (ANSI) ? Ce service ne fait-il pas partie des structures formelles ?

Plus encore, dans les schémas présentés, une unité dénommée « *forces spéciales* » apparait dans la « *structure formelle des FDS* ». A moins que ce ne soit une expression générique désignant des unités ayant des missions spécifiques, sous le Président Laurent Gbagbo, aucun texte organisant les unités militaires, de gendarmerie ou de police en Côte d'Ivoire, ne prévoit de « *forces spéciales* ». Toutes les unités ont des dénominations précises intégrant leurs missions. Tel est le cas du GSPR, la GR, le CECOS, ou la BAE, etc. Faire figurer dans un organigramme, des « *forces spéciales* » sans aucune appellation précise, alors que chaque unité militaire a un nom, cela signifie qu'on n'a pas une connaissance précise de ces unités. En réalité, les textes qui créent des « *forces spéciales* », une sorte d'unités armées aux missions vagues et floues, sont apparus sous le régime d'Alassane Ouattara qui a pris un décret de création de ces unités.

Enfin, la « *structure parallèle au sein des FDS* » est identique à la « *structure formelle des FDS* ». S'ajoutent seulement le Ministère de la Jeunesse de Blé Goudé et les Jeunes pro-Gbagbo, miliciens et mercenaires. Basées toutes à Abidjan, comment ces structures s'articulent-elles avec l'intérieur du pays ? Blé Goudé, président du Cojep, n'est pourtant pas le président des autres mouvements de jeunesse dits pro-Gbagbo ? Pourquoi les autres mouvements pro-Gbagbo ne sont pas intégrés dans le schéma de la « *structure parallèle au sein des FDS* ? » Autant de questions qui jettent un sérieux doute sur ces organigrammes « *structure formelle des FDS* et *structure parallèle au sein des FDS* contenus dans les annexes du « *document amendé de notifications des charges.* »

En définitive, aucun texte officiel organisant les structures militaires et sécuritaires de la République de Côte d'Ivoire ne permet de valider de tels schémas, qui n'ont d'existence que dans l'imagination de leurs concepteurs. Ce sont des produits de montages accumulés contre le Président Laurent Gbagbo, sur la base de témoignages faciles à obtenir dans un pays où les citoyens ont dorénavant le choix entre le « rattrapage » ou la soumission.

IV- La décision de confirmation des charges : un déni de l'État

Les juges de la Chambre préliminaire 1 ont examiné les thèses d'accusation du procureur, à la lumière de quatre actes de violence. Il s'agit notamment des manifestations de la RTI (16 décembre 2010), de deux attaques d'Abobo (3 et 17 mars 2011) et des attaques de Yopougon (12 avril 2011). Le choix de ces actes de violence appelle des remarques.

En effet, dans une confrontation armée qui a embrasé la Côte d'Ivoire, et alors que les évènements se sont déroulés sur toute l'étendue du territoire national, pourquoi l'accusation ne retient qu'une partie des manifestations ayant eu lieu à Abidjan ? N'y a- t-il pas eu de combat à l'intérieur du pays? Même en considérant les faits survenus à Abidjan, pourquoi les tueries d'Anonkoua Kouté, à Abobo, où de paisibles villageois ont été tués dans leur sommeil, dans la nuit du 6 au 7 mars 2011 par les hommes du combattant invisible pro-Ouattara n'aient pas interpelé les juges de la Cpi ? L'attaque armée de cette localité a pourtant fait au moins 24 morts, 40 blessés et des déplacements massifs de populations. De même, pourquoi les 800 Wê massacrés à Duékoué en deux jours (28 et 29 mars 2011) par la milice tribale Dozo n'ont fait l'objet de questionnement de la part des juges de la Cpi ? Et les bombardements intenses et continus effectués par la coalition militaire franco-onusienne, sur la résidence officielle du Président de la République de Côte d'Ivoire, du 1er au 11 avril 2011, ne méritent-ils pas aussi l'attention de la justice internationale? Des milliers de jeunes ivoiriens amassés en ce lieu ont pourtant été tués du fait de ces bombardements. Le constat qui s'impose ici est que les quatre actes de violence que les juges de la Cpi ont examinés pour envoyer Laurent Gbagbo en procès, ont été sélectionnés sur une base politique. C'est le gouvernement Ouattara qui a choisi ces évènements, a trouvé les preuves et les témoins, pour faire porter la responsabilité à Laurent Gbagbo. Nous ne croyons pas que le rôle de la justice internationale soit de faire la politique, en prenant le parti d'un camp contre un autre. Quelles appréciations les juges de la Cpi ont-ils des actes de violence intentionnellement choisies par l'accusation ?

1- Les attaques liées aux manifestations devant le bâtiment de la RTI (du 16 au 19 décembre 2010)

Dans leur argumentation, les juges de la Chambre notent que c'est le RHDP qui a planifié depuis plusieurs jours, « une marche en direction du bâtiment de la RTI », et que « l'objectif de cette marche était d'installer un nouveau directeur à la tête » de cette institution (Fernandez de Gurmendi et *al.*, 2014 : 13). Les éléments de preuve fournie par le Procureur montrent que « l'intention de manifester de la sorte était connue » de la hiérarchie des Forces de défense et de sécurité de Côte d'Ivoire (FDS), qui a tenu une réunion le 14 décembre à cet effet, et que le Président Laurent Gbagbo a ordonné l'interdiction de ladite marche. Une mesure dissuasive a été prise, consistant au déploiement des forces conventionnelles de l'État, notamment la police et la gendarmerie (Fernandez de Gurmendi et al.2014 : 14). Certains témoins ne confirment pas la présence de miliciens ou de mercenaires ; d'autres, notamment ceux ayant participé à ces manifestations, soutiennent qu'il y avait des miliciens et des mercenaires. Sur la base des témoignages de ces derniers, les juges se disent convaincus de la présence des miliciens et des mercenaires parmi les FDS. Selon des témoins, les marcheurs venaient d'Abobo, Yopougon, Adjamé et Treichville ; ils n'étaient pas armés car, ils étaient fouillés par « des anciens ». Ils ont été attaqués par les FDS soutenues par des miliciens et des mercenaires (Fernandez de Gurmendi et *al.,* 2014 : 16). Ces attaques contre les manifestants de la RTI située à Cocody, se sont poursuivies dans plusieurs endroits notamment sur l'axe Abobo-Adjamé, la route du Zoo, Williamsville, le siège du RDR, le siège du PDCI, Treichville, Marcory. Après le 16 décembre 2010, les FDS, les miliciens et les mercenaires ont continué à tuer, à violer des populations, et à s'attaquer à des mosquées à divers endroits de l'agglomération d'Abidjan (Fernandez de Gurmendi et *al.,*

2014 : 17-19). Tel est le résumé des propos des juges de la Chambre préliminaire 1, qui fondent leur conviction. Ces faits d'attaques de la RTI, sur lesquels ils s'appuient pour confirmer les charges appellent les observations suivantes :

- Les faits sur lesquels la Chambre se prononce se déroulent dans un État de droit dont Laurent Gbagbo est le garant constitutionnel. Au moment où ils statuent sur ces évènements qui se déroulent en Côte d'Ivoire, les juges n'ignorent cependant pas qu'il existe des lois qui gouvernent ce pays. Ont-ils accordé une quelconque importance à ces lois et institutions qui régissent l'État de Côte d'Ivoire ? Telle est la question. Laurent Gbagbo n'est pas un citoyen ordinaire comme le présente le document des charges du Procureur ; il est le garant des lois dans ce pays dont il est le Président de la République. Or, il était encore dans ses fonctions en 2010, lorsqu'Alassane Ouattara son concurrent à l'élection présidentielle du 28 novembre 2010, nomme un nouveau directeur de la télévision publique d'État. S'étant proclamé élu à l'issue d'un scrutin aux résultats controversés, ce dernier demande à ses partisans d'aller installer par tous les moyens y compris la force des armes, un nouveau directeur de la télévision nationale. Est-ce que dans un état organisé, ce sont les manifestants qu'un dirigeant politique se disant investi du suffrage d'un peuple, envoie pour installer les responsables de l'administration publique ? Le RHDP, principal organisateur de la manifestation d'une part, et Laurent Gbagbo, président de la République et Chef de l'État d'autre part, n'étaient pas en conflit dans un territoire neutre, un territoire sans gardien et sans loi. Pourquoi les juges de la Cpi chargent-ils le garant de l'Etat et des lois de la République alors que ceux qui les ont agressés sont connus et identifiés ?

- D'après les juges, c'est depuis longtemps que le RHDP « a planifié » l'attaque sur la RTI. Il est à rappeler que le RHDP est un regroupement de partis politiques et de mouvements rebelles, formé à Paris en janvier 2003, à la faveur de la Table Ronde de Linas Marcoussis, dans un contexte de règlement de la crise ivoirienne. Après l'échec du coup d'Etat du 19 septembre 2002 conduit par les mouvements rebelles MPCI, MPIGO et MJP, les organisateurs de la conférence de Linas Marcoussis décident de réaliser un coup d'Etat constitutionnel contre le régime du Président Laurent Gbagbo (socialiste), pour installer au pouvoir en Côte d'Ivoire, un régime conforme à leurs intérêts. Ils suscitent alors la création d'un mouvement d'obédience houphouëtiste : le Rassemblement des Houphouëtistes pour la Démocratie et la Paix (RHDP). Ce mouvement comprend notamment le Rassemblement Des Républicains (RDR), le Parti Démocratique de Côte d'Ivoire-Rassemblement Démocratique Africain, l'Union pour la Démocratie et la Paix en Côte d'Ivoire (UDPCI), le Mouvement des Forces d'Avenir (MFA), ainsi que les groupes rebelles MPCI, MPIGO et MJP, baptisés « forces nouvelles » et qui en sont la branche armée. Alors, qui est concepteur d'un plan commun ? Est-ce Laurent Gbagbo, Chef de l'Etat, qui prend des mesures préventives de sécurité pour faire respecter l'ordre républicain, ou est-ce le RHDP et sa branche armée qui défient l'ordre républicain et perturbent la paix sociale depuis dix ans ? Les juges de la Cpi ne se posent pas cette question au moment de prendre leur décision.

- Le RHDP a profité du contentieux électoral en cours, en 2011, pour renverser enfin le régime du président Gbagbo qu'il traque depuis 2002. Pour atteindre cet objectif, le chef des « forces nouvelles », Guillaume Soro appelle solennellement le mardi 14 décembre 2010, depuis l'hôtel du Golf, quartier général de la campagne électorale d'Alassane Ouattara, les combattants de son armée « *les forces armées des forces nouvelles ou fafn* » retranchés en ce lieu, à attaquer la RTI. L'auteur de cet appel, également Premier Ministre (Accord de Ouagadougou, 2007) et responsable du processus de sortie de crise, ne sollicite ni les policiers ni les gendarmes, pour se rendre à la RTI, un service public non armé, mais des combattants de sa rébellion armée. Ce jour-là, les échanges entre lui et ses chefs de guerre sont retransmis en direct par cette chaîne publique :
Soro Guillaume : « *soldats, militaires, je vais à la Radio-Télévision Ivoirienne, pour installer le nouveau directeur général de cette télévision, parce que le Président de la République me l'a demandé.*

Vous devez vous tenir prêts ; donc il faut que vous vous mobilisiez, jeudi, nous allons à la télévision, je compte sur vous. »
Issiaka Wattao : « *...comme tous les deux patrons ont parlé, nous, on n'a rien à dire encore, donc il faut qu'on soit prêt pour le jeudi.* »
Mourou Ouattara : «... *rassemblement à la piscine avec tous vos équipements militaires et de combat, l'amusement est fini.* » (www.youtube.com/watch?v=mMRCktguCgA)

Quelle était l'intention de Guillaume Soro, Premier ministre du gouvernement Ouattara qui, au lieu de mobiliser des policiers, a choisi de recourir aux « *soldats et militaires* » de sa rébellion, dans un service public non armé, si ce n'est pour y perpétrer la violence militaire ? Face à cette menace, le Président Gbagbo prend des mesures préventives, d'abord en interdisant cette manifestation dont le caractère insurrectionnel et séditieux est évident, ensuite en déployant des forces conventionnelles notamment les policiers et les gendarmes. Malgré ces mesures, le RHDP met son plan commun à exécution le 16 décembre, défiant la loi et l'autorité de l'Etat. Evidemment, il y a des dégâts mais, qui doit s'expliquer de son comportement ? L'État n'avait- il pas le droit de prendre des mesures pour faire régner l'ordre et la paix ? Les juges de la Cpi ne sont pas préoccupés de ces aspects, leur souci étant d'envoyer Gbagbo au procès. Mais au nom de quel droit international celui qui a respecté jusqu'au bout la constitution de son pays est-il embastillé dans une prison à La Haye, pendant que ceux qui la piétinent continuellement et qui n'affichent aucune volonté de respect des règles communes sont-ils célébrés dans le pays ?

- Malgré des doutes persistants, les juges ont confirmé la présence de miliciens et mercenaires. En effet, c'est seulement sur la base des témoignages des participants à la manifestation que la Chambre fonde sa conviction sur la présence de miliciens et de mercenaires parmi les forces de défense et de sécurité ivoiriennes. Qu'est-ce qui distingue un milicien, d'un mercenaire sur un théâtre d'opération armée ? Sont-ce des vêtements estampillés, ou est-ce le port d'armes ? Et comment savoir que ces miliciens et mercenaires combattent aux côtés des FDS en tenues de corps, et non aux côtés du RHDP ? Il est pourtant de notoriété publique, que les « forces nouvelles », la branche armée des organisateurs de la manifestation du 16 décembre, sont un conglomérat de chasseurs traditionnels « Dozos », d'anciens prisonniers issus des centres pénitenciers du pays et de divers groupes de personnes. Ces personnes vêtues en tenues bigarrées et munies d'armes de guerre dont ils ne se séparent jamais, sont en réalité les vrais miliciens et mercenaires (sur lesquels nous reviendrons). Ils n'agissaient pas pour le compte des FDS, mais bien pour le RHDP. Alors, de quel droit se prévalent, depuis 2002, des bandes armées et des tribus de chasseurs traditionnels, pour s'attaquer aux institutions d'un État ?

- Les juges de la Cpi se disent convaincus par la version du procureur qui veut qu'une manifestation initialement dirigée sur la RTI située dans le quartier de Cocody, se généralise sans raison apparente, dans des endroits choisis de la ville d'Abidjan (route Abobo-Adjamé, Williamsville, route du zoo, Treichville, Marcory), et visent des cibles particulières notamment le siège du RDR, le siège du PDCI et des mosquées, à différentes dates.

  En allant dans le sens d'un procureur qui n'a procédé à aucune enquête véritable de terrain, les juges de la Cpi se font complices de la manipulation des faits tendant à faire croire que les forces régulières ivoiriennes se sont attaquées à des civils non armés, à des opposants politiques de Laurent Gbagbo, et à des populations de confession musulmane. Alors que dans cette affaire, c'est l'État de Côte d'Ivoire dont Laurent Gbagbo est le garant, qui est constamment défié par les comportements anti républicains de ces groupements de partis politiques et de mouvements rebelles armés.

2- Les attaques d'Abobo (3 et 17 mars 2011)

Concernant l'attaque lancée contre une manifestation de femmes à Abobo (3 mars 2011), les juges approuvent l'allégation du procureur selon laquelle des militaires de l'armée ivoirienne ont tiré à l'arme lourde, sur des manifestants désarmés. Les juges s'appuient pour cela sur des témoignages et des vidéos (Fernandez de Gurmendi et *al.*, 2014 : 23-25) dont la crédibilité est contestable à tous points de vue. Car, les ivoiriens ont pu voir ces vidéos présentant des scènes de femmes couchées à terre, soit disant tuées à l'arme lourde, mais qui adoptent curieusement une position debout pendant que le cameraman qui capte les images, a l'objectif de son appareil fixé sur les metteurs en scène ; la foule des manifestants demandent aux femmes de se maintenir couchées car, la mise en scène n'est pas terminée.

S'agissant du bombardement du marché d'Abobo et ses environs (17 mars 2011), les juges de la Cpi sont d'avis que l'armée ivoirienne a fait « pleuvoir » des obus de mortiers tirés depuis le camp de la gendarmerie de cette commune, sur des populations civiles, et que le Bataillon d'Artillerie Sol Air (BASA) situé à Akouédo sur la route de Bingerville, en est responsable. La décision des juges repose, là aussi, sur des témoignages et des rapports d'ONG.

En réalité, les évènements d'Abobo ont été choisis par les accusateurs du Président Gbagbo pour faire croire que l'armée ivoirienne possède des armes lourdes, lesquelles auraient été utilisées pour « *s'attaquer à des populations civiles non armées* ». En plus, l'accusation a choisi de porter son attention sur une catégorie vulnérable de la population, notamment les femmes, dans le but de provoquer un choc dans l'opinion. On voit bien que l'argument portant sur les armes lourdes est le prétexte utilisé par la coalition militaire internationale pour bombarder la résidence du Chef d'Etat ivoirien, en avril 2011. Pourtant, depuis janvier 2011, la commune d'Abobo est devenue une zone de non droit, à cause de la présence du commando invisible d'Ibrahim Coulibaly dit IB, un partisan d'Alassane Ouattara, qui sème la terreur et la désolation parmi les populations. Les juges ne prennent même pas en considération le fait qu'Abobo est en ce moment-là, le lieu d'expression des contradictions internes à la rébellion ivoirienne, à travers les affrontements armés entre les pro-IB et les pro-Soro.

Ce n'est pourtant pas le premier cas d'explication armée entre ces deux factions rebelles. Entre 2003 et 2004, la moitié Nord du pays sous contrôle de la rébellion, a été le théâtre de plusieurs affrontements meurtriers de positionnement entre les deux chefs rebelles, Guillaume Soro et Ibrahim Coulibaly dit IB. La bataille la plus décisive, celle des 20 et 21 juin 2004 à Bouaké, a tourné à l'avantage de Soro, avec un bilan de 100 morts. L'ONUCI, qui y a mené une enquête (2004), a même dénoncé un charnier de 94 corps à la suite de ces combats fratricides. Où est donc passé le droit, lorsque des bandes armées affligent les populations de tout un pays durant une décennie ?

3- Les attaques de Yopougon (12 avril 2011)

Les évènements de Yopougon ont lieu après que le Président Laurent Gbagbo ait été arrêté et se trouve entre les mains des forces d'Alassane Ouattara, le 11 avril. A cette date, et depuis l'hôtel du golf son lieu de détention, le Président Laurent Gbagbo a lancé un appel à l'arrêt des combats, en direction de l'armée régulière : « *je demande aux militaires d'arrêter les combats afin que s'ouvre la phase civile et politique de règlement de la crise* ». Pourquoi doit-on lui imputer la responsabilité des évènements qui ont lieu après, alors qu'Alassane Ouattara a pris le pouvoir, et que ses armées contrôlent la ville d'Abidjan et l'ensemble du pays ? Il est à rappeler que le 17 mars 2011, Alassane Ouattara a pris un décret créant les Forces Républicaines de Côte d'Ivoire, et que dans les jours qui ont suivi la chute du régime Gbagbo, Guillaume SORO a rencontré les chefs militaires des ex-FDS, en vue de l'organisation d'une cérémonie de remise de leurs armes au gouvernement Ouattara. La cérémonie a eu lieu le vendredi 29 avril 2011 à Yopougon, en présence du Général Philippe Mangou, des « forces nouvelles », de la Licorne, de l'ONUCI et des chefs des différentes milices pro-Ouattara. Après la remise des armes aux forces pro-Ouattara, ces dernières ont envahi les sous-quartiers de Yopougon, à la recherche des pro-Gbagbo, au mépris des garanties de l'accord qu'elles leur avaient données. Dès cet instant, tous les quartiers d'Abidjan et en particulier Yopougon, ont été systématiquement visités, maison par maison. C'est au cours de ces opérations d'élimination systématique de pro-Gbagbo, que plusieurs jeunes ont été tués parmi lesquels le journaliste Sylvain Gagnéteau. Malgré cette réalité, les juges de la Cpi ont pris le parti du procureur. Ils soutiennent que Laurent Gbagbo a utilisé son armée, des miliciens et des mercenaires pour éliminer des populations civiles originaires du Nord ivoirien et de la sous-région ouest africaine (Fernandez de Gurmendi et *al. idem* : 32-36).

En s'inscrivant dans la logique du procureur, les juges de la Chambre préliminaire 1 de la Cpi adhèrent ainsi aux thèses d'accusation de ce dernier; ils se rangent non pas du côté de l'État dont l'existence a été continuellement menacée, mais au contraire du côté de ceux qui le défient et sapent ses institutions depuis 2002, par des agissements violents et anti démocratiques. Cependant cette décision de confirmation des charges souffre d'un déficit de légitimité dû à l'opinion dissidente émanant d'un des trois juges.

4- L'opinion dissidente à la décision de confirmation des charges

La Décision de confirmation des charges est entachée de deux tares; d'une part Madame Christine Van den Wyngaert, l'un des membres du collège des trois juges ayant pris ladite décision, a émis une opinion dissidente. Elle reproche notamment au procureur de se fonder sur des ouï-dire anonymes, dans ses accusations. Selon ce juge, le procureur n'a pas « prouvé les différents modes de responsabilité qu'il a proposés dans le document amendé de notification des charges »; en outre, les preuves fournies par le procureur sont douteuses; il en est de même pour certains témoins dont la crédibilité n'est pas évidente. Contrairement au postulat du procureur de la Cpi, selon lequel Laurent Gbagbo s'est attaqué à des civils pro-Ouattara non armés, le juge Van den Wyngaert affirme que « le régime de ce dernier était confronté à un puissant adversaire militarisé dans plusieurs parties du pays… » Enfin, contrairement aux accusations du procureur alléguant que Laurent Gbagbo aurait agi de concert avec son entourage, le juge dissident soutient « qu'il n'y a pas suffisamment de preuves de l'existence d'un groupe agissant de concert. » (Van den Wyngaert, 2014 : 1-11)

Lorsque sur des accusations aussi graves engageant la vie d'une personnalité du rang de Laurent Gbagbo et l'avenir de la Côte d'Ivoire, un des trois juges de l'affaire exprime une opinion diamétralement opposée à celle des deux autres, c'est qu'il y a véritablement problème sur les faits en jugement. Ce qui rend davantage intrigant et problématique cette décision de confirmation des charges, c'est qu'en plus de la position dissidente du juge Belge Christine Van den Wyngaert, un second juge, l'Allemand Hans-Peter Kaul dont l'avis a pesé en faveur du procureur, a démissionné de la Cpi le 25 juin 2014 après avoir pris la décision de renvoyer Laurent Gbagbo en procès le 12 juin 2014.

Deux semaines plus tard, soit le 21 juillet 2014, le juge Hans-Peter Kaul décède, paix à son âme, des suites d'une maladie dont il souffrait depuis plusieurs mois et qui était sue de ses proches. Des questions se posent alors de savoir si ce juge bénéficiait de la plénitude de ses capacités d'analyse et de jugement au moment de la prise de cette fameuse décision, ce, d'autant plus que le même juge fait partie de ceux ayant renvoyé le procureur à revoir sa copie pour insuffisance de preuve, le 3 juin 2013. Afin d'être situé sur le cas du juge défunt et pouvoir dissiper le doute entourant la décision de confirmation des charges, la défense du Président Gbagbo a présenté une requête (*Notre Voie*, 2014 : 2-3) à la Chambre et fait appel à la décision du 12 juin 2014 (Altit, 2014 : *idem*), initiatives toutes rejetées par la Chambre.

Conclusion

Finalement, toutes ces manœuvres démontrent que le procureur a opéré un passage en force pour envoyer le Président Laurent Gbagbo en procès. Plutôt que de véritables preuves, le « *document amendé de notification des charges* » a reproduit des clichés de diabolisation du Président Laurent Gbagbo, et de disqualification de l'action de celui-ci à la tête de la Côte d'Ivoire, de 2000 au 11 avril 2011. Pour cela, l'accusation l'a présenté comme étant un xénophobe, un tribaliste qui n'a gouverné qu'avec les ressortissants de son groupe ethnique, avec des milices et des mercenaires.

C'est cette posture qui justifie qu'il aurait massacré une partie de son peuple, notamment des gens du Nord, de confession musulmane et des étrangers, tous qualifiés de populations pro-Ouattara, lors de la crise postélectorale de 2011.

Cet argumentaire volontairement conçu autour de la thèse d'une prétendue gouvernance tribale de Gbagbo n'est pas justifié, pour diverses raisons. D'abord la démarche politique et l'itinéraire personnels de Laurent Gbagbo font de lui un homme qui met la réflexion avant l'action, et qui agit à la lumière du jour et non masqué. Ses projets politiques sont connus du public, ils ne laissent aucune place au sectarisme et aux particularismes tribaux ou ethniques. Laurent Gbagbo est un citoyen du monde, il n'appartenant à aucun clan. Examinée à l'aune de ses responsabilités à la tête de la Côte d'Ivoire, l'œuvre de Laurent Gbagbo procède d'une action collective impliquant des ivoiriens de toutes catégories et de toutes origines, y compris des cadres du RDR, PDCI, UDPCI, et les rebelles. Le Président Laurent Gbagbo ne saurait par conséquent se reconnaître dans des incriminations infondées telles que développées par le procureur de la Cpi.

En réalité, Laurent Gbagbo est un Président de la République dont le pays a subi une agression extérieure en 2002. Pendant dix ans, il a accepté toutes les humiliations en cohabitant dans son gouvernement, avec ceux qui l'ont attaqué, espérant qu'ils désarmeraient. Non seulement ces derniers n'ont pas désarmé mais, ils ont reçu l'appui politique et militaire de puissances étrangères, qui ont contraint le Président Laurent Gbagbo, par les armes, à quitter le pouvoir, après qu'il ait gagné les élections de sortie de crise, et que les institutions de son pays l'aient proclamé vainqueur et investi. Déporté à la Cour pénale internationale pour avoir respecté la décision de la Cour Constitutionnelle de son pays et osé défendre les intérêts de la Côte d'Ivoire, Laurent Gbagbo est face à la conscience du monde.

En dépit des vérités crues et des faits qui militent en faveur de la mise liberté du Président Laurent Gbagbo, les juges de Chambre préliminaire 1 ont confirmé les charges contre lui, le jeudi 12 juin 2014. Alors que Laurent Gbagbo est désormais embastillé à La Haye, la Côte d'Ivoire n'a toujours pas retrouvé la paix véritable et la réconciliation que ses détracteurs ont promises. La constitution du pays n'est plus que de nom tant elle est constamment violée dans les actes gouvernementaux. Les chefs de guerre ont assiégé le pays où ils plastronnent au sommet de l'État. L'insécurité est permanente; les milices tribales Dozos règnent toujours en maîtres absolus dans les villes, villages et campements du pays. De même, la démocratie a foutu le camp au profit du retour au parti unique, dans un pays qui a pourtant souffert pour l'acquérir. Pourquoi le monde a- t-il encouragé et fait la promotion des rebelles et du désordre en Côte d'Ivoire ? Pour toutes ces raisons, le débat qui pointe à l'horizon, à l'occasion du procès du célèbre prisonnier de La Haye, ne concerne pas seulement la crise sociopolitique survenue en Côte d'Ivoire. C'est un ensemble de questionnements sur la place des Etats Africains dans le concert des nations modernes et démocratiques. Pourquoi les grandes nations démocratiques, au lieu d'aider à la consolidation des jeunes démocraties africaines, dénient le droit aux peuples Africains de respecter les lois et les institutions qu'ils se sont données dans leurs États? Pourquoi ces nations respectées font la promotion des gouvernements de rébellion qu'elles placent à la tête des Etats Africains, où des chefs de guerre maintiennent les peuples dans des situations de colonisation révolue ? Ce débat concerne tous les démocrates épris de justice et de liberté à travers l'Afrique et le monde.

Laurent Gbagbo est le porte-flambeau des valeurs de démocratie, de liberté et de justice. Le combat que cette personnalité hors du commun a mené durant toute sa vie sans violence, pour l'instauration de la démocratie à l'échelle de son pays la Côte d'Ivoire, son ouverture d'esprit toujours disposé à discuter, « *asseyons-nous et discutons* », font de lui assurément, la pierre angulaire autour de laquelle ces valeurs doivent revêtir une signification véritable, dans un continent africain continuellement infantilisé. Les dirigeants du monde notamment ceux des grandes démocraties, sont interpelés sur un cas d'injustice caractérisée, faite à une des rares personnalités africaines ayant fait de la promotion de la démocratie, le crédo de sa vie politique.

Références bibliographiques

1- Altit E. (2014) : Situation en Côte d'Ivoire, Affaire le procureur contre Laurent Gbagbo. Version publique expurgée de la demande d'autorisation d'interjeter appel de la « Décision relative à la confirmation des charges » du 12 juin 2014. 31 juillet, 44 p.
2- Bensouda F. (2014). Document amendé de notification des charges, Cour pénale internationale, N°ICC-02/11-01/11, 13 janvier, pp. 4, 6, 7, 8-9, 13-14, 32-33, 57, 69).
3- Dukule A. (2014). *Un conseiller de la présidence du Liberia attaque la Côte d'Ivoire. Des accusations graves contre Charles Taylor et la rébellion ivoirienne*. Article de Jeune Afrique, rapporté par le quotidien ivoirien L'Inter n°4896 du jeudi 02 octobre, p. 3.
4- Guiriéoulou E. (2013). La situation sécuritaire de l'Ouest ivoirien, Document ayant servi de base à la déclaration de la Coordination du FPI en exil, sur la situation sociopolitique de la Côte d'Ivoire, 2013.
5- Kadet G. B. (2011). La politique de défense et de sécurité de la Côte d'Ivoire. Paris, L'Harmattan, pp. 21-70.
6- Kadet G. B. (2013). *Le président Laurent Gbagbo, un modèle de combattant pour les libertés démocratiques*. In Koudou Kessié et Oulaye Hubert (dir.). Le président Laurent Gbagbo à la cour pénale internationale, Justice ou imposture ? Paris, L'Harmattan, p 47.
7- Kadet G. B. (2013). *L'engagement du Président Laurent Gbagbo pour la sécurisation du processus électoral et la paix disqualifie les accusations portées contre lui par le procureur de la CPI*. In Koudou Kessié R., Oulaye H. et Tano F. (2013). Cour pénale internationale : l'introuvable preuve contre le Président Laurent Gbagbo. Paris, L'Harmattan, pp. 115-153.
8- Kadet G. B. (2013). *Observations sur le contenu du Rapport final du Groupe des Experts, sur la situation en Côte d'Ivoire, adressé à M. le Président du Comité des Sanctions du Conseil de Sécurité*, par les soins du Cabinet d'Avocats Maître Josette Kadji, Douala, mai 2013, 7 p.
9- Oulaye H. (2013). *Ajournement de l'audience de confirmation des charges dans l'affaire le procureur contre Laurent Gbagbo : sens et portée d'une victoire d'étape*, in Raymond Koudou Kessié, Hubert Oulaye et Félix Tano (dir.). Cour pénale internationale :

l'introuvable preuve contre le président Laurent Gbagbo, Paris, L'Harmattan, pp. 32-43.

10- Notre Voie (2014). Cour pénale internationale, Révélations sur la mort du juge Hans-Peter Kaul, n°4824 du vendredi 26 septembre, pp 2-3, Abidjan, RCI.

11- Paranque R. (2011). De Mendès France à Bérégovoy, L'honneur en politique, Saint-Malo, Pascal Galodé éditeurs, p. 31.

12- République de Côte d'Ivoire (2009). Loi n°2008-222 du 4 août 2008, dans le Journal Officielle pp. 694-695.

13- République de Côte d'Ivoire (2011), Décret du 17 mars portant création des Forces républicaines de Côte d'Ivoire.

14- Silvia Fernandez de Gurmendi et *al.* (2014). Situation en République de Côte d'Ivoire, Affaire le procureur contre Laurent Gbagbo. Décision relative à la confirmation des charges portées contre Laurent Gbagbo. N° : ICC-02/11-01/11 du 12 juin, pp. 23-25, 32-36, 1-142.

15- Souaré K. Issaka (2007), Guerres civiles et coups d'Etat en Afrique de l'Ouest, Comprendre les causes et identifier des solutions possibles, L'Harmattan, Paris, pp. 171-190.

16- Van den Wyngaert C. (2014). Opinion dissidente de la juge Christine Van den Wyngaert, Cour pénale internationale, n°ICC-02/11-01/11, Traduction officielle de la Cour, 11 p, 12 juin, La Haye (Pays-Bas).

NON, MADAME LA PROCUREURE FATOU BENSOUDA LAURENT GBAGBO N'EST PAS TRIBALISTE !

Par

Émile GUIRIÉOULOU[222]

Dans le document amendé de notification des charges, madame la Procureure de la Cour pénale internationale, tente à tous les prix de trouver des défauts innés au Président Laurent Gbagbo afin de justifier ses accusations. Tout le long de ce document, une trame insidieuse apparait de façon permanente : Laurent Gbagbo serait foncièrement un tribaliste qui s'est toujours appuyé sur son ethnie, les Bétés, pour gouverner la Côte d'Ivoire. Dans l'application d'un certain « plan commun », il aurait procédé à une restructuration de l'armée notamment pendant la crise postélectorale en ne s'appuyant que sur les membres de son ethnie.

Ainsi, au point 144 du document amendé de notification des charges, elle écrit : *« Depuis la crise de 2002, les FDS étaient marquées par des tensions interethniques sous-jacentes, liées à une « fibre tribale » imposée par Gbagbo dans les FDS. Gbagbo n'accordait une pleine confiance qu'à des originaires de sa région et il entretenait à tout le moins une méfiance envers certaines autres populations. Gbagbo et son entourage immédiat ont alors fondé les nominations, les promotions, comme les dotations en matériel et armes sur des bases ethniques ».*

Au point 169, elle précise : *« Gbagbo avait choisi des hommes de confiance pour commander des unités clefs (notamment le CECOS, le DMIR, la GR, le BASA et le GEB). La plupart de ces commandants était d'ethnies proches de celle de Gbagbo, sinon du même village ».*

Cette volonté de « tribaliser » la gestion de l'Etat par Laurent Gbagbo, transparait constamment dans les dits et les non-dits de la Procureure. Citons-en quelques exemples:

- Au point 7, elle omet volontairement de préciser que Nadiana Bamba est originaire du nord et de religion musulmane quand

[222] Ancien Ministre de l'Intérieur du gouvernent Aké N'Gbo sous le Président Gbagbo.

elle dit « *GBAGBO a deux épouses : il est marié légalement à Simone Gbagbo avec laquelle il s'est converti au christianisme évangélique et il est marié traditionnellement à Nadiana Bamba »,* car cela contredirait sa thèse d'un Gbagbo antimusulmans et anti-nordistes.

- Point 11 : *« Pendant les années 90, Gbagbo demande le soutien des mouvements étudiants, notamment la Fédération Estudiantine et Scolaire de Côte d'Ivoire (« FESCI »), dont l'un des secrétaires généraux est Charles Blé Goudé, un Bété originaire du département de Gagnoa ».* La Procureure évite ici de noter que Soro Guillaume, lui aussi ancien secrétaire général de la FESCI, est originaire de la région de Ferkessédougou dont se réclame Alassane Ouattara. Elle « ignore volontairement » que parmi les principaux dirigeants de la FESCI des années 90, outre Soro Guillaume, plusieurs se retrouvent dans le camp opposé à Laurent Gbagbo : Ahipeaud Martial (candidat déclaré à la présidentielle prochaine après avoir flirté avec Bamba Moriféré puis le général Guéï), Blé Guirao (UDPCI), Karamoko Yayoro (RDR), Doumbia Major (proche du défunt IB), etc.

- Point 32 : *« le 7 février 2006, l'ONU imposera des sanctions individuelles contre Blé Goudé ».* Pourquoi citer uniquement Blé Goudé alors que ces sanctions individuelles concernaient également Eugène Djué, un Baoulé, et le chef rebelle Fofié Kouakou Martin si ce n'est pas une volonté manifeste de tronquer les faits en vue de manipuler l'opinion dans le but d'asseoir l'idée de « l'entourage bété de Gbagbo » ?

Les réalités de la gouvernance du Président Laurent Gbagbo démontrent pourtant que ces accusations de la Procureure de la Cpi sont inexactes car ne reposant sur aucun fait vérifiable en Côte d'Ivoire.

Durant les dix ans d'exercice du pouvoir d'Etat, le Président Laurent Gbagbo a travaillé dans un esprit de rassemblement excluant toute politique basée sur le tribalisme et le népotisme. Aucun fait vérifiable en Côte d'Ivoire ne peut démontrer que Laurent Gbagbo s'est comporté en tribaliste ni dans sa vie privée ni dans la gestion des affaires publiques. Son ex-épouse avec laquelle il a eu son fils aîné Michel est française. Simone Gbagbo, son épouse, n'est pas Bété mais de l'ethnie Abouré de la région de Grand-Bassam dans le sud de la Côte d'Ivoire. Il a contracté un mariage traditionnel avec Nadiana Bamba, une Malinké, originaire de la région de Touba au nord du pays et qui est de confession musulmane.

Au contraire de ce qu'affirme la Procureure de la Cpi, le Président Laurent Gbagbo a ouvert ses différents gouvernements à des personnalités venant de toutes les régions du pays, et qui ne sont pas toutes membres de son parti, le FPI, depuis son accession à la Magistrature Suprême de la Côte d'Ivoire en 2000 jusqu'à son renversement le 11 avril 2011.

En outre, sous sa gouvernance, les nominations dans les administrations de l'Etat ne sont pas sous-tendues par des considérations ethniques. C'est pour réaffirmer cette conviction que le 19 février 2012, à l'audience de confirmation des charges, le Président Laurent Gbagbo s'était déjà insurgé contre ces affirmations de la Procureure de la Cpi, en déclarant face à la présidente de la Chambre préliminaire 1 : *« Madame, moi, je ne gouverne pas avec ma famille ».*

Il est bon de rappeler que la Côte d'Ivoire compte 62 ethnies reparties en cinq grands groupes :

1. Les Akans : Baoulé, Agni, Attié, Abouré, Ebrié, Abbey, Adjoukrou, Abrons, etc.
2. Les Krous : Bété, Wê (Guéré), Dida, Kroumen, Godié, Néyo, Bakoué, Gnamboua, etc.
3. Les Gurs ou Voltaïques : Sénoufo, Tagbana, Djmini, Lobi, Koulango, etc.
4. Les Mandés du nord : Malinké (Dioula)
5. Les Mandés du sud : Yacouba, Gouro, Toura, etc.

En présentant les faits de gestion du Président Laurent Gbagbo, au regard des allégations émanant de la Procureure de la CPI (supra), nous entendons démontrer par des faits vérifiables, que celui-ci s'est toujours comporté en un véritable républicain et non un tribaliste. Examinons donc ces faits.

I- AU NIVEAU DES INSTITUTIONS DE LA RÉPUBLIQUE

Sous la présidence de Laurent Gbagbo, aucun Président d'institution n'est Bété. Si on prend les ethnies du groupe Krou auquel appartiennent les Bétés, on ne peut compter que Monsieur Paul Yao N'Dré, Président du Conseil Constitutionnel, qui est de l'ethnie Dida.

En outre, seulement trois de ces présidents d'institution étaient politiquement proches de Laurent Gbagbo. Par contre, on a eu quatre originaires du nord sur huit présidents d'institutions.

- **Assemblée Nationale** : Mamadou Koulibaly, Malinké (Nord)
- **Conseil Économique et Social** : Laurent Dona Fologo, Sénoufo (Nord)
- **Conseil Constitutionnel** : Yanon Yapo Germain, Attié (Sud) puis Yao N'Dré Paul, Dida (Sud)
- **Cour Suprême** : Tia Koné, Yacouba (Ouest), nommé par le général Guéï Robert et maintenu à ce poste par Laurent Gbagbo
- **Grande Chancellerie** : Youssouf Koné, Malinké (Nord), nommé par le général Guéï Robert et maintenu par Gbagbo
- **Le Médiateur de la République** : Mathieu Ekra, Abouré (Sud), nommé par Henri Konan Bédié et maintenu dans la fonction par Laurent Gbagbo
- **Commission Électorale Indépendante (CEI)** : il y a eu successivement :
    - Camille Oguié, Attié (Sud)
    - Beugré Mambé Robert, Ebrié (Sud)
    - Youssouf Bakayoko, Malinké (Nord)

- **Inspection Générale d'État** : Sangaré Abou Drahamane, Malinké (Nord)

Comparons avec la situation actuelle, sous la gouvernance Ouattara.

- **Assemblée Nationale** : Soro Guillaume, Sénoufo (Nord)
- **Conseil Economique et Social** : Zadi Kessy Marcel, Bété (Sud-ouest)
- **Conseil Constitutionnel** : Koné Mamadou, Sénoufo (Nord)
- **Cour Suprême** : Aphing Kouassi, Baoulé (Centre)
- **Grande Chancellerie** : Henriette Diabaté, Allandjan (Sud) mais mariée à un nordiste
- **Le Médiateur de la République**: N'Golo Coulibaly, Sénoufo (Nord)
- **Commission Électorale Indépendante**: Youssouf Bakayoko, Malinké (Nord)
- **Inspection Générale d'Etat** : Niamien N'Goran, Baoulé (Centre)

On décompte quatre nordistes sur huit pour un Bété sous Alassane Ouattara, sans compter que tous les huit présidents d'institutions sont des personnalités de son groupement politique, le RHDP.

II – AU NIVEAU DU GOUVERNEMENT

Aucun des cinq Premiers Ministres ayant servi sous Laurent Gbagbo n'est Bété ni du Centre-Ouest, sa région d'origine:

- Affi N'Guessan, Agni de Bongouanou (Centre)
- Seydou Elimane Diarra, Malinké (Nord)
- Charles Konan Banny, Baoulé (Centre)
- Soro Guillaume, Sénoufo (Nord)
- Gilbert Aké N'Gbo, Attié (Sud)

Concernant les membres du gouvernement, nous avons choisi de retenir trois gouvernements en raison des périodes auxquelles ils ont été formés et qui nous paraissent être des moments importants dans l'histoire récente de la Côte d'Ivoire.

1- Gouvernement du 05 août 2002.

Ce gouvernement a été formé peu avant que la rébellion n'éclate le 19 septembre 2002. Il comprenait 36 ministres issus du FPI (21), du PDCI (8), du RDR (4), du PIT (2) et de l'UDPCI (1) soit 15 ministres de l'opposition de l'époque. La composition par origine ethnique et régionale est la suivante :

- 6 Bétés dont 1 du PIT (Victorine Wodié) et 1 du RDR (Roger Gnohité)
- 6 Baoulés
- 6 Agnis
- 4 Malinkés
- 3 Attiés
- 2 Didas
- 2 Yacoubas
- 1 Wê (guéré)
- 1 Sénoufo
- 1 Gouro
- 1 Gban (gagou)
- 1 Abbey
- 1 Abron
- 1 Abouré

Au total, dans ce gouvernement, le nombre des ministres appartenant à la même ethnie que Laurent Gbagbo ou à des ethnies proches est de 11 sur 36 en précisant que sur les 11, seuls 9 lui sont politiquement proches et que deux (02) ont été désignés par les partis opposés au FPI donc à Laurent Gbagbo.

2- Gouvernement du 23 février 2010

Ce gouvernement est celui qui était en fonction au moment où s'est tenue l'élection présidentielle et donc pour la formation duquel, on aurait pu penser que Laurent Gbagbo en aurait fait le plein de ses proches. Il avait 28 membres issus du FPI (8), des Forces Nouvelles (6), du PDCI (5), du RDR (4), de l'UDPCI (1), du PIT (1), de l'UDCY (1), de l'URD (1) et du MFA (1) soit 18 ministres du camp Ouattara contre 10 ministres pro-Gbagbo. Sa répartition ethnique est comme suit:

- 6 Malinkés
- 4 Baoulés
- 3 Yacoubas
- 3 Sénoufos
- 2 Bétés
- 2 Wês (Guérés) dont un émanant du PDCI
- 2 Attiés
- 2 Agnis
- 1 Gouro, désigné par le RDR
- 1 Abron
- 1 Abouré
- 1 Allandjan

Ici, le nombre de ministres appartenant à la même ethnie que Laurent Gbagbo ou à des ethnies proches est de 5 (dont 2 du RHDP) sur 28.

3- Le gouvernement du 6 décembre 2010 dit gouvernement Aké N'Gbo

Formé après la proclamation de la victoire de Laurent Gbagbo au 2ème tour de la présidentielle de 2010, il comprenait 34 membres issus du FPI (17), du RPP (2), de l'URD (1), du PIT (1), diverses personnalités LMP (9) et de la Société civile (4). Du point de vue de l'origine ethnique de ses membres, on enregistre :

- 4 Bétés
- 4 Didas
- 4 Agnis
- 3 Wês (guérés)
- 3 Attiés

- 3 Yacoubas
- 2 Abourés
- 2 Baoulés
- 2 Sénoufos
- 1 Tagbana
- 1 Abbey
- 1 Ébrié
- 1 Abron
- 1 Adjoukrou
- 1 Malinké
- 1 Abidji

Le nombre de ministres appartenant à la même ethnie que Laurent Gbagbo ou à des ethnies proches est 11 sur 34.

En comparaison, voici comment se présente à fin mai 2015, la situation avec le gouvernement Duncan, qui comprend 37 ministres issus du RDR (23), du PDCI (10), de l'UDPCI (1), de l'UPCI (1), du MFA (1), Société civile (1). On y dénombre:

- 11 Malinkés
- 9 Baoulés
- 4 Sénoufos
- 2 Agnis
- 2 Djiminis
- 1 Abron
- 1 Lobi
- 1 Wê (Guéré)
- 1 Nzima
- 1 Abouré
- 1 Attié
- 1 Yacouba
- 1 Bété
- 1 naturalisé

Le nombre de ministres appartenant à la même ethnie qu'Alassane Ouattara ou à des ethnies proches s'élève 18 sur 37.

III – DANS LA HAUTE ADMINISTRATION

Nous ne nous intéresserons ici qu'aux régies financières.

ADMINISTRATION GBAGBO

- **Directeur Général du Trésor :**
  - Diby Koffi Charles de 2001 à 2008, baoulé.
  - Djédjé Mama Simone de 2008 au 11 avril 2011, bété (a remplacé Diby Charles, devenu ministre de l'économie et des finances en 2006 cumulativement avec son poste de Dg du Trésor).
- **Directeur Général des Impôts :**
  - Feh Kessé Lambert de 2001 à 2011, yacouba.
- **Directeur Général des Douanes :**
  - Gnamien Konan de 2001 à 2008, baoulé.
  - Mangly Alphonse de 2008 au 11 avril 2011, Yacouba (a remplacé Gnamien Konan en 2008 quand celui-ci s'est lancé en politique en se déclarant candidat à l'élection présidentielle qui était alors prévue pour fin octobre 2008).

ADMINISTRATION OUATTARA

- **Directeur Général du Trésor :**
  - Koné Adama, Malinké, nord (membre du secrétariat général du RDR)
- **Directeur Général des Impôts :**
  - Abinan Kouakou Pascal (président PDCI du conseil régional de l'Indénié-Djuablin), Agni, Est
- **Directeur Général des Douanes :**

- Issa Coulibaly, Sénoufo (par ailleurs député RDR), Nord.

IV – DANS LES FORCES ARMÉES NATIONALES

Les Forces Armées Nationales de Côte d'Ivoire (FANCI) comprennent les forces terrestres, les forces aériennes et la marine nationale. L'effectif des FANCI est constitué pour l'essentiel par les forces terrestres.

L'organigramme des FANCI n'a pas subi de changement majeur durant la crise postélectorale. Le seul changement intervenu est la création en janvier 2011, d'un commandement des Opérations du district d'Abidjan, pour coordonner les actions de terrain du système de défense de la ville d'Abidjan.

Les promotions intervenues en août 2010 ne sont nullement destinées à obtenir un quelconque soutien des promus au président Laurent Gbagbo. Elles ont été faites sans tenir compte de l'origine ethnique ou régionale des concernés.

Ainsi, le même jour où les généraux de division Philippe Mangou (sud) et Édouard Kassaraté (sud-ouest), aujourd'hui nommés ambassadeurs, l'un au Gabon et l'autre au Sénégal, ont avancé dans le grade de général de corps d'armée et le général de brigade Guiai Bi Poin (centre-ouest) dans celui de général de division, le colonel-major Touré Sékou, originaire du nord et actuel chef d'état-major général adjoint des FRCI chargé des opérations, a été promu général de brigade.

Mieux, les deux chefs de l'armée rebelle des FAFN, le colonel Soumaïla Bakayoko, actuel chef d'état-major général des FRCI et le colonel Gueu Michel ont été promus, ce même jour, au grade de général de brigade par le président Laurent Gbagbo par souci de réconciliation dans l'esprit des accords politiques de Ouagadougou. Notons que, depuis avril 2011, Soumaïla Bakayoko a été successivement promu général de division puis général de corps d'armée par Alassane Ouattara.

Sous Laurent Gbagbo, les nominations et promotions n'ont obéi qu'aux seules règles en vigueur dans l'armée ivoirienne depuis sa création et non à des critères tribaux.

A-REPARTITION PAR RÉGION DES RESPONSABLES DES FANCI

- **Chef d'État Major des armées :**
  - 2000 à 2004 : Général Mathias Doué, Wê (Guéré), Ouest
  - 2004 à 2011 : Général Philippe Mangou, Ébrié, Sud

A1 – UNITÉS RATTACHÉES AU CABINET DU MINISTÈRE DE LA DÉFENSE

1. A l'arrivée de Laurent Gbagbo au pouvoir : 2000 à 2002

- BCS : Lieutenant-colonel Ali Coulibaly, Malinké (Nord)
- EFA : Colonel Traoré Drissa, Malinké (Nord)
- ENSOA : Lieutenant-colonel Atchori, Adjoukrou (Sud)
- EMPT : Colonel Touré Sékou, Malinké (Nord)
- GSPM : Lieutenant-colonel Adama Coulibaly, Tagbana (Nord)

2. De 2008 au 11 avril 2011 (avant et après l'élection présidentielle de 2010)

- BCS : Lieutenant-colonel Ali Coulibaly, Malinké (Nord)
- EFA : Colonel Touré Sékou, Malinké (Nord)
- ENSOA : Colonel Bakary Diarrassouba, Malinké (Nord)
- EMPT : Lieutenant-colonel Assamoi Djézou, Agni, (Est)
- GSPM : Colonel Adama Coulibaly, Tagbana (Nord)

A2 – FORCES TERRESTRES

1. A l'arrivée de Laurent Gbagbo au pouvoir : 2000 à 2002

Commandant des Forces Terrestres (COMTER) : Général Bombet Denis, Wê, Ouest

Chefs de corps:

- 1er Bataillon: Colonel Tiémoko, Yacouba (Ouest)
- 2ème Bataillon: Commandant Irié bi Gahou, Gouro (Centre-ouest)
- 3ème Bataillon: Lieutenant-colonel Ouattara Oyénan, Sénoufo (Nord)
- BCP : Lieutenant-colonel Detoh Letoh Firmin, Wan (Centre)
- BG : colonel Soumaïla Bakayoko, malinké (nord)
- BB : Lieutenant-colonel Gohourou Babri Hilaire, Bété (Centre-ouest)
- BASA : Lieutenant-colonel Gouri André, Yacouba (Ouest)
- BASS : Commandant Dagrou Loula, Bété (Centre-ouest)
- UCS : Commandant Droh, Yacouba (Ouest)

Tous ces chefs de corps avaient été nommés sous le régime de la transition militaire dirigé par le général Robert Guéï et le Président Laurent Gbagbo les a maintenus en poste. Il faut noter que toutes les écoles chargées du recrutement et de la formation des militaires ivoiriens (officiers comme sous-officiers) étaient dirigées par des ressortissants du nord.

Au total, de 2000 à 2002, sur 15 chefs de corps en fonction dans les forces terrestres y compris le COMTER et dans les unités valant corps rattachées au cabinet du ministre de la défense, on dénombrait :

- 3 Malinkés
- 1 Sénoufo
- 1 Tagbana
- 3 Yacoubas

- 2 Bétés
- 1 Agni
- 1 Wê (guéré)
- 1 Gouro
- 1 Wan
- 1 Adjoukrou

2. De 2008 au 11 avril 2011 (avant et après l'élection présidentielle de 2010)

Commandant des Forces Terrestres (Comter): Général Détoh Létoh Firmin, Wan, Centre qui a succédé au général Adou Akaffou (décédé), un Attié (Sud)

Chefs de corps:

- 1er Bataillon: Lieutenant-colonel Doumbia Lanciné, Malinké (Nord)
- 2ème Bataillon: Lieutenant-colonel Gouanou Alphonse, Yacouba (Ouest)
- 3ème Bataillon: Lieutenant-colonel Koulibaly, (Nord)
- BCP : Commandant Mel Gérard Brice, Adjoukrou (Sud)
- BG : Commandant Mouho, (Nord)
- BB : Colonel Adjoumani Yao, Abron (Est)
- BASA : Lieutenant-colonel Tohouri Dadi, Dida (Sud)
- BASS : intégré au BASA depuis 2002
- UCS : Colonel Kouassi Kouassi Roger, Baoulé (Centre)

Ainsi, de 2008 au 11 avril 2011, sur 14 chefs de corps en fonction dans les forces terrestres y compris le COMTER et dans les unités valant corps rattachées au cabinet du ministre de la défense, on dénombrait :

- 6 nordistes
- 1 Yacouba
- 1 Dida

- 1 Adjoukrou
- 1 Wan
- 2 Agnis
- 1 Abron
- 1 Baoulé
- 0 Bété

Forces spéciales : en 2002, pour faire face à la rébellion à l'ouest, le général Mathias Doué, alors CEMA, a créé une unité appelée « Forces spéciales » et nommé à sa tête le capitaine Allah Kouakou Léon qui a rejoint la rébellion pendant la crise postélectorale de 2010-2011. Il faut souligner que la création de cette unité était purement interne à l'armée car n'ayant fait l'objet d'aucun arrêté ministériel encore moins d'un décret présidentiel. Ces « Forces spéciales » ont été dissoutes en 2004 par le général Philippe Mangou. Il n'y avait donc plus depuis 2004, une unité dite « Forces spéciales » au sein des FANCI.

Comme on peut le constater, durant toute la durée de sa présence au pouvoir, Laurent Gbagbo n'a nommé aucun Bété ni à la tête de l'armée, ni des Forces terrestres qui en constituent l'essentiel de la puissance de combat. Il en est d'ailleurs de même pour la gendarmerie et la police.

A3 – FORCES AÉRIENNES

Commandant des Forces Aériennes : général Aka Kadjo Marc, Nzima, Sud

Chefs de corps:

- Base aérienne d'Abidjan : Ouégnin Jean-Jacques René, Abouré, Sud
- Base aérienne de Bouaké : Ouéï Patrice, Yacouba, Ouest (la base a été par la suite occupée par les rebelles depuis septembre 2002)

A4 – MARINE NATIONALE

Commandant de la Marine : Vagba Faussignaux, Bété, Centre-ouest

Chefs de corps :

- Base marine du Plateau : Sékongo Doulaye, Sénoufo, Nord
- Base marine d'Adiaké : Tapié Zaïbo, Bété, Centre-ouest
- Centre de Formation navale d'Attécoubé : Ansaye René, Attié, Sud
- Base navale de San-Pédro : Diarrassouba Yaya, Malinkẹ, Nord
- FUMACO : Boniface Konan, Baoulé, Centre

A5 – GARDE RÉPUBLICAINE (GR)

La Garde Républicaine a été créée par feu le Président Félix Houphouët-Boigny en 1990, à l'occasion du retour de la Côte d'Ivoire au multipartisme. Elle a fondu en son sein deux unités : « la Garde Présidentielle » et « la Milice du PDCI-RDA ». Il est bon de noter que la Milice du PDCI-RDA, créée en 1963 à l'époque du parti unique, était à part entière une composante de l'armée nationale.

Commandant de la GR : Général Dogbo Blé Brunot : Bété, Centre-ouest

Commandant adjoint : Colonel Aby, Mbato, Sud

- Groupement Treichville : Lieutenant-colonel Kouao Amichia, Nzima, Sud
- Groupement Yamoussoukro : Commandant Tapeco, Bété, Centre-ouest
- Compagnie Plateau : Commandant Sidibé Samba, Dioula, Nord
- Unité Blindés Cocody : Commandant Kouamé Bi, Gouro, Centre-ouest

Comme on peut le constater par son commandement, la garde républicaine n'était donc pas une garde prétorienne à la solde du

Président Laurent Gbagbo et composée uniquement ni même majoritairement de Bétés. A preuve, son commandant actuel, Kouao Amichia, était le commandant du groupement de Treichville et Sidibé Samba qui dirige actuellement le groupement de Yamoussoukro était le chef de la compagnie du Plateau en charge de la protection du Palais présidentiel.

A6 –SÉCURITÉ DU PRÉSIDENT DE LA RÉPUBLIQUE

- **Chef d'État-major particulier :** Général Touvoly bi Zogbo, Gouro, Centre-ouest
- **Commandant GSPR :** Colonel Ahouman Brouha Nathanael, Dida, Sud
- **Commandant adjoint GSPR :** Commissaire Mounet Denis, Attié, Sud
- **Aide de camp du PR :** Commandant Dua Kobenan, Abron, Est

B - RÉPARTITION PAR RÉGION DES RESPONSABLES DES FRCI (AVRIL 2014)

Les FRCI ou Forces Républicaines de Côte d'Ivoire ont été créées par Alassane Ouattara qui, par cet acte, a transformé les rebelles des Forces Nouvelles de Guillaume Soro en forces armées officielles du pays en lieu et place des FANCI. Leur commandement est le suivant:

- **Chef d'État-Major Général (CEMG):** général Soumaïla Bakayoko, Malinké, nord
- **CEMG adjoint chargé des opérations:** général Touré Sékou, Malinké, nord
- **CEMG adjoint chargé du soutien:** général Détoh Létoh Firmin, Wan, centre

B1 – UNITÉS RATTACHÉES AU CABINET DU MINISTÈRE DE LA DÉFENSE

- BCS : Colonel Coulibaly, Nord
- EFA : Colonel Koné Mambi, Nord

- ENSOA : Lieutenant-colonel Dem Ali Justin, Nord
- EMPT : Colonel Soro Kodan, Nord
- GSPM : Colonel Sako Issa, Nord

B2 – FORCES TERRESTRES

Commandant des Forces Terrestres (COMTER): Gaoussou Soumahoro, Nord

Chefs de corps:

- 1er Bataillon, Akouédo: Lieutenant-colonel Ouattara Zoumana, Nord
- 2ème Bataillon, Daloa : Colonel Traoré Zanan Hamed, Nord
- 3ème Bataillon : Lieutenant-colonel Diakité, Nord
- BCP : Lieutenant-colonel Ouassénan Jean-Hubert (fils de Gaston Ouassénan Koné, président du groupe parlementaire PDCI), Nord
- BG : Commandant Kouakou René, Centre
- BB : Commandant Dembélé, Nord
- BASA : Commandant Bilé, Agni, Sud
- BASS : Lieutenant-colonel Koné Krémien, Nord
- UCS : Lieutenant-colonel Gaoussou, Nord

Forces spéciales (créées en 2011):

- Commandant des Forces spéciales : Doumbia Lanciné, Malinké, Nord
- Commandant adjoint des Forces spéciales : Koné Zakaria (ex chef rebelle), Malinké, Nord

Ainsi, depuis le 11 avril 2011, date de la prise de pouvoir d'Alassane Ouattara, sur 17 chefs de corps en fonction dans les forces terrestres, y compris le COMTER, et dans les unités valant corps rattachées au cabinet du ministre de la défense, il y a 15 nordistes.

B3 – FORCES AÉRIENNES

Commandant des Forces Aériennes : Général Ouégnin Jean-Jacques René, Abouré, Sud

Chefs de corps :

- Base aérienne d'Abidjan : Touré Mamadou Fama, Nord
- Base aérienne de Bouaké : Bléhoué Ehui Kassian, Agni, Est
- FUSCOA : Bassoumana Diarrassouba, Nord

B4 – MARINE NATIONALE

Commandant de la Marine : Djakaridja Konaté, Malinké, Nord

Chefs de corps :

- Base marine de Locodjro : N'Guessan Kouassi Célestin, Baoulé, Centre
- Base marine du Plateau : Ehui Gnamien Daniel, Agni, Est
- Base marine d'Adiaké : Kouassi Koffi Paul, Baoulé, Centre
- Base marine de San-P2dro : Diarrasouba Yaya, Malinké, Nord
- Centre de Formation navale d'Attécoubé : Sran Achille Yéman, Baoulé, Centre
- FUMACO : Sidibé Adama, Malinké, Nord

B5 – GARDE RÉPUBLICAINE (GR)

Commandant de la GR : Kouao Amichia, Sud

Commandant adjoint : Issiaka Ouattara dit Wattao (chef de guerre de Soro Guillaume, rébellion), Nord

- Groupement Treichville : Fofana Mamadou, Nord
- Groupement Yamoussoukro : Sidibé Samba, Nord
- Compagnie Plateau : Yéo, Nord
- Unité Blindés Cocody : n'existe plus.

A l'exception de Kouao Amichia, commandant nominal, tous les autres responsables sont des nordistes. De plus, tout le monde sait en Côte d'Ivoire que le véritable « patron » de la GR c'est Issiaka Ouattara dit Wattao. D'ailleurs, cette pratique de doubler les responsables des unités par des anciens chefs de la rébellion est quasi générale au sein des FRCI. A titre d'exemples:

- Traoré Gaoussou dit Jah Gao est le commandant en second du BCP
- Chérif Ousmane est le commandant en second du GSPR (Groupe de Sécurité du Président de la République)
- Koné Zakaria, commandant en second des Forces spéciales, etc.

B6 – SÉCURITÉ DU PRÉSIDENT DE LA RÉPUBLIQUE

- **Chef d'État-major particulier :** Général Diomandé Vagondo, Yacouba, Ouest, qui a succédé au Général Gueu Michel (ex chef rebelle), Yacouba, Ouest
- **Commandant GSPR :** Diarrassouba Bakary, Malinké, Nord
- **Commandant adjoint GSPR :** Chérif Ousmane (ex chef rebelle), Malinké, Nord
- **Aide de camp du Président de la République :** Akéssé Jean-Michel, Agni, Est

V- DANS LA GENDARMERIE NATIONALE

FONCTIONS	**SOUS LAURENT GBAGBO**		**SOUS ALASSANE OUATTARA**	
	TITULAIRE	**RÉGION**	**TITULAIRE**	**RÉGION**
Commandant Supérieur	KASSARATE TIAPE EDOUARD	SUD OUEST	KOUASSI KOUAKOU GERVAIS	CENTRE
Commandant Supérieur Adjoint	AFFRO YAO RAPHAEL	EST	VAKO BAMBA	NORD

1ère Légion Départementale Agban	GBEULI GABO GILBERT	CENTRE OUEST	KOUASSI KAUNAN RENE	CENTRE
Adjoint	KARAMOKO NAMORY	NORD		
1ère Légion Mobile Agban	ABOU GABAU VINCENT	CENTRE OUEST	AYEMOU SENIDJA ROGER	SUD
Adjoint	AKA NDRI BENJAMIN	CENTRE		
2ème Légion Daloa	VAKO BAMBA	NORD	BAKARY DOUMBIA	NORD
3ème Légion Bouaké	ABE SEKA	SUD	KONAN KOUADIO RODOLPHE	CENTRE
4ème Légion Korhogo	BAKARY DOUMBIA	NORD	KONAN SAM AKAKI	CENTRE
5ème Légion San Pedro	nouvelle création		AKPO KOUA JULES	SUD
6ème Légion Yamoussoukro	nouvelle création		NDOUA EKANZA	EST
Ecole Gendarmerie Abidjan	GUIAI BI POIN	CENTRE OUEST	APALO TOURE ALEXANDRE	NORD
Ecole Gendarmerie Toroguhé	APALO TOURE ALEXANDRE	NORD	KONE SOUNAN	NORD
Chef de cabinet du Cdt supérieur	ADOU DONGA	EST	KANIGUI CHRISTIAN	NORD
GCS	KONAN NDRI	CENTRE	KONAN KOUADIO CLAUDE	CENTRE
CATG	ABOYA KOUAME GREGOIRE	SUD	ABOYA KOUAME GREGOIRE	SUD
GDR Renseignement	GNAOLE GBELE	CENTRE OUEST	ETTE DJADJI GEORGES	SUD
Bureau Logistique	AKA BAHOUELI	EST	AKA BAHOUELI	EST
du Bureau Ressources Humaines	SERY BOLOU FIRMIN	CENTRE OUEST	DOSSO IBRAHIMA	NORD
Bureau Télécom. Informatique	KOUAME BOUSSIN	CENTRE	NANAN AUBIN	CENTRE
Groupe Sécurité Aéroportuaire	MONNIN ERIC	SUD	MADOU YEO	NORD
Groupe Sécurité Portuaire	CAMARA ALAIN	NORD	YAO KOUADIO	CENTRE
Brigade de Sécurité Gendarmerie			SONKONDE ISSA	NORD
Bureau Organisation	VANIE BI GUIE EMILE	CENTRE OUEST	BAKAYOKO LANSANA	NORD

Emploi				
Bureau Recrutement Chancellerie	AMESSAN ADONBO VINCENT	SUD	YEMAN YAO ARSENE	CENTRE
Section Recherche	ETTE DJADJI GEORGES	SUD	YEO OUSMANE	NORD
GEB (groupe escadron blindé)	ABEHI JEAN NOEL	CENTRE	OUATTARA OBENIERE	NORD
Escadron 1/1 Agban	BOLI DEDJI LAURENT	CENTRE OUEST	OLIVIER BROU NGUESSAN	CENTRE
Adjoint	BAMBA MOUSSA	NORD		
Escadron 2/2 Yopougon	KOUKOUGNON LOUIS	CENTRE OUEST	KONE KOLO	NORD
Adjoint	FOFANA BRAHIMA	NORD		
Escadron 3/1 Abobo	OUATTARA OBENIERE	NORD	KONE PINON	NORD
Adjoint	ADJOUMANI KOFFI RENE	EST		
Escadron 4/1 Koumassi	LOBOGNON DAKPA	CENTRE OUEST	ABDOULAYE DAGNOGO	NORD
Adjoint	ABDOULAYE DAGNOGO	NORD		

SOUS LE PRÉSIDENT LAURENT GBAGBO

32 responsables dont:

- 9 du Centre ouest
- 4 du Centre
- 9 du Nord
- 4 de l'Est
- 5 du Sud
- 1 du Sud-ouest

SOUS LE RÉGIME OUATTARA

Sur 29 responsables:

- 14 du Nord
- 9 du Centre
- 4 du Sud
- 2 de l'Est

- 0 de l'Ouest et du Centre-Ouest

VI - DANS LA POLICE NATIONALE

A- LA POLICE NATIONALE SOUS LE PRÉSIDENT LAURENT GBAGBO

1. Directeur Général de la Police Nationale : Brédou M'Bia, Agni, Est

2. Inspecteur général des services de police : Gaoussou Ouattara, Nord
3. DGA chargé de la Police Judiciaire : Gnaba Eugène, Dida, sud
4. DGA chargé de la Sécurité Publique : Sami Bi Irié, Gouro, centre-ouest
5. DGA chargé de la Police Scientifique: Godrin Roger, Baoulé, centre
6. Directeur des Renseignements Généraux : Gouléhi Ernest, Wê (guéré), Ouest
7. Directeur de la Surveillance du Territoire : Négblé César, Bété, Centre-ouest
8. Directeur de la Police Criminelle : Gnagne Ehikpa Honoré, Adjoukrou, Sud
9. Directeur de la Police Économique et Financière : Djo Bi Irié, Gouro, Centre-ouest
10. Directeur de la Police des Stupéfiants et des Drogues : Balliet Ferdinand, Bété, Centre-ouest
11. Directeur des Unités d'Intervention : Yoro Claude, Bété, Centre-ouest
12. Directeur de l'Identification Judiciaire : Bah François, Wê (guéré), Ouest
13. Directeur du Laboratoire Central de la Police : Diby Koffi Bruno, Baoulé, Centre
14. Directeur de l'Informatique et des Traces Technologiques : Diaby Souleymane, Malinké, Nord

15. Directeur du Personnel de la Police Nationale : Touvoli Vincent, Gouro, Centre-ouest
16. Directeur des Services de Santé de la Police Nationale : Adou Innocent, Agni, Est
    Directeur de la Formation et de l'Ecole Nationale de Police : Atsin Viviane, Attié, Sud
17. Directeur de la Logistique de la Police Nationale : Kassi Edgard, Agni, Est
18. Brigade Spéciale de Protection : Assi Loba, Attié, Sud
19. Brigade Anti-Emeutes : Gnango Loba Patrice, Ébrié, Sud
20. Brigade Anti- Terroriste : Dakaud Renaud, Bété, Centre-ouest
21. CRS 1 Williamsville : Djédjé Gbagro Bertin, Bété, Centre-ouest
22. CRS 2 Zone 4 : Touré Marius, Tagbana, Nord
23. CRS 3 Divo : Séka Antonin, Attié, Sud
24. CRS 4 Gagnoa : Niamkey Fernand, Agni, Est
25. Préfet de Police d'Abidjan : Djéhanin Bi Tra, Gouro, Centre-ouest
26. Préfet de Police de Daloa : Gnonsoro Robert (intérim), Wê, Ouest
27. Préfet de Police d'Abengourou : Séri Mébagnon, Bété, Centre-ouest
28. Préfet de Police de Bondoukou : Kouadio Benoit, Baoulé, Centre
29. Préfet de Police de San-Pédro : N'guessan Konan, Baoulé, Centre
30. Préfet de Police d'Aboisso : Tohé Blaise, Wê (guéré), Ouest
31. Préfet de Police de Yamoussoukro : Gnépa Kola, Kroumen, Sud-ouest
32. Préfet de Police de Gagnoa: Yao Kouassi, Baoulé, Centre
33. *Préfet de Police de Bouaké : préfecture non opérationnelle depuis 2002*
34. *Préfet de Korhogo : préfecture non opérationnelle depuis 2002*
35. *Préfet de Police de Man : préfecture non opérationnelle*

depuis 2002

36. *Préfet de Police d'Odienné : préfecture non opérationnelle depuis 2002*
37. District de police d'Abobo : Kouka Koudou Michel, Dida, Sud
38. District de police d'Adjamé : Adomo Bonaventure, Ébrié, Sud
39. District de police Marcory : Allah Nguessan, Baoulé, Centre
40. District de police de Yopougon : Tiagnéré Jean-Louis, Wê, Ouest
41. District de police de Cocody : Kamagaté Zoumana, Malinké, Nord
42. District de police de Port-Bouet : Gaoussou Ouattara, Malinké, Nord

La répartition selon l'origine ethnique est la suivante sur 39 responsables :

- 6 Bétés
- 5 Wês (guérés)
- 4 Gouros
- 6 Baoulés
- 4 Agnis
- 3 Attiés
- 4 Dioulas
- 2 Ébriés
- 1 Tagbana
- 1 Kroumen
- 2 Didas
- 1 Adjoukrou

Soit 18 responsables d'ethnies proches de Laurent Gbagbo (Bétés, Wês, Didas, Gouros, Kroumen)

B – LA POLICE NATIONALE SOUS LE RÉGIME OUATTARA

1. Directeur Général de la Police Nationale : Brédou M'Bia, Agni, Est

2. Inspecteur général des services de police : Yao Kouassi, Baoulé, Centre
3. DGA chargé de la Police Judiciaire : Blé Tapé, Bété, Centre-ouest
4. DGA chargé de la Sécurité Publique : Yaya Camara, Malinké, Nord
5. DGA chargé de la Police Scientifique : Diby Koffi Bruno, Baoulé, Centre
6. Directeur des Renseignements Généraux; Touré Seydou, Malinké, Nord
7. Directeur de la Surveillance du Territoire : Diomandé Inza, Malinké, Nord
8. Directeur de la Police Criminelle : Gnagne Ehikpa Honoré, Adjoukrou, Sud
9. Directeur de la Police Economique et Financière : Timité Namory, Malinké, Nord
10. Directeur de la Police des Stupéfiants et des Drogues : Binaté Aboudramane, Malinké, Nord
11. Directeur des Unités d'Intervention : Kouyaté Youssouf, Malinké, Nord
12. Directeur de l'Identification Judiciaire : Bah François, Wê (Guéré), Ouest
13. Directeur du Laboratoire Central de la Police : Comoé Clément, Baoulé, Centre
14. Directeur du Personnel de la Police Nationale : Kambilé épouse Palé, Lobi, Nord
15. Directeur des Services de Santé de la Police Nationale : Adou Innocent, Agni, Est
16. Directeur de la Formation et de l'École Nationale de Police : Touré Albert, Tagbana, Nord

17- Brigade Spéciale de Protection : Binaté Youssouf, Malinké, Nord
18- Brigade Anti-Emeutes : Diaby, Malinké, Nord
19- Brigade Anti- Terroriste : Diaby Vincent de Paul, Malinké, Nord

20- CRS 1 Williamsville : Chérif Souleymane, Malinké, Nord
21- CRS 2 Zone 4 : Kouadio Etienne, Baoulé, Centre
22- CRS 3 Divo : N'Guessan Kouamé, Baoulé, Centre
23- Préfet de Police d'Abidjan : Yao Kouamé Joseph, Baoulé, Centre
24- Préfet de Police de Bouaké : N'guessan Konan Michel, Baoulé, Centre
25- Préfet de Police de Daloa : Koné Zié, Sénoufo, Nord
26- Préfet de Police de Korhogo : Flindé Gueu, Yacouba, Ouest
27- Préfet de Police d'Abengourou : Dosso Siaka, malinké, nord
28- Préfet de Police de Man : Déhoulé N'Dri, Baoulé, Centre
29- Préfet de Police de San-Pedro : Ouattara Seydou, Malinké, Nord
30- Préfet de Police d'Aboisso : Kouassi N'Goran Siméon, Baoulé, Centre
31- Préfet de Police de Yamoussoukro : Ismaïla Sanogo, Malinké, Nord
32- Préfet de Police d'Odienné : Gogo Gnakouri Gervais, Bété, Centre-ouest
33- Préfet de Police de Gagnoa: Kamagaté Zoumana, Malinké, Nord
34- District de police d'Abobo : Bamba Soualio, Malinké, Nord
35- District de police d'Adjamé : Kramo Alébé, Baoulé, Centre
36- District de police Marcory : Kambou Sansan, Lobi, Nord
37- District de police de Yopougon : Ouattara Francis Nielbien, Tagbana, Nord
38- District de police de Cocody : Migninté Koné, Tagbana, Nord
39- District de police de Port-Bouët : Kacou Adjoumani, Abron, Est

NB : *La CRS 4 (Gagnoa) a été dissoute*

Sur 37 responsables de la Police nationale sous le régime Ouattara :

- 16 Malinkés
- 9 Baoulés
- 3 Bétés
- 2 Agnis
- 1 Sénoufo

- 2 Lobis
- 3 Tagbanas
- 1 Wê
- 1 Adjoukrou
- 1 Abron
- 1 Yacouba

Soit, 22 responsables originaires du Nord sur les 39.

Conclusion

Plus que des discours, nous avons voulu montrer la réalité des faits dans la gestion des affaires de l'État par le Président Laurent Gbagbo, en rapport avec la question du tribalisme comparée à celle de M. Ouattara.

Il faut d'ailleurs noter que Laurent Gbagbo, dans nombre de ses discours et prises de position publiques, a toujours condamné cette pratique, surtout en politique, affirmant que *« nul ne peut et ne doit s'appuyer sur sa seule ethnie pour arriver au pouvoir en Côte d'Ivoire »*. Il a concrétisé sa volonté constante d'une gestion républicaine et démocratique en soumettant en 2008 à l'Assemblée nationale, qui l'a adopté à l'unanimité, un projet de loi portant *« répression du racisme, de la xénophobie, du tribalisme et des discriminations raciales et religieuses »* (loi 2008-222 du 4 août 2008).

Le plus grand hommage qui peut être rendu à Laurent Gbagbo en matière de rassemblement et de lutte contre le tribalisme, c'est celui du peuple ivoirien qui l'a élu deux fois en 2000 et en 2010.

A propos de l'élection présidentielle de 2000, nous voulons relever et dénoncer les insinuations malveillantes de la Procureure de la Cpi. En effet, elle affirme au point 14 du document amendé de notification des charges *« En octobre 2000, Gbagbo devient président au terme d'une élection au cours de laquelle le Conseil Constitutionnel a disqualifié*

14 des 19 candidats, dont Henri Konan Bédié et Alassane Ouattara ». La Procureure tente, ici, de faire croire à une collusion entre le Président Laurent Gbagbo et l'institution ayant *« disqualifié »* les 14 candidats, en l'occurrence la Cour Suprême (et non le Conseil Constitutionnel qui n'existait pas à ce moment-là) et que ces « disqualifications » étaient arbitraires.

La « disqualification » du candidat Alassane Ouattara en 2000 n'était d'ailleurs nullement injustifiée au vu des dispositions de l'article 35 de la Constitution ivoirienne. Alassane Ouattara était disqualifié par sa propre histoire. Et c'est le Président Laurent Gbagbo qui, au nom de la paix, espérait-il, a permis à Alassane Ouattara d'être candidat en 2010 comme il l'explique si bien dans son adresse à la nation du 28 avril 2005 : *« Concernant précisément l'article 35 de la Constitution, on pouvait penser que, pour des raisons d'ordre idéologique, la communauté internationale voulait savoir si, dans un pays de brassage comme la Côte d'Ivoire, la loi fondamentale garantit suffisamment la participation de tous à la vie démocratique. C'est pourquoi, malgré, les réticences et les réserves des uns et des autres, j'ai déposé au Parlement le projet de modification rédigé à Marcoussis, en vue de le soumettre au référendum, la seule voie prescrite par la Constitution. Mais le désarmement n'a pas eu lieu et, aujourd'hui, ceux qui avaient demandé la modification de l'article 35 ne le réclament plus. C'est donc avec l'Accord d'Accra III d'abord mais surtout avec l'Accord de Pretoria et la lettre du Médiateur, que nous commençons à comprendre ... Il a écouté tout le monde, pour comprendre et pour nous aider à comprendre ... Vos différentes interventions, au cours des rencontres que j'ai initiées au palais de la présidence de la République, à la suite de l'accord de Pretoria et de la diffusion de la lettre du Médiateur, ont montré que le peuple de Côte d'Ivoire a également compris quel est le vrai problème. Le problème n'est ni la réinsertion des mutins, ni l'article 35 de la Constitution mais la candidature d'un homme à la présidence de la République de Côte d'Ivoire; la candidature de Monsieur Alassane Dramane Ouattara. C'est la substance de l'Accord de Pretoria et de la lettre du Médiateur. Dans vos différentes interventions, vous m'avez dit une seule et même chose.* ***Vous m'avez dit que l'accord de Pretoria et la lettre du Médiateur peuvent et doivent nous aider à mettre fin à la guerre et ramener la paix en Côte d'Ivoire…Je vous ai compris. C'est pourquoi… j'ai décidé de mettre en oeuvre, l'article 48 de notre Constitution… Dès cet instant, je décide : ''Uniquement pour l'élection présidentielle d'octobre 2005, conformément à la lettre du Médiateur Sud africain, les candidats présentés par les partis politiques signataires de l'Accord de Marcoussis sont éligibles. En conséquence, Monsieur Alassane Dramane Ouattara peut, s'il le désire, présenter sa candidature à l'élection présidentielle d'octobre 2005''.*** *»*

Il est aussi bon de noter que s'agissant d'Henri Konan Bédié, il avait été « disqualifié » par le PDCI-RDA, son propre parti politique, puisque battu aux primaires organisées à l'effet de désigner le candidat du parti. La personnalité élue et investie au cours d'une convention comme candidat du PDCI-RDA pour l'élection présidentielle de 2000 était l'ancien ministre de l'Intérieur, Emile Constant Bombet. Malgré cette défaite aux primaires, signe de désaveu, monsieur Henri Konan Bédié avait quand même déposé sa candidature en tant que candidat indépendant.

Tout cela était bon à savoir.

Pour les élections de 2010, la Procureure écrit au point 41 *« aux résultats du premier tour (Gbagbo 38,04%, Ouattara 32,07%, Bédié 25,24%), aucun candidat n'a reçu la majorité absolue ; Gbagbo et Ouattara sont passés au second tour. Le 7 novembre 2010, Bédié a annoncé son soutien à Ouattara, qui est devenu le candidat du RHDP au second tour. Gbagbo avait le soutien de « La Majorité Présidentielle » (« LMP »), une alliance entre son Front Populaire Ivoirien (« FPI ») et d'autres partis politiques, mais Ouattara, fort de l'appui du PDCI et des autres partis politiques du RHDP, devenait le favori pour gagner l'élection ».* Cette affirmation proclamant que *« Ouattara … devenait le favori pour gagner l'élection »* est contredite par les nombreux sondages qui donnaient tous Laurent Gbagbo vainqueur au deuxième tour quel que soit l'adversaire en face de lui (Ouattara ou Bédié).

Les résultats du 1er tour de l'élection présidentielle de 2010 situent sur le caractère national et pluriethnique de l'électorat de Laurent Gbagbo par rapport à ses principaux adversaires que sont Alassane Ouattara et Henri Konan Bédié.

En effet, alors qu'Alassane Ouattara n'arrive en tête que dans les cinq (5) régions du nord dont il se réclame et qu'Henri Konan Bédié ne l'emporte qu'en pays baoulé (centre), Laurent Gbagbo ratisse large à l'est, à l'ouest et au sud, l'emportant dans 11 régions sur 19 comme l'illustre si bien la carte ci-dessous. Même la percée de Konan Bédié dans le Bas-Sassandra, au sud-ouest du pays, n'est due qu'à la présence d'une très forte colonie baoulé (centre) dans cette région où dans certains départements, la communauté baoulé est plus nombreuse que les populations autochtones d'accueil.

Si donc Laurent Gbagbo est un tribaliste notoire, qui n'a gouverné qu'avec les seuls Bétés pendant 10 ans, comment expliquer qu'il emporte l'adhésion de ces nombreuses autres ethnies ivoiriennes?

A contrario pourquoi Alassane Ouattara et Henri Konan Bédié ne sont soutenus que par les ressortissants de leurs régions d'origine respectives ?

Au vu et en raison de tout ce qui précède, nous affirmons que Laurent Gbagbo n'est pas tribaliste et n'a pas géré le pouvoir d'Etat en Côte d'Ivoire avec uniquement des personnalités issues de l'ethnie Bété ni même du grand groupe Krou. C'est pour cela, entres autres raisons, qu'il bénéficie encore aujourd'hui du soutien et de l'estime de la majorité des groupes sociologiques ivoiriens qui perçoivent son incarcération à la Cpi comme une grande injustice.

Laurent Gbagbo constitue la clé de voûte pour la réconciliation des Ivoiriens. Il faut donc le libérer si tant est qu'on aspire à une véritable réconciliation de la nation ivoirienne et à une paix durable en Côte d'Ivoire.

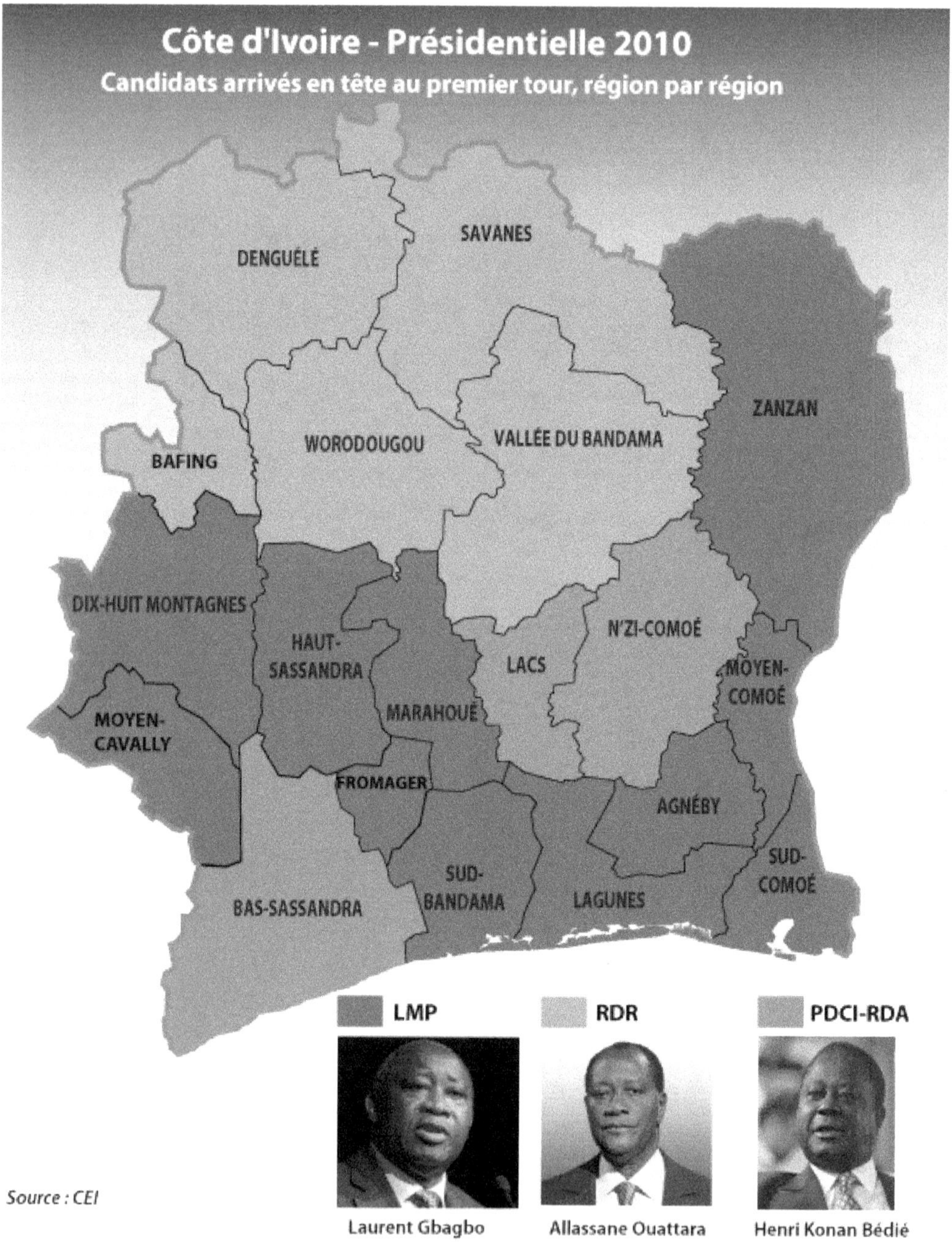
Côte d'Ivoire - Présidentielle 2010
Candidats arrivés en tête au premier tour, région par région
DENGUÉLÉ
SAVANES
ZANZAN
BAFING
WORODOUGOU
VALLÉE DU BANDAMA
DIX-HUIT MONTAGNES
HAUT-SASSANDRA
MARAHOUÉ
LACS
N'ZI-COMOÉ
MOYEN-COMOÉ
MOYEN-CAVALLY
FROMAGER
AGNÉBY
SUD-BANDAMA
LAGUNES
SUD-COMOÉ
BAS-SASSANDRA
LMP
RDR
PDCI-RDA
Laurent Gbagbo
Allassane Ouattara
Henri Konan Bédié

Source : CEI

LE PRÉSIDENT GBAGBO N'A PAS MANŒUVRÉ POUR SE MAINTENIR AU POUVOIR LES OBSTACLES POSÉS PAR LA RÉBELLION, CAUSES DES REPORTS SUCCESSIFS DES ÉLECTIONS DE SORTIE DE CRISE

Par

Arsène DOGBA Gnakouri[223]

Introduction

Dans le Document amendé de Notification de Charges (DNC) qui a conduit à la confirmation des charges dans *L'affaire le Procureur c. Laurent Gbagbo*, le 12 Juin 2014, l'accusation déclare que malgré l'implication de la Communauté internationale, le Président Gbagbo, entre 2005 et 2010, a manœuvré pour se maintenir au pouvoir. Dans l'analyse du Bureau du Procureur tendant à prouver cette allégation, nous avons relevé une affirmation selon laquelle le Président Gbagbo refusait d'aller aux élections.

Cette allégation tend à faire croire que l'accusé a reporté les élections de sortie de crise parce qu'il craignait de les perdre. Le Procureur a essayé par la suite de montrer, sans convaincre, l'intention malveillante du Président Gbagbo de se maintenir au pouvoir sans aller aux élections. A ce niveau, le Procureur a tenté de renforcer, conformément à l'article 25-3 d)[224] du Statut de Rome, son argument relatif à l'existence d'un motif et d'une organisation qu'aurait mise en place le Président Gbagbo pour exécuter un prétendu projet de massacre de populations civiles. Sans cette grossière affirmation, il est évident qu'il aurait été difficile, voire impossible à Madame le Procureur Bensouda de prouver aux Juges l'existence d'un plan

---

[223] Politologue.

[224] Statuts de Rome : Article 25-3d : Elle contribue de toute autre manière à la commission ou à la tentative de commission d'un tel crime par un groupe de personnes agissant de concert. Cette contribution doit être intentionnelle et, selon le cas.

Commun au sens de l'article 25-3 a)[225] du Statut auquel elle a fait référence dans le même document.

La présente contribution se propose de montrer que l'affirmation selon laquelle le Président Gbagbo a manœuvré pour se maintenir au pouvoir n'a aucun fondement.

Pour une meilleure compréhension de notre analyse, nous avons décidé de discuter de cette allégation en trois parties.

Dans la première partie, nous montrerons d'abord pourquoi le Président Gbagbo n'était pas l'acteur politique le mieux placé pour reporter ces élections de sortie de crise. Ensuite, nous clarifierons comment, Président en exercice, Laurent Gbagbo n'était pas le leader politique qui avait des raisons légitimes de poser des actes susceptibles de conduire aux reports successifs des élections. Enfin, nous démontrerons comment l'Accord de Linas-Marcoussis, qui se voulait un accord de sortie de crise n'a fait que l'accentuer à cause de la volonté de ces promoteurs d'ignorer la Constitution ivoirienne pour faire la place belle aux rebelles.

Dans la seconde partie, nous rappellerons la responsabilité de chaque acteur du processus de paix conformément aux accords de Linas-Marcoussis. La troisième et dernière partie sera consacrée à la mise en évidence des obstacles objectifs auxquels était soumis le processus électoral et qu'il fallait nécessairement lever pour organiser une élection crédible et acceptable par tous.

I. Le Président Laurent Gbagbo aurait refusé d'organiser les élections de sortie de crise.

Avant d'analyser cette allégation, il est important de reconnaître qu'à Linas-Marcoussis, les initiateurs de la rencontre ne se sont pas seulement attaqués au régime de M. Gbagbo. Ils se sont attaqués également aux fondements de l'État de Côte d'Ivoire. Car, au-delà de la dissolution du gouvernement du Premier Ministre Affi N'Guessan, du programme de Refondation du Front Populaire Ivoirien (FPI) et du

[225] Statuts de Rome : Article 25-3a : Elle commet un tel crime, que ce soit individuellement, conjointement avec une autre personne ou par l'intermédiaire d'une autre personne, que cette autre personne soit ou non pénalement responsable.

partage du pouvoir avec les rebelles et la délégation de pouvoir du Chef de l'État au Premier Ministre de réconciliation, il y a eu une ingérence inacceptable de la France dans les affaires intérieures de l'État souverain de Côte d'Ivoire.

Des sujets d'intérêt national tels que la nationalité, le foncier rural, le régime électoral et les conditions de l'éligibilité à la présidence de la république telles que référées à l'article 35[226] de la Constitution ivoirienne et autres ont été profondément reformés par cet Accord sans l'aval du peuple ivoirien. Les fondements du système politique ivoirien ont été sérieusement secoués par la France et ses alliés dans l'ultime but de fragiliser le régime de Gbagbo.

a- Laurent Gbagbo n'était pas la personnalité la mieux placée pour reporter les élections

Pour résoudre la crise, les organisateurs de la Table Ronde de Linas-Marcoussis et du sommet de Kléber, à Paris, ont clairement défini le rôle de chaque acteur dans un document qu'ils ont appelé "Accord de Linas-Marcoussis"[227]. Et cela, depuis la Présidence de la République jusqu'aux groupes rebelles en passant par la nouvelle Primature. La communauté internationale et le Parlement ivoirien n'ont pas été oubliés. Dans la chaîne de responsabilité mise en place par cet accord, le niveau de responsabilité du Président Gbagbo était tel qu'il n'avait pas la capacité de reporter ou de faire reporter les élections de sortie

[226] Article 35 : Le Président de la République est élu pour cinq ans au suffrage universel direct. Il n'est rééligible qu'une fois. Le candidat à l'élection présidentielle doit être âgé de quarante ans au moins et de soixante-quinze ans au plus. Il doit être ivoirien d'origine, né de père et de mère eux-mêmes ivoiriens d'origine. Il doit n'avoir jamais renoncé à la nationalité ivoirienne. Il ne doit s'être jamais prévalu d'une autre nationalité. Il doit avoir résidé en Côte d'Ivoire de façon continue pendant cinq années précédant la date des élections et avoir totalisé dix ans de présence effective. L'obligation de résidence indiquée au présent article ne s'applique pas aux membres des représentations diplomatiques et consulaires, aux personnes désignées par l'État pour occuper un poste ou accomplir une mission à l'étranger, aux fonctionnaires internationaux et aux exilés politiques. Le candidat à la Présidence de la République doit présenter un état complet de bien-être physique et mental dûment constaté par un collège de trois médecins désignés par le Conseil constitutionnel sur une liste proposée par le Conseil de l'Ordre des Médecins. Ces trois médecins doivent prêter serment devant le Conseil constitutionnel. Il doit être de bonne moralité et d'une grande probité. Il doit déclarer son patrimoine et en justifier l'origine.

[227] Accord de Linas-Marcoussis, Paris 15 au 23 Janvier 2003.

de crise. Le désengagement du Président de la République des élections générales en Côte d'Ivoire avait déjà été consacré par la Constitution ivoirienne de 2000 à son article 32[228], alinéas 3 et 4, qui donne cette responsabilité au Conseil Constitutionnel et à la Commission Électorale Indépendante. Le Président Gbagbo attaché au respect de la loi fondamentale de son pays n'a pas accepté de violer ces dispositions constitutionnelles même si l'intention qu'on lui prêtait de ne pas respecter les Accords de Linas- Marcoussis était injustifiée.

Dans l'ensemble cet accord politique s'est avéré être une prime de la communauté internationale à la rébellion ivoirienne. C'était en réalité un document officialisant le complot ourdi contre la Côte d'Ivoire à partir du 19 Septembre 2002.

Dans son partage de rôle, l'Accord de Linas-Marcoussis a fait la part belle aux rebelles et à leurs alliés Houphouëtistes. Au niveau de l'Exécutif ivoirien, le poste de Premier Ministre leur est revenu avec des ministères clés, notamment la défense, la sécurité et l'information.

La responsabilité première de l'organisation des élections de sortie de crise leur revenait également vu que le Premier Ministre issu de leur rang en était le garant. Plus grave, la coalition des Houphouëtistes qui parrainait la rébellion assurait la présidence de la Commission Électorale, pourtant dite indépendante.

Au vu de ce partage anticonstitutionnel du pouvoir, l'Accord politique de Linas-Marcoussis est apparu clairement comme une sordide conspiration cautionnée par la communauté internationale à la demande de la France. Pour s'assurer que le Président Gbagbo n'aurait aucune chance d'obtenir un autre mandat de son peuple, le contrôle de l'ensemble du processus électoral avait été mis sous la responsabilité des cadres issus de la rébellion et de l'opposition politique.

---

[228] Article 32, alinéas 3 et 4 de la Constitution ivoirienne: Le Conseil constitutionnel contrôle la régularité des opérations du référendum et de l'élection des représentants du peuple. L'organisation et la supervision du référendum et des élections sont assurées par une Commission indépendante dans les conditions prévues par la loi.

M. Laurent Gbagbo, Président en exercice, que cet accord avait dessaisi de l'organisation des élections n'était donc pas la personnalité la mieux placée pour les reporter entre 2005 et 2010. Bien au contraire.

Dans les conditions de fragilisation croissante de son pouvoir soutenu par les Accords de Linas-Marcoussis, le Président Gbagbo avait-il une seule raison de vouloir faire perdurer la souffrance à lui infligée par ces accords ?

b- Laurent Gbagbo ne pouvait pas vouloir le report des élections

Les Ivoiriens n'ont pas mis assez de temps pour réaliser que les Accords de paix de Linas-Marcoussis étaient un danger pour la cohésion nationale et un instrument de déstabilisation de leur pays. Plus qu'une prime à la rébellion, c'était un grossier piège qui leur était tendu.

Après avoir consacré la partition du pays en arrêtant le principe de la mise en place d'une ligne de démarcation entre le nord tenu par les rebelles et le sud sous control gouvernemental, l'autre objectif des organisateurs de cette rencontre de Linas-Marcoussis était de dépouiller le Président ivoirien de toutes ses prérogatives constitutionnelles et faire de lui ce qu'ils ont appelé "la Reine d'Angleterre".

Le camp Gbagbo n'a pas apprécié ce fait. Et, les Ivoiriens n'ont pas caché leur désapprobation vis-à-vis de certaines dispositions de cet Accord. A travers des manifestations publiques, le peuple ivoirien, dans sa majorité écrasante, a rejeté par exemple l'idée incongrue de confier le ministère de la défense et celui de la sécurité intérieure aux criminels qui ont attaqué les institutions républicaines à l'aube du 19 Septembre 2002.

Face à une telle situation de scission de son pays et de privation de ses prérogatives constitutionnelles, le Président Gbagbo ne pouvait travailler qu'au retour de l'ordre constitutionnel qui lui permettrait, s'il était réélu, d'exercer son pouvoir en toute sérénité pour réaliser ses rêves pour son peuple.

c- Linas-Marcoussis comme boussole

Malgré le caractère partial de l'Accord de Linas-Marcoussis, il est resté la boussole qui a guidé tous les accords complémentaires et autres résolutions onusiennes signés dans le cadre de la résolution de la crise ivoirienne. Tout au long de la crise, presque toutes les déclarations de l'Union Européenne, de l'Union Africaine et de la CEDEAO ont eu pour base cet Accord signé dans la banlieue parisienne. En effet, bien que la Constitution ivoirienne n'ait pas été abrogée après la rencontre de Linas-Marcoussis, les textes de l'Accord sortis de l'assise se sont présentés dans la pratique comme une alternative à la Constitution ivoirienne.

C'est pourquoi, avant de confirmer ou d'informer les charges contre le Président Gbagbo, il aurait été judicieux que la Cour pénale internationale le revisite comme nous le ferons ici dans cet article. Car pour mieux faire, on ne peut pas rechercher la responsabilité d'un quelconque acteur de la crise ivoirienne sans se référer aux Accords de Linas-Marcoussis.

Faire cet exercice simple aurait permis au Procureur de la Cpi de mieux situer les responsabilités de chaque leader par rapport aux multiples reports des élections de sortie de crise.

II. Les obligations de chaque acteur après l'Accord de Linas-Marcoussis et du Sommet de Kléber

a- Les obligations du Président Gbagbo

Au sommet de Kléber, le 26 Janvier 2003, la communauté internationale avait réclamé et obtenu du Président Gbagbo la dissolution de son gouvernement. Et par conséquent le retrait de son projet de société et le programme de gouvernement sur la base duquel il avait été élu en Octobre 2000 par les Ivoiriens. A la place, il y avait désormais un nouveau gouvernement avec un programme de gouvernement annexé aux Accords de paix.

A la fin de la rencontre, le Président Gbagbo dissout son gouvernement et nomme, à Paris, M. Seydou Diarra, Premier Ministre. Cet ancien banquier proche du camp Ouattara conduira le nouveau gouvernement de réconciliation nationale dans lequel l'opposition et la rébellion seront majoritaires.

Ce premier engagement du Chef de l'État ivoirien avait alors aussitôt été honoré pour marquer la bonne foi du Chef de l'État de Côte d'Ivoire, mais pour surtout indiquer la voie et manifester sa bonne volonté de mettre fin à la crise par le dialogue.

Le Procureur de la Cpi et la majorité des juges accusent le Président Gbagbo d'avoir manœuvré pour retarder la tenue des élections. Pourtant, en 2004, pour respecter la date constitutionnelle de la présidentielle, le 28 Octobre 2005, malgré le refus des rebelles de désarmer, le Président Gbagbo a proposé l'utilisation des listings de 2000.

Il justifiait son choix par le fait que les listings en question avaient déjà été utilisés par les deux camps; lui-même avait gagné la présidentielle de 2000 et le Rassemblement Des Républicains (RDR), branche politique de la rébellion, avait largement remporté les municipales de 2001 avec les mêmes listings. Malheureusement, sa proposition avait aussitôt été rejetée par les rebelles et leurs alliés du Rassemblement des Houphouëtistes pour la Démocratie et la Paix (RHDP).

En lieu et place de ces listings de 2000 favorables aux deux camps, les rebelles exigeaient une reprise totale de l'opération d'identification de la population qui produirait un nouveau fichier électoral. Ils disaient ne pas avoir confiance aux listes de 2000. Mais en réalité, la raison était ailleurs. Les rebelles et leurs alliés se sentaient plus confiants avec une opération si onéreuse d'autant que sa réalisation revenait exclusivement à un gouvernement dirigé par Seydou Diarra, un fils de leur bastion. Ils voulaient tricher.

L'option d'une nouvelle opération d'identification était soutenue par la France. Elle s'est alors imposée au Président Gbagbo. Et, pour le bonheur des rebelles, elle a fini par être retenue par les deux parties. Comme conséquence : une nouvelle étape s'est ajoutée au pénible processus devant mener aux élections de sortie de crise.

Pour réaliser la nouvelle opération d'identification des populations en toute sécurité et mettre en place un nouveau fichier électoral acceptable par tous, il fallait d'abord désarmer et encaserner les rebelles qui occupaient les zones Centre, Nord, et Ouest (CNO) du pays; Ensuite, étendre l'autorité de l'État sur l'ensemble du territoire national pour marquer l'unité territoriale. Ce qui voulait dire que les rebelles devaient renoncer aux privilèges tirés de l'exploitation des zones occupées. Et, cette nouvelle étape créait l'occasion d'orienter la pression de l'opinion publique vers le camp Ouattara pour déposer les armes ; une conséquence de la reprise de l'opération d'identification que les rebelles avaient certainement minimisé.

Pour le processus de paix, le dépôt effectif des armes rendrait les élections générales non seulement crédibles avec des résultats définitifs incontestables, mais aussi et surtout ce serait une réponse favorable aux exigences de la Constitution ivoirienne. En effet l'article 38[229] de la Constitution ivoirienne exige des autorités que pour organiser des élections, le pays ne soit pas divisé.

On le sait, l'élection présidentielle ne serait organisée qu'à la fin de ces quatre opérations importantes, à savoir, le désarmement, l'encasernement, la réunification du territoire et l'identification de la population.

Au regard de ce qui précède, peut-on raisonnablement tenir le Président Gbagbo pour responsable de la non tenue des élections de sortie de crise ? Surtout quand nous savons qu'il n'avait pas le contrôle des opérations qui précédaient la tenue des élections.

b- Les obligations du Premier Ministre issu de l'Accord de Linas-Marcoussis

[229]Article 38 de la Constitution ivoirien de Juillet 2000 : « En cas d'événements ou de circonstances graves, notamment d'atteinte à l'intégrité du territoire, ou de catastrophes naturelles rendant impossible le déroulement normal des élections ou la proclamation des résultats, le Président de la Commission chargée des élections saisit immédiatement le Conseil constitutionnel aux fins de constatation de cette situation. Le Conseil Constitutionnel décide dans les vingt-quatre heures, de l'arrêt ou de la poursuite des opérations électorales ou de suspendre la proclamation des résultats. Le Président de la République en informe la nation par message. Il demeure en fonction. Dans le cas où le Conseil constitutionnel ordonne l'arrêt des opérations électorales ou décide de la suspension de la proclamation des résultats, la Commission chargée des élections établit et lui communique quotidiennement un état de l'évolution de la situation. Lorsque le Conseil Constitutionnel constate la cessation de ces événements ou de ces circonstances graves, il fixe un nouveau délai qui ne peut excéder trente jours pour la proclamation des résultats et quatre-vingt-dix jours pour la tenue des élections.

A Linas-Marcoussis comme à Kléber, il n'y avait à l'ordre du jour que l'ensemble des revendications du camp Soro/Ouattara; c'est-à-dire des rebelles.

Les griefs qui ont justifié selon eux les attaques meurtrières du 19 Septembre 2002 et la rébellion armée contre l'État ivoirien étaient les seuls sur la table à Linas-Marcoussis et Kléber.

Leurs récriminations étaient le débat en lui-même. Il s'agissait, notamment, du foncier rural, de la nationalité, de la gestion des affaires de l'État.

Toutes les revendications faites par les rebelles et leurs soutiens politiques ont été prises en compte et un ensemble de solutions avec effets immédiats a été trouvé et mis à la disposition d'un nouveau Premier Ministre. Et Pour s'assurer que toutes les doléances des rebelles seraient satisfaites par l'État de Côte d'Ivoire, la France et ses alliés ont pris soin de proposer, nous l'avions dit, une personnalité proche de la rébellion pour diriger le gouvernement de réconciliation.

Comme pour le Président de la République, la rencontre de Kléber avait aussi élaboré un package d'attributions du nouveau chef de gouvernement proche de la rébellion. Relativement à la sécurité nationale, le paragraphe 3 (g)[230] de cet Accord stipule ce qui suit:

« Afin de contribuer à rétablir la sécurité des personnes et des biens sur l'ensemble du territoire national, le gouvernement de réconciliation nationale organisera le regroupement des forces en présence puis leur désarmement. Il s'assurera qu'aucun mercenaire ne séjourne plus sur le territoire national ».

Comme on le constate ici, la responsabilité de regrouper, de désarmer et d'encaserner les forces en présence revenait exclusivement au Premier Ministre et à son gouvernement ; c'est-à-dire aux gouvernements respectifs de Seydou Diarra (2003-2005), Konan Banny (2005-2007) et Soro Guillaume (2007-2010); Ce sont eux qui avaient la charge de s'accorder avec les chefs rebelles sur les modalités pratiques et les calendriers des opérations qui devaient précéder la tenue des élections générales.

[230] Accord de Linas-Marcoussis, page 3, b et g.

Mais au lieu de cela à quoi avons-nous assisté toutes ces années une fois que les Premiers Ministres Seydou Diarra, Konan Banny et Soro Guillaume ont été nommés ? A tout, sauf au respect des engagements pris librement en France. Mais, également, nous avons été témoins d'une complicité manifeste entre ces différents Premiers Ministres et les rebelles. Pire, une collusion à la limite de la trahison s'est faite remarquée entre ces différents chefs de gouvernements et la communauté internationale, y compris l'ONUCI.

Nommées pour préparer « … *Les échéances électorales aux fins d'avoir des élections crédibles et transparentes » (Acc. Politique L-M, p.3b)*, dont ils fixeraient les dates, ces personnalités avaient un agenda caché: celui de ne pas désarmer les rebelles. Pourtant cette opération était prévue par les Accords de Paix et devait commencer aussitôt après la mise en place du gouvernement de réconciliation nationale.

Malheureusement, à chaque fois que la question du désarmement a été évoquée par le camp Gbagbo, les Premiers Ministres issus des accords de Linas-Marcoussis ont fait diversion; ils réclamaient tous plus de pouvoirs alors qu'ils disposaient déjà d'un nombre impressionnant de prérogatives qui relèvent constitutionnellement du Président de la République.

Seydou Diarra et Konan Banny menaient ce combat pour plus de pouvoir contre Gbagbo pendant que les rebelles attaquaient les positions gouvernementales et les Institutions Républicaines à Abidjan en violation du cessez-le-feu qu'ils ont signé le 17 Octobre 2002 avec le groupe de contact de la CEDEAO. Les 11 et 12 Décembre 2003, notamment, une tentative de prise de la RTI échouait tout comme celle du camp d'Agban, le 1er Décembre 2005 et du camp d'Akouédo, le 2 Janvier 2006. Plusieurs rendez-vous pris pour démarrer l'opération de désarmement n'ont jamais été respectés par les rebelles; ce fut le cas les 15 Janvier, 14 Mai et 09 Juillet 2005. Il faut noter qu'aucune action vigoureuse n'a été prise par les différents chefs de gouvernements de réconciliation nationale pour contraindre la rébellion à déposer les armes.

La question qu'il faut se poser à ce stade des faits est de savoir si les Premiers Ministres qui se sont succédé à la tête des différents gouvernements de réconciliation nationale ont honoré leurs engagements ? La réponse à cette question permettra avant tout de situer la responsabilité de ces personnalités dans les reports successifs des élections de sortie de crise. Et, c'est ensuite que nous saurons le niveau de leur responsabilité.

c- *Les obligations des rebelles*

Le paragraphe VII des Accords de Linas-Marcoussis relatif au regroupement, désarmement et démobilisation, exigeait que les rebelles déposent les armes et que les nombreux mercenaires venus de la sous-région ouest africaine, particulièrement du Burkina Faso, ne séjournent plus sur le territoire ivoirien. Mais, cette interdiction de territoire s'adressait également – les textes de l'accord n'ont pas été assez explicites – aux nombreux instructeurs français employés par la rébellion et qui résidaient à Bouaké, capitale de la rébellion.

Alors que le Président Laurent Gbagbo et son peuple devaient céder sur des revendications qui fragilisent les fondements de la souveraineté de leur pays, les rebelles, quant à eux, n'avaient qu'à déposer les armes, entrer en caserne et libérer le territoire qu'ils occupaient illégalement. En somme, les ivoiriens leur demandaient simplement de rentrer dans la légalité.

Malheureusement, malgré les postes ministériels qu'ils ont obtenus dans les différents gouvernements de réconciliation sans mérite intellectuel, malgré l'amnistie générale qui leur a été accordée pour les mettre en confiance, les rebelles et leurs alliés n'ont pas pu céder sur un seul des trois points majeurs de revendications du camp Gbagbo. En dépit de tous les accords qu'ils ont signés librement, les rebelles et leurs sponsors ont continué de s'armer et de maintenir leur autorité dans les zones CNO. Selon le rapport S/2011/271[231] du Groupe d'Experts de l'ONU daté du 20 Avril 2011 et présenté au Conseil de Sécurité par Maria Luiza Ribeiro Viotti, Présidente du Comité du Conseil de Sécurité créé par la résolution 1572[232] (2004) concernant la Côte d'Ivoire, cette partition du pays arrangeait les seigneurs de la guerre que sont : Fofié Kouakou, Shérif Ousmane, Issiaka Ouattara dit Watao, tous originaires du nord du pays. Ce

[231] ONU, Résolution S/RES/1572 (2004).
[232] ONU, Résolution S/RES/1893 (2009), paragraphe 110, 114.

rapport, établi en application du paragraphe 12 de la Résolution 1893[233] (2009), précise que *« Les commandants susmentionnés disposent de recettes non comptabilisées provenant des ressources naturelles, recettes qui peuvent fort bien être détournées pour acquérir des armes et du matériel connexe en violation du régime de sanctions ».*

Alors que le Procureur de la Cpi et la majorité des Juges de la Chambre Préliminaire 1 accusent Laurent Gbagbo de s'être procuré des armes lourdes en violation de l'embargo imposé par l'ONU en 2004, ces experts onusiens ont régulièrement dénoncé l'existence d'*« ...un certain nombre d'armes lourdes déployées par des unités des Forces nouvelles (qui) n'ont pas été présentées aux fins d'inspection. »* Et, *« L'origine de ces armes n'est pas clairement définie »,* soutiennent-ils.

Ces experts ont également déclaré avoir *« appris que la société A.D. Consultants (Israël) avait licitement transféré au Burkina Faso, le 13 décembre 2005, la partie du lot revenant à Yugo import, soit au total 350.000 cartouches »(*S/*2011/271).* Ils affirment dans le même rapport avoir découvert en Côte d'Ivoire des munitions utilisées par la police et les forces militaires burkinabè. Une suspicion que le gouvernement de Blaise Compaoré n'a pas pu lever.

Les forces pro-Ouattara ont donc continué de s'armer en dépit de l'interdiction de l'ONU avec l'argent des casses des agences de la BCEAO et des revenus des matières premières agricoles et minérales qu'ils ont continué d'exploiter illégalement dans les zones occupées. A partir du Burkina-Faso d'où est par ailleurs originaire M. Ouattara Alassane, les rapporteurs soutiennent que : *« Depuis 2009, un certain nombre d'unités des Forces nouvelles stationnées à Korhogo, Man et Séguéla ont été visiblement rééquipées et ont reçu du matériel militaire et des uniformes neufs. Certaines semblent même être mieux habillées et mieux équipées que l'armée régulière ivoirienne » (Voir S/2011/271 par. 110 et 114).*

Alors que les différents Accords politiques qu'ils ont eux-mêmes suscités et signés leur demandaient de déposer les armes et libérer le

[233] Rapport du Groupe d'Experts daté du 20 Avril 2011, S/2011/271.

pays, Fofié Kouakou qui est parti du grade de simple Caporal-chef au commandant des Forces nouvelles pour le secteur de Korhogo, a continué ses activités militaires.

Le rapport du 20 Avril 2011 publié à dessein après les élections d'Octobre 2010 pour ne certainement pas mettre en difficulté le candidat Ouattara indique clairement que : *« Les forces sous son commandement se sont livrées au recrutement d'enfants soldats, à des enlèvements, à l'imposition du travail forcé, à des sévices sexuels sur les femmes, à des arrestations arbitraires et à des exécutions extrajudiciaires, en violation des conventions relatives aux droits de l'homme et du droit international humanitaire; ont fait obstacle à l'action du GTI, de l'ONUCI et des forces françaises et au processus de paix tel que défini par la résolution 1643 (2005). »*

A la lumière de ce qui précède, il nous paraît nécessaire de soulever l'interrogation suivante par souci de clarification, mais aussi pour attaquer la décision fantaisiste de confirmation des charges de la Cpi contre M. Gbagbo. Entre Laurent Gbagbo, Président en exercice, qui a perdu une partie de son territoire avec tout ce qu'il contient comme richesse et une rébellion qui s'accapare illégalement de toutes les richesses du territoire perdu, à qui profiterait un retour à la Paix ? Etait-ce à Laurent Gbagbo dont la popularité a été boostée par la crise et que les sondages donnaient victorieux de l'élection présidentielle attendue ou à Ouattara dont le peu d'estime a été fragilisé par la guerre et le pillage des ressources des zones CNO par son armée ? La réponse est évidente : c'est à notre avis à M. Laurent Gbagbo. C'est pourquoi il était le seul acteur qui avait de bonnes raisons de travailler de bonne foi au retour à l'ordre constitutionnel dans son pays.

Contrairement à ses adversaires, la crise l'avait privé de certaines prérogatives que le retour à la paix lui ferait recouvrer ; ce qui lui permettrait d'ailleurs d'exercer son pouvoir sur l'ensemble du territoire ivoirien.

Par contre, les rebelles n'avaient rien à gagner dans une Côte d'Ivoire retournée à la paix ; surtout qu'ils profitaient du désordre pour piller les ressources du pays. Et, le paragraphe 116 c du rapport de l'ONU le reconnait si bien ; celui-ci affirme que : « *La réunification du pays et la restructuration politique du Nord devraient soulever les plus grandes difficultés du fait que les commandants de zone n'auraient plus accès à des sources de revenus lucratives.» (Voir S/2011/271, par. 116, c).* La question de la perte de privilèges en cas de normalisation de la vie sociopolitique était une réelle préoccupation pour les rebelles ivoiriens et leurs alliés.

Quant à leur mentor, Alassane Ouattara, qui avait été davantage fragilisé par la guerre qu'il a imposée à la Côte d'Ivoire, il ne pouvait espérer gagner une élection de sortie de crise. C'est donc lui et son camp que le retour à la paix conduirait dans l'anonymat et à la perte de toutes les richesses acquises illégalement. C'est pourquoi, ils ont dressé plusieurs obstacles sur le chemin du retour à l'ordre constitutionnel. Le statut quo leur permettait de continuer leurs opérations illégales de pillage des ressources dans la partie nord du pays.

d- Les obligations de la communauté internationale

Depuis le début ou peut être même bien avant que le conflit ne soit déclaré, le 19 Septembre 2002, des acteurs extérieurs à la Côte d'Ivoire étaient déjà présents et très actifs en Côte d'Ivoire. Ces acteurs qui, malgré leurs efforts de continuer à travailler en arrière-plan, n'ont pas pu garder cette position jusqu'à la fin de la crise ; ce sont : les agences de l'ONU, les représentations diplomatiques de France, des USA, du Royaume-Uni et du Canada et les multinationales françaises telles que Bouygues et Bolloré.

Mais, il s'agit aussi, des Organisations Non Gouvernementales internationales ; à savoir : *Human Rights Watch, International Crisis Group, Amnesty International*, etc. Tous ces acteurs, à divers degrés, ont préparé d'une manière ou d'une autre le conflit ivoirien avant même qu'il n'éclate en Septembre 2002; et c'est donc tout naturellement qu'ils ont tous pris parti pour M. Alassane Ouattara, le candidat de l'étranger.

Pour incriminer le régime Gbagbo, ces organisations ont d'abord engagé directement ou indirectement des recherches de charniers à travers la Côte d' Ivoire. Et sans surprise, ils ont découvert, à Yopougon, cinquante-sept corps piqués çà et là quatre jours seulement après les manifestations insurrectionnelles du 26 Octobre 2000 initiées par Alassane Ouattara après l'élection de Laurent Gbagbo.

Ensuite, le gouvernement Belge et l'OCDE en particulier ont soutenu une vaste campagne de lutte contre la pire forme de travail des enfants dans les plantations de cacao de l'Afrique de l'Ouest, notamment en Côte d'Ivoire. Ces campagnes ont été relayées par les grands medias pour salir l'image du Président Gbagbo et préparer les opinions nationalcs et internationales pour le changement de régime en Côte d'Ivoire. Elles ont précédé l'attaque du 19 Septembre 2002.

Mais comment peut-on expliquer ce choix d'une partie de la communauté internationale pour l'ingérence dans les affaires intérieures d'un État souverain ?

De nombreux intellectuels contemporains parmi lesquels le Japonais Ohmae Kenichi[234] et l'Américaine Saskia Sassen[235], ont déjà bien développé la question de la fragilisation des souverainetés par la mondialisation. Il n'est donc pas question ici de revenir en détail sur ce sujet.

Toutefois, il est important, pour la compréhension de la position et de l'attitude de la France et de ses alliés dans le conflit ivoirien de jeter un regard assez bref sur les conséquences de la mondialisation. Les mouvements de capitaux et d'entreprises qui la définissent ont permis l'ingérence des acteurs non-étatiques dans les relations internationales. Et cela justifie l'attitude non-élégante de certaines représentations diplomatiques dans le système des État-Nations.

En effet, grâce à la révolution dans le domaine des technologies de l'information et de la communication apparues après la chute, en 1990, du Mur de Berlin - marquant la fin des hostilités entre l'ancienne URSS et les pays occidentaux - les mouvements transfrontaliers des grandes entreprises occidentales ont été renforcés. Ces mouvements d'entreprises ont suscité l'attention de leurs États d'origine avec l'apparition sur le marché économique mondial de nouveaux États dits émergents. Il s'agit notamment de la Chine, l'Inde, le Brésil, la Russie, l'Afrique du Sud…

Au souci du marché international où l'hégémonie des entreprises occidentales est désormais menacée par la présence de ces nouveaux

[234] Ohmae K. (1995), *The End of the Nation State*, New York: Free Press.
[235] Saskia Sassen, S. (1996), *Losing Control ? Sovereignty in an Age of Globalization.*

acteurs économiques, s'est ajoutée, à partir de 2008, une récession économique qui a pris ses racines aux USA et a atteint toutes les grandes capitales mondiales. A ce jour, les conséquences de cette crise sont encore perceptibles dans l'ensemble des économies occidentales ; particulièrement dans celles de l'Union Européenne, des USA et du Canada.

La question de compétitivité des produits occidentaux vendus trop chers face à ceux des pays émergents commercialisés à moindre coût, a accéléré la chasse aux matières premières dans les pays pourvoyeurs, notamment dans ceux d'Afrique[236]. Mais, cela a surtout attisé chez les occidentaux le désir de se les procurer gratuitement comme au temps colonial pour garder leur position dominante.

Contraints par le respect des accords de libre-échange de l'Organisation Mondiale du Commerce (OMC) d'une part et d'autre part par le respect de la souveraineté des ex-colonies (Droit international), la métropole et ses alliés ont eu du mal à choisir entre empêcher les pays membres du BRICS de commercer avec l'Afrique et recoloniser l'Afrique en violation du Droit International.

A la fin de la Guerre Froide, la Chine est devenue assez présente en Afrique où elle investit depuis dans presque tous les domaines ; notamment dans l'énergie et l'extraction des matières premières stratégiques comme la terre rare, le tantale, le cobalt, le coltan, etc., utilisées dans la fabrication des appareils électroménagers.

L'idéal pour la métropole aurait été d'empêcher les pays émergents et la Chine particulièrement d'avoir accès à l'Afrique qu'elle considère malgré tout comme son pré-carré. Mais cette option présente un gros risque ; celui de voir ces pays concurrents appliquer la loi de réciprocité économique en fermant, en représailles, leurs marchés aux produits occidentaux.

Finalement, les Européens et leurs alliés ont choisi de reprendre le contrôle total de leurs anciennes colonies au mépris du droit international et contre la volonté des populations à se laisser recoloniser.

---

[236] http://blogs.mediapart.fr/blog/sam-la-touch/190713/il-y-du-sang-dans-mon-portable-et-ma-tv-rdc.

C'est d'ailleurs la voie la moins risquée qui s'offre à eux pour remettre leurs économies moribondes en route et espérer tenir tête aux pays émergents.

Malheureusement, cette option n'a pas tenu compte de l'avis des dirigeants des anciennes colonies soumis à divers intimidations et autres chantages de la part des occidentaux. Les chefs d'État ou candidats les plus récalcitrants sont dans certains cas vite empêchés ou simplement relevés de leurs fonctions suite à des élections frauduleuses comme au Gabon en 2010. Dans d'autres cas comme ceux de la Lybie et de la Côte d'Ivoire, ils sont simplement bombardés, tués ou arrêtés et jetés dans la prison de la cour coloniale de La Haye. Et cela dans l'indifférence totale de la communauté internationale. Peu importe si ces dirigeants africains sont élus démocratiquement ou pas. Le plus important qui compte désormais pour les occidentaux, ce sont plutôt les intérêts de leurs multinationales liés à ceux de leurs citoyens que l'état de la démocratie en Afrique. Face aux intérêts de la métropole la promotion de la démocratie et de ses valeurs peut encore attendre, se disent les Occidentaux.

A Paris, Washington, Londres, Rome, et Bruxelles, dans ces capitales des États que l'on appelle abusivement grandes démocraties, les départements des affaires étrangères ont travaillé sans relâche pour soutenir les rebelles en Côte d'Ivoire, en Lybie et en Syrie ; objectif principal : changer les régimes anticolonialistes de Laurent Gbagbo, Mouammar Kadhafi et Bassar Al Assad. Mais également dans leurs chancelleries en RDC, au Mali et en République Centrafricaine, l'on a financé les rebellions locales pour maintenir le chaos afin de faciliter l'extraction frauduleuse des matières premières stratégiques.

En Côte d'Ivoire le processus de déstabilisation du régime du Président Gbagbo jugé trop nationaliste a commencé peu après son élection en 2000. On se souvient encore de la campagne diplomatique et médiatique menée par les occidentaux contre le travail des enfants dans les plantations de cacao en Côte d'Ivoire et la découverte de prétendus charniers à Abidjan. Tous ces évènements étaient organisés pour préparer l'opinion pour le changement de régime en Côte d'Ivoire.

Pendant toute la période de la crise, le Conseil de Sécurité de l'ONU a multiplié les résolutions pour fragiliser davantage les institutions ivoiriennes.

Les cicatrices psychologiques de ces résolutions indécentes sur le peuple ivoirien prendront plusieurs décennies pour disparaitre.

Le 1er Novembre 2006, contre toute attente, le Conseil de Sécurité adopte la Résolution 1721 qui, selon lui, proroge d'un an le mandat du Président Gbagbo. La même résolution reconduisait le Premier Ministre Charles Konan Banny dans ses fonctions *"avec des pouvoirs étendus"*. Ce fut une première dans les relations internationales. L'ONU s'est ainsi ingérée grossièrement dans les affaires intérieures d'un État souverain, alors qu'elle a affirmé constamment « *son ferme attachement au respect de la souveraineté, de l'indépendance* » de la Côte d'Ivoire dans ses résolutions. Le faisant, le Conseil de Sécurité de L'ONU, manipulé par la France, a pris le contre pieds de cet engagement en remettant en cause les fondements de la souveraineté de la Côte d'Ivoire indépendante depuis le 07 Aout 1960.

En réalité, le complot contre la Côte d'Ivoire et le régime Gbagbo était tel qu'aucun État dans la communauté des nations en dehors de la Russie et la Chine ne pouvait s'y opposer sans subir la foudre de ses commanditaires. Tout était parfait aux yeux d'une partie de cette communauté dite internationale ; le respect de la souveraineté, pourtant sacrée depuis les Traités de Westphalie en 1648 et la soumission des Etats-nations au droit international pour maintenir la sécurité mondiale étaient devenus totalement obsolètes.

Dans les cas ivoirien et Libyen, chaque fois que le Président français Nicolas Sarkozy ordonnait, la communauté internationale s'exécutait à travers le Conseil de Sécurité par des résolutions absurdes à tout point de vue et complètement immorales.

Dans ces conditions de renouvellements annuels de mandat présidentiel de M. Gbagbo par des fonctionnaires de l'ONU, de quel pouvoir disposait-il pour reporter les élections de sortie de crise ?

Alors que les Accords de Linas-Marcoussis recommandaient à la communauté internationale d'accompagner le processus de paix en toute transparence et de façon impartiale, la majorité des membres de ladite communauté internationale a choisi le camp du Président français, Nicolas Sarkozy, l'ami d'Alassane Ouattara. Ce qui explique son inaction gênante face au refus des rebelles de désarmer alors que tous les accords politiques le leur demandaient. Mieux, c'est pourquoi l'ONU et ses dérivés ont contraint le président Gbagbo à aller aux élections sans désarmer les troupes de son rival politique, Alassane Ouattara.

Le parti pris de la communauté internationale ne s'est pas arrêté aux nombreuses et parfois inutiles déclarations incendiaires contre le régime Gbagbo. La Télévision ivoirienne a diffusé à plusieurs occasions pendant la guerre d'Abidjan, en Avril 2011, des images des casques bleus de l'Opération des Nations Unies en Côte d'Ivoire (ONUCI) en train de combattre l'armée régulière aux côtés des rebelles ivoiriens. Et même bien au-delà de cette période avec les massacres des populations civiles à Yopougon et la chasse aux pro-Gbagbo au sud du pays. Mieux, le dispositif militaire de l'ONU est toujours stationné dans le pays pour protéger le régime de M. Ouattara et il ne semble pas pressé de partir.

La position de la France et de ses alliés dans la crise ivoirienne s'explique donc par le souci de ces pays de protéger les intérêts de leurs multinationales et d'ouvrir le marché ivoirien à l'ensemble de leurs partenaires occidentaux. Ils ne pouvaient pas y arriver sans fragiliser la souveraineté de la Côte d'Ivoire. Ils ne pouvaient y arriver qu'en mettant l'agent impérialiste Ouattara Alassane à la tête du pays. Le président Gbagbo, défenseur des intérêts des ivoiriens ne pouvait pas être leur choix.

Sous l'impulsion des autorités françaises d'alors, la communauté internationale a failli à sa mission de ramener la paix en Côte d'Ivoire par des élections crédibles. Longtemps couverts du voile d'innocence et d'impartialité, la France de Sarkozy et ses alliés ont fini par se dévoiler entre Décembre 2010 et Avril 2011 en faisant partir eux-mêmes le régime Gbagbo.

e- Les obligations du peuple ivoirien

Il est vrai qu'en s'attaquant aux institutions de la République, les rebelles venus du nord du pays pour porter Ouattara au pouvoir par les armes, s'attaquaient directement au régime du Président Gbagbo.

Mais, c'est surtout au peuple de Côte d'Ivoire qu'ils s'attaquaient. C'est pourquoi, l'État de Côte d'Ivoire aurait dû être invité à la Table Ronde de Linas-Marcoussis où la France a réuni la classe politique ivoirienne et les mouvements rebelles.

Malheureusement, les organisateurs de la rencontre ont soigneusement ignoré cette principale victime. L'État n'a donc pas été représenté à Linas-Marcoussis où ont été prises les grandes décisions entérinées par le Sommet des chefs d'État à Kléber. Pourtant, nous l'avons dit, l'État reste après tout la principale victime.

Mais, malgré tout, l'importance des sujets débattus à Linas-Marcoussis a fini par attirer le peuple ivoirien dans l'application des accords conclus. Après la nomination à Paris de M. Seydou Diarra comme Premier Ministre de Transition, la majorité des ivoiriens se sont vigoureusement opposés au choix de la personnalité. Ses détracteurs lui reprochaient d'être un rebelle ou d'avoir des accointances avec les leaders de la rébellion. Il n'était donc pas la meilleure personnalité pour ce poste, disaient-ils.

Les Ivoiriens se sont également opposés à d'autres dispositions des Accords de Paris y compris l'attribution des ministères de l'intérieur et de la défense aux rebelles, la révision de l'article 35 de la Constitution ivoirienne pour favoriser M. Ouattara, etc.…

Néanmoins, le peuple de Côte d'Ivoire a fait preuve de mansuétude et a pardonné une fois qu'il a réalisé que son attitude pouvait mettre en mal l'ensemble du processus de paix. En Mars 2003, quand le Président Gbagbo leur a demandé d'accepter ce qu'il a appelé "le remède de Marcoussis" les Ivoiriens ont alors accepté et mis fin à toutes manifestations de protestations.

Peu après, en leur nom, deux lois d'amnistie pour tous les militaires détenus pour atteinte à la sûreté de l'État et les soldats exilés ont été votées par le parlement ivoirien au détriment des victimes et de leurs parents. Car pour la majorité des Ivoiriens, une telle mesure faisait partie des prix à payer pour ramener la paix en Côte d'Ivoire. Personne ne s'y est alors opposé.

On le voit bien, alors que l'État incarné par le peuple n'a pas été invité à Paris pour contribuer au processus de paix, la mise en pratique des accords conclus lui a permis de prendre la place qui était la sienne. Sans que l'Accord de Linas-Marcoussis ne le leur signifie clairement, les Ivoiriens savaient qu'ils avaient un rôle à jouer pour faciliter le processus de paix. Chaque Ivoirien soucieux du retour à la paix devait créer un environnement propice à la cohésion nationale. Le peuple de Côte d'Ivoire et particulièrement les victimes ont joué leur partition en toute responsabilité ; soit directement, soit indirectement à travers leur parlement. La responsabilité des blocages qui ont conduit aux reports successifs des élections se trouvent donc ailleurs. Pas au niveau du peuple ivoirien.

III. Le processus électoral à l'épreuve des obstacles

a- L'obstacle constitutionnel

Conformément à l'article 38[237] de la Constitution ivoirienne votée à 86% des suffrages lors du référendum du 28 Juillet 2000, la tenue des élections présidentielles n'était pas possible entre 2005 et 2010 avec un pays divisé en deux. Cet article stipule: « *En cas d'événements ou de circonstances graves, notamment d'atteinte à l'intégrité du territoire, ou de catastrophes naturelles rendant impossible le déroulement normal des élections ou la proclamation des résultats, le Président de la Commission chargée des élections saisit immédiatement le Conseil constitutionnel aux fins de constatation de cette situation. Le Conseil constitutionnel décide, dans les vingt-quatre heures, de l'arrêt ou de la poursuite des opérations électorales ou de suspendre la proclamation des résultats. Le Président de la République en informe la Nation par message. Il demeure en fonction.* »

Or, nous savons tous que depuis la tentative du coup d'État du 19 Septembre 2002 qui s'est muée en rébellion, la Côte d'Ivoire connaissait une partition avec les zones CNO occupées par les rebelles et le Sud sous contrôle gouvernemental. Cette situation constituait de fait un obstacle majeur qu'il fallait d'abord lever avant le démarrage des autres opérations qui rentraient dans l'ensemble du processus de l'organisation des élections de sortie de crise. Malheureusement, les rebelles n'ont pas voulu libérer les zones occupées.

---

[237] Constitution ivoirienne du 1er août 2000.

b- Les obstacles politiques et militaires

L'opération d'identification des populations et la mise en place d'un nouveau fichier électoral exigées par les rebelles et l'opposition politique ne pouvaient être réalisées qu'après le désarmement, l'encasernement des rebelles et la réunification du pays.

L'Accord de Linas-Marcoussis prévoyait que ces opérations se déroulent aussitôt après la formation du gouvernement de réconciliation nationale. Malheureusement, ces engagements du camp Ouattara n'ont pas été honorés. Et, bien que cela constitue un obstacle au processus de paix, la réaction de la communauté internationale est restée très timide.

Quatre ans après sa prise du pouvoir par les armes, le régime Ouattara ne semble toujours pas préoccupé par le désarmement de ses forces rebelles requalifiées "Forces républicaines de Côte d'Ivoire-FRCI-" qu'il pourrait encore utiliser pour influencer, comme en Novembre 2010, les élections de 2015.

Les rebelles qui savent que leur leader, Alassane Ouattara, n'est pas populaire en Côte d' Ivoire n'ont jamais cru en sa victoire par les urnes. L'opposition politique qui soutenait Ouattara savait aussi que face à un Laurent Gbagbo populaire, le président du RDR n'avait aucune chance de gagner la présidentielle. C'est pourquoi, leur branche armée n'a pas voulu déposer les armes dont elle s'est d'ailleurs servie pour influencer les élections de 2010/2011 et parachever ainsi leur coup d'État de 2002 avec l'aide de la France et de l'ONU.

Désarmer les rebelles et créer les conditions d'une élection libre, juste et transparente reviendraient à exposer Ouattara à une défaite électorale humiliante. Après avoir vu sa candidature refusée en 2000 pour fraude sur sa nationalité, les élections de 2010 mettaient Ouattara à l'épreuve du terrain. Le battre reviendrait à mettre à nu tout le mensonge qu'il a servi autour de sa popularité à ses soutiens intérieurs et extérieurs pendant plusieurs décennies. Depuis 1990, l'homme rêvait de diriger la Côte d'Ivoire, mais la Constitution de ce pays l'en empêchait. Pour lever cet obstacle, Ouattara a choisi la voie de la violence. Il a créé une rébellion avec le peuple du nord qu'il instrumentalise depuis 1990.

En 2010, M. Ouattara n'avait jamais été si proche de l'exercice du pouvoir en Côte d'Ivoire. Par conséquent, il ne devait rien entreprendre qui puisse réduire ses chances de réaliser son rêve de le diriger; surtout pas déposer les armes qui lui ont permis d'être éligible et de se rapprocher ainsi de la gestion du pouvoir dans ce pays dont le peuple ne lui a jamais caché son aversion.

Par contre le Président Gbagbo, fils du pays, n'a pas cessé de faire des concessions. Il en a fait des plus acceptables aux plus pénibles pour que les élections de sortie de crise se tiennent et le plus tôt possible. Parce que, disait-il souvent : «... *Les élections sont la clé de sortie de cette crise.* » Et contrairement à M. Ouattara, le Président Gbagbo avait de bonnes raisons de presser la tenue des élections de sortie de crise.

Au bout du processus électoral, on le sait, la réélection de M. Gbagbo qui d'ailleurs ne souffrait d'aucun doute aurait mis fin au principe issu des Accords de Linas-Marcoussis de gouvernement d'agents de partis politiques et de rebelles analphabètes. Et, la légitimité que lui conférerait cette deuxième victoire, permettrait la mise en place d'un gouvernement qui n'est responsable que devant le Président de la République. La nouvelle équipe gouvernementale exercerait en toute quiétude son autorité sur l'ensemble du territoire national. Ce qui permettrait au Président Gbagbo de réaliser enfin son rêve de refonder la Côte d'Ivoire.

Tout au long du processus, M. Gbagbo n'a pas caché sa volonté d'en finir avec la crise. Dans une interview, en marge de la rencontre des 133 pays en développement réunis au sein du G77 plus la Chine organisée du 10 au 13 Juin 2008 à Yamoussoukro en Côte d'Ivoire, Laurent Gbagbo, répondant à la question du journaliste de savoir s'il voulait des élections, a réaffirmé qu' « *il faut des élections pour rendre à la Côte d'Ivoire, sa colonne vertébrale*». En d'autres termes, le retour à l'ordre constitutionnel par des élections transparentes permettrait à la Côte d'Ivoire, selon Gbagbo, de reprendre sa place de leader de la sous-région ouest africaine et renforcerait son rayonnement international, etc....

Poursuivant, le prévenu de Bensouda a souhaité que les élections du 30 octobre 2010 se tiennent à la « *date indiquée ou même avant pour que le gagnant forme un gouvernement homogène pour appliquer son programme de gouvernement ».* Il a vivement souhaité que *« les élections se tiennent vite pour arriver à l'application stricte de notre constitution ».*

Au niveau politique, la volonté de M. Ouattara Alassane, n'était pas de conduire le processus de paix à terme par le dialogue. Il savait qu'un tel choix anéantirait son rêve d'occuper le plus haut poste de l'administration ivoirienne qu'il voulait depuis 1990. Ainsi, il a multiplié les obstacles au niveau politique et militaire pour ne pas que la crise finisse par des élections apaisées qu'il était certain de perdre.

Conclusion

En se référant à l'Accord de Linas-Marcoussis, le Procureur et la majorité des Juges de la Chambre Préliminaire 1 de la Cpi auraient pu fonder leurs argumentations sur des faits précis. Malheureusement, ils ont choisi de se contenter d'affirmations gratuites qui fragilisent davantage leur dossier contre le Président Gbagbo.

En dehors de cet Accord de Paris, l'accord complémentaire de Pretoria II est pour nous une autre référence importante. Parce qu'à son paragraphe 6 alinéa 2 relatif à la CEI et à l'organisation des élections, il stipule clairement que : *« Les dirigeants ont réaffirmé que la CEI est la seule institution responsable du processus électoral et que l'Institut National des Statistiques doit lui rendre compte sur tout ce qui concerne les élections ».* Tout cela aurait pu aider la Chambre 1 pour parvenir à une décision plus juste et plus équitable. Mais hélas !

La référence à ces deux documents parmi tant d'autres aurait évité au Procureur de tromper les Juges de la Chambre 1 en affirmant que c'est le refus délibéré de Laurent Gbagbo d'aller aux élections de sortie de crise qui a conduit aux reports successifs de ces consultations. Et qu'il le faisait dans le but de conserver le pouvoir à tout prix. Or, pour reporter un évènement, en dehors de l'autorité légale du lieu où il se déroule, la décision revient, soit à son premier responsable, soit à l'un ou à l'ensemble de ses acteurs principaux.

En Côte d'Ivoire, depuis 2000, la Constitution a donné la responsabilité administrative et juridique des élections, respectivement à la CEI et au Conseil Constitutionnel. Et dans le cadre de la résolution de la crise de 2002, l'Accord de Linas-

Marcoussis a désigné le Premier Ministre comme le responsable politique des élections de sortie de crise auxquelles il ne participe pas. M. Laurent Gbagbo, Président de la République et candidat à sa propre succession n'avait pas la charge de l'organisation de ces élections. Il n'avait par conséquent pas la capacité de les reporter. Ce qu'il pouvait faire par contre c'était de constituer un obstacle à leur tenue aux dates arrêtées. Pourtant, nous l'avons démontré, M. Gbagbo n'a posé aucun acte susceptible de bloquer ou causer le report des élections.

La responsabilité de M. Laurent Gbagbo ne se limitait qu'à la signature des décrets pour rendre les décisions de la CEI conforment à la Constitution ivoirienne. Le Président Gbagbo a pleinement rempli cet engagement. Par conséquent, il ne peut être tenu responsable du report successif des élections de sortie crise entre 2005 et 2010.

Au regard des obligations faites à chaque acteur du processus de sortie de crise par l'Accord de Linas-Marcoussis et au vu des résultats de chacun, nous pouvons affirmer que les Premiers Ministres des différents gouvernements de réconciliation sont les premiers responsables du report successif des élections. Ils sont suivis par les rebelles, leurs sponsors politiques et la communauté internationale.

LA DÉCISION DE CONFIRMATION DES CHARGES CONTRE LE PRÉSIDENT LAURENT GBAGBO DU 12 JUIN 2014. UNE DÉCISION « HORS-NORMES »

Par

Pr. Hubert OULAYE[238]

Introduction

Contre toute attente, la Chambre Préliminaire 1 a confirmé les charges du Procureur contre le Président Laurent Gbagbo le 12 juin 2014. Un an plus tôt, par sa décision du 3 juin 2013, la même Chambre avait jugé insuffisantes les preuves du Procureur et ajourné l'audience de confirmation des charges, tout en demandant au Procureur de compléter son enquête en vue de présenter de nouvelles preuves, conformes à la norme exigée en la matière à l'étape de la confirmation.

Cette décision avait été diversement appréciée par les uns et les autres. D'une part en ce qu'elle reconnaissait que le dossier Procureur de la Cpi contre Laurent Gbagbo était juridiquement vide, ce qui pour tout le monde relevait de l'évidence, d'autre part en ce qu'elle ne mettait pas fin, malgré les insuffisances relevées, à la procédure engagée contre le Président Gbagbo en vertu de l'adage *« actore non probante, reus absolvitur » : si le demandeur ne fait pas sa preuve, le défendeur est libéré.* Comment en effet, des preuves déclarées irrecevables le 3 juin 2013, sont-elles devenues recevables en l'espace de 6 mois, alors même que l'un des trois juges, la Juge Van den Wyngaert a clairement fait observer dans son opinion dissidente, *«qu'il n'a pas été remédié au problème qui avait été mis en lumière, à savoir le recours à des ouï-dire anonymes »*[239].

---

[238] Agrégé des Facultés de Droit, Université d'Abidjan-Cocody (Côte d'Ivoire).

[239] ICC-02/11-01/11-656-Anx-tFRA.

Est-ce parce que le Procureur aurait réussi l'exploit de combler les lacunes liées à l'absence d'enquête personnelle par préférence des ouï-dire anonymes tirés des rapports d'ONG et des articles de média pro-Ouattara ? Ou bien le Procureur a-t-il pu, enfin, apporter les réponses attendues quant aux six (06) points de précisions demandés par les juges le 3 juin 2013, à savoir :

- Les positions, mouvements et activités de tous les groupes armés opposés aux forces « *pro-Gbagbo* », notamment le Commando invisible et les Forces Nouvelles, à Abidjan et alentour… ;
- La structure organisationnelle des forces « *pro-Gbagbo* », la manière dont « l'entourage immédiat » a financé et coordonné les différents sous-groupes… ;
- Comment, quand et par qui la politique ou le plan ont-ils été adoptés, et comment leur existence et teneur ont- elles été communiquées ou portées à la connaissance des forces pro-Gbagbo ;
- Les auteurs « *supposés* » des crimes ont-ils agi en application ou dans la poursuite de la politique alléguée ? L'appartenance politique, ethnique, religieuse ou nationale des victimes ?...
- Des éléments de preuves précis, de nature médico-légale, ont-ils été apportés à propos de la manifestation du 16 décembre 2010 sur la RTI, et des évènements de Yopougon du 12 avril 2011 ?
- Des éléments de preuves de nature médico-légale ont-ils été apportés à propos des évènements censés être survenus le 3 mars 2011 et le 17 mars 2011 à Abobo-gare, à savoir une manifestation des femmes et le bombardement d'un marché ?

Le Procureur a- t-il pu, enfin, réunir des preuves suffisantes établissant le lien de responsabilité entre les auteurs des crimes allégués et le co-auteur supposé Laurent Gbagbo, ou des ordres ou incitations spécifiques de sa part visant la commission des crimes allégués, ou encore sa contribution, c'est-à-dire des faits de complicité dans leur réalisation ? La lecture du DNC amendé déposé par le Procureur le 14 janvier 2014, avait donné à relever que ce dernier, en dépit du « *généreux* » coup de pouce de la Chambre Préliminaire 1, lui accordant un temps d'enquête supplémentaire, était loin de son compte, s'agissant des nouvelles preuves « *conformes au standard et probantes* », à lui demandées par les juges avant toute décision de confirmer ou non les charges contre l'accusé Laurent Gbagbo.

La lecture du DNC amendé montre que celui-ci s'est inscrit dans la même logique que le Document de charges initial rejeté le 3 juin 2013 par les juges pour insuffisance de preuves : falsification des faits, contre-vérités flagrantes, omissions délibérées de faits capitaux à décharge du prévenu ainsi que de faits relatifs aux éléments contextuels établissant des affrontements entre rebelles et FDS et non attaques de civils…

On trouve dans le DNC amendé, entre autres, les mensonges et contre-vérités suivants :

- Ce sont les pressions internationales qui ont obligé le Président Laurent Gbagbo à signer l'accord inter-ivoirien de Ouagadougou, en mars 2007 ;

- Le désarmement n'a pas eu lieu dans les deux camps et Laurent Gbagbo, malgré l'embargo a acheté des armes ;

- Laurent Gbagbo a manœuvré pour retarder l'élection, malgré l'implication de la communauté internationale depuis 2002. C'est sous la pression de la communauté internationale qu'il s'est résolu à organiser l'élection présidentielle ;

- Laurent Gbagbo était déterminé à rester au pouvoir. A cette fin, avec l'aide de son entourage immédiat, il a élaboré un plan d'attaque des partisans d'Alassane Ouattara ;

- Laurent Gbagbo a contourné la hiérarchie militaire par une chaîne de commandement parallèle, composée de ses inconditionnels et recruté des jeunes pro-Gbagbo au sein des Forces de défense et de sécurité (FDS) de Côte d'Ivoire ;

- Il a établi le siège de l'hôtel du Golf pour empêcher Alassane Ouattara de prendre ses fonctions de Président.

La liste des mensonges et contre-vérités de ce genre est longue.

Le Procureur, dans un parti pris manifeste, s'est aussi livré à une présentation biaisée des faits afin d'accabler l'accusé. Par exemple, à propos du contexte général de la crise postélectorale, il a présenté comme dans le DNC initial rejeté, un tableau partial et tronqué, faisant d'Alassane Ouattara le vainqueur de l'élection présidentielle et de Laurent Gbagbo le perdant qui s'accroche au pouvoir par tous les moyens, y compris la violence, reprenant à sa façon la version de la crise électorale officiellement fabriquée et véhiculée par les médias occidentaux et par la France.

Sur les évènements eux-mêmes, le camp du Président de la République Laurent Gbagbo, est présenté comme l'agresseur alors qu'il a été attaqué de toutes parts par les groupes armés pro-Ouattara, infiltrés à Abidjan depuis la zone nord à la faveur de l'élection présidentielle, avec l'appui bienveillant des forces franco-onusiennes.

Le Procureur décrit les FDS comme des meurtriers de civils, exécutant des ordres iniques, attribués au Président Laurent Gbagbo et son « *entourage immédiat* », contre les manifestants « *aux mains nues* » partisans d'Alassane Ouattara, revendiquant pour ce dernier « *une victoire* » qu'il a pourtant officiellement perdue dans les urnes et que le Conseil constitutionnel n'a pas déclarée.

En revanche, jamais le Procureur ne fait état dans son DNC amendé, de l'infiltration à Abidjan des rebelles pro-Ouattara dès novembre 2014, de l'offensive militaire généralisée lancée en mars 2011 par Alassane Ouattara contre le régime au moment même où l'Union Africaine (UA) était à pied d'œuvre pour obtenir un règlement politique de la crise. Jamais il n'a fait état, des faits de graves violations des droits humains, notamment des meurtres, viols, violences, exactions commises à l'occasion des attaques qu'ils ont déclenchées, avant, pendant et après l'élection présidentielle, contre les FDS et les partisans du Président Laurent Gbagbo sur l'ensemble du territoire, notamment à Abidjan (Abobo-gare) et dans l'ouest de la Côte d'Ivoire.

Le Procureur ne mentionne pas dans son DNC amendé, les nombreuses victimes des assauts des groupes armés pro-Ouattara enregistrées dans le camp Gbagbo, durant toute la crise postélectorale, par exemple le massacre de mille enfants, femmes et vieillards de l'ethnie « *guéré* », le 29 mars 2011 à Duékoué dans l'ouest du pays.

A suivre le Procureur, tous les partisans d'Alassane Ouattara, sont de « *pacifiques manifestants aux mains nues* », y compris, le commando invisible équipé d'armes lourdes, qui a gravement sévi dans la commune d'Abobo-gare, les rebelles FAFN de Guillaume Soro, les FRCI d'Alassane Ouattara, les Dozos et les mercenaires. La lecture du DNC amendé fait ressortir que ces groupes armés pro-Ouattara n'ont commis aucun crime pendant leurs attaques durant la crise postélectorale. Ils sont même comptabilisés au nombre des morts comme des civils ayant subi les assauts des FDS.

Pour le Procureur, ces « *gentils rebelles* », n'ont même jamais existé (il parle de groupes de résistance ou de pseudo Commando invisible), ou n'ont jamais lancé d'attaques contre le régime du Président Laurent Gbagbo ! A s'en tenir au récit partial du Procureur, les victimes trouvées dans le camp Laurent Gbagbo, les FDS comme les civils partisans de ce dernier, auraient été tuées, blessées, violées, torturées par les FDS !

Des contre-vérités, consignées dans le Document de charges initial du Procureur, ont été répétées et amplifiées dans le Document de charges amendé. Ainsi, le Procureur fait-il état, entre autres, d'un prétendu « *refus du Président Gbagbo d'organiser les élections* » ; de « *la culture de l'impunité* » qu'il aurait développée sous son régime, oubliant que l'accord de Linas-Marcoussis lui a exigé d'amnistier les rebelles dans l'intérêt de la paix ; de sa gouvernance « *tribale* » en particulier au sein des FDS, de son inclination à la violence… !

À la vérité, faute d'apporter les preuves demandées, le Procureur a servi aux juges un DNC amendé n'apportant pas de véritables éléments nouveaux en matière de preuves, mais procédant en lieu et place, à un rajout injustifié de nouveaux modes de responsabilité, ce que la décision n'avait pas demandé.

Mais surprise, au lieu d'être définitivement débouté de sa cause, le Procureur de la Cpi, en dépit de cette accumulation répétitive d'insuffisances et de son manquement à apporter les précisions attendues pour la reprise de l'audience de confirmation, a obtenu la confirmation des charges. C'est un scandale d'injustice.

Le but de la présente étude, est de voir dans quelle mesure ces mensonges et contre-vérités, ont été reçus ou rejetés par la Chambre Préliminaire, et si la manifestation de la vérité était le but réellement poursuivi par la Chambre.

Le Procureur, dans ses différents DNC, initial et amendé, a usé de tous les artifices possibles pour éviter de dire et d'écrire que les crimes allégués ont été commis dans un contexte d'affrontements armés ayant opposé les rebelles et groupes armés pro-Ouattara qui avaient infiltré Abidjan, aux FDS loyalistes. Par cet artifice, il était loisible au Procureur de soutenir, en toute mauvaise foi, que les FDS lançaient des attaques délibérées, non pas contre des groupes armés pro-Ouattara, mais plutôt contre des civils non armés, ciblés pour leur appartenance politique, religieuse, pour leur ethnie ou leur nationalité.

Pour ajourner l'audience le 3 juin 2013, la Chambre avait déclaré insuffisantes les preuves et demandé que des corrections y soient apportées.

Afin d'établir la véracité des affirmations « *d'attaques contre des civils* », donnant à penser que sont réunis les éléments contextuels des crimes contre l'humanité, les juges, par la décision d'ajournement du 3 juin 2013, avaient demandé au Procureur d'apporter des précisions quant aux positions, mouvements et activités de tous les groupes armés opposés aux forces « *pro-Gbagbo* », notamment le Commando invisible et les Forces Nouvelles, à Abidjan et alentour.

A l'étape de l'audience de confirmation des charges, la mission des juges, telle que prévue par le Traité de Rome, est de faire, non pas le procès du prévenu, mais uniquement le procès des preuves ou de la « *Preuve* » du Procureur.

Les éléments de preuve, apportés par celui-ci à l'occasion de cette audience, donnaient-ils réellement, comme l'affirment la majorité des juges, des motifs substantiels de croire que le Prévenu a commis les actes à lui reprochés ? Une telle exigence a-t-elle été satisfaite par le Procureur après le temps complémentaire d'enquête ?

On peut sérieusement en douter. On peut même affirmer que la majorité a confirmé les charges contre Laurent Gbagbo, en l'absence de preuves conformes, probantes et suffisantes.

En effet, d'une part la majorité s'est prononcée dans le mépris total des préoccupations de la décision du 3 juin 2013 qu'elle a formellement et pratiquement rejetées (**I**), d'autre part, alors que l'accusation a étalé une défaillance manifeste dans l'administration de la preuve, la majorité, au lieu d'en tirer les conséquences de droit, a choisi d'aller en renfort du Procureur pour « *forcer* » une décision de confirmation que rien ne justifie au plan des faits et du droit (**II**).

I- UNE REMISE EN CAUSE DES FONDEMENTS DE LA DÉCISION D'AJOURNEMENT DU 3 JUIN 2013

Pour cause d'insuffisance des preuves, la décision du 3 juin 2013 a ajourné l'audience de confirmation des charges et renvoyé le Procureur à fournir des preuves supplémentaires ou à compléter son enquête, sur la base d'indications précises concernant aussi bien la qualité de la preuve que les réponses à apporter à six (06) questions spécifiques, sous peine d'infirmation des charges.

La décision du 12 juin 2014 ne fait nullement cas de ces préoccupations ainsi que des réponses que le Procureur se devait d'y apporter. De fait, ni sur les réponses spécifiques attendues (A), ni sur la qualité des preuves (B), l'accusation n'a apporté les réponses attendues ou suivi les considérations de la décision du 3 juin 2013.

A- L'IMPASSE SUR LES QUESTIONS SPÉCIFIQUES À LA BASE DE LA DÉCISION D'AJOURNEMENT DU 3 JUIN 2013

Les réponses spécifiques attendues du Procureur à l'issue de la période d'ajournement n'ont pas été apportées (**1**). La majorité non plus, n'en a pas fait une préoccupation (**2**).

1°- Du défaut de réponse du Procureur aux questions posées par la décision d'ajournement

La lecture du DNC amendé montre, sans discussion, que l'accusation n'a pas apporté de réponses directes aux questions posées par les juges le 3 juin 2013, dont l'importance pour une bonne compréhension du déroulement des évènements ainsi que de l'argumentation du Procureur, avait justifié l'ajournement de l'audience. Ces questions sont au nombre de six (06):

- Quelles étaient les positions des forces pro-Ouattara opposées aux forces pro-Gbagbo, par exemple le Commando invisible et les Forces nouvelles, notamment à Abidjan et alentour, entre novembre 2010 et mai 2011, y compris les informations spécifiques sur les confrontations entre ces groupes armés et les forces pro-Gbagbo ?
- Une description de la structure organisationnelle des forces pro-Gbagbo, ainsi que la manière dont les sous-groupes s'inscrivent dans la structure d'ensemble. Comment « *l'entourage immédiat* » a coordonné, financé les sous-groupes et fourni les moyens de

leurs activités ainsi que les changements dans l'organisation et le fonctionnement de la structure ?

- Comment, quand et par qui ont été adoptés la politique ou le plan allégués, d'attaquer la *« population civile pro-Ouattara »* ? Donner des informations spécifiques sur les réunions au cours desquelles cette politique ou ce plan auraient été adoptés. La manière dont l'existence et la teneur de cette politique ou de ce plan, ont été communiquées aux membres des forces pro-Gbagbo ou portées à leur connaissance une fois adoptés.
- Pour chaque évènement constitutif de l'attaque contre la population pro-Ouattara, le Procureur devra préciser : si les auteurs ont agi en application ou dans la poursuite de la politique alléguée ? A quel groupe pro-Gbagbo appartenaient les auteurs matériels présumés ? Le nombre des victimes, le préjudice subi et leur appartenance politique, ethnique, religieuse ou nationale ? Les liens entre les évènements survenus à l'intérieur du pays et Abidjan ?
- Apporter des éléments de preuves plus précis, à propos des évènements de la RTI (16 au 19 décembre 2010) et de Yopougon (12 avril 2011) en ce qui concerne les allégations de violences sexuelles et en particulier des preuves médico-légales.
- S'agissant des évènements censés être survenus à Abobo-gare, le 03 mars 2011 (marche des femmes), et le 17 mars 2011 (bombardements), apporter toute preuve d'ordre médico-légale ou autre, établissant qui a tiré les munitions et quelle était la cible visée ?

Ces questions concernent des informations qui sont au cœur de l'accusation : sommes-nous effectivement comme le prétend le Procureur, devant des crimes contre l'humanité au sens de l'article 7 du Statut de Rome ? Des populations civiles ont-elles réellement été prises pour cibles, en application d'un plan criminel conçu par l'accusé Laurent Gbagbo et son « *entourage* », et exécuté par des forces Pro-Gbagbo ? Ou bien des populations ont- elles été prises entre les feux de deux groupes armés qui se combattaient à Abidjan et alentour ? Dans le cas où existent des preuves que les populations ont été ciblées, il y a crime contre l'humanité. Dans le second cas, il n'y a pas de crimes contre l'humanité mais des crimes de guerre ou des crimes ne relevant pas de la compétence de la Cpi.

Les autres questions ont trait à la réalité de l'existence d'une politique ou d'un plan criminel conçu par un groupe de personnes bien identifiées, exécuté en connaissance de cause par un groupe de combattants spécialement préparés et armés à cet effet, pleinement conscients de commettre des crimes pour le succès de la politique ou du plan commun.

Enfin les autres questions visaient à établir la matérialité et les motivations des crimes allégués : preuves médico-légales ou autres ; appartenance politique, ethnique, nationale ou confession religieuse des victimes[240].

En décidant d'un ajournement dans l'attente de réponses à ces différentes préoccupations, la Chambre faisait d'une pierre, deux coups. D'une part elle indiquait clairement qu'à la date du 3 juin 2013, les preuves du Procureur de même que son DNC initial, n'apportaient pas de réponses ou apportaient des réponses insuffisantes sur ces points critiques du dossier. Mais d'autre part, elle prévenait, ce faisant, qu'en leur absence, il ne serait pas possible de confirmer les charges contre l'accusé Laurent Gbagbo.

Il a été montré à suffisance que le DNC amendé, établi à la suite de la période complémentaire d'enquête accordée au Procureur par la décision du 13 juin 2013, et déposé le 14 janvier 2014, ne contenait aucune partie réservée aux réponses attendues par la Chambre[241].

En effet, aucune réponse directe et expresse n'est mentionnée dans le DNC amendé. Le Procureur n'y fait même pas allusion ! Tout se passe

---

[240] Pour une analyse plus poussée des six (06) points, voir ma contribution dans le présent ouvrage intitulée « *Désarroi du Procureur dans l'affaire Laurent Gbagbo. Le recours a la responsabilité multiple comme palliatif à l'insuffisance de preuves* ».
[241] *Ibidem.*

comme si les préoccupations de la Chambre n'avaient jamais existé pour le Procureur, alors même, qu'elles ont justifié l'ajournement d'audience et différé la confirmation ou l'infirmation des charges. Rien à leur propos, alors que l'ajournement fondé sur ces préoccupations a fait l'objet d'une opinion dissidente de la juge présidente de la Chambre ainsi que d'une décision de la Chambre d'appel, sur l'initiative de la Procureure Bensouda.

Selon l'avocat de la défense, on trouve une seule réponse sur les six (06) attendues non pas dans le DNC amendé, mais dans deux annexes jointes (annexes 6, 7 et 8). Celles-ci feraient état de la présence à Abidjan de rebelles et de mercenaires pro-Ouattara, actifs à Abidjan, équipés d'armes lourdes, qui sévissaient à Abidjan et particulièrement dans le quartier d'Abobo-gare, dont le fameux Commando invisible, auteur de meurtres de policiers et de civils ainsi que du déplacement massif en janvier et février 2011 des habitants de cette commune, de toutes obédiences politiques.

En d'autres termes, le Procureur répond par la positive dans des annexes que des groupes armés pro-Ouattara étaient bien positionnés à Abidjan et alentour, mais il se garde d'intégrer cette information dans le DNC amendé. La raison, il ne veut en aucun cas admettre, qu'Abidjan et alentour étaient le théâtre de confrontations armées entre les FDS et les groupes armés pro-Ouattara dont le Commando dit invisible d'Abobo-gare, qui avaient infiltré la capitale avec l'aide logistique des forces franco-onusiennes décidées à renverser le Président Laurent Gbagbo. Les preuves abondent que ces groupes armés ont commencé leurs opérations dès le début du mois de janvier 2011.

Ainsi déplacée dans des annexes, la réponse donnée par le Procureur à la question de la présence de groupes armés pro-Ouattara à Abidjan, un fait qu'il est impossible de nier, n'affectera en rien le raisonnement développé par lui dans le DNC amendé selon lequel, le prévenu avait conçu dès avant l'élection présidentielle un plan criminel d'attaque des partisans d'Alassane Ouattara.

D'Ocampo à Bensouda, tous les Procureurs ont adopté cette thèse de crimes contre l'humanité en s'évertuant, autant que faire se peut, à occulter la réalité contextuelle, à savoir que les forces loyalistes étaient, en vérité, opposées sur le terrain à des groupes armés qui se fondaient dans les foules après avoir commis des meurtres de policiers ainsi que des civils pro-Gbagbo.

En dehors de ce seul cas d'une réponse biaisée apportée dans des annexes 6 et 7 et 8, et non pas dans le corps du DNC amendé reconnaissant la présence à Abidjan de groupes armés pro-Ouattara, nulle part ailleurs, on ne trouve de réponses aux cinq autres questions posées par la décision du 3 juin 2013.

Ce qui revient à dire que le Procureur, ou bien n'a pas rempli sa mission, ou bien l'a menée sans trouver les réponses attendues. Mais dans un cas comme dans l'autre, il faut bien en convenir, il y a absence des réponses attendues par la Chambre.

Ainsi le Procureur n'a pas répondu à la question cruciale de savoir comment et par qui la politique ou le plan allégués d'attaques contre des civils pro-Ouattara auraient été conçus. Il n'a pas répondu aux questions relatives à la manière dont la politique ou le plan ont été communiqués aux prétendus exécutants que seraient les « *forces pro-Gbagbo* ». Enfin, il n'a pas non plus répondu à la question cruciale des mobiles du « *ciblage* » allégué de certaines populations catégorisées comme pro-Ouattara.

Il y a, par conséquent, un grave manquement du Procureur. Celui-ci a failli à la mission à laquelle il avait été commis par la Chambre dans sa décision du 3 juin 2013. Il n'a pas apporté les réponses attendues pour donner à la Chambre « *des motifs substantiels de croire* » que l'accusé a commis les crimes allégués par le Procureur.

Cette absence de réponses de sa part, devrait en principe suffire pour déclarer sans consistance les allégations de crimes contre l'humanité soutenues par le Procureur. C'est du moins le constat qu'aurait dû faire la Chambre, en accord avec ses propres exigences. Or, fort curieusement, au lieu de tirer les conséquences de droit de ce manquement en rendant une décision d'infirmation des charges, la Chambre a choisi d'ignorer cette défaillance du Procureur !

2- De la validation des manquements du Procureur par la Chambre

À aucun moment, la Chambre, dans sa décision du 12 juin 2014, ne fait état de l'absence de réponses du Procureur à ses préoccupations du 3 juin 2013. On peut même dire qu'elle n'a pas cherché à vérifier si le procureur, dans la logique de la décision d'ajournement lui avait apporté les éléments de réponses indispensables, réclamés pour fonder sa décision définitive de confirmation ou d'infirmation.

Cette attitude paradoxale et inexpliquée des juges de la majorité qui comprend cette fois-ci le juge allemand Hans-Peter Kaul, pourtant à l'origine avec la juge belge Wyngaert (opinion dissidente) des questions posées au Procureur dans la décision du 3 juin 2013, est une première cause d'étonnement et de suspicion légitime à l'égard de la décision du 12 juin 2014.

Pourquoi, alors que l'ajournement a été fondé sur la nécessité de disposer de réponses précises et fiables relativement à certaines allégations du Procureur, plus personne en dehors de la juge dissidente, après la période complémentaire d'enquête ne s'intéresse aux réponses attendues, ni ne cherche à les connaitre ?

Cette amnésie juridique qui intervient six (06) mois seulement après la décision d'ajournement ne semble pas fortuite. Dans son opinion dissidente, la juge belge qui a maintenu sa position initiale du 3 juin 2013, continue de soutenir qu'en dépit du DNC amendé, les preuves n'ont pas été apportées par le Procureur comme prévu: « *il n'y a pas d'éléments de preuves convaincants montrant qu'à un moment ou à un autre, Laurent Gbagbo a convenu avec son entourage immédiat, de commettre des crimes contre des civils innocents »*[242].

Unc dcs clés du revirement de la Chambre est donnée par quelques extraits forts expressifs de la juge-présidente dans l'opinion dissidente qu'elle avait délivrée à l'occasion de la décision d'ajournement du 3 juin 2013 :

« *Tout d'abord, je crois que la décision de la majorité, liée au fait que la preuve est insuffisante pour prendre une décision sur l'opportunité de confirmer ou refuser de confirmer les charges, est fondée sur une interprétation large de la norme de preuve applicable à la confirmation des charges qui excède ce qui est nécessaire et même autorisé par le Statut.*

Deuxièmement, je suis en désaccord avec les conclusions de la majorité quant aux faits et circonstances qui ont besoin d'être prouvés selon la norme de preuve exigée.

Troisièmement, je suis en désaccord avec le contenu de la demande faite au Procureur, à la fois dans le rapport à la liste des «problèmes» ou des «questions» mis en avant par mes collègues et à l'instruction à soumettre un document amendé contenant les charges (DCC ou DNC). Je crois que la fourniture de la liste n'est pas pertinente ou non appropriée pour prouver ou réfuter les faits ».

En d'autres termes, la juge-présidente était depuis toujours opposée à ce qu'elle a qualifié de conception large de la norme de preuve au stade de la confirmation. Elle est aussi en désaccord avec la majorité concernant les faits et circonstances qui doivent être prouvés selon la norme de preuve exigée. Elle est en outre en désaccord avec la soumission d'une liste de problèmes ou de questions au Procureur, méthode qu'elle juge non pertinente ou non appropriée pour prouver ou réfuter les faits allégués. Sa position n'a donc pas varié.

[242] ICC-02/11-01/11-656-Anx-tFRA.

C'est le juge allemand Hans-Peter Kaul qui a changé. Son ralliement à la position de la juge-Présidente dissidente est le fait nouveau et décisif de la phase ultime de l'audience de confirmation. Un tel ralliement opéré en moins de six (06) mois, relève d'une *« prouesse judiciaire »* inédite qui ne nous semble pas de l'ordre du possible, qui choque l'entendement, la logique et l'éthique. Au regard de nombre d'évènements qui ont entouré la décision du 12 juin 2014, la rationalité de son changement de position a besoin d'être expliquée.

Car en effet, dire que le juge allemand a rallié la position majoritaire du 12 juin 2014, revient à considérer que ce haut magistrat :

- A désormais renoncé à connaitre les réponses aux informations qu'il avait demandées au Procureur dans la décision du 3 juin 2013. Il avait pourtant jugé que l'absence de ces informations ne lui permettait pas d'avoir une vision complète du déroulement des évènements de la crise postélectorale. Qu'il était, ce faisant, dans l'impossibilité de décider de confirmer ou d'infirmer les charges. Seules les réponses qui seraient apportées par l'enquête complémentaire, seront à même de le déterminer pour la suite. Mais, alors qu'il est constant que les réponses attendues du Procureur ne sont pas venues, comment un tel changement de sa part a- t-il pu s'opérer ? Aucune explication spécifique, ni motif rationnel, ne sont donnés dans la décision du 12 juin 2014, à ce spectaculaire revirement du juge allemand ;
- A également renoncé à toute exigence de rigueur en matière d'administration de la preuve. Contrairement à son opposition initiale, il admet désormais des « *preuves tout venant* », lui qui avait stigmatisé les « *ouï-dire anonymes* » ainsi que les éléments de preuve documentaires non authentiques, dont la conservation et la filière de transmission n'ont pas été convenablement préservées. Là aussi, la décision du 12 juin 2014 n'apporte aucune explication à ce changement inattendu de position du juge allemand.

Cependant, connaissant l'attachement du juge allemand, à la rigueur dans l'interprétation des dispositions statutaires, il est difficile, en l'absence d'explications formelles et rationnelles, d'accepter qu'il ait pu, d'une manière aussi rapide, changer de position après avoir pris la grave décision d'ajourner l'audience de confirmation des charges un (01) an plus tôt pour, à présent, confirmer lesdites charges sur la base des mêmes fondements douteux qu'il avait rejetés avec force arguments[243] !

Que s'est-il réellement passé à la Haye, autour du dossier Laurent Gbagbo en relation avec le juge Hans-Peter Kaul ?

En revenant sur les circonstances, on note que ce haut magistrat a démissionné une semaine seulement après le prononcé de la décision, pour des raisons de santé, mais par la suite, il est décédé presqu'un (01) mois après. On serait raisonnablement en droit de penser, qu'au moment de l'examen final en vue de la confirmation ou non des charges, celui-ci, soit n'était pas physiquement présent pour des raisons de santé, soit y avait participé mais n'était pas « *médicalement parlant* », en pleine possession de ses capacités physiques et intellectuelles.

A cet égard, le refus de poursuivre l'audience de confirmation des charges par des séances orales publiques comme au départ, au profit d'une procédure « *sans débat oral* », et cela sans raison officielle contraignante, donne à croire qu'une telle réorganisation était destinée à cacher ou dissimuler une difficulté particulière affectant l'un des trois (03) juges, que la Chambre ne souhaitait pas voir divulguer, et pour cause !

En effet, dans l'hypothèse où est en cause l'état de santé d'un magistrat appelé à statuer dans une affaire, hypothèse plus que plausible en l'espèce, au regard des tristes évènements successifs qui ont frappé le juge Hans-Peter Kaul dans la période suivant

---

[243] Juge Hans-Peter Kaul, « Opinion dissidente » sous Décision Chambre préliminaire II dans la situation au Kenya, et appelant à une délimitation plus rigoureuse, des crimes graves relevant de la compétence nationale d'avec ceux devant relever de la justice pénale internationale, décision n°ICC-01/09 du 31 mars 2010.

immédiatement la décision du 12 juin 2014, la jurisprudence des tribunaux pénaux internationaux est bien assise en la matière. Au cas où une décision a été prise, la procédure doit être entièrement reprise et la décision annulée.

C'est dans ce contexte que la défense, à la suite de la démission, puis du décès du juge Kaul, avait entrepris une action en vue d'obtenir toutes les informations sur son dossier médical au moment des délibérations. Il s'agissait de vérifier si son état de santé n'avait pas été un obstacle objectif à sa pleine participation physique et intellectuelle aux délibérations qui ont conduit à la décision du 12 juin 2014.

Malheureusement, cette démarche légitime et légale, destinée à éclairer l'opinion sur l'environnement des délibérations ayant conduit à la décision du 12 juin 2014, et conforme aux droits de la défense, sera freinée par la présidence de la Cpi. Ainsi, personne ne saura jamais la vérité sur la participation effective ou non du juge Hans-Peter Kaul aux délibérations ayant conduit à la décision du 12 juin 2014, ou sur son véritable état de santé à cette occasion.

On retiendra toutefois, que par le « *reniement inexpliqué* » de ses convictions premières en matière de standard de preuve, telles que contenues dans la décision du 3 juin 2013, le juge Kaul, « *paix à son âme* », aura été, autant pour la juge-présidente que pour le Procureur, un secours inespéré pour le triomphe de la cause de l'accusation.

Les observations ci-dessus sont tout aussi valables s'agissant de la qualité des preuves retenues par la majorité. La majorité a également remis en cause le standard de preuve défini par la décision du 3 juin 2013.

B- LA REMISE EN CAUSE DU STANDARD DE PREUVE DÉFINI PAR LA DÉCISION DU 3 JUIN 2013

Tout comme pour les réponses attendues du Procureur, non fournies par ce dernier, mais qui n'ont pas fait l'objet de sanction par la

Chambre, s'agissant de la qualité des preuves attendues, là aussi c'est la conception limitée de la preuve, défendue par la juge-présidente mais battue en brèche le 3 juin 2013 qui, paradoxalement, triomphe dans la décision du 12 juin 2014.

Il n'est pas inutile de rappeler la conception de la juge-présidente en ce qui concerne l'administration de la preuve au stade de la confirmation des charges, telle qu'exprimée dans son opinion dissidente suite à la décision du 3 juin 2013 : « *je crois que la décision de la majorité liée au fait que la preuve est insuffisante pour prendre une décision sur l'opportunité de confirmer ou refuser de confirmer les charges est fondée sur une interprétation large de la norme de preuve applicable à la confirmation des charges qui excède ce qui est nécessaire et même autorisé par le Statut* ».

La décision du 12 juin 2014 s'accorde avec celle du 3 juin 2013 concernant la norme d'administration de la preuve au stade de la confirmation des charges pour dire que celle-ci oblige le Procureur à « *apporter des éléments de preuve concrets et tangibles, montrant une direction claire dans le raisonnement supportant ses allégations spécifiques* ».

Mais cet accord n'est que de façade, car pour le reste, la décision du 12 juin se positionne diamétralement à l'opposé de la décision du 3 juin 2013, tant dans la conception de la preuve qui est discutable (1°) que dans l'application de celle-ci aux faits de la cause, s'agissant d'étayer au plan pratique le narratif du Procureur, et qui est contestable (2°).

1- Une conception de la preuve discutable

Selon la majorité du 12 juin 2014, la nature de la confirmation des charges imposerait une évaluation limitée des éléments de preuve. Une telle évaluation est selon elle, « *nécessairement de l'ordre de la présomption* » en ce qui concerne l'évaluation de la crédibilité des témoins, opération qui, pour la Chambre d'appel, requiert « *la plus grande prudence* ». C'est la raison pour laquelle la majorité s'est abstenue de donner son avis lorsque la défense a contesté la crédibilité de certains témoins, car elle considère que « *ce n'est qu'au procès qu'elles - ces contestations- pourraient être examinées comme il se doit* »[244].

Prétextant de cette méfiance vis-à-vis des témoins, elle a pris l'option de tirer ses conclusions non pas sur la base d'éléments de preuve pris isolément, mais « *sur la base de tous les éléments de preuve disponibles, pris dans leur ensemble, sans considération de la partie à l'origine de leur versement au dossier* »[245].

Consciente de la faiblesse d'une telle argumentation, la majorité précise alors que les éléments de preuve qu'elle mentionne dans sa décision du 12 juin n'affectent en rien la valeur de ceux qui ne le sont pas, soit parce que les conclusions auxquelles ils se rapportent sont suffisamment étayées par d'autres éléments, soit qu'elles ne contredisent pas une conclusion « *dûment étayée par les preuves prises dans leur ensemble* »[246].

La majorité adopte la même approche concernant les arguments avancés par les parties. Pour elle, compte tenu de « *l'objet et du but limités* » de la procédure de confirmation et du « *nombre important d'arguments de fait et de droit présentés* » la décision ne traite que de ceux qui sont « *nécessaires pour motiver suffisamment ses conclusions* »[247]. Mais la majorité n'indique pas les critères qui permettent de distinguer les éléments qui sont nécessaires de ceux qui ne le seraient pas.

Telles sont la conception ainsi que la méthode d'analyse de la preuve, retenues par la majorité, qui ont accouché de la décision de confirmation du 12 juin 2014.

---

[244] Chambre préliminaire 1, Décision relative à la confirmation des charges du 12 juin 2014, n°ICC-02/11-01/11-656-Conf-tFRA.
[245] *Ibidem.*
[246] *Ibidem.*
[247] *Ibidem.*

Ainsi qu'on le voit, la majorité du 12 juin 2014 prend totalement à contrepied, la conception et la position adoptée en la matière par la décision du 3 juin 2013, pour qui, en matière d'administration de la preuve, la rigueur, plus qu'une exigence, est la condition « *sine qua non* » de la confirmation des charges. On rappellera à cet égard que deux griefs majeurs avaient été soulevés contre la qualité de la preuve du Procureur.

Le premier grief, avait trait à la nature de la preuve, particulièrement au recours par celui-ci presqu'exclusivement à la « *preuve par ouï-dire anonymes* », tirés de rapports d'ONG, de rapports de l'ONU et d'articles de presse. La Chambre avait estimé que ce type de preuves présentait de sérieux défauts de sorte qu'il n'était pas possible de leur accorder « *beaucoup de valeur probante* ». Au nombre de ces défauts figurent l'absence d'informations sur l'auteur de l'information et partant l'impossibilité pour le juge de vérifier sa fiabilité ou de dire dans quelle mesure ces preuves corroborent ou non d'autres éléments de preuves de même nature[248]. La Chambre concluait alors que ce type de preuve devait, autant que possible, être évité.

C'est tout le contraire de la majorité du 12 juin 2014 qui annonce tirer ses conclusions non pas sur la base d'éléments de preuve pris isolément, suite à la vérification de leur fiabilité, mais « *sur la base de tous les éléments de preuve disponibles, pris dans leur ensemble, sans considération de la partie à l'origine de leur versement au dossier* ». Entendez ici, qu'elle ne procède à aucune distinction entre les preuves testimoniales, documentaires et les ouï-dire. Ce qui signifie qu'aux unes et aux autres, elle attribue sans distinction la même valeur probante ! Plus grave, elle avoue ne pas s'être préoccupée de la source ni de l'auteur de la preuve.

En d'autres termes, la majorité reconnait n'avoir pas cherché à savoir si oui ou non, la source était connue ou anonyme. Autrement dit, la

---

[248] Chambre préliminaire 1, décision portant ajournement de l'audience de confirmation des charges conformément à l'article 61-7-c-i du Statut, 3 juin 2013, ICC-02/11-01/11-432-tFRA 19-06-2013 1/27 RH PT, par. 15.

fiabilité de la source est pour elle, sans importance. Ainsi, considère-t-elle comme étant des preuves valides et admissibles de simples ouï-dire anonymes, tandis que pour la décision du 3 juin 2013, elles ne sont pas « *un substitut valide au type de preuves nécessaires pour la confirmation des charges au regard de la norme d'administration exigible* ».

A cet égard, il importe de noter que selon la défense, la décision du 12 juin 2014 est fondée pour l'essentiel sur des ouï-dire : « *trente-sept (37) incidents sur les trente-neuf (39) retenus ne sont fondés que sur des ouï-dire ; quatre (04) incidents sont fondés sur des articles de presse et des rapports d'ONG ; quatre (04) témoignages ont été donnés par des personnes arrivés longtemps après les évènements et seulement huit (08) témoignages directs ont été apportés, dont la fragilité a été aisément établie par la défense* »[249].

En clair, la majorité du 12 juin 2014, se satisfait d'une « *preuve tout venant* », au motif selon elle, que c'est au cours du procès et non de la phase préliminaire que l'examen approprié sera fait.

En définitive, pour elle, le rôle de la Chambre préliminaire au stade de la confirmation des charges se limiterait à un simple rôle de réception, de comptage et de transmission de « *preuves tout venant* » à une Chambre de renvoi.

La Chambre préliminaire 1 dans sa version majoritaire du 3 juin 2013, était quant à elle d'un avis totalement contraire. Cette position a été réaffirmée par la juge belge Wyngaert dans son opinion dissidente : « *il n'a pas été remédié au problème qui avait été mis en lumière à savoir le recours à des ouï-dire anonymes* »[250].

En effet, ce n'est pas un rôle de « *postier* » qui est attendu de la Chambre en matière de confirmation des charges comme le soutient la majorité du 12 juin 2014, mais une véritable mission de « *filtrage* »

---

[249] Requête Maitre Altit, ICC-02/11-01/11 1/44 31 juillet 2014.
[250] ICC-02/11-01/11-656-Anx-tFRA. Voir aussi annexe au présent ouvrage.

des affaires portées devant la Cour afin d'éviter l'organisation de faux procès ou des procès organisés sur des bases factuelles et juridiques discutables. Le moyen adéquat pour surmonter la difficulté est l'obligation faite au Procureur de mener, par lui-même, de vraies enquêtes afin de minimiser les risques liées à l'absence de preuves ou aux fausses preuves. C'est d'ailleurs ce qui motive la période complémentaire d'enquête accordée par la majorité du 3 juin 2013 au Procureur qui avait failli sur ce point en se contentant de preuves par « *ouï-dire* » pour étayer ses allégations.

En principe, les juges sont appelés à se prononcer sur le caractère apparent de la preuve, c'est-à-dire la « *plausibilité de ce qui est soutenu* » par le Procureur ainsi que la « *crédibilité apparente des témoins* ». Il ne s'agit nullement pour eux à cette occasion, de porter un jugement de valeur sur chaque affirmation ni de se prononcer sur la véracité des faits rapportés, ce qui aurait pour conséquence de transformer la confirmation des charges en « *pré-jugement* », ce qui est impossible en fait et en droit[251]. Les juges sont appelés à une évaluation du poids de la preuve présentée par l'accusation, qui consiste en un examen de « *l'apparence des preuves* », exercice complexe certes, mais nécessaire si l'on ne veut pas vider la phase de la confirmation des charges de tout son sens et de toute utilité. A cet égard, les éléments de contestation opposés par la défense sont d'une utilité incontestable, pour une bonne évaluation de la preuve du Procureur. Mais tel n'est pas l'avis de la majorité.

Finalement, la majorité du 12 juin 2014, par le choix conceptuel effectué et par sa méthode d'approche n'a pas réussi à éviter l'erreur du pré-jugement au stade de la confirmation et à échapper aux critiques qui avaient été formulées par la majorité du 3 juin 2013, quant au recours à des preuves fondées sur des ouï-dire anonymes.

A ce propos et avec raison, la défense a pu relever dans la décision du 12 juin 2014, de nombreuses expressions inusitées au stade de la

---

[251] Requête Maitre Altit, 31 juillet 2014, *op. cit.*

confirmation, qui sont autant d'indices illustrant le fait que la majorité a bel et bien « *glissé dans le pré-jugement* » qu'elle prétendait éviter. C'est ainsi le cas, alors qu'elle est sans moyen pour se prononcer sur le fond de l'affaire, notamment en l'absence d'interrogatoire et de contre-interrogatoire des témoins à ce stade, lorsque la majorité déclare à dix (10) reprises « *être convaincue de…* », « *conclut…* » par trente-neuf (39) fois, et « *juge* » par trente-deux (32) fois que *« les éléments de preuves démontrent… »*[252].

Or, la majorité n'avait pas à établir la véracité des preuves, mais seulement à procéder à une évaluation de leur poids, c'est-à-dire un jugement de leur apparence. Conséquence, « *la majorité a tenu pour vrais, des témoignages non examinés de façon critique* », et a fondé sa décision sur des bases fragiles et discutables, soutient à raison la défense[253].

Le second grief avait trait au niveau de la preuve. Celui-ci avait été jugé largement en deçà de la norme exigible au stade de la confirmation des charges.

Pour qu'un tel niveau soit atteint selon la décision du 3 juin 2013, « *le Procureur doit prouver conformément à la norme applicable, qu'il s'est produit un nombre suffisant d'évènements établissant l'attaque en question... et ces évènements, en tant qu'ils font partie des éléments contextuels, doivent être chacun, prouvés conformément à la norme applicable* ». Et la Chambre ajoute que les preuves ne doivent être ni sommaires de même que les informations ne doivent pas être incomplètes[254].

2- Une évaluation contestable de la preuve

A l'examen, les preuves apportées par le Procureur, qui ont donné à la majorité du 12 juin 2014 des motifs substantiels de confirmer les

---

[252] *Ibidem.*
[253] *Ibidem.*
[254] Chambre préliminaire 1, décision portant ajournement de l'audience de confirmation des charges du 3 juin 2013, op. cit.

charges contre le Président Laurent Gbagbo, ne remplissent pas les conditions imposées par la décision du 3 juin 2013. A raison, la défense a relevé à cet égard de nombreuses et graves défaillances qui ont motivé sa demande d'autorisation d'appel contre la Décision du 12 juin 2014.

La majorité du 12 juin 2014 a tenu pour vrai des témoignages non examinés conformément aux normes. C'est le cas par exemple, lorsqu'elle fait reposer ses arguments sur des postulats non établis tels : le caractère pacifique de la marche sur la RTI alors que des victimes ont été enregistrées du côté des forces de l'ordre ; la réalité de la manifestation des femmes du 3 mars 2011 à Abobo-gare, dont aucune autorité officielle n'était informée ; la réalité des bombardements sur Abobo-gare le 17 mars 2011 en l'absence d'expertise balistique.

La majorité, par son refus d'examiner les contestations présentées par la défense, n'a procédé à aucune analyse critique des témoignages en ce sens. Elle n'a pas non plus expliqué en quoi, les témoignages qu'elle retenait, étaient crédibles et plausibles. Pour elle, la preuve du Procureur est « *prise comme un tout* » dont elle n'avait pas à examiner les composants ! Mais, même concernant le tout, elle ne mène aucun raisonnement à l'effet de montrer comment, pris ensemble, la crédibilité des témoignages ainsi que le caractère plausible des faits, étaient manifestes et tombaient sous le sens.

Sur ce point, les juges avaient déploré le caractère sommaire et incomplet du narratif du Procureur, lequel ne leur permettait pas de se faire une idée exacte du contexte et des faits allégués.

La décision du 3 juin 2013 reprochait au Procureur de demander une confirmation des charges alors que les informations qu'il apportait étaient incomplètes et ne permettaient pas aux juges d'avoir une idée précise du déroulement des évènements, faute de clarté sur le rôle exact des groupes armés pro-Ouattara, les affrontements aux alentours d'Abidjan, la conception de la politique alléguée, l'adhésion des forces dites « *pro-Gbagbo* » à celle-ci ou au plan commun…

Mais elle reprochait en outre à l'accusation de laisser aux juges le soin de tirer par eux-mêmes les conséquences d'un raisonnement dont tous les éléments n'étaient ni étayés, ni évidents, ce qu'ils ne pouvaient faire en ses lieu et place[255]. Or, il revient au Procureur de conduire un raisonnement montrant une direction claire dans ses développements permettant de conclure que chacun des éléments en soutien concourt à prouver les faits allégués[256].

C'est tout le contraire pour la majorité du 12 juin 2014. En n'exigeant pas du Procureur les réponses attendues sur les six (06) questions posées ainsi que le respect du standard de preuve exigible, la majorité du 12 juin 2014 a tout simplement opté pour une approche approximative de la preuve dans la phase préliminaire. Et c'est cette attitude qui, de manière systématique, accorde crédibilité et plausibilité à toute la preuve du Procureur, sans analyse poussée alors que la défense a relevé dans la plupart des cas, que les témoignages fondant l'argumentation du Procureur étaient plus que douteux, frappe la décision du 12 juin 2014 de suspicion.

Comment, en effet, cette majorité a-t-elle pu admettre comme témoignages, des déclarations de personnes ayant déposé sous la torture ou n'étant pas présentes au moment des faits, des déclarations contradictoires d'un même témoin, des déclarations imaginaires ou en contradiction avec d'autres témoignages ?

Il en va de même s'agissant des preuves documentaires. La majorité, sans examen poussé préalable ou effectué à la lumière des éléments de contestation avancés par la défense, a présumé de leur authenticité. La défense a signalé le cas de documents « *trouvés au domicile du prévenu* » plus d'un an après l'assaut mené contre la résidence présidentielle et présentés par l'accusation comme authentiques.

---

[255] *Ibidem.*
[256] *Ibidem.*

La défense n'a pas manqué de faire les mêmes observations relativement à de nombreuses pièces ainsi présentées par l'accusation à titre d'éléments de preuves, et admises comme telles sans se conformer aux normes en la matière, telles que posées par la majorité du 3 juin 2013, à savoir n'admettre « *que des preuves documentaires authentiques, dont la filière de conservation et de transmission sont clairement établis* »[257]. Or, des preuves vidéographiques relatives notamment à la « fameuse marche des femmes à Abobo-gare » le 3 mars 2011, contestables et contestées pour n'avoir pas respecté ces exigences, ont néanmoins été reçues par la majorité comme authentiques, dans l'ignorance totale des vues exposées par la défense.

Cette attitude nous parait méconnaitre totalement et au détriment de la défense, la finalité et l'esprit de l'audience de confirmation des charges : éviter de renvoyer le prévenu en procès sur des bases douteuses.

Au total, malgré le délai supplémentaire de temps d'enquête accordé au Procureur, celui-ci a royalement ignoré l'exigence de fournir les « informations complètes » demandées, tout comme, s'agissant des preuves, il ne s'est pas préoccupé de mettre en conformité celles qu'il a présentées avec le standard exigé au stade de la confirmation. La majorité du 12 juin 2014, a quand même trouvé des « motifs substantiels » de confirmation des charges.

A la vérité, l'examen de la décision du 12 juin 2014 donne à voir une décision obtenue au « forceps » par les juges de la majorité. Elle est loin d'être convaincante.

II- UNE DÉCISION NON CONVAINCANTE OBTENUE AU « FORCEPS JURIDIQUE »

La décision du 12 juin 2014, en réalité fort « *spécieuse* », n'a été possible qu'au prix d'un « *renfort contraire au Statut de la Cpi* », apporté par les juges de la majorité au Procureur défaillant (A). Mais

---

[257] *Ibidem.*

en dépit du « *forcing juridique* » opéré, la décision rendue est loin d'emporter la conviction, en ce qui concerne la responsabilité du prévenu pour crimes contre l'humanité (B).

A- « FORCING JURIDIQUE » OU SECOND « COUP DE POUCE » DES JUGES AU PROCUREUR

Pour nombre d'analystes, le 3 juin 2013, le Procureur a bénéficié de la très grande générosité de la Chambre qui aurait dû infirmer les charges après avoir jugé insuffisantes les preuves présentées.

Vue sous cet angle, la décision du 12 juin 2014 se présente comme un deuxième « *coup de pouce* » des juges de la majorité au Procureur, lequel on l'a vu plus haut, en dépit du temps d'enquête complémentaire généreusement accordé, s'est trouvé dans l'incapacité d'apporter, dans les formes requises, les réponses aux questions cruciales posées par la décision du 3 juin 2013. Ceux-ci se sont livrés à un véritable « *forcing juridique* » pour valider le narratif du Procureur.

Les procédés utilisés à cette fin par la majorité sont divers. Ils partent de la non-sanction du Procureur défaillant (**1**) à l'occultation de faits substantiels de l'affaire (**5**), en passant par le déni des droits de la défense (**2**), la correction systématique des défaillances du Procureur (**3**), la substitution des juges au Procureur (**4**).

1- La non-sanction du procureur défaillant par la chambre

A l'examen des résultats présentés par le Procureur après six (06) mois d'ajournement, la conclusion que l'enquête n'a pas été menée ou que celle-ci bien que menée n'a pas été concluante s'imposait à la Chambre. Le Procureur a été incapable aussi bien d'apporter les réponses attendues aux questions posées que de présenter des preuves conformes au standard exigible.

La Chambre devait légalement en tirer les conséquences en infirmant purement et simplement les charges contre le Président Laurent Gbagbo, pour absence de réponses ou pour réponses incomplètes du Procureur aux questions à lui posées par la décision du 3 juin 2013 et pour non présentation de preuves conformes. Or, la Chambre n'est pas allée dans ce sens. Elle a plutôt opté pour une remise en cause de la décision du 3 juin 2013 !

La question est de savoir si la majorité pouvait légitimement agir ainsi ? La majorité du 12 juin 2014 pouvait elle légalement remettre en cause une décision qui, à notre sens, a autorité de chose jugée et qui par conséquent, s'impose au titre du droit applicable pendant la dernière phase de la procédure de confirmation.

Selon nous, la décision du 3 juin 2013 s'impose à tous les trois juges de la Chambre préliminaire, c'est-à-dire aussi bien à la juge présidente qu'aux deux qui ont formé à cette date la majorité. C'est dire que le juge allemand, ne pouvait comme il l'a fait le 12 juin 2014, adopter une position contraire à sa position initiale. De même, la juge présidente en dépit de son opinion dissidente sous la décision du 3 juin 2013, était tenue de l'appliquer et non de la remettre en cause !

Autrement, il aurait fallu développer une argumentation expresse à l'effet de remettre formellement en cause la position initiale soutenue, laquelle a motivé la décision d'ajournement du 3 juin 2013, et ne saurait être passée sous silence ou être écartée d'une audience à l'autre, et encore moins au cours de la même audience comme en l'espèce, sans motivation dûment exposée.

En agissant comme si la décision du 3 juin n'avait jamais existé (elle n'en fait même pas cas), la majorité a tout simplement méconnu un principe fondamental, celui de l'autorité de la chose jugée. Cette violation flagrante du droit applicable ne peut-être fortuit. La majorité savait qu'en appliquant la décision du 3 juin 2013, elle ne pouvait que débouter l'accusation défaillante. Cette solution conforme à la fois au droit applicable et à la réalité du terrain ne lui convenait pas.

2- Déni des droits et rupture de l'équité au détriment de la Défense

La défense a signalé les refus répétitifs de la juge unique, de répondre à des questions relatives au déroulement de la procédure (a), faits auxquels s'ajoutent, le non-respect de la règle du contradictoire (b) et les refus d'autorisation d'interjeter appel (c).

2-1- Le refus de répondre à des questions essentielles de procédure

A maintes reprises, la défense a saisi la Chambre à l'effet de préciser la place et les limites aux interventions du Représentant des victimes dans le déroulement de la procédure et tout particulièrement à l'audience orale.

En principe les victimes ont un statut de participants et non pas de parties au procès[258].

Ce sont des témoins d'un genre particulier. Or, selon la défense, le représentant s'est pratiquement comporté tout au long de la procédure, comme un « *Procureur bis* », avec pour conséquence, de placer la défense dans la situation d'avoir à répondre à deux accusateurs pour les mêmes faits, au cours de la même audience. Par exemple, le représentant des victimes s'est pratiquement opposé à tous les actes de procédure initiés par la défense, prétextant qu'il s'agissait de procédures dilatoires.

Considérant que le comportement décrié, systématiquement adopté par le représentant au cours de la procédure entrainait un réel déséquilibre au détriment de la défense, cette dernière, par douze (12) demandes à ce titre, a saisi la Chambre à l'effet de mettre fin à cette situation. La défense demandait à la Chambre de rappeler au représentant ses obligations statutaires de participant à la procédure et de ne pas se comporter comme un « *procureur auxiliaire* ».

---

[258] « *Victims are participants rather than parties to the trial and shall not be considered as a support to the prosecution* ». Requête Me Altit, paragraphe 18.

La Chambre non seulement a refusé de répondre aux demandes de la défense, de sorte que ledit représentant n'a pas mis fin au comportement contesté, mais elle a aussi rejeté les demandes d'autorisation d'interjeter appel formulées contre son silence « *anormal* » et anti-statutaire. Toutes choses, qui ont entraîné une rupture de l'égalité au détriment de l'accusé.

2-2- Le non-respect de la règle du contradictoire

La règle du contradictoire est la base de tout procès équitable. Elle doit s'observer dans la phase préliminaire tant au niveau des preuves et arguments du Procureur qui doivent pouvoir être contestés qu'au niveau du déroulement de la procédure, sous la forme de débats au cours d'une audience orale.

Alors que l'article 61-6 du Statut énonce que la défense peut contester les charges, l'article 61-1 indique que « *la Chambre tient une audience pour confirmer les charges* ». Or, ce n'est pas à cela que l'on a assisté dans la dernière phase de l'audience de confirmation.

2-2-1- Entrave à la règle du contradictoire

D'une part, Chambre n'a pas permis une véritable contestation des témoignages présentés par le Procureur, prétextant « *qu'elle n'a pas donné son avis sur toutes les contestations, en particulier sur la crédibilité des témoins, considérant que c'est au procès qu'elles pourront être examinées comme il se doit* »[259]. Or, ne pas examiner délibérément et de façon critique tous les éléments de preuve présentés par le Procureur, constitue une violation de l'article 61-6 du Statut. Cette violation est encore plus grave lorsque les juges refusent de procéder à un tel examen critique, à la lumière des éléments exposés par la défense !

La première conséquence de cette attitude est de conférer systématiquement, une « présomption » de crédibilité, voire de

[259] Chambre préliminaire 1, Décision relative à la confirmation des charges du 12 juin 2014, *op.cit.*

véracité, à tous les éléments de preuve présentés par le Procureur, et partant de procéder comme le soutient à raison la défense, à un renversement de la charge de la preuve en violation du principe de la présomption d'innocence de l'accusé[260].

La seconde conséquence, c'est le renvoi du prévenu en procès sur la base de preuves douteuses, alors que le rôle de la Chambre préliminaire est justement d'éviter cette éventualité autant à celui-ci qu'à la Cpi. En effet quel est l'intérêt d'organiser un procès sur la base de preuves inconsistantes ?

2-2-2- Entrave à l'audience orale de confirmation

Le débat contradictoire sur les « *preuves du Procureur* », commencé en séance publique a été brusquement interrompu pour passer en mode « *sans débat oral* » après la période d'ajournement. C'est une violation de l'article 61-1 qui énonce que la Chambre organise une audience pour confirmer les charges. Tous les efforts déployés par la défense à l'effet de poursuivre l'audience de confirmation suivant la procédure initiale, ont été voués à l'échec.

La défense a évoqué à cette fin, que « *seuls les débats oraux contradictoires sont éclairants* » pour la manifestation de la vérité ; que « *l'ajournement visait à permettre au Procureur de présenter des charges différemment étayées. Il était logique que l'audience continue par une discussion contradictoire sur les nouveaux éléments du Procureur* » ; que « *le Procureur a profondément reformulé les charges, ce qui rendait encore plus indispensable la procédure orale* »[261].

En vain. Même la demande d'autorisation de faire appel formulée par la défense en vue d'obtenir la tenue d'une audience orale a également été rejetée.

---

[260] Requête Maitre Altit, 31 juillet 2014, *op. cit.*
[261] Ibidem.

Toutefois, il n'est pas douteux que la non tenue de l'audience orale comme au départ, soit liée à l'état de santé déficient du juge allemand, qui a présenté sa démission seulement quelques jours après le prononcé du délibéré et est décédé un mois plus tard. On se demande, si tel était le cas, pourquoi n'avoir pas différé le délibéré ou opté pour la solution de son remplacement, de sorte à préserver toutes les garanties d'un examen objectif du dossier. L'opacité entretenue par la Cpi, suite à son interpellation par la défense, en rajoute à la croyance que la vérité reste à dire sur cette question.

Indiscutablement, en refusant tout examen critique et toute contestation de la preuve du Procureur, et en rejetant le débat oral dans la phase ultime de confirmation des charges, non seulement la Chambre a violé les droits de la défense mais, également, elle a procédé à une rupture de l'équité à son détriment, en admettant des preuves non examinées de façon contradictoire.

3- Les refus abusifs d'autorisation d'interjeter appel

Selon la défense, la phase de confirmation a enregistré pas moins de treize (13) refus d'autorisation d'interjeter appel. Il s'agissait pour l'essentiel de questions non tranchées auparavant par la Chambre d'appel[262].

Les demandes d'appel ont par exemple été refusées concernant l'absence de réponses de la Chambre aux demandes répétées de la défense visant à préciser la place et les limites de l'intervention du Représentant des victimes dans le déroulement de la procédure.

Refus d'appel également contre la non-reprise de l'audience orale à la suite de la décision d'ajournement en violation de l'article 61-1 du statut qui prévoit que la Chambre tient une audience (débats oraux contradictoires) pour confirmer les charges. Il s'agit pourtant d'une question de principe dont l'inobservation a pour conséquence, un

[262] *Ibidem.*

déséquilibre de la procédure au détriment de la défense et une atteinte à l'équité.

Au nombre déjà élevé de rejets s'ajoute celui relatif à la décision du 12 juin 2014 sous examen. En effet, la majorité a rejeté l'autorisation d'interjeter appel contre sa « *décision de confirmation* », une décision que « *l'aune* » de l'appel aurait certainement rendue plus légitime. Malheureusement, la majorité ne l'a pas ainsi entendu. Elle n'a pas été intéressée de savoir ce que la Chambre d'appel pourrait penser de son refus d'examiner les éléments de preuve du Procureur à la lumière des contestations de la défense ou de la notion ambigüe « *d'autres éléments de preuve* » à laquelle elle a abusivement recouru à chaque fois qu'elle était à court d'arguments !

Le plus étonnant, c'est l'incertitude des critères sur la base desquels se fonde la majorité pour rejeter les demandes d'autorisation d'interjeter appel, de sorte que la défense a conclu à raison, que la Chambre n'a pas « *assuré au prévenu, un droit effectif d'accès à l'appel, condition d'un procès équitable* »[263]. Ce d'autant plus qu'en la matière, c'est la juge présidente elle-même qui entretient la confusion sur lesdits critères.

La juge présidente déclare que « *lorsque la question de l'équité est au cœur de la question que la défense se propose de soulever en appel, il semble aller de soi que cette question affecte le déroulement de la procédure* ». Cela laisse entendre que lorsqu'une question relative à l'équité se pose « de manière explicite ou implicite à la suite de la décision de la Chambre ou du juge unique, l'appel doit être autorisé[264].

Pourtant, elle refuse d'autoriser l'appel alors que les interventions du représentant des victimes dans le déroulement de la procédure entraînent une rupture de l'équité de la procédure au détriment de la défense ; alors que la non reprise de l'audience orale est une violation

---

[263] *Ibidem.*
[264] *Ibidem.*

du Statut et une rupture de l'équité au détriment de la défense ; alors que l'entrave à la règle du débat contradictoire dans la phase de confirmation est une violation du Statut, une atteinte aux droits de la défense et une rupture de l'équité de la procédure !

Dans le même temps, la défense a pu relever une variabilité des autorisations ou refus d'interjeter appel sur la base de critères contradictoires suivant qu'il s'agissait du représentant des victimes ou de la défense[265].

Pourtant, aussi bien pour des raisons de légalité que d'équité se rapportant à des questions non tranchées auparavant par des instances de la Cpi, les autorisations d'interjeter rejetées étaient plus que justifiées.

Pouvoir interjeter appel est pour le défendeur la première garantie d'un procès juste et équitable. Toute restriction portée à ce droit est une ouverture sur l'abus et l'arbitraire. Aussi selon nous, l'autorisation doit être la règle et le refus, l'exception. Malheureusement pour la défense, la majorité a fait de l'exception, la règle.

Faut-il en conclure que rendre la justice dans le respect des droits du prévenu n'était pas l'objectif poursuivi par la majorité ? La défense a considéré à raison que « *l'accumulation de décisions contradictoires en matière d'appel auxquelles s'ajoutent des opinions dissidentes, ont entrainé une insécurité juridique constante au détriment de la défense* »[266].

4- La correction systématique des défaillances du Procureur

Afin de parvenir vaille que vaille à une confirmation des charges, la majorité, pour surmonter les défaillances de l'accusation a utilisé trois moyens systématiques de correction : la présomption de véracité de la

---

[265] *Ibidem.*
[266] *Ibidem.*

preuve du Procureur (a) ; le recours au concept non défini « d'autres éléments de preuves » (b) ; la validation de faits contradictoires (c).

4-1- La présomption de véracité, de crédibilité et de plausibilité de la preuve du Procureur

Pour pouvoir retenir ou admettre un élément de preuve, le juge doit établir sa crédibilité ou sa plausibilité, suite à un examen critique tant au regard du standard exigible qu'à la lumière des contestations exposées par la défense. Tel est l'objet unique de la phase de confirmation.

Or en l'espèce, la majorité a récusé la norme exigible en la matière et ignoré les contestations de la défense. Elle a alors tenu, pour vrais, des témoignages qu'elle s'est abstenue d'examiner de manière critique, sans jamais expliquer pourquoi et en quoi elle tenait des témoignages pour crédibles ou plausibles.

Pour échapper à toute explication elle évoque l'argument selon lequel « *la preuve du Procureur est prise comme un tout* », ou « *à la lumière d'autres éléments de preuves* » qu'elle s'abstient généralement de préciser, pour dire que les allégations du Procureur sont fondées !

Ce faisant, la majorité a implicitement établi une présomption de véracité, de crédibilité et de plausibilité de la preuve du Procureur en s'appuyant sur des postulats non démontrés mais qui jalonnent et structurent son argumentation conduisant à sa décision du 12 juin 2014 : le prévenu avait la volonté de se maintenir coûte que coûte au pouvoir y compris par l'usage de la violence contre des civils ; il a conçu et mis en œuvre une politique à cette fin avec son entourage ; les manifestations étaient pacifiques ; la manifestation des femmes et le bombardement d'Abobo ont eu lieu...

Il s'agit pourtant de postulats non étayés qui ne résistent pas à l'analyse, mais surtout, dont la défense a bien relevé les failles, insuffisances et contradictions.

Elle a mis en exergue le caractère douteux des témoignages présentés par le Procureur, lesquels sont bien souvent des ouï-dire, ou livrés par des témoins indirects ou ont été arrachés sous la torture. Elle a également démontré que nombre de témoignages étaient contradictoires tandis que d'autres attestaient de faits imaginaires.

La défense a aussi démontré que certains documents reçues par la majorité comme authentiques ne l'étaient pas, tel le cas de quinze documents supposés trouvés à la résidence de l'accusé un an après son bombardement et son pillage.

Il en va de même des éléments vidéographiques relatives à la marche « supposée » des femmes d'Abobo-gare, qui ont été admises au titre des preuves sans que leur authenticité matérielle ne soit établie en bonne et due forme ainsi que leur filière de conservation et de transmission, connue et préservée, ainsi qu'exigé par la norme de preuve admissible.

En accordant systématiquement une présomption de crédibilité aux éléments présentés par le Procureur, la majorité a couvert les insuffisances notoires de l'accusation au lieu de les sanctionner par un rejet et, a renversé du même coup la charge de la preuve qui pourtant repose sur le procureur, niant de ce fait la présomption d'innocence de l'accusé. Ainsi, non seulement elle a violé le Statut de la Cpi, mais surtout elle a confirmé les charges et renvoyé l'accusé en procès sur des bases fausses.

4-2- Le recours au concept non-défini : « l'existence d'autres éléments de preuves »

Chaque fois que la majorité s'est trouvée confrontée à l'absence ou à l'insuffisance d'éléments de preuves, ou face à des éléments de preuves contradictoires, elle a systématiquement réinterprété ceux-ci par le recours au concept inédit mais surtout non défini, « *à la lumière d'autres éléments de preuves* » ou « *compte tenu de l'ensemble des éléments de preuves* ».

C'est par exemple le cas s'agissant de la promotion des responsables des FDS à des grades supérieurs en juillet et août 2010. Alors qu'aussi bien des chefs des FDS que des chefs rebelles avaient été également promus par le prévenu en sa qualité de Président de la République, dans l'optique de la réconciliation nationale, la majorité a considéré que ces promotions avaient pour but en partie de renforcer les liens entre l'accusé et les chefs militaires pour la mise en œuvre du plan : La Chambre, « *compte tenu de l'ensemble des éléments de preuve, est d'avis que les promotions visaient en partie à s'assurer l'allégeance des FDS* ». Cette conclusion n'est étayée par aucun élément de preuve et se présente comme une affirmation arbitraire.

Alors que des éléments de preuves confirment que les FDS, avaient pour instructions formelles de ne pas faire usage des armes, sauf en cas de légitime défense, qu'à cela ne tienne. Pour la Chambre « *l'absence de tout ordre de s'en prendre aux civils ne signifie pas que les FDS n'auraient pas reçu des ordres dans ce sens, à la lumière d'autres éléments de preuves... des unités déployés sur le terrain ont reçu des ordres qui à la lumière d'autres éléments ne peuvent être interprétés que comme constituant des ordres d'emploi de la force* » ! Or, la Chambre ne fonde pas ses déductions sur des éléments concrets, et elle ne cite pas ce que sont les autres éléments de preuves auxquels elle renvoie !

Contre la thèse du Procureur soutenant que les attaques des FDS ciblaient des civils pro-Ouattara, la défense a présenté des éléments de preuves démontrant que l'intervention des FDS visait à mettre fin à des attaques rebelles contre des civils à Abidjan. Mais la Chambre, a choisi d'écarter les éléments de preuves contradictoires en recourant à son fameux concept : « *la Chambre tient pour vérifiées les attaques contre les civils, sur la base d'autres éléments de preuves* ». La Chambre cependant n'a jamais précisé quels étaient ces autres éléments de preuves.

En vérité, l'absence de définition et le recours constant au concept argumentaire spécieux, « *l'existence d'autres éléments de preuves* », qui n'est rien d'autre qu'une absence de motivation d'une décision de justice, visaient deux buts. D'une part, permettre à la majorité de disposer d'une sorte de « *joker juridique* » faisant croire en l'existence d'éléments de preuves tout en la dispensant de les indiquer « *hic et nunc* », ce dont elle serait bien incapable puisque celles-ci n'existent pas en réalité. D' autre part, lui permettre d'atteindre à coup sûr son but, à savoir, confirmer les charges contre le prévenu sans coup férir, dans la mesure où aucun élément de preuve ne peut résister à une réinterprétation sur la base de ce concept ambigu.

4-3- Le recours à l'argument d'autorité pour valider des faits contradictoires

Lorsqu'elle ne recourt pas au concept « *à la lumière d'autres éléments de preuves* », la Chambre, par l'usage d'arguments d'autorité, fait droit aux affirmations du Procureur même quand celles-ci sont contradictoires ou démenties par les faits, sans apporter de justifications.

Il en va ainsi de la participation de groupes armés pro-Ouattara à la marche du 16 décembre sur la RTI dans l'intention d'attaquer des lieux de pouvoir. Ce fait est établi par de nombreux témoignages de la défense et des rapports des FDS. Au nombre de ces éléments figure par exemple, l'appel dans ce sens, lancé à la télévision la veille de la marche par le Premier Ministre Guillaume Soro à ses troupes basées à l'hôtel du Golf.

Alors que ce fait n'est pas contesté par le Procureur, la majorité écarte, sans explication, ces éléments de preuve, pour soutenir la non-participation desdits groupes à la marche, afin d'accréditer la thèse du caractère pacifique de ladite manifestation.

Des éléments de preuves existent qui prouvent que l'accusé n'avait pas donné l'ordre de réprimer les manifestants. La Chambre décide d'écarter d'autorité, ces éléments qui remettent en cause la thèse du Procureur voulant que l'accusé ait opté pour la violence dans le but de se maintenir au pouvoir :

« La Chambre prend bonne note que... les FDS n'avaient pas pour instructions d'employer la force sauf en cas de légitime défense. Elle est cependant d'avis que la répression de la manifestation était planifiée ». Aucun élément de preuves ni aucune explication ne sont apportés par la majorité pour étayer cet avis.

Mais, quelle est la portée juridique d'un avis de la majorité, là où sont attendues des preuves concrètes et tangibles pour étayer les allégations des parties ? L'avis de la majorité est-il suffisant en soi et peut-il se substituer à des preuves en bonne et due forme à ce stade de la procédure ? On peut raisonnablement en douter, si encore une fois, on se réfère à la rigueur qui caractérise la norme exigible telle que définie par la décision du 3 juin 2013.

A la vérité, le recours à l'argument d'autorité s'analyse juridiquement en une absence de motivation d'une décision judiciaire. Or, une décision non motivée en droit c'est-à-dire non fondée sur un texte ou des faits avérés, est tout au plus une décision arbitraire car sans base légale.

Ce procédé de validation par voie d'autorité, d'affirmations contradictoires ou démenties par les faits, utilisé par la majorité pour faire primer les allégations insoutenables du Procureur, peut, dans certains cas, être inopérant. La majorité, dans ces cas- là, n'a pas hésité à se substituer au Procureur.

5- La substitution des Juges au Procureur

Dans le but de combler des défaillances, la majorité a souvent reformulé (a), rajouté ou modifié les faits (b) ainsi que le narratif du procureur. Ce faisant elle s'est substituée à l'accusation, outrepassant son rôle et son pouvoir.

5-1- Par la requalification des faits

Dès le début du mois de janvier 2011, un groupe rebelle armé pro-Ouattara dénommé *« le Commando invisible »* et dirigé par le

« *commandant IB* », qui s'est infiltré à Abidjan à l'occasion de l'élection présidentielle, a entamé dans le quartier d'Abobo-gare une guérilla urbaine contre les FDS. Plusieurs assauts ont été lancés contre les patrouilles de policiers, les commissariats et le camp de la gendarmerie. Ces opérations qui visaient également les civils supposées proches du Président Laurent Gbagbo ont fait plusieurs dizaines de victimes, tant civiles que de FDS, contraignant des milliers d'habitants pour leur sécurité, à se déplacer dans d'autres quartiers.

Ces faits sont notoires et abondamment documentés. La juge belge dissidente a même fait observer que « *les FDS avaient pour mission de répondre aux attaques commises par les rebelles lourdement armés* ».

Mais la majorité a choisi de requalifier les rebelles en « *groupes de résistance* », c'est-à-dire des groupes de civils constitués spontanément pour résister à des attaques menées contre des civils ! Ainsi, de manière délibérée, la majorité modifiait la réalité, dans le but de préserver la thèse de l'attaque contre des civils pro-Ouattara.

5-2- Par le rajout de faits non allégués par le Procureur

La majorité outrepassant son pouvoir, a affirmé que les personnes enterrées dans des fosses communes dans le quartier de Yopougon, étaient des civils proches d'Alassane Ouattara, victimes des forces pro-Gbagbo, alors que le Procureur ne l'a ni affirmé, ni démontré. Il n'y a pas eu non plus d'exhumation.

Toujours concernant les évènements de Yopougon, alors que le Procureur ne parle que de pillages, la majorité ajoute que les évènements des 4 et 8 mars 2011 ont fait plusieurs morts. Le Procureur parle des « *agoras et parlements* » de ce quartier, qui sont des espaces publics de discussions politiques, sans accusation spécifique. La majorité ajoute de son propre chef et sans aucune preuve, que les prochaines victimes des forces pro-Gbagbo y étaient désignées.

A plusieurs reprises, la majorité a articulé un raisonnement non tenu par le Procureur dans son narratif à partir d'éléments de preuves nullement mentionnés par celui-ci. En effet, alors que ce dernier n'a pas établi de lien direct entre Simone Gbagbo et les organisations de jeunes et les miliciens, pour la majorité, un tel lien existerait. De même alors que le Procureur ne donne aucun détails sur les forces pro-Gbagbo, la majorité en rajoute au narratif par leur description sur 23 paragraphes[267].

S'agissant de l'accusé lui-même, la majorité a ajouté des étapes logiques ne figurant pas dans le raisonnement du Procureur[268]. Par exemple, alors que le DNC amendé ne lie pas à l'accusé les évènements survenus à Yopougon, la majorité s'y engage : « *Les visites de Laurent Gbagbo et de Blé Goudé aux « parlements et agoras » à Yopougon avant la crise et les évènements en cause, auraient attisé les tensions intercommunautaires* ».

Le Procureur, à propos de l'entourage supposé de l'accusé n'a mentionné qu'une seule réunion. La majorité parle de plusieurs réunions prenant à contrepied le Procureur.

Enfin pour clore sur ce chapitre, on fera cas du raisonnement propre à la majorité, qui conclut à la responsabilité pénale du Président Laurent Gbagbo, en présupposant la responsabilité de Blé Goudé et en postulant que ce dernier agissait directement sous les ordres de l'accusé : « *les activités en direction des jeunes étaient principalement menées par Blé Goudé, mais les preuves sont suffisantes pour conclure qu'elles étaient menées au nom de Laurent Gbagbo et son entourage* ». Pourtant, le Procureur n'a ni mené un tel raisonnement, ni procédé à une telle démonstration, ni fourni des éléments de preuve dans ce sens !

---

[267] *Ibidem.*
[268] *Ibidem.*

6- Occultation des faits essentiels de la crise

Un fait est notable et constant dans l'affaire le Procureur de la Cpi contre Laurent Gbagbo depuis le départ, à savoir la volonté de l'accusation d'occulter les faits essentiels, indispensables à la bonne compréhension du déroulement des évènements de la crise postélectorale.

On peut dire avec la décision du 12 juin 2014, que la manœuvre conduite jusque- là par le Procureur, a été prise en charge et validée par la Chambre préliminaire qui, à la suite du Procureur, a occulté à son tour le contexte de la crise (6-1) et fait l'impasse sur les éléments à décharge (6-2).

6-1- Occultation du contexte réel de la crise postélectorale

La manœuvre du Procureur depuis toujours vise un but précis. Faire triompher juridiquement la version officielle au nom de laquelle la Communauté internationale a été mobilisée pour renverser le résultat de l'élection présidentielle ivoirienne de novembre 2010 ainsi que le Président élu : il n'y a pas eu d'affrontements armés entre les forces loyalistes et des groupes rebelles au cours de la crise postélectorale mais plutôt des attaques criminelles contre des populations civiles dans le but de permettre à l'accusé de se maintenir au pouvoir. Telle est la version officielle qui a conduit le Conseil de sécurité des Nations-Unies à voter, sur la base du Chapitre VII, la Résolution 1975, avec pour mission de protéger les populations civiles « *massacrées* » par le Président Laurent Gbagbo à l'arme lourde.

En vérité l'initiateur de cette Résolution, le Président français Nicolas Sarkozy, visait à renverser le régime pour imposer son candidat perdant Alassane Ouattara. Il a réussi. Restait à valider cette « *opération purement politicienne* » par une inculpation pénale reflétant la thèse officielle. D'où l'inculpation de l'accusé pour crimes contre l'humanité, en lieu et place de crimes de guerre. Mais, confronté à une réalité des faits, particulièrement rebelle à la version officielle, et qui présente plutôt une situation conflictuelle armée opposant des rebelles infiltrés à Abidjan à l'occasion des missions de surveillance du scrutin électoral aux FDS, le Procureur s'est réfugié dans l'occultation de ce fait capital qui réduit à néant la version officielle.

A la suite du Procureur qui n'a pas considéré que, de janvier 2011 au début du mois de mai 2014, la Côte d'Ivoire a été le théâtre d'affrontements armés entre les FDS et les groupes rebelles pro-Ouattara, la majorité a nié, par divers moyens ici dénoncés, le contexte de conflit armé au profit d'attaques militaires sciemment dirigées contre des civils pro-Ouattara.

La majorité, en dépit des éléments de preuves montrant que les FDS sont intervenues à Abobo-gare dans le seul but de mettre fin aux attaques du « *Commando invisible* » dans ce quartier, nie ce fait et soutient qu'à la lumière « *d'autres éléments de preuves les attaques contre les civils sont vérifiées* »[269] !

Ou bien la majorité nie le fait qu'il s'agit de véritables groupes armés rebelles structurés, en les requalifiant sous l'expression de « *groupes de résistances* », tandis que le Procureur parle quant à lui, du « *prétendu Commando invisible* ». Or, la juge dissidente belge, a fortement souligné que « *les FDS avaient pour mission de répondre aux attaques commises par des rebelles lourdement armés au point que la police et la gendarmerie n'étaient pas de taille…* ».

Contrainte de reconnaître la présence à Abobo-gare, de groupes armés pro-Ouattara équipés d'armes lourdes, au moment des « *bombardements dits d'Abobo-gare* », la majorité se mure alors dans le silence ou l'esquive. Elle évite de se poser la question de savoir si lesdits bombardements n'avaient pas pour auteurs les groupes rebelles ! Elle s'en tient à sa position que les bombardements ont pour

[269] Chambre préliminaire 1, Décision relative à la confirmation des charges du 12 juin 2014, *op.cit.*

origine le camp Commando FDS[270]. Or, c'est justement dans l'intention de clarifier ces zones d'ombres, nombreuses dans le récit du Procureur, que la décision du 3 juin 2013 l'avait renvoyé à compléter son narratif par des informations spécifiques. Au nombre des réponses attendues figuraient la présence, les positions des groupes armés pro-Ouattara et surtout les affrontements qui ont eu lieu avec les forces gouvernementales à Abidjan et à l'entour. Ces réponses devraient permettre d'établir une fois pour toute, si les FDS étaient déployées pour des missions de maintien d'ordre et de sécurisation contre des insurgés armés ou si, comme le soutient le Procureur, elles avaient été commises pour attaquer des populations civiles non armées dans le but de maintenir l'accusé au pouvoir.

Mais, ainsi que développé plus haut, ces réponses n'ont pas été apportées par le Procureur dans le DNC, et la majorité qui ne les a pas réclamées, n'a pas non plus sanctionné ce manquement qui conforte à dessein la thèse officielle de l'accusation : celle d'attaques planifiées contre des populations civiles par l'accusé et son entourage immédiat.

6-2- La non-prise en compte des éléments à décharge

La non-prise en compte par la majorité des éléments à la décharge de l'accusé, rentre également dans la stratégie d'occultation des faits essentiels de la cause.

Le Statut de Rome en son article 54-1-a, fait obligation au Procureur d'enquêter à décharge. Celui-ci doit en conséquence, rechercher activement les éléments en ce sens, en vue de les prendre en compte dans l'acte d'accusation et les mettre à la disposition de la défense. Cette exigence statutaire vise à mettre à la disposition des juges tous les éléments pertinents de l'affaire afin que leur décision reflète l'objectivité.

---

[270] Chambre préliminaire 1, Décision relative à la confirmation des charges du 12 juin 2014, paragr. 56 à 62, op.cit.

Cependant, depuis le début, le Procureur s'est abstenu d'appliquer cette règle. L'examen du DNC amendé laisse voir qu'il n'a pas mené d'enquête à décharge de l'accusé Laurent Gbagbo. Il ne disposait donc pas de tous les éléments de faits pour pouvoir éclairer la Chambre, de sorte que celle-ci, qui d'ailleurs ne s'en est nullement préoccupée, n'a pu raisonnablement, en leur absence, prendre une décision légalement fondée et équitable. Et pourtant ce ne sont pas les éléments à décharge de l'accusé qui font défaut, bien au contraire.

Au titre des éléments à décharge de l'accusé, on citera entre autres faits :

- Qu'il a signé plusieurs accords en vue de ramener la paix et organiser des élections pour mettre fin à la crise déclenchée par l'attaque rebelle du 19 septembre 2002 ;
- Qu'il a accepté d'organiser l'élection présidentielle malgré le refus de désarmement des rebelles pro-Ouattara occupant la moitié-nord du pays. Il est vrai sous la pression de la France ;
- Qu'il est officiellement, selon le Conseil Constitutionnel, le Président élu. Il avait à ce titre le devoir de maintenir l'ordre public et d'assurer la sécurité des biens et des personnes ;
- Que la manifestation du 16 décembre 2010 était infiltrée par des éléments des groupes armés pro-Ouattara, lesquels ont fait des victimes au sein des forces de l'ordre ;
- Que les instructions données interdisaient l'usage des armes sauf en cas de légitime défense ;
- Qu'il a proposé la solution du recomptage des voix pour résoudre le contentieux électoral ; mais ce moyen pacifique a été rejeté par son adversaire et par le Secrétaire Général de l'ONU, sans justification ;
- Qu'il a ordonné des enquêtes nationales et internationales pour faire la lumière sur les allégations de violations des droits humains par les FDS. Le Rapport d'enquête internationale émane de personnalités ivoiriennes, africaines et européennes respectables même si la majorité a tenté de le discréditer de façon maladroite ;

- Qu'il avait répondu favorablement à la médiation africaine engagée dans le règlement politique mais contraignant de la crise postélectorale, ce qui n'était pas le cas pour son adversaire qui avait récusé le Médiateur cap-verdien désigné par l'Union Africaine ;
- Que c'est son adversaire et non pas lui, qui pour des raisons inconnues, sans attendre la mise en route de la médiation de l'Union Africaine, a lancé une offensive généralisée des troupes rebelles de Soro Guillaume, rebaptisées Forces Républicaines de Côte d'Ivoire (FRCI), contre le régime en place ;
- Qu'il a refusé de déclarer le quartier d'Abobo-gare assiégé par le Commando invisible pro-Ouattara équipé d'armes lourdes, « *zone de guerre* », comme le réclamait le Haut-commandement militaire, preuve qu'il ne voulait pas de la guerre dans son pays ;
- qu'il n'existe pas d'éléments de preuves directes ou indirectes d'une politique conçue par lui et un « *entourage* » ni d'un plan commun conçu par un groupe, à l'effet de maintenir l'accusé au pouvoir ;
- qu'il n'existe pas d'éléments de preuves directes ou indirectes que des forces pro-Gbagbo contrôlées par l'accusé ont été constituées en vue d'appliquer une politique visant à maintenir ce dernier au pouvoir par la force ;
- qu'il n'existe pas d'éléments de preuves directes ou indirectes établissant que l'accusé avait l'intention de commettre des crimes ou de faire commettre des crimes par des forces qu'il contrôlait, d'inciter ou de contribuer d'une manière ou d'une autre à la commission de crimes contre des populations civiles ;
- qu'à la suite de son arrestation, il a, depuis l'hôtel du Golf où il était détenu, lancé à la télévision nationale et internationale un appel à la cessation des hostilités et souhaité l'ouverture de discussions politiques directes pour ramener la paix…

N'est-il pas surprenant de relever qu'aucun de ces nombreux faits ci-dessus rappelés, ne figure nulle part dans le DNC du Procureur, ne serait-ce qu'à titre d'information, à défaut d'être présenté comme élément à décharge ? Pourtant ces faits sont constants et notoires.

On se demande alors, comment les juges de la majorité ont-ils pu réussir l'exploit de ne pas avoir rappelé au Procureur son obligation au titre de l'article 54-1-a du Statut, et de ne pas avoir tiré les conséquences légales d'un tel manquement grave, notamment en déclarant l'impossibilité de statuer en leur absence ?

Tels sont présentés quelques constats qui autorisent à jeter un doute plus que légitime, sur l'objectivité et la crédibilité de la décision de confirmation rendue par la Chambre le 12 juin 2014, qui pour autant, est loin d'emporter la conviction quant à son bien-fondé. Car à l'examen, les « *motifs de croire* » qui l'ont fondée ne paraissent pas assez « *substantiels* ».

B - DES MOTIFS DE CONFIRMATION « NON SUBSTANTIELS »

La majorité a jugé au regard du DNC amendé ainsi que des éléments de preuves du Procureur, avoir des motifs substantiels de croire que l'accusé Laurent Gbagbo serait pénalement responsable de crimes contre l'humanité commis au cours de la crise postélectorale.

Cependant, outre les développements ci-dessus qui ont déjà largement entamé l'objectivité et la crédibilité de la décision du 12 juin 2014 confirmant les charges contre l'accusé, celle-ci ne convainc ni sur l'existence de crimes contre l'humanité (1) ni sur la responsabilité pénale du prévenu (2).

1- Une décision non convaincante quant à l'existence de crimes contre l'humanité

Conformément à l'article 7-1 et 2 du Statut de la Cour, pour prouver l'existence de crimes contre l'humanité, le Procureur doit présenter des éléments de preuves montrant que le Président Laurent Gbagbo, dans le but de se maintenir au pouvoir, a conçu et mis en œuvre à l'occasion de l'élection présidentielle de novembre 2010, une politique d'attaques généralisées et systématiques contre des populations civiles supposées être des partisans de son adversaire Alassane Ouattara, qui a fait des milliers de victimes.

Par décision en date du 3 juin 2013, faisant le constat de l'insuffisance des preuves présentées, le Procureur avait été renvoyé par la Chambre, pour complément d'enquête. À la reprise de l'audience et suite à l'examen du DNC amendé et des preuves du Procureur, la majorité s'est convaincue de la commission de crimes contre l'humanité au cours de la crise postélectorale par des forces dites pro-Gbagbo.

Pour parvenir à cette conclusion, la majorité, à la suite du Procureur, a considéré que les preuves établissent la volonté de l'accusé, avant la crise, d'user de la violence pour se maintenir au pouvoir, ainsi que l'existence d'attaques menées du 27 novembre 2010 au 12 avril 2011, contre des civils partisans de son adversaire Alassane Ouattara, en vue de son maintien.

Pour notre part, la position de la majorité est totalement infondée. Hormis la démultiplication des modes de responsabilité du prévenu, aucun élément véritablement nouveau n'a été apporté par le Procureur prouvant la commission de crimes contre l'humanité.

Par conséquent, les éléments sur lesquels s'appuie la majorité pour, d'une part affirmer la volonté de l'accusé de se maintenir au pouvoir par la violence (1) et, d'autre part, établir l'existence des éléments contextuels de crimes contre l'humanité (2) sont foncièrement inconsistants.

1-1- Inconsistance de l'argument tiré de la volonté de l'accusé de se maintenir au pouvoir par la violence

Pour la majorité, trois faits dénotent de la volonté de l'accusé de faire usage de la violence, y compris armée, pour se maintenir au pouvoir : ses déclarations publiques avant et pendant la crise (1-1-1) ; sa préparation en vue de la violence (1-1-2) ; sa réaction face à l'évolution de la crise (1-1-3). Mais ainsi qu'on le verra, la majorité n'apporte aucun élément concret ou vraisemblable au soutien de ses affirmations.

1-1-1- Des prétendues déclarations publiques en faveur de la violence

Pour la majorité, trois déclarations publiques de l'accusé révèlent sa volonté d'employer la violence contre ses adversaires :

- Le discours de Divo en date du 27 août 2010, prononcé à l'occasion de l'installation dans cette importante localité du centre-ouest du pays d'une compagnie de police (CRS)

Les termes et expressions utilisés à cette occasion par le Président Laurent Gbagbo, demandant aux agents de police d'avoir à cœur de « *défendre la République* », d'être prêts à « *employer la force quand la négociation est impossible* », de « *ne pas remettre en cause la légalité* » sauf en cas de nécessité, dénotent, selon, la majorité d'une volonté d'user de la violence contre ses adversaires politiques !

Or l'installation de ce corps de police ne visait que la sécurisation civile de cette zone du pays en proie à de nombreux braquages, et n'avait véritablement aucun lien direct ou indirect avec les élections qui se dérouleront au mois d'octobre soit quatre mois plus tard. Par ailleurs, on se demande en quoi un discours d'un Chef de l'Etat exhortant des forces de sécurité à accomplir leur devoir en gardant à l'esprit les valeurs républicaines tout en assurant la sécurité des citoyens, traduirait de la part de celui-ci une volonté de violence ? La majorité est silencieuse sur ce point. Elle n'indique pas non plus ce que doit être la substance d'un discours ayant un tel objet en cette circonstance !

- Le discours du 21 décembre 2010, dans lequel, commentant les évènements liés à la manifestation du 16 décembre 2010 sur la RTI, le Président

> Laurent Gbagbo, l'a qualifiée de marche insurrectionnelle et a imputé aux manifestants les meurtres et actes de pillages commis à cette occasion

La majorité a considéré que cette qualification était haineuse et dénotait d'une volonté de violence de la part de son auteur ! Or, les preuves abondent que cette marche n'était pas pacifique.

D'abord, elle avait pour but d'investir les locaux de la télévision nationale dans le but d'y installer un nouveau directeur général, nommé par Alassane Ouattara le perdant (officiellement déclaré) de l'élection présidentielle, on se demande au nom de quelle légalité ? Ensuite, le Premier Ministre Soro Guillaume avait appelé, la veille, ses troupes rebelles basées à l'hôtel du Golf à appuyer les marcheurs afin d'atteindre leur objectif de remplacement du directeur de la RTI. Enfin, les rapports font état de nombreux manifestants qui se sont armés dans l'intention d'en découdre avec les forces de l'ordre[271].

Qui, dans ces conditions, manifestait une velléité de violence ? L'accusé ou ses adversaires ? L'accusé devait-il tenir un discours pour féliciter les manifestants suite à leurs exploits morbides et destructeurs ?

Mais contrairement à la lecture sélective du Procureur et de la majorité, le discours du 21 décembre 2010 est plutôt un modèle de discours d'apaisement. Certes, dans ce discours le Président Laurent Gbagbo a accusé Alassane Ouattara et ses nombreux soutiens extérieurs de lui « *faire la guerre* ». Mais à cela il répond :

« *Je ne veux pas que le sang d'un seul ivoirien soit versé. Je ne veux pas d'une guerre en Côte d'Ivoire qui peut s'étendre aux pays voisins ou les affaiblir... je suis disposé à accueillir un comité d'évaluation international sur la crise postélectorale... pour un règlement*

[271] Rapport d'enquête internationale, janvier-mars 2011, Kadjo Djidji.

pacifique de la crise... je tends la main du dialogue à l'opposition, à Monsieur Ouattara et à la rébellion armée qui le soutient ».

- L'interview du Président Laurent Gbagbo sur Euronews, en date du 31 décembre 2010

La majorité retient qu'au cours de cette interview l'accusé aurait déclaré s'agissant des pressions exercées sur lui, particulièrement par le Président français : « *Les pressions rendront la confrontation probable* ».

Pour la majorité cela prouverait sa disposition à la violence. Or, la majorité oublie que quelques jours plus tôt (discours du 21 décembre 2010), le Président Laurent Gbagbo avait fait la proposition de la mise en place d'une commission internationale d'évaluation électorale qui permettrait le règlement pacifique du contentieux électoral, comme ce fut le cas en Haïti. Pour lui, il était clair qu'en ne considérant pas favorablement cette proposition de règlement pacifique, les auteurs des pressions favoriseraient la radicalisation de chaque camp. Ce qui n'a pas manqué ! Par conséquent, l'interprétation donnée par la majorité à ce discours comme aux deux autres, est tout simplement erronée.

1-1-2- Des prétendues activités préparatoires à l'emploi de la force

La volonté de l'accusé de recourir à la violence s'induit aussi, selon la majorité, de certains faits et actes que sont : l'allégeance obtenue des chefs militaires à travers des promotions ; les recrutements en vue du renforcement des FDS ; l'acquisition d'armement ; les réunions avec son entourage et les hauts responsables des FDS.

- A propos de l'allégeance des Chefs militaires

Contre l'affirmation de la majorité selon laquelle les promotions de chefs militaires proches du pouvoir , avaient pour but d'obtenir leur allégeance en vue d'une adhésion à la politique de maintien au pouvoir par la force, la défense a présenté le contre-argument que ladite promotion avait été menée dans l'optique de la réconciliation nationale et qu'à ce titre, elle avait également concerné des chefs militaires rebelles.

En lieu et place d'éléments tangibles pour soutenir son affirmation, la majorité a cru trouver la parade en recourant à son joker juridique : « *la Chambre, compte tenu de l'ensemble des éléments de preuve, est d'avis que les promotions visaient, au moins en partie, à s'assurer l'allégeance des FDS* ». Nous avons montré plus-haut que ce tour de « *passe-passe juridique* » n'était pas admissible comme un substitut valable à des preuves tangibles.

- A propos du renforcement des FDS avant les élections

Selon la majorité, avant les élections, l'accusé aurait procédé au renforcement des FDS par des recrutements et des financements dans le but d'assurer son maintien au pouvoir. Rien n'est plus faux. Les mesures de renforcement des FDS à la veille des élections s'imposaient.

La majorité paye sur ce point le prix de son analyse complaisante de l'acte d'accusation, fruit d'enquêtes menées sans rigueur. En effet en dépit de deux enquêtes de terrain, sinon trois si l'on inclut la pré-enquête, le Procureur est demeuré ignorant de la réalité ivoirienne à la veille des élections, ou bien a décidé délibérément de faire l'impasse sur le contexte sécuritaire de la préparation de l'élection présidentielle. Car, non seulement aucun mercenaire n'a été recruté, mais le renforcement et la préparation des FDS pour la période électorale s'imposaient au gouvernement, en vue de la sécurisation du processus électoral.

Dans son DNC amendé le Procureur a omis de rappeler que depuis le 19 septembre 2002, la Côte d'Ivoire est en proie à une guerre civile et que la moitié nord du territoire est occupée par la rébellion pro-Ouattara.

Le Procureur a omis de relever que cette rébellion, en dépit de tous les accords signés lui imposant le désarmement au plus tard deux mois avant les élections (Accord de Ouagadougou 2007 et Protocoles additionnels), a refusé de désarmer, faisant ainsi peser sur les futures élections une lourde hypothèque. Mieux, non seulement elle a refusé de désarmer, mais elle a continué à s'approvisionner en armement via le Burkina Faso, en violation de l'embargo sur les armes[272].

Par ailleurs ni le Procureur, ni la majorité n'ont démontré l'anormalité des mesures visées. Ni l'un, ni l'autre, par-delà les affirmations, n'ont démontré sur la base de preuves tangibles, comment ces mesures normales de gestion des forces armées d'un pays par son Président, Chef suprême des armées, ont été détournées pour servir le dessein personnel du candidat Laurent Gbagbo ?

- A propos des réunions avec l'entourage et les Chefs militaires

Selon la majorité, le Président Laurent Gbagbo était régulièrement informé de l'évolution de la situation au cours de réunions tenues avec les Chefs militaires et autres membres de son entourage. Ces réunions auraient eu pour objet la préparation ou la coordination de la violence.

C'est par exemple, au cours d'une réunion tenue le 24 février 2011 avec les Chefs militaires, qu'a été débattue la nécessité ou non de déclarer le quartier Abobo-gare zone de guerre. Le Président Laurent Gbagbo aurait à cette occasion, demandé aux FDS de « *tout faire pour libérer Abobo-gare et normaliser la situation au plan sécuritaire* ». Simone Gbagbo aurait elle aussi, tenu une réunion avec les Chefs militaires après l'attaque meurtrière par le « *Commando invisible* » du village d'Anonkoua-Kouté, un sous-quartier d'Abobo-gare, qui a fait des dizaines de morts. Elle leur aurait demandé à cette occasion, « *de défendre le pays, de rester débout* ».

[272] Rapport non publié de l'ONU.

Toutefois, la majorité qui indexe ces réunions comme étant des cadres préparatoires de la violence, manque de relever qu'aux dates où celles-ci auraient été tenues, des affrontements armés ont lieu depuis plus d'un mois déjà, entre les FDS et des groupes armés proches d'Alassane Ouattara, à Abidjan et particulièrement à Abobo-gare. Les premières attaques armées début janvier 2011, sont le fait des groupes armés pro-Ouattara. Elles ont visé tant les FDS que des militants supposés connus ou supposés, proches du Président Laurent Gbagbo. La majorité ne peut nier ce fait qui est constant et abondamment documenté.

Ensuite, la majorité ne montre pas en quoi, les réunions citées, seraient en soi anormales, ni en quoi les propos relevés, attribués à l'accusé et à son épouse constituent des appels ou une préparation à la violence.

En sa qualité de Président de la République, Chef suprême des armées, sauf si la majorité lui conteste cette qualité, l'accusé était fondé et avait le devoir de mobiliser les FDS pour libérer un quartier d'Abidjan sous emprise de groupes armés rebelles. A cet égard, les propos qu'il a tenus sont pleinement justifiés et en accord avec les circonstances. Il en va autant pour son épouse, Simone Gbagbo, qui se trouvait être la représentante à l'Assemblée nationale du quartier d'Abobo-gare, qui se trouve aux mains des groupes armés qui se livrent à des massacres sur les populations et font de nombreuses victimes au sein des FDS. Quel discours devait-elle tenir en cette occasion à des chefs militaires ? La majorité n'en dit rien.

1-1-3- Sur l'absence de réaction de l'accusé face à l'évolution de la crise

Selon la majorité, l'accusé serait resté sans réaction face à l'évolution de la violence dans la crise. Trois faits l'attesteraient : l'absence de réaction face à l'usage par les FDS d'armes lourdes dans des secteurs densément peuplés ; la poursuite, en dépit des défections au sein de l'armée, de la lutte pour le maintien au pouvoir ; l'absence de prévention ou de sanction des violences contre les populations.

- Absence de réaction face à l'utilisation des armes lourdes

Il n'est pas sans intérêt de relever que pour une fois, la majorité qui évite de prendre en considération le contexte d'affrontements entre les groupes armés rebelles proches d'Alassane Ouattara et les FDS, reconnait que depuis la mi-décembre 2010, ces derniers ont été quotidiennement attaqués à Abobo-gare avec de nombreux morts au sein de la police.

Elle reconnaît aussi que « *ces groupes étaient de mieux en mieux équipés* », même si elle évite à dessein de se poser la question de la nature et du type d'équipement militaire ainsi que de son origine ! La majorité ne s'inquiète pas non plus de savoir qui ravitaille en armement lourd et sophistiqué les groupes pro-Ouattara au point qu'en un temps relativement très court, les agents de police et de gendarmerie initialement commis à la sécurisation du quartier, subissent de lourdes pertes et soient obligés de faire appel à l'armée !

C'est dans ce contexte de quasi-guerre, que les Chefs militaires décident du recours à l'arme lourde contre les groupes armés pro-Ouattara d'Abobo-gare. La juge dissidente Wyngaert l'a d'ailleurs souligné en ces termes : « *Les forces de maintien de l'ordre avaient pour tâche de répondre aux attaques commises par les groupes rebelles : « A cet égard, il importe de garder à l'esprit que l'armée était déployée pour combattre un groupe d'insurgés lourdement armés et que les forces régulières de maintien de l'ordre (la police, la gendarmerie) n'étaient plus capables de gérer la situation* »[273].

La première remarque et elle est de taille, est que les FDS ne recourent pas à l'arme lourde contre des civils mais plutôt contre des forces pro-Ouattara équipées d'armes lourdes. C'est tout le contraire de ce qui est affirmé de façon constante par le Procureur et la majorité.

---

[273] ICC-02/11-01/11-656-Anx-tFRA.

La deuxième remarque, c'est la présence à Abobo-gare, de deux forces qui disposent chacun d'un arsenal d'armes lourdes. Il importe toutefois de nuancer que le recours à l'arme lourde par les FDS est une réponse à l'usage, en premier, d'armes lourdes par les groupes armés pro-Ouattara.

Par conséquent, il n'est pas possible de soutenir à l'instar de l'accusation que les populations d'Abobo-gare ont été prises pour cibles par les FDS en exécution d'une politique ou d'un plan commun visant leur extermination pour le maintien au pouvoir de l'accusé.

De même, l'allégation selon laquelle l'accusé n'a pas empêché l'usage d'armes lourdes dans un secteur densément peuplé de civils, partisans d'Alassane Ouattara, révélant sa volonté de violence, est insoutenable.

D'abord parce que l'usage de ces armes ne visait pas expressément la population civile, même s'il y avait des risques d'impacts collatéraux. Mais cet aspect d'ordre technique relève de la hiérarchie des FDS qui ne l'ignorait pas et devait prendre des dispositions en ce sens au cours d'éventuelles opérations afin d'éviter des dégâts collatéraux civils. Ensuite, en présence de deux camps en conflit, donc de deux origines possibles des tirs d'armes lourdes, comment peut-on imputer aux seuls FDS et sans enquête balistique probante, la paternité des bombardements ?

- La poursuite de la guerre pour son maintien au pouvoir, en dépit des défections au sein des FDS

Le fait pour l'accusé de n'avoir pas mis fin au conflit dès l'annonce de leur défection par certains Chefs militaires, est analysée par la majorité comme la preuve de sa volonté de poursuivre la lutte pour le maintien au pouvoir. Il aurait, le 9 avril 2011, dans un communiqué du gouvernement appelé à « *la résistance pour faire barrage à cet énième coup de force* ».

Il est à noter que les défections dont s'agit n'ont pas concerné toute la hiérarchie des FDS, ni affecté les troupes au point de nécessiter la fin de leur mission de sécurisation et de défense. Leur impact a été plus d'ordre psychologique que d'ordre physique et matériel, de sorte que l'accusé n'a pas eu à procéder à une réorganisation profonde des FDS comme le mentionne la majorité.

- L'absence de prévention ou de sanction des violences contre les populations

Selon la majorité, l'accusé n'a pas pris de mesures en vue de prévenir la violence contre les partisans d'Alassane Ouattara tout comme il n'aurait pris aucune disposition en vue de sanctionner les auteurs des violences alléguées.

Cette affirmation de la majorité ne manque pas de surprendre, car ce faisant, elle soutient dans son déroulé argumentaire à la fois une chose et son contraire !

En effet, les griefs soulevés ici, ont trait au manquement par un responsable hiérarchique, militaire ou civil, en l'occurrence le Président Laurent Gbagbo, à son devoir de prévention d'actes criminels de la part de ses subordonnés ou de répression de ceux qui en seraient les auteurs. C'est là tout l'objet de l'article 28-a et b du Statut de la Cour.

Or, la majorité dans la décision sous examen du 12 juin 2014, au paragraphe 265, a affirmé que « *examiner la responsabilité de Laurent Gbagbo au regard de l'article 28 du Statut, exige que la Chambre s'écarte considérablement de ce qu'elle a compris du déroulement des évènements en Côte d'Ivoire pendant la crise et du rôle joué par Laurent Gbagbo. Elle refuse en conséquence de confirmer sa responsabilité sous l'article 28* ». Cette incohérence dans le raisonnement est en soi suffisante pour disqualifier l'affirmation de la volonté de violence tirée de L'absence de prévention ou de sanction des violences contre les populations.

Il convient cependant, de faire pièce par la même occasion de l'affirmation de la majorité selon laquelle, aucune enquête sérieuse n'a été menée à l'effet de sanctionner les auteurs de violations des droits humains. Pour parvenir à cette conclusion, qui s'offre de sa part, comme une volonté délibérée de disqualifier des éléments de preuve à décharge de l'accusé, la majorité s'est efforcée, en vain, de discréditer tant les enquêtes nationales qu'internationales ordonnées ou commanditées par le Président Laurent Gbagbo.

Elle admet que l'accusé a demandé, fin novembre 2010, au Procureur de la République d'enquêter sur lesdites allégations de violence et que le Procureur militaire a ouvert des enquêtes en mars 2011. Elle ajoute aussitôt que « *rien n'indique que ces enquêtes aient eu des suites quelconques* ».

La Chambre note que « *le 7 janvier 2011, Laurent Gbagbo a créé une Commission internationale d'enquête censée enquêter sur les allégations de violations des droits humains par les FDS* ». Mais selon elle, la Commission internationale « *n'a recensé que sept cas de violences imputables aux FDS* », que « *le Commandant Supérieur de la gendarmerie a rejeté les allégations de la Commission* », que « *la Commission ne semble s'être penchée sur aucune allégation concernant la manifestation sur la RTI ainsi que sur les trois autres évènements survenus à Abidjan* ».

Sur la base de ses observations, à vrai dire superficielles, qui ne dénotent pas de sa part une lecture de « *bonne foi* » et une appréciation objective des enquêtes commises et de leurs résultats, la majorité décide que l'existence de tous ces éléments *« n'affaiblissent pas sa conclusion qu'aucune enquête sérieuse n'a été menée »*[274].

Mais, l'accusé a-t-il manqué à son devoir d'ouvrir des enquêtes en vue de préparer des sanctions éventuelles ? A cette question la réponse est non. L'accusé a-t-il fait obstacle à la bonne conduite des enquêtes ? La

---

[274] Chambre préliminaire 1, Décision relative à la confirmation des charges du 12 juin 2014, *op.cit.* paragraphes 182 à192.

réponse est non. L'accusé a-t-il refusé de tirer les conséquences de droit des résultats des enquêtes ? La réponse est non.

C'est donc à tort que la majorité reproche à l'accusé un comportement qu'il n'a pas adopté, à savoir, la non-prévention et la non-sanction des violations des droits humains allégués. En conséquence de ce qui précède, il n'est pas possible de retenir comme fondée, l'affirmation de la majorité selon laquelle, la réaction de l'accusé face à l'évolution de la crise confirme sa volonté d'utiliser la violence pour se maintenir au pouvoir.

Au total, rien au titre de ses déclarations publiques, rien au titre des activités prétendument préparatoires, rien au titre de sa réaction face à l'évolution de la crise, ne permet de retenir celles-ci comme des éléments de preuves établissant, de manière certaine et irréfutable, la volonté de l'accusé d'user de la violence, y compris armée, contre des populations civiles en vue de se maintenir au pouvoir.

On verra également ci-après, que les éléments de preuves retenus par la majorité sont loin d'établir la réunion des éléments contextuels des crimes contre l'humanité allégués.

1-2- Inconsistance des éléments établissant l'existence des éléments contextuels des crimes contre l'humanité

Au regard de l'article 7-1 et 2 du Statut, le crime contre l'humanité est constitué si une attaque généralisée et systématique est menée contre une population, en application d'une politique ayant pour but cette attaque.

Nous soutenons que les crimes allégués par le Procureur n'ont pas été commis dans le contexte visé par l'article 7-1 et 2 du Statut et que, c'est à tort, que la majorité a pu confirmer des charges sous cette qualification erronée. Aucune attaque généralisée contre les civils partisans d'Alassane Ouattara n'a été lancée (1-2-1) en application d'une politique de violence conçue par l'accusé en vue de se maintenir au pouvoir (1-2-2).

1-2-1- Inconsistance des éléments établissant la politique d'attaque de civils partisans d'Alassane Ouattara

Démontrer l'existence de la politique est un point crucial de l'affaire sous examen. Les crimes visés à l'article 7 paragraphe 1 ne prennent le caractère de crimes contre l'humanité que dans le cas où leur commission serait mue par une « *politique* ». Ce qui revient à dire que leur commission ne doit être le résultat ni d'un acte spontané, ni d'un acte isolé, sans lien avec un État ou une organisation. Au regard des Éléments des crimes précisant le Statut de la Cour, l'élément « *politique* » s'entend comme « *le fait pour un État ou une organisation de favoriser ou d'encourager activement une attaque contre des populations civiles* ».

Mais face à l'absence d'éléments de preuves démontrant l'adoption formelle par l'accusé d'une politique criminelle, la Chambre a cru trouver la solution dans l'idée que la preuve de la politique pouvait se déduire des attaques supposées planifiées par l'accusé et son entourage (a). La fragilité de sa démonstration sur ce point est manifeste tout comme le sont ses développements tendant à imputer ladite politique à l'État de Côte d'Ivoire ou à une organisation (b).

- *La politique alléguée, n'est pas formalisée mais déduites des attaques visant des populations civiles*

La démonstration de l'existence d'une politique conçue par l'accusé et son « *entourage immédiat* », était au nombre des points de clarification demandés au Procureur par la majorité du 3 juin 2013. C'est dire, que les éléments initialement apportés par celui-ci afin d'étayer l'allégation d'une politique, n'avaient pas convaincu la Chambre.

Or, dans son DNC amendé, le Procureur n'a pas non plus apporté les informations attendues pour la suite de l'audience à savoir : comment, quand et par qui ont été adoptés la politique ou le plan allégués ? Les réunions au cours desquelles cette politique ou ce plan auraient été adoptés ainsi que des preuves directes, tels par exemple, des comptes rendus de réunions ou des preuves indirectes plus convaincantes. Mais, le Procureur, en lieu et place des informations demandées, a resservi les mêmes éléments, au nombre de six (06) qui, selon lui, établissent l'existence de la politique ou du plan commun :

- Les déclarations publiques allant dans le sens d'organiser la violence ;
- Les attaques généralisées et systématiques de populations civiles ;
- Le blocus de l'hôtel du Golf ;
- Les nombreuses réunions tenues à la résidence avec pour seul objet la coordination et la mise en œuvre de la politique ;
- Le fait que les participants auxdites réunions n'ont jamais demandé la fin des massacres ;
- La non-renonciation au pouvoir par l'accusé en dépit de son arrestation.

Au lieu de tirer les conséquences de cette défaillance du Procureur, la majorité a choisi de contourner l'impossibilité manifeste de fournir les éléments de preuves directes demandées. Se substituant alors au Procureur, la majorité énonce : « *En l'état actuel de la jurisprudence de la Cour, une attaque planifiée, dirigée ou organisée, par opposition à des actes de violence spontanés ou isolés, satisfait au critère d'existence d'une politique, et il n'est pas nécessaire que la politique ait été formellement adoptée* »[275].

Ainsi pour la majorité point n'est besoin de savoir comment, quand et par qui la politique a été adoptée. Elle poursuit alors pour dire :

« *Qu'elle est d'avis, dans le droit fil de la jurisprudence de la Cour, que les notions de « politique » et de « caractère systématique » de l'attaque, renvoient l'une et l'autre à un certain degré de*

[275] Chambre préliminaire 1, Décision relative à la confirmation des charges du 12 juin 2014, op.cit. Paragraphe 215.

planification. La preuve qu'un Etat ou une organisation a planifié, organisé ou dirigé l'attaque peut être utile pour établir tant l'existence d'une politique, que le caractère systématique de l'attaque »[276]. Ainsi, pour la majorité, démontrer qu'une attaque contre une population civile a été ou planifiée ou organisée ou dirigée, c'est apporter la preuve de la politique.

Sur cette base, la majorité a tiré la conclusion que les éléments de preuves suivants démontrent l'existence de la politique :

- Laurent Gbagbo et son entourage ont envisagé avant l'élection présidentielle de 2010 la possibilité de recourir à la violence et que des activités préparatoires ont été menées à cet effet (discours de Divo, autres activités) ;
- Le comportement consistant à perpétrer des violences contre des partisans d'Alassane Ouattara a été planifié et coordonné par Laurent Gbagbo et son entourage et mis en œuvre par l'intermédiaire des forces placées sous leur contrôle ;

Mais le raisonnement et la conclusion tirée par la Chambre sont loin d'avoir réglé le problème de la preuve de la politique.

D'une part, les développements ci-dessus ont montré que les éléments de preuves retenus par la majorité, à savoir les déclarations publiques (discours de Divo…), les activités supposées préparatoires (promotion de chefs militaires, renforcement des FDS…) de même que la réaction de l'accusé face à l'évolution de la situation (usage d'armes lourdes, non-sanction des FDS…) n'établissent pas avec certitude que l'accusé avait envisagé de recourir à la violence pour se maintenir au pouvoir.

D'autre part, affirmer que l'accusé et son entourage immédiat ont planifié les violences contre les partisans d'Alassane Ouattara, sans l'étayer par des éléments précis et convaincants en se contentant de faits d'attaques supposées de civils, ne permet pas d'avancer vers la manifestation de la vérité. La question se posant est justement celle de

---

[276] Ibidem, paragraphe 216.

savoir comment, quand et avec qui l'accusé a-t-il planifié des attaques contre des civils ? D'autant plus que, contrairement aux affirmations de la majorité, les attaques alléguées n'ont pas particulièrement pris pour cibles des civils mais plutôt des groupes armés pro-Ouattara.

Démontrer l'existence de la politique ne suffit pas. L'article 7-2-a du Statut n'envisage de politique que dans la mesure où celle-ci peut être imputée à un Etat ou à une organisation. Sur ce point la position de la majorité est des plus confuses, qui impute la politique tout à la fois à l'accusé et à son entourage immédiat pris comme une organisation d'une part, d'autre part à l'Etat.

- *Politique de « Laurent Gbagbo et son entourage », ou politique d'une organisation, ou politique de l'État ?*

Pour le Procureur, le Président Laurent Gbagbo et son entourage immédiat, dont il ne précise ni les contours, ni les membres, constituent une organisation au sens de l'article 7-2-a du Statut.

La majorité, quant à elle, fait d'abord observer qu'au sujet des critères devant permettre de conclure à l'existence d'une organisation au sens de l'article 7-2-a susvisé, deux lignes s'affrontent au niveau de la Cour : d'une part, la ligne selon laquelle, peuvent être considérés comme tels, des groupes de personnes dirigeant un territoire donné ou toute organisation capable de commettre une attaque généralisée et systématique contre une population civile d'une part ; d'autre part, la ligne selon laquelle, l'organisation doit posséder certaines caractéristiques d'un Etat. Elle doit être susceptible d'agir comme un Etat, ou posséder des capacités quasi-étatiques.

Alors que l'on s'attend, du fait de cette opposition, à ce qu'elle prenne position en faveur de l'une ou de l'autre de ces positions, en vue de vérifier son applicabilité à l'allégation du Procureur, la majorité tranche le débat par le biais d'un raccourci saisissant : « *La Chambre est d'avis que l'organisation dont l'existence est alléguée par le*

Procureur et suffisamment établie par les « éléments de preuves disponibles », satisfait aux critères, que l'on retienne l'une ou l'autre des deux interprétations, et par conséquent il n'est pas nécessaire d'examiner ce point plus avant »[277] !

La majorité justifie par ailleurs cette démission de fait, en avançant que ce qui importe selon elle, « *c'est de vérifier si l'entité dispose en interne d'une chaine de commandement ou d'un système de subordination, afin de déterminer si la politique ayant pour but l'attaque peut être attribuée à l'organisation* »[278].

Assurément la démarche et les conclusions de la majorité ne sont pas acceptables pour plusieurs raisons. D'abord, par le fait qu'en ne précisant pas la définition de l'organisation sur la base de laquelle elle reçoit comme fondée l'allégation du Procureur, elle prive sa décision de base légale sur ce point, comme le souligne à raison la défense[279].

Ensuite, parce que contrairement à son affirmation selon laquelle l'existence de l'organisation alléguée serait suffisamment établie par les « *éléments de preuves disponibles* », il y a justement absence d'éléments de preuves précis et suffisants matérialisant l'organisation dénommée par le Procureur « *Laurent Gbagbo et son entourage immédiat* ». Par ailleurs, ainsi que souligné plus haut, les expressions « *éléments de preuves disponibles ou l'ensemble des preuves disponibles…* », non-seulement, ne renvoient pas à des éléments de preuves précis et connus mais surtout, ne peuvent se substituer au cours du « *procès des preuves* » que constitue l'audience de confirmation des charges, aux preuves concrètes et tangibles attendues.

Enfin, parce qu'en décidant « *qu'il n'était pas nécessaire d'examiner ce point plus avant* », c'est-à-dire de mettre fin au débat sur l'existence de l'organisation alléguée sans avoir à donner plus

---

277 *Ibidem*, paragraphe 217.
278 *Ibidem*, paragraphe 217.
279 Requête Maitre Altit, 31 juillet 2014, *op. cit.*

d'explication, elle reconnait, par ce fait même, que la controverse peut être continuée, et que d'autres interprétations possibles peuvent prévaloir. Ce qui est vrai.

Mais le plus surprenant, c'est que la majorité, qui a certes décidé que l'organisation « *Laurent Gbagbo et son entourage immédiat* » alléguée par le Procureur est établie, n'en est pas pour autant entièrement satisfaite. A preuve elle lui substitue une autre « *organisation* », restructurée par ses soins et différente de celle présentée par le Procureur.

En effet, poursuivant ses développements qu'elle avait pourtant décidé de clore sur la question, la majorité rappelle que le Procureur a certes soutenu que Laurent Gbagbo et son entourage constituaient une organisation au sens de l'article 7-2-a du Statut, mais avait aussi souligné que cette « *organisation* » exerçait un contrôle sur les forces pro-Gbagbo qui constituaient un appareil de pouvoir organisé et hiérarchisé.

Partant de ce rappel et de ces précisions, la majorité va alors construire une autre organisation, différente, non mentionnée par le Procureur dans le DNC amendé et par conséquent non discutée contradictoirement par la défense : *« La Chambre considère de prêter attention à l'ensemble de l'entité à laquelle est attribuée la politique et non pas seulement à la personne ou aux personnes qui, au plus haut niveau, ont adopté cette politique au nom de l'Etat ou de l'organisation… à la lumière des éléments de preuves disponibles, la Chambre est convaincue que les forces pro-Gbagbo, comprenant des éléments des FDS, des milices, des jeunes et des mercenaires, et étaient dirigées par Laurent Gbagbo et son entourage immédiat, constituaient une organisation au sens de l'article 7-2-a du Statut et que la politique peut être attribuée à cette organisation »*[280].

---

[280] Chambre préliminaire 1, Décision relative à la confirmation des charges du 12 juin 2014, op.cit. Paragraphe 219.

A l'évidence nous sommes en présence de deux organisations différemment composées. Celle du Procureur qui se réduit à Laurent Gbagbo et son entourage immédiat et celle de la majorité qui comporte, outre Laurent Gbagbo et son entourage, les FDS, les miliciens, les jeunes et les mercenaires ! La discussion sur l'organisation n'était donc pas close !

La Chambre a ainsi établi sa propre organisation criminelle. Mais elle ne s'arrête pas en si bon chemin. Elle considère que la politique d'attaque des civils, ne peut être le seul fait de l'organisation dont elle a établi l'existence, et pour cause. Elle est d'avis que « *sur cette base, la politique à attribuer à cette organisation, qui comprend une partie de l'appareil d'Etat, peut aussi être qualifiée de politique d'un État* »[281] !

Ainsi, dans la même affaire Procureur de la Cpi contre Laurent Gbagbo, deux organisations sont établies ainsi que deux politiques, celle de l'organisation (mais laquelle ?) et celle de l'État. A la défaillance du Procureur s'ajoute alors la confusion créée par la Chambre et partant, l'insécurité juridique.

Un fait notable cependant. C'est que la défense n'a pas été placée en situation de contester ces allégations de la majorité, puisqu'elles ne figuraient pas dans le DNC amendé du Procureur et ne pouvaient pas, en tout état de cause, y figurer.

La conclusion à tirer est simple.

En substituant son raisonnement à celui du Procureur, la majorité a outrepassé ses attributions. En s'appuyant sur un raisonnement non tenu par le Procureur et par conséquent non débattu contradictoirement par la défense pour motiver sa décision, elle a violé le Statut de la Cour. En reconnaissant l'existence de la politique sur la base du critère non explicité de la planification d'une attaque contre une population civile, en reconnaissant établie l'existence de

[281] Ibidem, paragraphe 219.

l'organisation en l'absence de toute définition, ce qui laisse sous silence la question du droit applicable, et en substituant ses propres allégations à celles du Procureur, la majorité a privé sa décision de base légale.

De ce qui précède, il suit qu'il n'est pas possible de soutenir comme l'affirme la majorité, que la politique d'attaque, de même que l'existence de l'organisation qui l'a conçue, coordonnée et mise en œuvre, ont été indiscutablement établies.

Rien non plus ne permet d'établir que les attaques alléguées ont été planifiées contre des populations civiles.

1-2-2- Inconsistance des éléments de preuves faisant des civils la cible des attaques

Les crimes allégués par le Procureur ont-ils été commis, comme prévu par les articles 7-1 et 2 du Statut, dans le cadre d'une attaque généralisée ou systématique lancée contre une population civile et en connaissance de cause, en l'occurrence, les partisans d'Alassane Ouattara ?

Selon le Procureur, les forces contrôlées par Laurent Gbagbo et son entourage auraient lancé des attaques ciblant les partisans d'Alassane Ouattara, en application de la politique consistant à user de la violence pour maintenir l'accusé au pouvoir. Toutefois, les éléments de preuves au soutien de cette allégation ont été jugés insuffisants par la décision du 3juin 2013.

Les critiques avaient porté autant sur les attaques dont les juges tenaient à savoir si elles avaient été effectivement menées en application d'une politique, que sur la cible desdites attaques, savoir si elles avaient délibérément pris pour cibles des civils partisans d'Alassane Ouattara ? Sur ce point aussi, qui a fait l'objet d'une demande de précisions par la décision du 3 juin 2013, le Procureur n'a pas fourni les éclaircissements attendus par la Chambre.

Mais, comme pour tous les autres points à renseigner en vertu de la décision d'ajournement, la Chambre n'a pas tiré les conséquences de cet autre manquement du Procureur. Elle a choisi de valider les éléments de preuves inconsistants de ce dernier, alors que les éléments de preuves consistants montrent que les forces dites pro-Gbagbo n'ont nullement agi en application de la politique alléguée (a) et qu'ils avaient pour mission d'assurer l'ordre et rétablir la sécurité et non pas de commettre des violences contre les civils partisans d'Alassane Ouattara (b).

- *Des éléments de preuves consistants établissent que les forces dites pro-Gbagbo n'ont pas agi en application de la politique alléguée*

Afin d'établir avec certitude que les attaques alléguées avaient été menées par les forces dites pro-Gbagbo en application de la politique supposée, les juges dans la décision du 3 juin 2014 avaient demandé au Procurer d'apporter des clarifications sur la manière dont l'existence et la teneur de cette politique ou de ce plan ont été communiquées auxdites forces, ou portées à leur connaissance une fois adoptés.

A la lecture du DNC amendé, il ressort que les forces dites pro-Gbagbo n'avaient pas connaissance de la politique ou du plan commun (1), de sorte que n'y ayant pas adhéré elles n'ont pas pu agir dans le cadre de son application (2).

- *Les éléments de preuves établissent que les forces dites pro-Gbagbo n'avaient pas connaissance de la politique ou du plan commun*

Les forces dites pro-Gbagbo, composées selon le Procureur, des FDS forces régulières, de milices ainsi que de mercenaires, avaient-t-elles été informées ou sensibilisées, sur *« la politique »* ou *« le plan commun* » ? Quelles voies les concepteurs supposés ont-ils utilisé à cette fin ?

Incapable de fournir des éléments de preuves sur ce point, le Procureur a confirmé son impuissance comme suit : « *Force est de conclure que les forces pro-Gbagbo ont souscrit à la politique du fait que les dirigeants politiques et militaires, dont Gbagbo et son entourage, avaient adopté cette dernière et travaillaient à sa mise en œuvre* »[282].

Autrement dit, le Procureur admet que les FDS n'ont pas été formellement informées de l'existence de la politique ou du plan par la voie hiérarchique.

Mais il présume la connaissance de la politique par les forces pro-Gbagbo de même que leur adhésion à celle-ci, du fait que leurs supérieurs hiérarchiques l'ont adoptée et la mettent en œuvre. Or, il n'apporte pas la preuve que les chefs militaires avaient effectivement souscrit à une politique ou à un plan commun, il se contente de l'affirmer !

L'on retiendra par conséquent, que la politique ou le plan commun n'ont pas été communiqués aux FDS et que cette situation ne permet pas d'affirmer qu'ils y ont adhéré comme le soutient le Procureur : « *Les forces pro-Gbagbo adhéraient à la politique qu'elles ont mise en œuvre de façon coordonnée…* »[283].

- *Les éléments de preuve établissent que, n'y ayant pas adhéré, les forces dites pro-Gbagbo n'ont pas agi en application de la politique*

[282] Bureau du Procureur, *Document amendé de notification des charges*, n° ICC-02/11-01/11 du 13 janvier 2014, paragraphe 87.
[283] *Ibidem*, paragraphe 87.

Les auteurs matériels agissaient-ils en application ou dans la poursuite de la politique alléguée en ciblant en connaissance de cause les partisans d'Alassane Ouattara ?

Au regard de l'article 7 du Statut, c'est seulement dans le cas où les forces dites pro-Gbagbo auraient agi en connaissance ou en pleine conscience de la politique ou du plan commun, que leurs crimes éventuels seront considérés comme ayant été commis en application ou dans la poursuite d'une politique ou d'un plan criminels et qualifiés en conséquence comme étant des crimes contre l'humanité.

En fait, le Procureur n'a pas apporté d'éléments de preuve attestant que les supérieurs hiérarchiques d'abord, puis les subordonnés avaient été informés de la politique et qu'ils avaient accepté de la mettre en œuvre. Ce qui prouve à contrario, que n'ayant pas eu connaissance de celle-ci ils n'ont pu raisonnablement y adhérer. Comment dans ces conditions, les FDS auraient-ils pu agir en application où dans la poursuite d'une politique dont ils ignorent l'existence et la teneur ? Cela, en tout état de cause, n'a pu être démontré par le Procureur.

Il n'existe par conséquent aucun élément de preuve qui permet d'affirmer que les FDS ont agi en application de la politique alléguée.

Mais pour la majorité, il est possible que les forces dites pro-Gbagbo aient agi en application de la politique. Elle soutient à ce propos « *...qu'au vu du Statut et des Éléments des crimes, il est seulement nécessaire de prouver que l'intéressé avait connaissance de l'attaque de manière générale. En effet, les Éléments des crimes précisent que l'élément de connaissance « ne doit pas être interprété comme exigeant qu'il soit prouvé que l'auteur avait connaissance de toutes les caractéristiques de l'attaque ou des détails précis du plan ou de la politique de l'État ou de l'organisation* »[284].

[284] Chambre préliminaire 1, Décision relative à la confirmation des charges du 12 juin 2014, *op.cit.* paragraphe 214.

Cependant, la majorité elle-même n'affirme pas que les FDS avaient une connaissance générale de la politique. Elle ne dispose d'aucun élément de preuve pour le soutenir. Qui leur aurait donné cette information générale ou comment l'auraient-ils su ?

Est-il toutefois possible de déduire des actes desdites forces, qu'elles avaient implicitement connaissance de la politique ou du plan, et accepté dans les faits de l'exécuter à travers des attaques ciblant des partisans civils d'Alassane Ouattara ?

Là aussi, des éléments de preuves consistants permettent d'établir que les forces dites pro-Gbagbo, n'avaient pas pour mission de commettre des violences à l'encontre des partisans d'Alassane Ouattara.

- *Les éléments de preuve établissent que les forces dites pro-Gbagbo étaient commises à des missions de sécurisation et de défense et non à des missions de violences contre des civils*

A la vérité, après l'élection présidentielle du 28 novembre 2010, la situation qui prévalait en Côte d'Ivoire de décembre 2010 à Avril 2011, est marquée par la violence et la guerre, appelées et déclenchées contre la victoire de Laurent Gbagbo par le candidat perdant Alassane Ouattara[285].

Les FDS ont été commises dans ce contexte de crise postélectorale, à des missions multiples en fonction de l'évolution de la crise, à savoir :

- Le maintien et le rétablissement de l'ordre public au cours du mois de décembre 2010, particulièrement à l'occasion de la marche du 16 décembre 2010 sur la RTI ;

---

[285] Hubert Oulaye, « l'introuvable crime contre l'humanité du Président Laurent Gbagbo », in *Le Président Laurent Gbagbo à la Cour pénale internationale : Justice ou imposture,* sous la coordination de Raymond Koudou Kessié et Hubert Oulaye (sous la coord.), L'harmattan, 2013, p. 99 et s.

- La sécurisation d'Abidjan et particulièrement de la commune d'Abobo-gare, fortement infiltrée et attaquée par les rebelles membres du « commando invisible », qui ont engagé début janvier 2011, des actions de guérilla urbaine contre le régime en place et ses partisans civils ;
- La défense de l'État, des personnes et des biens, face à l'offensive armée généralisée lancée fin mars 2011 contre le Président Laurent Gbagbo, par le candidat malheureux Alassane Ouattara[286].

C'est uniquement dans le cadre de cette triple mission que s'inscrivent les actes posés par les FDS pendant la crise postélectorale. Ces actes n'avaient donc pas pour objet de lancer des attaques contre des populations civiles partisanes d'Alassane Ouattara. En effet, existe-t-il des éléments de preuves démontrant que les FDS avaient pour mission de commettre des violences contre les partisans d'Alassane à l'occasion de la manifestation du 16 décembre 2010 à la RTI ? Non.

- Les FDS étaient en mission de maintien d'ordre le 16 décembre 2010 à la RTI.

Le but annoncé de la manifestation était de remplacer de force le Directeur général de la télévision nationale nommé par le Président Laurent Gbagbo, par une autre personnalité désignée par Alassane Ouattara se prévalant du titre de président, non pas par décision du Conseil Constitutionnel, mais par auto-proclamation.

En vue d'atteindre ce premier objectif qui s'inscrit dans le cadre des actions en vue de l'installation d'Alassane Ouattara au palais de la présidence, le Premier Ministre et Chef de la rébellion Guillaume Soro, qui a rejoint le camp Ouattara, a exhorté deux jours avant la marche prévue pour le 16 décembre 2010, ses troupes des FAFN, stationnées à l'hôtel du Golf à appuyer les manifestants. Pour lui, après la RTI, le second objectif serait la prise de « *l'Hôtel de la Primature* ».

---

[286] *Ibidem.*

Tels sont l'environnement et les objectifs de cette manifestation projetée, dont le Procureur et la Chambre ne peuvent contester qu'ils traduisent de la part des initiateurs, une volonté manifeste de défiance à l'autorité de l'État et de troubles à l'ordre public, doublées de velléités de sédition ou d'insurrection.

Le gouvernement n'a pas décidé d'interdire la marche, mais d'empêcher que les manifestants accèdent aux locaux. Il n'a donc pas été porté atteinte à la liberté d'expression et de manifestation. En revanche, l'accès ou l'envahissement des locaux de la RTI en vue de les occuper et d'en perturber le fonctionnement normal sort indiscutablement du domaine des libertés publiques admises partout dans le monde. L'interdire est donc légal et légitime.

Par ailleurs, les agents commis au maintien de l'ordre avait reçu des instructions formelles de ne pas faire usage de leurs armes, même si la majorité écarte, sans raison, cet élément tangible de preuve : « *La Chambre a pris bonne note des témoignages selon lesquels les unités des FDS avaient pour instruction de ne pas employer la force ou de ne le faire qu'en cas de légitime défense. Elle est cependant d'avis que la répression de la manifestation était planifiée et coordonnée, étant donné que les éléments de preuve analysés ci-dessus démontrent i) que Laurent Gbagbo a donné pour instruction d'empêcher la marche* »[287].

La majorité a par ailleurs noté qu'au PK18 et vers l'hôtel du Golf, des affrontements ont eu lieu entre des groupes armés pro-Ouattara et les FDS, faisant des morts au sein des forces loyalistes : « *...des échanges de tirs ont opposé des hommes armés venant du Golf Hôtel et des éléments des FDS postés près de là, échanges qui ont fait des morts parmi les FDS. La Défense se fonde en outre sur des témoignages selon lesquels les FDS ont essuyé des tirs au PK18, avec là encore des morts parmi les FDS. La Chambre fait toutefois observer que les faits survenus au Golf Hôtel et au PK18, que le Procureur ne conteste pas,*

[287] Chambre préliminaire 1, Décision relative à la confirmation des charges du 12 juin 2014, op.cit. Paragraphe 40.

se sont produits à d'autres endroits et en dehors du contexte de la manifestation de civils »[288].

Mais, même si la majorité tente d'écarter cet important élément de preuves montrant que la manifestation n'était pas pacifique, mais destinée à couvrir une insurrection contre le régime, elle ne peut contester, ni expliquer, encore moins justifier les raisons pour lesquelles, des groupes armés sont dans la ville et ont attaqué les FDS à l'arme lourde.

En outre, et *a contrario* de la majorité qui a tenté d'accréditer la thèse de manifestants non armés violemment réprimés devant la RTI et sur le parcours y menant, le Rapport de la Commission d'enquête internationale confirme sur la base de témoignages tangibles, que de nombreux manifestants étaient surexcités et armés, soit de fusils soit d'armes blanches[289].

Il est incontestable que les heurts entre les forces de l'ordre et les manifestants ont entrainé, en cette journée, des morts et des blessés de part et d'autre. Il importe cependant de retenir que:

- La manifestation n'était pas pacifique. Les manifestants avaient pour objectif d'investir les locaux de la RTI et de s'en rendre maîtres, en vue d'y imposer une personne désignée par Alassane Ouattara comme le nouveau directeur ; Ce qui ne peut se faire sans emploi de la violence ;
- Les instructions reçues par les FDS étaient d'empêcher l'accès des manifestants dans l'enceinte de la RTI et non pas de s'attaquer aux manifestants ;
- Les instructions données aux FDS étaient de ne pas faire usage de leurs armes sauf en cas de légitime défense ; Ils n'avaient donc pas pour cibles les manifestants ;
- Les manifestants étaient armés et surexcités ;

[288] *Ibidem*, paragraphe 38.
[289] Rapport Kadjo Djidji, op. cit.

- Des groupes armés pro-Ouattara sortis pour appuyer les manifestants en vue de faire aboutir le plan de prise de contrôle de la RTI, ont lancé des attaques contre les FDS faisant plusieurs morts.

Ces éléments de preuves qui sont constants, démontrent que les FDS n'étaient qu'en mission de maintien d'ordre le 16 décembre 2010 à la RTI. L'affirmation par la majorité, d'attaque planifiée ou menée en application d'une politique est par conséquent insoutenable, s'agissant de cette manifestation.

- Les FDS étaient en mission de sécurisation puis de défense dans le quartier d'Abobo-gare de janvier à Mars 2011.

A partir du début du mois de janvier jusqu'à la mi-mars 2011, les FDS sont commises à des missions évolutives. Dans une première phase, elles ont été commises à une mission de sécurisation du quartier d'Abobo-gare contre le groupe armé pro-Ouattara dénommé le Commando invisible.

Ce groupe armé avait pour ambition de se rendre maître de ce quartier considéré comme le plus peuplé d'Abidjan. Les cibles de ce groupe armé, infiltré dans ce quartier à l'occasion des missions de surveillance mixte FDS-Forces rebelles de Guillaume Soro du scrutin présidentiel de novembre 2010, étaient les partisans du Président Laurent Gbagbo, les FDS en patrouilles et leurs casernes, les commissariats. A son compte, de nombreux morts au sein des populations civiles et des FDS.

Contre le Commando invisible, les forces de police et de gendarmerie initialement déployées pour sécuriser le quartier d'Abobo-gare, sont rapidement débordées et impuissantes face à ce groupe armé. En très peu de temps il a pu disposer d'armes lourdes et en faisait usage, au point que les habitants d'Abobo-gare ont dû quitter le quartier pour préserver leur vie, et la police et la gendarmerie faire appel à des militaires pour y faire face. La juge dissidente Wyngaert l'a souligné[290]. Opposé au départ à la sollicitation des Hauts responsables militaires qui voulait déclarer le quartier d'Abobo-gare « *zone de guerre* », le Président Laurent Gbagbo a dû se résoudre pour équilibrer les combats à autoriser les militaires à se doter d'armes lourdes dans la zone.

Ce qu'il importe de retenir ici, c'est que la mission des FDS à Abobo-gare était de combattre un groupe armé et super-équipé. La mission n'était pas de s'attaquer à des partisans civils d'Alassane Ouattara mais plutôt à ses partisans équipés d'armes lourdes qui semaient la mort et la désolation dans le quartier d'Abobo-gare.

En conséquence cette mission ne peut être qualifiée d'attaque planifiée par l'accusé et son entourage en vue de se maintenir au pouvoir. Il ne s'agit là que d'une mission de sécurisation contre des groupes armés et non contre des populations civiles.

Que dire alors des deux évènements d'Abobo-gare retenus par le Procureur et la majorité comme preuves d'attaques ayant ciblé des partisans civils d'Alassane Ouattara, à savoir, la marche des femmes d'Abobo-gare et le bombardement du marché Siaka Koné ? Ces évènements sont-ils le résultat d'une application de la politique par les FDS ou peut-on dire qu'ils ont été planifiés dans ce cadre ?

Il est important de souligner que ces deux évènements ont lieu alors que se déroulent à Abobo-gare des affrontements armés entre les FDS et le groupe armé pro-Ouattara dit le Commando invisible. Au moment où ils surviennent, au mois de mars 2011, soit après trois mois d'affrontements, la situation sur le terrain semble plutôt favorable au Commando invisible pro-Ouattara, qui s'est pratiquement rendu maître d'une importante partie d'Abobo-gare.

Quant aux FDS, ils sont tous repliés au camp de gendarmerie et positionnés en situation défensive. Ils ne mènent plus d'attaques contre les positions adverses et ne font plus de patrouilles.

---

[290] Opinion dissidente, *op. cit.*

- La marche des femmes d'Abobo-gare

La « *marche des femmes d'Abobo-gare* », est présentée comme une manifestation censée s'être déroulée le 3 mars 2011 dans ledit quartier, au carrefour Anador. Elle aurait rassemblé près de trois mille femmes dans le but de protester contre le régime Laurent Gbagbo. Elle aurait fait l'objet d'une attaque à l'arme lourde ayant causé la mort de six femmes.

Les éléments de preuves établissent que le gouvernement n'était pas informé de cette marche qui semble avoir été convoquée par Alassane Ouattara, la veille même de l'évènement et organisée dans la précipitation, selon certains renseignements[291].

Au-delà des nombreuses zones d'ombre qui entourent cet évènement d'un épais mystère, s'agissant de sa réalité, de l'effectivité des victimes, des auteurs et de l'origine des tirs, il n'est pas possible de soutenir qu'il s'agit là d'une attaque planifiée lancée contre des partisans d'Alassane Ouattara, du fait même de l'ignorance de sa convocation par le gouvernement.

En effet le gouvernement n'a émis aucun communiqué officiel relativement à cette marche. Il n'a pas non plus commis, comme il est de principe, des agents en vue de son encadrement. Mais surtout, les éléments de preuves établissent qu'aucune instruction n'a été donnée ni par l'accusé, ni par un responsable des FDS à une unité quelconque de se rendre sur les lieux de ladite manifestation en vue de l'empêcher ou de réprimer les marcheuses.

- Le bombardement du marché Siaka Koné

Quant au bombardement du marché Siaka Koné qui se serait produit le 17 mars 2011, dans le même quartier et aurait fait plusieurs morts et blessés, il a été considéré par le Procureur et par la majorité, comme

[291] Leslie Varenne, *Côte d'Ivoire, terrain de jeu de la France et de l'ONU*, Fayard/Mille et une nuits, février 2012.

une attaque lancée non pas contre des manifestants, mais contre un quartier supposé être un bastion d'Alassane Ouattara.

Cette affirmation, ne repose sur aucun élément de preuve solide mais sur des présupposés du Procureur et de la majorité résultant de l'absence d'enquête véritable et approfondie et par conséquent d'une ignorance des réalités sociopolitiques ivoiriennes.

Le quartier d'Abobo-gare, qui est le plus peuplé de tous les quartiers d'Abidjan comprend des habitants originaires de toutes les contrées de Côte d'Ivoire et de la sous-région. Au plan politique, la circonscription est représentée à l'assemblée nationale par madame Simone Ehivet épouse Gbagbo, et administrée par monsieur Adama Tounkara, un partisan d'Alassane Ouattara.

C'est dire qu'à Abobo-gare, il est archi-faux de soutenir qu'il s'agit d'un bastion politique d'Alassane Ouattara, dont les habitants sont tous des partisans de celui-ci. Tout bombardement effectué aurait par conséquent des effets graves et indifférenciés sur les habitants impactés, qu'ils soient proches de Laurent Gbagbo ou proches d'Alassane Ouattara.

Pour cette raison évidente, il n'est pas possible de soutenir à la suite de la majorité, que les bombardements en cause avaient pour cibles des populations civiles d'Abobo-gare. Comment les auteurs des tirs, supposés partis du camp Commando d'Abobo-gare, pouvaient-ils être assurés par avance que seuls seraient touchés les partisans d'Alassane Ouattara à l'exclusion de tous autres habitants ?

Vraisemblablement, ces bombardements s'ils proviennent du camp Commando ne peuvent être que des tirs en réplique à des tirs du groupe dit le Commando invisible et non des tirs ciblant des populations d'un quartier en vue d'atteindre des partisans d'Alassane Ouattara.

Reste la question de l'origine effective des tirs qui n'est pas clairement et définitivement établie. A cet égard, le récent procès en

Côte d'Ivoire des auteurs présumés des bombardements du marché Siaka Koné d'Abobo-gare, n'a pas permis d'établir que le bombardement était le fait des FDS. Les prévenus ont nié avoir procédé à des tirs de mortiers sur ledit marché, techniquement trop proche de leur base du camp Commando, ce qui aurait présenté un danger pour eux-mêmes.

Cela devrait conduire à accorder plus d'intérêt à l'hypothèse de tirs opérés par le Commando invisible, qui disposait, c'est connu, d'un armement lourd de type mortier.

- Les évènements de Yopougon

Les évènements de Yopougon en date du 12 avril survenus après l'arrestation du Président Laurent Gbagbo le 11 avril 2011.

Des précisions étaient attendues de l'enquête complémentaire qui devraient situer, pour chaque évènement constitutif de l'attaque et en l'occurrence pour les évènements du 12 avril 2011 à Yopougon, si les auteurs ont agi en application ou dans la poursuite de la politique alléguée. A quel groupe pro-Gbagbo appartenaient les auteurs matériels présumés ? Le nombre des victimes, le préjudice subi et leur appartenance politique, ethnique, religieuse ou nationale ?

Les évènements dits de Yopougon, ont été attribués par le Procureur à des jeunes, à des miliciens et des mercenaires dits pro-Gbagbo qui auraient fait plusieurs dizaines de morts, principalement originaires de la sous-région.

Au-delà du fait que le lien entre l'accusé et lesdits auteurs, affirmé par la majorité reste à établir sur la base de preuves tangibles, ce qui n'est pas le cas, il reste à prouver que ceux-ci ont agi en application ou dans la poursuite de la politique visant à maintenir l'accusé au pouvoir.

Or, à la date du 12 avril 2011 le Président Laurent Gbagbo a déjà été arrêté, et la question se pose de savoir si la politique alléguée est encore en cause dans les évènements de Yopougon ? En d'autres termes, en quoi lesdits évènements contribuaient-ils au maintien au pouvoir de Laurent Gbagbo ?

Mais surtout, au regard de la nationalité des victimes qui seraient principalement originaires des pays de la sous-région, on se demande en quoi, des attaques qui les auraient visés rentreraient absolument dans la logique de la politique alléguée, plutôt que dans une logique d'actes de criminalité de droit commun, même si le contexte de crise a été un facteur favorisant ?

En effet, les originaires de la sous-région, ne sont en rien concernés par les élections qui se sont déroulées en Côte d'Ivoire et ne participent pas non plus à des manifestations contre la victoire proclamée de l'accusé à l'élection présidentielle du 28 novembre 2010. Quel intérêt présenteraient des attaques dirigées contre ces personnes de nationalité étrangère pour les concepteurs de « *la politique* » visant au maintien de Laurent Gbagbo au pouvoir ? Apparemment, aucun.

Sur tous ces points aucune réponse n'est apportée par le Procureur et par la majorité qui se contente d'affirmations, fondées sur des présupposés ou des postulats non étayés par des éléments de preuves tangibles.

De ce qui précède, il suit que les éléments sur lesquels se fondent la majorité pour retenir que les évènements de Yopougon rentrent dans le cadre de la politique alléguée manquent de consistance.

Au total, à l'analyse il apparait que les éléments de preuves retenus par la majorité ne font, nullement ressortir que les attaques alléguées par le Procureur dans les quatre évènements fondant la confirmation des charges, avaient pris pour cibles des populations civiles partisanes d'Alassane Ouattara.

D'ailleurs et à l'évidence, il ne s'est pas agi pour l'essentiel, d'attaques en termes d'offensives armées expressément décidées et ordonnées par l'accusé ou des membres de son entourage, par le biais d'instructions formelles et sans équivoque, ciblant des civils partisans d'Alassane Ouattara.

A la vérité, en fait d'attaques généralisées et systématiques menées de décembre 2010 à mai 2011 contre des partisans civils d'Alassane Ouattara, telles qu'affirmées par la majorité, les opérations dont il s'agit, ont plutôt trait à une opération de maintien d'ordre dans le seul cas de la manifestation de la RTI du 16 décembre 2010 et à des missions de sécurisation d'abord, puis de défense ensuite, dans le quartier d'Abobo-gare attaqué à l'arme lourde par le Commando invisible, de janvier 2011 à fin mars 2011. Les FDS ont été confrontés non pas aux partisans civils d'Alassane Ouattara mais plutôt à ses combattants armés.

Du 29 mars 2011 au 11 avril 2011, les FDS ont fait face à l'armée rebelle de Guillaume Soro, reconvertie en Forces républicaines de Côte d'Ivoire par Alassane Ouattara. Là aussi, les FDS ont fait face non pas aux partisans civils d'Alassane Ouattara mais à des militaires rebelles armés.

Quant à la « *marche des femmes* », il n'existe aucun élément de preuve établissant que cet évènement a été planifié par l'accusé et son entourage. Il en va de même concernant les évènements dits de Yopougon du 12 avril 2011.

En clair, il n'y a pas eu d'attaques généralisées et systématiques menée par des forces dites pro-Gbagbo contre des partisans civils d'Alassane Ouattara, mais certainement des opérations généralisées et systématiques de maintien de l'ordre ainsi que de sécurisation et de défense contre des manifestants armés et des combattants pro-Ouattara.

L'inconsistance relevée au niveau des éléments contextuels des crimes contre l'humanité, s'observe également au plan des éléments retenus par la majorité comme donnant des motifs de croire en la responsabilité pénale de l'accusé.

2- Inconsistance des éléments fondant la responsabilité pénale du prévenu

La majorité a confirmé les charges en retenant trois modes cumulatifs de responsabilité de l'accusé, sur les quatre présentés par le Procureur. La responsabilité pour coaction indirecte (article 25-3-a du Statut), pour incitation à la commission (article 25-3-b du Statut), pour contribution à la commission (article 25-3-d du Statut).

Par contre, elle a rejeté la responsabilité du supérieur hiérarchique militaire ou civil fondée sur l'article 28-a et b du Statut. Selon elle, l'examen de ce mode de responsabilité « *aurait exigé qu'elle s'écarte considérablement de ce qu'elle a compris du déroulement des évènements en Côte d'Ivoire pendant la crise, et du rôle joué par Laurent* Gbagbo »[292].

Pour autant, la solution à laquelle elle parvient, à savoir, la confirmation cumulative de trois modes de responsabilités pour le même prévenu et pour les mêmes faits est le signe manifeste d'une décision mal assurée qui « ratisse large » pour ne pas rater sa cible, mais qui ne va pas sans poser de problème (a). Par ailleurs, les éléments qui fondent la triple responsabilité pénale retenue sont douteux (b).

2-1- La confirmation cumulative de responsabilité : quelle légalité ?

Un triple problème de légalité surgit avec l'admission cumulative de responsabilités pour le même prévenu et pour des faits identiques : la légalité du rajout de modes de responsabilité après l'ajournement d'audience (1) ; la conformité d'avec la jurisprudence de la Cour (2) ; le respect du RDC (3).

2-1-1- De la légalité de la modification des modes de responsabilité après l'ajournement

[292] Chambre préliminaire 1, Décision relative à la confirmation des charges du 12 juin 2014, op.cit. Paragraphe 265.

Le Procureur qui fondait la responsabilité de l'accusé initialement sur les articles 25-3-a (coaction indirecte) et 25-3-d (contribution) du Statut, a rajouté à la suite de l'enquête complémentaire deux autres modes de responsabilités : la responsabilité pour incitation à la commission de crimes (article 25-3-b) et la responsabilité du supérieur hiérarchique (article 28-a et b) du Statut.

La question de la conformité au Statut de la modification des charges opérée par le Procureur par rapport aux articles 61-4 (le Procureur peut modifier les charges, les retirer ou en rajouter avant l'audience de confirmation des charges) et 61-7 (autorisant l'ajournement), avait en son temps été posée par la défense à la Chambre. Aucune suite n'avait été donnée par la Chambre.

La Décision du 12 juin 2014 répond implicitement à cette question puisqu'elle n'a pas rejeté les modes de responsabilité rajoutés, qu'elle a plutôt confirmés. Mais cette solution demeure cependant une source de réelle préoccupation, en rapport avec les droits de la défense en matière de notification des charges (article 61-3 du Statut).

Mais comme l'a relevé la défense, la confirmation cumulative de responsabilités décidée par la majorité, n'est pas conforme autant à la jurisprudence actuelle de la Cour, qu'aux exigences du RDC en ce qui touche les obligations du Procureur.

2-1-2- La non-conformité du cumul de responsabilité avec la jurisprudence de la Cour

Au titre de la jurisprudence, il est bien établi aujourd'hui que certains modes de responsabilités s'excluent de façon logique. C'est le cas de la responsabilité pour coaction et de la responsabilité résiduelle pour complicité (jurisprudence Katanga). « *Une personne ne saurait être à la fois auteur principal et complice d'un même crime* » (jurisprudence Ruto).

En confirmant cumulativement, les modes de responsabilités fondés sur la coaction (article 25-3a) et la contribution (article 25-3-d), la majorité fait de l'accusé Laurent Gbagbo à la fois un auteur et un complice des crimes allégués. Ce qui rend la décision incohérente et inacceptable dans la mesure où rien dans les faits de la cause ne justifie un écart par rapport aux jurisprudences Katanga et Ruto.

2-1-3- La validation du non-respect par le Procureur des exigences de la norme 52(c) du RDC

L'autre reproche formulé par la défense contre la confirmation cumulative de responsabilités, a trait à la validation par la majorité du non-respect par le Procureur des exigences que lui impose la norme 52(c) du RDC : *« Le Procureur est tenu d'indiquer dans le document de confirmation des charges la qualification juridique des faits, qui doit concorder tant avec les crimes (articles 6,7 et 8 du Statut) ainsi qu'avec la forme précise de participation auxdits crimes (articles 25 et 28 du Statut). Or, la rétention de plusieurs modes de responsabilités n'est pas compatible avec une telle exigence de précision »*[293].

Cette imprécision du DNC amendé relevée par la défense est illustrée par l'aveu du Procureur lui-même : « *Bien que l'accusation ait structuré la présentation des faits selon des éléments constitutifs de l'article 25-3-a, ces faits s'appliquent pour autant que pertinents, aux autres motifs de responsabilité retenus tels que détaillés dans l'exposé des charges* »[294].

En clair, le Procureur avouait ne pas avoir présenté les charges suivant la norme imposée, c'est-à-dire en les faisant concorder avec les crimes et avec la forme précise de participation de l'accusé à ces crimes (mode de responsabilité). Mais mieux, il laisse le soin à la Chambre de procéder elle-même au tri des faits pour parachever sa présentation !

---

[293] Requête Me Altit, *op. cit.* Paragraphe 141.
[294] *Ibidem*, paragraphe 143.

A juste titre, la défense a considéré « *qu'en validant un tel procédé, la majorité a contrevenu à la lettre et à l'esprit du statut et remis en cause le principe fondamental d'information de l'accusé des charges pesant sur lui* »[295].

Il reste que les éléments de preuves qui fondent les trois modes de responsabilités sont loin d'être substantiels.

2-2- Confirmation de trois modes de responsabilité sur la base d'éléments de preuves douteux

La majorité a considéré qu'il existait suffisamment d'éléments de preuves lui donnant des motifs substantiels de croire que la responsabilité pénale de l'accusé dans la commission des crimes allégués, était engagée à la fois au titre de la coaction indirecte (article 25-3-a), de l'incitation (article 25-3-b) et de la contribution (article 25-3-d).

A l'examen desdits éléments qui, pour l'essentiel, sont les mêmes retenus pour fonder l'existence des éléments contextuels des crimes contre l'humanité allégués, on ne peut qu'émettre de sérieux doutes sur leur valeur probante.

2-2-1- Sur la responsabilité au titre de la coaction indirecte (article 25-3-a)

Selon la jurisprudence de la Cour, le cumul de huit éléments est nécessaire pour établir la responsabilité de l'accusé sur la base de la coaction indirecte[296] :

- 1° un plan commun liant le suspect à d'autres personnes ;
- 2° l'apport par le suspect et les autres co-auteurs d'une contribution essentielle et coordonnée aboutissant à la réalisation matérielle du crime ;

---

[295] *Ibidem.*
[296] Chambre préliminaire II dans sa décision sous demande de citation à comparaître, Ruto et autres, ICC-01/09-01/11, 08-03-11, paragraphe 40.

- 3° le contrôle du suspect sur l'organisation ;
- 4° une organisation dotée d'un pouvoir hiérarchisé ;
- 5° l'exécution des crimes assurée par une obéissance quasi-automatique aux ordres du suspect ;
- 6°- la satisfaction par le suspect aux éléments subjectifs des crimes ;
- 7° le suspect et les autres coauteurs savent et admettent de manière partagée, que la réalisation des éléments objectifs des crimes résultera de la mise en œuvre du plan commun ;
- 8° le suspect connait les circonstances de faits qui lui permettent d'exercer conjointement un contrôle sur la commission du crime par l'intermédiaire d'une ou d'autres personnes.

L'examen du DNC amendé avait révélé que ces huit points n'avaient pas été satisfaits[297]. La décision du 12 juin 2014 qui a validé et confirmé la responsabilité pour coaction indirecte sur la base des éléments présentés par le Procureur, est de ce point de vue critiquable.

D'abord, parce que le point 1 n'est pas vérifié. L'existence de la politique ou du plan commun n'a pas été établie, faute d'éléments de preuves tangibles ainsi qu'il a été abondamment développé plus haut.

Il a été montré, que les éléments justificatifs, fondés sur des « supposés » déclarations ou discours de refus de défaite et d'appels à la violence, prêtés à l'accusé, sont totalement erronés. De même, il a été démontré que les prétendus actes préparatoires prouvant selon le Procureur l'existence de « *la politique* » de conservation du pouvoir par la violence, à savoir les promotions dans l'armée, les recrutements et les financements du renforcement des FDS, participaient plutôt de la gestion normale de ces forces à la veille d'élections sensibles. Dans tous les cas, le Procureur n'avait pas montré de manière irréfutable leur caractère inhabituel ou anormal.

[297] Voir ma contribution dans le présent ouvrage « Désarroi du Procureur dans l'affaire Laurent Gbagbo : le recours à la responsabilité multiple comme palliatif à l'absence de preuves ».

Ensuite, sur le point 2 relatif à la contribution coordonnée de l'accusé et des autres co-auteurs à la mise en œuvre du plan commun, il s'agit d'établir le niveau et la nature de la participation de l'accusé et des autres co-auteurs à la réalisation matérielle des actes constitutifs des crimes allégués. La majorité est « *d'avis, que sans la contribution de Laurent Gbagbo, les crimes n'auraient pas été commis* »[298].

Au titre de sa contribution, elle dénombre les éléments de fait suivants :

- L'accusé a donné l'ordre d'empêcher la marche sur la RTI ;
- L'accusé a donné l'ordre d'intervention à Abobo-gare et les FDS sous son contrôle ont déployé des armes lourdes ;
- Le soutien apporté par l'accusé aux jeunes (un but à leur action, le financement de leurs activités…) ;
- Les réunions régulières de l'accusé avec les responsables des FDS ;
- Les activités préparatoires à l'usage de la force ;

A en croire la majorité, la contribution de l'accusé a été déterminante dans la commission des crimes reprochés. Par les ordres d'empêcher ou d'intervention qu'il a donnés, il a créé les conditions qui ont rendu possible l'exercice des violences.

Sans les encouragements et le financement des activités des jeunes, ceux-ci ne se seraient pas engagés dans des actions de violences.

Sa participation personnelle et régulière aux réunions avec les Chefs militaires, de même que les promotions effectuées ont déterminé ces derniers à mettre en œuvre le plan criminel.

Il faut voir cependant que certaines décisions de l'accusé ainsi que les actes indexés ne sont nullement détachables de sa fonction de Président de la République.

---

[298] Chambre préliminaire 1, Décision relative à la confirmation des charges du 12 juin 2014, *op.cit.* Paragraphe 252 à 260.

En effet, en qualité de Président de la République, il a le devoir d'empêcher les troubles à l'ordre public et d'assurer le fonctionnement normal des services publics (marche sur la RTI). Il a aussi l'obligation de prendre des mesures pour assurer la sécurité des personnes et des biens qui étaient attaqués à l'arme lourde à Abobo-gare par le Commando invisible. Et cela ne peut se faire sans des réunions de coordination avec les responsables qui sont en charge des opérations de sécurisation et de défense.

Il ne s'agit donc pas à priori de contribution à une action criminelle, mais d'actes normaux de gestion de l'Etat. Sauf bien sûr, si la preuve contraire est rapportée, ce qui n'est pas le cas.

Concernant les jeunes, aucun élément de preuves n'établit que l'accusé les aurait encouragé à commettre des actes de violences, ni qu'ils aient reçu de sa part des financements dans le but de commettre de tels actes.

En vérité, l'affirmation de la majorité repose uniquement sur le postulat non étayé, que l'accusé en sa qualité de président de la République dispose de pouvoirs importants ainsi que de moyens financiers conséquents qui ont été mis à la disposition des autres co-auteurs. Mais cette affirmation est affaiblie par le fait qu'elle ne distingue pas entre la gestion de l'Etat par l'accusé et la gestion d'intérêts qui lui seraient propres, notamment son maintien au pouvoir.

Enfin qui sont les autres co-auteurs et quelles sont leurs contributions à la réalisation des crimes ? La décision est silencieuse sur ce point, alors qu'elle doit établir qu'il s'est agi de contributions coordonnées.

Les troisième et quatrième conditionnalités de la coaction, à savoir le contrôle conjoint des forces dites pro-Gbagbo prises par la majorité comme une entité de pouvoir organisée et hiérarchisée, ne sont pas non plus remplies. Selon la majorité, ces forces qui comprennent, outre les FDS, les milices, les jeunes et les mercenaires, sont contrôlées par l'intermédiaire de la hiérarchie des FDS et d'une structure non officielle qui aurait fini par remplacer la première. Pour la majorité, le contrôle conjoint desdites forces est rendu possible, du fait de leur caractère organisé et hiérarchisé. Toutefois, le contrôle des milices relève de la structure parallèle tandis que le contrôle sur les jeunes, qui eux ne sont pas organisés, mais dont le chef est Blé Goudé, se fait pendant les grands rassemblements.

Cependant, dire que les forces dites pro-Gbagbo constituent un appareil de pouvoir organisé est tout simplement une aberration. Les FDS ne sont pas des forces pro-Gbagbo, elles sont des forces républicaines, dont la mission est de défendre les institutions de la république, y compris le Président de la république. Elles sont structurées et hiérarchisées, mais elles constituent une institution républicaine non autonome, dépendant de l'exécutif et non pas un appareil de pouvoir autonome.

De plus, l'existence d'une structure de contrôle parallèle desdites forces, qui comprendrait les FDS mais qui s'étendrait également aux milices et aux mercenaires, n'a pas été rapportée. Ces affirmations n'ont pas été étayées par des preuves, s'agissant particulièrement des milices et des mercenaires. Rien ne permet dans ces conditions d'affirmer qu'ils ont été intégrés aux FDS ou à une chaine de commandement.

Il n'empêche. Pour la majorité, la cinquième conditionnalité est remplie avec cette organisation hiérarchisée (les forces pro-Gbagbo) qui permet d'assurer une obéissance quasi-automatique des membres desdites forces aux ordres de Laurent Gbagbo et de son entourage immédiat[299].

Concernant cette conditionnalité relative à l'obéissance quasi aveugle des exécutants, les développements du Procureur faisant reposer l'obéissance automatique sur la taille et les moyens des forces dites pro- Gbagbo, n'avaient pu convaincre les juges le 3 juin 2013. A la vérité il est difficile de convaincre qu'il soit possible d'obtenir des

[299] *Ibidem*, paragraphe 242 à 251.

FDS, qui sont des militaires, des gendarmes et des policiers qui ont tous reçu une formation au commandement, une obéissance aveugle et automatique aux ordres donnés. Tous savent qu'ils ne sont pas tenus d'exécuter un ordre manifestement illégal. Tous savent que dans ce cas leur responsabilité individuelle n'est pas exonérée.

La sixième conditionnalité a trait à la satisfaction des éléments subjectifs. L'article 30 du Statut exige pour établir la responsabilité pénale individuelle que l'élément matériel du crime soit commis avec intention et connaissance.

Selon la Chambre, « *Laurent Gbagbo entendait se livrer aux activités criminelles alléguées et donner des ordres et des instructions pour la mise en œuvre du plan commun tendant à son maintien au pouvoir. Il entendait causer l'emploi de la violence. Il était conscient que les violences adviendraient dans le cours normal des évènements* »[300]. A l'appui de ses affirmations, la majorité évoque les mêmes éléments de preuves déjà développés, à savoir les déclarations publiques qui révèleraient l'intention supposée de l'accusé de se maintenir au pouvoir à tout prix, y compris par la violence, la mobilisation de ses partisans et des jeunes en vue de la violence, les activités préparatoires en vue de la violence....

Mais tous ces éléments ont déjà été réfutés plus haut comme manquant de consistance pour étayer les allégations contre l'accusé.

Pour soutenir que l'accusé avait connaissance ou conscience et admettait de façon partagée avec les autres co-auteurs, que la réalisation des éléments objectifs des crimes résulterait de la mise en œuvre du plan commun, septième conditionnalité de la coaction, les éléments suivants ont été évoqués par la majorité :

- Le comportement criminel reproché a duré plusieurs mois et Laurent Gbagbo était au courant depuis la mi-décembre 2010 ;

[300] *Ibidem.*

L'on sait cependant, qu'informé des allégations de violation des droits par les FDS, à l'occasion de la marche du 16 décembre sur la RTI, le Président Laurent Gbagbo a, dès le 7 janvier 2011, mis en place la Commission d'enquête internationale avec pour mission de faire la lumière sur les faits ;

Par ailleurs, il est inexact de dire que le comportement a duré six (06) mois. Les FDS ont été mis en mission de maintien d'ordre face à des manifestants que dans le seul cas de la marche du 16 décembre sur la RTI. Cette manifestation n'était pas pacifique et les FDS n'avaient pas pour instruction de faire usage de leurs armes sauf en cas de légitime défense. Quant à la marche des femmes d'Abobo-gare du 3 mars 2011, les autorités n'en étaient nullement informées et n'ont en conséquence pris aucune mesure spécifique visant à déployer un détachement de police en vue de l'encadrer ou pour l'empêcher, encore moins pour réprimer les manifestants.

Entre ces deux évènements, l'activité des FDS a consisté à combattre le Commando invisible de janvier à fin mars 2011 à Abobo-gare, puis à faire face à l'offensive militaire générale contre le régime Gbagbo lancée le 28 mars 2011 par Alassane Ouattara.

Il est donc faux de dire que le comportement criminel allégué contre la population civile a duré plusieurs mois.

- L'accusé était conscient que les FDS avaient déplacé des armes lourdes à Abobo-gare et les utilisaient dans un secteur densément peuplé.

Il est cependant établi, que le recours par les FDS à l'arme lourde à Abobo-gare est uniquement motivé par la nécessité pour elles de faire face au Commando invisible super-équipé d'armes lourdes et qui en faisait usage. On ne peut donc affirmer qu'elles avaient été déployées pour cibler expressément la population civile du quartier.

Par conséquent on ne peut pas soutenir que l'accusé avait conscience au moment du recours à ces armes, que c'était dans le but de commettre des crimes contre des civils.

- L'accusé connaissait la nature des jeunes pro- Gbagbo et des miliciens et a exploité leur allégeance pour commettre des actes de violences. La majorité n'explicite pas ce qu'elle entend par là. Veut-elle dire que ceux-ci sont naturellement portés vers la violence et que l'accusé, le sachant, en aurait tiré consciemment avantage pour atteindre son objectif de conserver le pouvoir ? En tout état de cause, elle n'étaye pas l'allégation d'allégeance à l'accusé.

Enfin, pour établir l'existence de la huitième conditionnalité, à savoir, la connaissance par l'accusé des circonstances de fait qui lui permettent d'exercer conjointement un contrôle sur la commission des crimes par l'intermédiaire des forces dites pro- Gbagbo, la majorité a évoqué les éléments suivants :

- L'accusé était conscient que les crimes commis dans le contexte des quatre évènements, s'inscrivent dans le cadre d'une attaque généralisée et systématique contre des civils partisans d'Alassane Ouattara.

  Ce raisonnement ne peut prospérer car il a déjà été démontré que l'accusé n'a conçu aucune « politique » en vue de conserver le pouvoir par des attaques contre les civils. Il a simplement ordonné le maintien de l'ordre, la sécurisation et la défense de l'État.
- Laurent Gbagbo était conscient que sa qualité de président de la République lui permettait d'imposer son autorité à l'ensemble des FDS.

  Cette affirmation reste un présupposé théorique non étayé par des éléments tangibles. Elle est même démentie dans les faits par les actes de défection enregistrés au sein des FDS et au plus haut niveau au cours de la crise.
- Concernant les jeunes pro-Gbagbo, l'accusé était conscient de ses relations avec Charles Blé Goudé et du rôle majeur de celui-ci dans la mobilisation des jeunes en vue de la violence.

  L'accusé avait conscience de pouvoir mobiliser les jeunes à sa cause grâce à Charles Blé Goudé. Cependant, l'accusé a-t-il demandé une mobilisation des jeunes en vue d'actes spécifiques de violences ? Rien ne permet de le soutenir.

Au total, les éléments de preuves retenus par la majorité comme pertinents pour établir la responsabilité pénale au titre de la coaction (article 25-3-a), sont sujet à caution. En confirmant des charges sur la base de ce mode de responsabilité, la majorité a erré en fait et en droit. Il en va autant du deuxième mode de responsabilité retenu, la responsabilité pour instigation au crime (article 25-3-b).

2-2-2- Sur la responsabilité pour instigation au crime (article 25-3-b)

Au regard de l'article 25-3-b du Statut, une personne est pénalement responsable si « *elle ordonne, sollicite, encourage la commission d'un tel crime, dès lors qu'il y a commission ou tentative de commission* ».

L'instigateur, est celui qui pousse l'auteur principal à prendre la décision de commettre le crime. Il peut l'amener à planifier le crime (préparation matérielle des conditions d'exécution). Il peut, grâce à sa position hiérarchique, lui donner un ordre à exécuter. Il peut enfin l'inciter, l'encourager à commettre le crime. Sans l'influence décisive exercée par l'instigateur sur l'auteur principal, ce dernier aurait pu ne pas passer à l'acte.

Selon la majorité, les éléments constitutifs des comportements consistant pour un suspect à solliciter ou à encourager la commission de crimes sont les mêmes. Dans le cas où il ordonne, le suspect doit se trouver dans une position d'autorité.

Cette interprétation qui confond des notions théoriquement distinctes en réalité et dont les conséquences diffèrent, est un premier sujet de préoccupation[301].

---

[301] Voir notre analyse plus détaillée sur ce mode de responsabilité in « *Désarroi du Procureur et recours à la responsabilité multiple comme palliatif à l'insuffisance de preuves* ». op cit.

Cela dit, la majorité dans la décision sous examen, a considéré que les éléments de preuves établissent que : l'accusé qui occupait une position d'autorité par rapport aux auteurs directs des crimes allégués (a) ; a donné des instructions aux FDS d'accomplir des actions dont l'exécution s'est soldée par la commission de crimes ou les a incité à le faire de toute manière (b) ; ces instructions ont eu un effet direct sur la commission des crimes allégués (c) ; l'accusé entendait donner des instructions ou les inciter à accomplir certaines actions dont l'exécution s'est soldée par la commission de crimes (d).

- *L'accusé occupait une position d'autorité par rapport aux auteurs directs des crimes*

Selon la majorité, l'accusé en tant que Président de la république avait une position d'autorité par rapport aux auteurs directs des crimes. A ce titre il exerçait un contrôle sur les FDS par l'intermédiaire de la hiérarchie officielle de l'État et d'une structure parallèle qui a fini par remplacer la première (l'accusé a réorganisé les FDS suite aux défections).

L'accusé exerçait aussi un contrôle sur les milices et les mercenaires par le truchement des liens personnels qu'il entretient avec leurs dirigeants (financement, armement…).

Il exerce enfin un contrôle sur les jeunes par l'intermédiaire de leur chef, Blé Goudé.

L'accusé occupait, certes, une position d'autorité par rapport aux FDS. Toutefois on l'a vu, cette position n'assure pas pour autant une obéissance quasi- automatique aux ordres donnés qui présentent un caractère manifestement illégal. Par ailleurs, les défections enregistrées au cours de la crise postélectorale sont la preuve qu'une position d'autorité ne garantit pas non plus une allégeance aveugle ou définitive. Enfin, la jurisprudence n'efface pas la responsabilité des chefs militaires du seul fait de la position d'autorité du Président de la République[302].

- o *L'accusé a donné des instructions aux FDS d'accomplir des actions dont l'exécution s'est soldée par la commission de crimes ou les a incités à le faire de toute manière*

Les éléments de preuves à l'appui de cette allégation sont les suivants :

- Laurent Gbagbo a donné l'ordre d'empêcher la marche sur la RTI ;
- Laurent Gbagbo a donné l'ordre d'intervenir à Abobo-gare avec des armes lourdes ;
- Laurent Gbagbo a mobilisé les jeunes à Yopougon et a donné un but à leur combat contre les partisans d'Alassane Ouattara, à savoir son maintien au pouvoir ;
- Ses déclarations et ses actions avant et pendant la crise sur son maintien au pouvoir, sans définir les moyens acceptables pour y parvenir, a crée au sein des FDS et des autres forces pro-Gbagbo une situation générale justifiant l'emploi de la violence contre les populations civiles partisans d'Alassane Ouattara.

Il importe auparavant de relever que la majorité, conformément à sa lecture « *uniformiste* » des éléments constitutifs de l'article 25-3-b, retient l'instigation sous l'angle d'instructions données aux auteurs matériels, c'est-à-dire d'ordres formels énoncés, auxquels elle adjoint leur incitation.

Mais pour l'essentiel, les faiblesses des éléments de preuves retenus ici qui tendent à démontrer l'inclination de l'accusé à la violence, ont

[302] «L'autorité du chef militaire ou du supérieur hiérarchique d'où procède le lien de subordination de jure, ne suffit pas à établir la responsabilité de celui-ci, s'il ne se traduit pas par un contrôle effectif sur les subordonnés », c'est-à-dire un contrôle de fait ou de facto, TPIY, arrêt Mucic et autres, paragr.aphe186 et s.).

été suffisamment exposées plus haut. Il importe cependant de corriger leur présentation sous l'allégation de l'instigation.

En effet, il est inexact de dire que l'accusé a donné l'ordre d'empêcher la marche du 16 décembre sur la RTI. Il a seulement demandé d'empêcher l'accès aux locaux de la RTI, ce qui on l'a vu, est une instruction légale et légitime. De plus, un tel ordre ne signifie nullement que l'accusé a appelé les FDS à commettre les crimes reprochés, tels par exemple, les viols allégués.

S'agissant des évènements d'Abobo-gare, il est inexact de dire que l'accusé a donné l'ordre d'utiliser des armes lourdes contre les populations civiles. Il est certes, le Chef suprême des armées de par sa fonction présidentielle, cependant il n'est pas un Chef opérationnel intervenant directement sur le théâtre des opérations. Il est seulement un supérieur hiérarchique politique dont les attributions sont limitées objectivement par cette réalité. En d'autres termes, l'initiative des mesures militaires adéquates de terrain ne relève pas de son chef. Il peut tout au plus y souscrire suite aux recommandations des hauts responsables militaires. Ce qui est le cas s'agissant du recours à l'arme lourde à Abobo-gare, auquel il a dû se résoudre du fait de l'utilisation par le Commando invisible d'armes de ce type. L'autorisation donnée ne visait en rien les populations civiles.

Il est inexact de dire que l'accusé a mobilisé les jeunes en donnant un sens à leur combat, notamment son maintien au pouvoir. Sensibiliser les populations en vue de sa réélection ne signifie pas mobiliser en vue de la violence. Autrement, pourquoi, seuls les jeunes seraient-ils ciblés à cet effet à l'exclusion des autres couches de la population ? Mais l'on sait par ailleurs que l'accusé n'a jamais incité les jeunes à commettre des violences, ni en général, ni dans un tel but.

Enfin, la majorité avance que la non-définition par l'accusé de moyens acceptables pour assurer son maintien au pouvoir a créé une situation générale au sein des forces pro-Gbagbo qui explique l'emploi de la violence contre les partisans d'Alassane Ouattara.

D'abord les éléments de preuves n'établissent pas la réalité d'existence d'une politique ou d'un plan commun impliquant l'accusé et ayant pour but son maintien au pouvoir y compris au moyen de la violence. Hormis, bien entendu, dans l'imaginaire fertile du Procureur de la Cpi et de la majorité du 12 juin 2014.

N'ayant ni conçu une politique, ni un plan commun à l'effet de conserver le pouvoir, pourquoi aurait-il eu besoin de définir les moyens d'atteinte d'un objectif qu'il n'a nullement projeté ou planifié ? A contrario, cette affirmation de la majorité vient à décharge de l'accusé puisqu'elle suggère que celui-ci n'est pas allé jusqu'à indiquer les voies et moyens d'exécuter ses ordres et instructions.

On peut également se demander pourquoi dans ces conditions, le Procureur et la majorité qui reconnaissent ce fait, ont néanmoins conclu au choix par l'accusé de l'usage de la violence, ce qui est contradictoire. S'il n'a pas défini les moyens d'atteindre le but, il n'a donc pas pu prescrire l'usage de la violence.

Enfin que faut-il entendre par l'accusé « *a créé une situation générale qui a justifié l'emploi de la force* » ? La majorité n'a pas explicité sa compréhension de cette expression pour permettre d'en évaluer la pertinence, laissant libre cours à la spéculation. C'est là-aussi un procédé d'argumentation de même nature que le recours par la majorité au « *joker juridique* » : à la lumière des preuves disponibles.

Ces procédés sont loin d'être explicatifs, donc persuasifs. Ils sont tout au plus spécieux.

La majorité soutient, que les instructions données de même que les incitations ont eu un effet direct sur la commission des crimes.

- *Les instructions données par l'accusé ainsi que les incitations ont eu un effet direct sur la commission des crimes allégués*

Selon la majorité, les éléments de preuves disponibles établissent que les instructions et incitations à la violence ont eu pour conséquence directe la commission des crimes reprochés. Trois éléments de faits sont cités à ce titre:

- La répression de la marche du 16 décembre 2016 sur la RTI suite aux instructions données à cet effet par Laurent Gbagbo. Or, il existe des éléments de preuves attestant que l'accusé a donné pour instructions de ne pas faire usage des armes contre les manifestants, sauf en cas de légitime défense.
- Les tirs sur les femmes qui manifestaient à Abobo-gare le 3 mars 2011, de même que le bombardement d'un marché de ce quartier le 17 mars 2011, ont eu lieu dans le cadre d'interventions ordonnées par Laurent Gbagbo. D'abord, l'effectivité des tirs dans le cas des femmes et l'origine desdits tirs dans les deux cas ne sont pas établis de manière irréfutable. Mais surtout, ordonner une mission de maintien d'ordre ou de sécurisation ou de défense, ou encore, autoriser le recours à l'arme lourde ne signifie nullement que les FDS doivent commettre des crimes contre des populations civiles. La majorité n'explique pas pourquoi en quoi donner l'ordre d'intervention signifie attaquer des populations civiles alors que la raison de l'intervention est la présence d'hommes en armes.
- Les attaques des partisans civils d'Alassane Ouattara le 12 avril 2011 dans les quartiers Doukouré et Mami Faitai de Yopougon, sont le résultat de la mobilisation et de la manipulation des jeunes et des miliciens. D'abord, rien n'atteste que les victimes du 12 avril 2011 sont des civils partisans d'Alassane Ouattara, puisqu'il s'agirait selon le Procureur, de non nationaux ivoiriens mais de ressortissants de la sous-région ouest-africaine. Ensuite, rien n'atteste non plus que Laurent Gbagbo a mobilisé ou manipulé les jeunes. Enfin, l'accusé ayant été arrêté le 11 avril 2011, en quoi de tels actes, s'ils avaient été commis dans le cadre de la politique ou du plan commun, l'aurait aidé dans la réalisation de son but de conserver le pouvoir ?

Au total, les éléments retenus pour établir un lien direct de cause à effet entre de prétendues instructions ou incitations de l'accusé et les crimes allégués, ne résistent pas à l'analyse, comme d'ailleurs l'ensemble des éléments de preuves du Procureur.

Malgré cela, la majorité soutient que l'accusé *« entendait donner des instructions aux FDS ou entendait inciter les FDS à le faire »*.

- *L'accusé entendait donner des instructions aux FDS ou entendait les inciter de toute autre manière à commettre les crimes allégués*

La majorité pour établir que l'accusé avait l'intention de faire commettre les crimes par les forces dites pro-Gbagbo a mis en avant l'ensemble des éléments de preuves qui selon elle, établissent et l'existence des éléments contextuels des crimes et la responsabilité au titre de la coaction. Il s'agit:

- Des déclarations publiques de l'accusé censées appeler à la violence ;
- Des activités de la campagne électorale et des activités supposées mobiliser les jeunes en vue de la violence ;
- Des activités dites préparatoires à la violence ;
- Des activités dites de coordination et de mise en œuvre du plan commun ;
- Des mesures prises en réaction à l'évolution de la situation en vue de garantir la poursuite de la mise en œuvre du plan commun.

Les observations déjà faites sur chacun de ces éléments de fait, demeurent de mise. Ils ne permettent pas d'établir l'existence de la politique ou d'un plan commun. Ils ne permettent pas pour les mêmes raisons, d'attester que l'accusé avait l'intention d'ordonner ou d'inciter à la commission de violences pour se maintenir au pouvoir.

La Chambre affirme aussi que l'accusé avait connaissance et était conscient que ses actions causeraient ou causaient les crimes reprochés.

- *L'accusé était conscient que ses actions causeraient ou causaient des préjudices aux partisans civils d'Alassane Ouattara*

L'accusé était conscient que l'emploi de la violence aboutirait à des meurtres, des viols, des atteintes graves à l'intégrité physique et savait que les civils ciblés seraient les partisans d'Alassane Ouattara. Laurent Gbagbo était aussi conscient que les crimes étaient commis dans le cadre d'une attaque généralisée et systématique dirigée contre les partisans civils de son adversaire Alassane Ouattara.

Les éléments de preuves à l'appui de ces allégations sont les suivants :

- Les déclarations publiques exprimant son intention de se maintenir au pouvoir à tout prix y compris par la force ;
- Les activités de campagne tendant à la mobilisation de ses partisans en vue de la violence ;
- Il était conscient de la mobilisation des jeunes en vue de la violence ;
- Les activités préparatoires de la violence (promotions de responsables FDS) ;
- Il était au courant depuis la mi-décembre 2010 du comportement criminel des forces dites pro-Gbagbo, qui a duré plusieurs mois ;
- Il était conscient que les FDS qu'il contrôlait avait déployé des armes lourdes et les utilisaient dans un secteur densément peuplé de civils ;
- Il était conscient de la nature des milices et des jeunes pro-Gbagbo, et a exploité leur allégeance en vue de commettre des violences contre les civils.

Hormis l'élément de preuve établissant que l'accusé avait connaissance du comportement criminel des forces pro-Gbagbo, qui a duré plusieurs mois depuis la mi-décembre, tous les autres éléments de preuves sont connus et leurs insuffisances ont été déjà relevées plus haut. Nous n'y reviendrons pas.

Nous rappellerons toutefois, qu'il n'y a pas eu d'attaques généralisées et systématiques, du fait que les FDS ont eu à accomplir une mission de maintien d'ordre le 16 décembre 2010. Ils ont pour le reste, accompli des missions de sécurisation et de défense de l'Etat, contre le Commando invisible puis contre les forces rebelles de Guillaume Soro qui se sont officiellement mises au service d'Alassane Ouattara, sous la dénomination de forces républicaines de Côte d'Ivoire (FRCI).

Par conséquent, ce dont l'accusé avait conscience c'était plutôt les missions de protection des personnes et des biens contre des groupes armés pro-Ouattara, et non pas contre des partisans civils de ce dernier.

Ce dont il avait également conscience, ce sont les massacres par les FRCI de plus de mille (1000) personnes (femmes, enfants, vieillards sans défense) d'origine « *guéré* » en un seul jour, le 29 mars 2011 à Duékoué. Il lui fallait prendre des dispositions en sa qualité de Président de la République, pour assurer la protection des populations civiles, subissant partout sur l'ensemble du territoire et particulièrement à Abidjan, les assauts meurtriers des groupes rebelles pro-Ouattara.

L'accusé ne pouvait pas imaginer à l'avance qu'au cours des missions de maintien d'ordre ou de sécurisation ou de défense, des meurtres, des viols, des exactions seraient commises. Les FDS sont des professionnels formés à l'exécution de leur métier dans le respect strict des droits des personnes. Ils savent qu'ils seront soumis à des sanctions en cas de violations des consignes. Ce qui n'est pas le cas des rebelles pro-Ouattara qui sont constitués d'individus qui n'ont pas reçu de formation en ce sens.

En conclusion, la responsabilité de l'accusé pour instigation à la violence contre des partisans civils d'Alassane Ouattara (article 25-3-b), est loin de reposer sur des éléments de preuves solides.

Qu'en est-il du troisième mode de responsabilité retenu à savoir, la responsabilité pour contribution ?

2-2-3- Sur la responsabilité pour contribution (article 25-3-d)

L'article 25-3-d du Statut, organise une responsabilité du complice permettant de sanctionner les contributions au crime qu'il n'est pas possible d'assimiler aux ordres, sollicitations encouragements, aide, concours et assistance tels que définis aux alinéas b et c de l'article 25-3 du Statut[303].

Selon la majorité, les éléments de preuves permettent d'établir les éléments constitutifs de la responsabilité de Gbagbo dans les crimes en cause au regard de l'article 25-3-d : « *Des preuves existent de la commission de crimes par un groupe à savoir les forces pro-Gbagbo, dirigées par Laurent Gbagbo et son entourage, agissant de concert dans la poursuite du dessein commun de maintenir Laurent Gbagbo au pouvoir par tous les moyens, y compris par des attaques contre les civils partisans d'Alassane Ouattara* ».

L'accusé a contribué de toute autre manière à la commission des crimes (a). Il entendait y contribuer (b) et il y a contribué dans le but de faciliter le dessein criminel du groupe qui impliquait la commission de crimes (c).

- *L'accusé a contribué de toute autre manière à la commission des crimes*

303 Cpi, Procureur c. Lubanga , cité par Diarra F et d'Huart, in *Commentaire du Statut de Rome de la Cpi*. Ouvr. Sous la direction de Julian Fernandez et Xavier Pacreau. Editions Pedone, Paris 2012.

S'appuyant sur les éléments de preuves suivants, permettant d'établir la contribution de l'accusé :

- Les relations entre Laurent Gbagbo et un nombre limité de proches (entourage immédiat), partageant avec lui son objectif de maintien au pouvoir et coordonnant avec lui la mise en œuvre ;
- Les déclarations publiques de l'accusé et de Simone Ehivet son épouse qui révèlent leur intention de se maintenir au pouvoir à tout prix ;
- La mobilisation des partisans pendant la campagne ainsi que des jeunes en vue de la violence ;
- Les activités préparatoires à la violence (promotion des responsables militaires, renforcement des capacités des FDS…) ;
- Les interactions entre Laurent Gbagbo et son entourage immédiat et les forces sous contrôle (réunions, instructions..).

La majorité tire alors de ces éléments, ce qui selon elle, constitue la contribution de l'accusé : *« Laurent Gbagbo a contribué à la commission des crimes de l'une ou l'autre manière suivante :*

- *En donnant l'ordre d'empêcher la marche sur la RTI ;*
- *En donnant l'ordre aux FDS d'intervenir à Abobo-gare, y compris avec des armes lourdes ;*
- *En donnant aux jeunes un but (se battre pour lui), en encourageant et approuvant leurs actions en particulier à Yopougon et en leur fournissant le financement et les armes ;*
- *En obtenant l'allégeance des FDS, en renforçant les FDS par des recrutements, en finançant les milices et mercenaires, et par l'acquisition d'armes ;*
- *En participant aux réunions avec les chefs militaires* ».

En clair, l'accusé après avoir défini et adopté le dessein commun avec ses proches et les forces dites pro-Gbagbo, a créé une structure chargée de la mise en œuvre du dessein, a mobilisé ses partisans ainsi que les jeunes, a renforcé les forces pro-Gbagbo, a ordonné la mise en œuvre du dessein commun et les a incité à commettre les crimes…

Mais Laurent Gbagbo s'est-il rendu complice de crimes contre l'humanité dans les conditions ci-dessus exposées par le Procureur ?

Il convient d'abord de relever le fait qu'en considérant l'accusé comme faisant partie des forces pro-Gbagbo (forces pro-Gbagbo dirigées par Laurent Gbagbo), la majorité fait de lui à la fois un auteur et un complice, ce qui ne peut être admis juridiquement. En effet, au regard de la jurisprudence de la Cour, une personne ne peut être poursuivie à la fois comme complice et comme auteur principal d'un même crime[304].

Ensuite, n'ayant pas conçu une politique en vue de conserver le pouvoir, comment pouvait-il souscrire au dessein dudit groupe de le maintenir au pouvoir ? A quel moment et avec qui un tel dessein aurait-il été formulé ? Avant ou après les élections ?

- *L'accusé entendait contribuer au dessein commun. Il était conscient des conséquences de sa contribution et partageait le dessein du groupe impliquant la commission des crimes*

S'appuyant sur les éléments suivants, la majorité a considéré que l'accusé était animé de l'intention requise, et avait conscience que sa contribution visait à faciliter l'activité criminelle, en pleine connaissance de l'intention des forces pro-Gbagbo de commettre des crimes :

- Les relations entre l'accusé et un nombre limité de proches partageant son objectif de conserver le pouvoir et coordonnant avec lui les moyens ;
- Les déclarations publiques révélant les intentions de violence ;
- La mobilisation des partisans ainsi que des jeunes pendant la campagne et en dehors de la campagne en vue de la violence ;

[304] Cpi, *Procureur c. Ruto et autres*, *op. cit.* paragraphe 36.

- Les activités préparatoires de la violence ;
- La coordination et la mise en œuvre du dessein commun ;
- Les mesures prises en réaction à l'évolution de la situation pour garantir la poursuite du dessein commun ;
- L'accusé était conscient que ses actions causaient ou causeraient préjudice à autrui ;
- L'accusé était conscient de la mobilisation des jeunes pour la violence ;
- L'accusé était conscient des conséquences, du fait que le comportement criminel durait depuis plusieurs mois à partir de la mi-décembre 2010 ;
- L'accusé était conscient du déplacement et de l'utilisation d'armes lourdes à Abobo-gare par les FDS ;
- L'accusé connaissait la nature des jeunes et des milices et a exploité leur allégeance pour leur faire commettre des crimes.

Sur la contribution intentionnelle de l'accusé à l'entreprise criminelle des forces dites pro-Gbagbo, il convient de rappeler que FDS ont été commises par l'accusé, « *es qualité* » de Président de la République de Côte d'Ivoire, pour exécuter des missions de maintien de l'ordre, de sécurisation et de défense de l'Etat, suites aux troubles et attaques armées organisés par des partisans et groupes armés pro-Ouattara, après la proclamation des résultats de l'élection du 28 novembre par le Conseil Constitutionnel.

Les FDS n'avaient, par conséquent, aucune mission criminelle connue de l'accusé, de sorte qu'aucune contribution, par lui apportée aux FDS, ne peut être regardée comme une contribution intentionnelle à une activité criminelle, et en connaissance de cause.

Par conséquent, la responsabilité de l'accusé au titre de la complicité des crimes contre l'humanité ne peut non plus être retenue.

De tout ce qui précède il ressort que la confirmation cumulative par la majorité de la responsabilité de l'accusé, au titre des articles 25-3-a (coaction indirecte), 25-3-b (instigation) et 25-3-d (contribution) constitue une erreur de fait et de droit.

L'accusé n'a pas commis de crimes contre les civils partisans d'Alassane Ouattara par l'intermédiaire des FDS. Il ne les a pas non plus incité à en commettre et encore moins n'y a apporté une contribution intentionnellement.

Conclusion

Assurément, la Décision du 12 juin 2014 de la Chambre préliminaire 1, confirmant les charges contre le Président Laurent Gbagbo, aussi surprenante qu'inattendue, prise à la majorité de deux contre un des juges, fortement affaiblie, d'abord par l'opinion dissidente de la juge belge Van Den Wyngaert, ensuite par la démission pour raison de santé puis par le décès quelques semaines après du juge allemand Hans-Peter Kaul, ne fera pas date dans la jurisprudence de la Cpi. Loin d'être un « *acte rendant justice* », la décision du 12 juin 2014 est un acte qui consacre délibérément l'injustice. Elle relève d'une « *parodie de justice* ».

L'examen de la phase préliminaire, du déroulement de l'audience, du verdict qui en est résulté et même de la phase suivant immédiatement le verdict, donne à voir une succession d'entraves aux droits de la défense, de passe-droits, de raccourcis argumentaires et de parti-pris manifeste, ainsi que d'éléments de suspicion, dignes des justices « *des tropiques* ».

On découvre, avec surprise, que sur la base d'arguments superficiels, en tous cas non convaincants, la décision du 12 juin 2014 confirme les charges. D'abord en remettant purement et simplement en cause la décision du 3 juin 2013, ensuite, en prenant fait et cause pour le Procureur, dont l'argumentation et les preuves supposées, ont été entièrement reçues et admises. Face à l'incapacité du Procureur à surmonter les insuffisances « *substantielles* » relevées par la décision du 3 juin 2013, la majorité a tout simplement complété par elle-même le DNC autant qu'elle a suppléé l'accusation pour combler ses nombreuses défaillances, violant en cela les Statuts de la Cpi.

En fait, le parti pris du Procureur en faveur du camp Ouattara, maintes fois dénoncé dès le début de la procédure, a été relayé par la Chambre Préliminaire à travers la décision critiquée du 12 juin 2014, de façon systématique et même autoritaire tout le long de la procédure de confirmation des charges, qui est apparue de ce fait comme une « *parodie de justice* ».

Par la décision du 12 juin 2014, la « *mascarade judiciaire* » déjà dénoncée à travers la procédure partiale engagée par le Procureur Ocampo, seulement contre le Président Laurent Gbagbo et son camp, à l'exclusion du camp d'Alassane Ouattara, est totalement consommée à travers les refus constants et abusifs opposés par la juge-Présidente aux requêtes de la défense qui ne réclamait que l'équité et l'équilibre de la procédure ; l'application des dispositions du Statut, telle par exemple, l'obligation pour le Procureur d'enquêter à charge et à décharge ; le respect des droits élémentaires de la défense que sont l'examen contradictoire de la preuve du Procureur ; la présomption d'innocence ; le droit d'interjeter appel…

Dans le DNC amendé, le Procureur n'a pas apporté les réponses attendues sur les points cruciaux de l'affaire Laurent Gbagbo, tels que listés par la décision du 3 juin 2013. Mais les juges majoritaires, au lieu de relever et sanctionner cette défaillance délibérée de l'accusation, y ont plutôt suppléé, tout en minimisant les attaques armées contre les FDS, ou en les attribuant à des groupes d'auto-défense « *imaginaires* » dont elle évite soigneusement d'indiquer qui en sont les membres, parce qu'il s'agit de partisans civils d'Alassane Ouattara !

Que dire du lien de responsabilité établi de façon cumulative et abusive contre le Président Laurent Gbagbo par les juges de la majorité, sans preuves tangibles, « *probantes* », suffisantes et conformes au standard requis, mais sur la base de déductions et présupposés construits pour l'essentiel, non pas par le Procureur mais par les juges eux-mêmes ! Telle par exemple, la lecture « *surréaliste* » faite à propos du « *discours de Divo* », analysé par eux comme un acte préparatoire et « *incitatoire* » à la violence contre les partisans de Ouattara avant les élections, alors qu'objectivement aucun lien n'existe entre les deux situations, pour ne citer que ce cas.

C'est cet argumentaire non étayé par des preuves conformes aux exigences statutaires, complété au besoin par les juges eux-mêmes, qui a fondé la décision de confirmation des charges du 12 juin 2014 !

Pourtant, en Côte d'Ivoire où se sont déroulés les évènements objet de la décision du 12 juin 2014, les procès des proches de Laurent Gbagbo se succèdent depuis janvier 2015, sans que le gouvernement ivoirien ne soit en mesure de fournir des preuves tangibles des faits qui leur sont reprochés.

Il n'y avait aucune preuve contre Simone Gbagbo. Elle a quand même été lourdement condamnée à vingt (20) ans de prison. Le tribunal militaire d'Abidjan n'a pas été en mesure d'établir la culpabilité des membres des FDS détenus, accusés pour les uns, d'être à l'origine des tirs contre les femmes d'Abobo-gare le 3 mars 2011 et pour les autres, d'être les auteurs du bombardement du marché d'Abobo-gare le 17 mars 2011 ! (…).

A La Haye pourtant, le Procureur et la Chambre préliminaire 1 en ont trouvé ! Qui croire dans cette cacophonie judiciaire ?

Normalement, l'État de Côte d'Ivoire qui a saisi la Cpi en vue de juger Laurent Gbagbo pour crimes relevant de la compétence de celle-ci, devrait pouvoir fournir aisément les preuves à l'appui de ses accusations ! Or ce ne semble pas être le cas et l'on devrait tirer la conclusion que si quatre ans après la crise, le gouvernement ivoirien est dans l'incapacité de produire des preuves solides et irréfutables des crimes poursuivis, qui sont les mêmes que ceux reprochés à Laurent Gbagbo, c'est que celles-ci n'existent pas ! Et elles n'existent ni en Côte d'Ivoire, ni à La Haye.

Mais, cela est connu depuis toujours, le dossier Laurent Gbagbo est vide car ce n'est qu'un dossier purement politique !

Au total, la décision du 12 juin 2014, est fortement marquée par le sceau de la partialité et du jugement politique.

Le comportement des juges tout le long de la procédure le confirme : les refus successifs à l'accusé de la liberté provisoire sur la base d'arguments peu convaincants ; la rupture de l'équité et de l'égalité entre les différents protagonistes ; le refus injustifié d'organiser le débat oral à la reprise de l'audience de confirmation; les rejets successifs des demandes d'autorisation d'interjeter appel ; le refus d'enquêter sur l'état de santé du juge allemand démissionnaire et sur l'impact de cet état dans le traitement du dossier…

Quelles sont les motivations des juges de la Cpi, à la base de ces actes et comportements foulant au pied les droits élémentaires de la défense ? Est-ce pour des considérations judiciaires, humanitaires ou politiques ? Quid du principe de transparence, du souci de l'objectivité et de la vérité qui sont la finalité de l'action judiciaire ?

Quoi qu'il en soit, ces actes répétitifs d'entraves à la justice, ne sont en fin de compte que des obstacles à la manifestation de la vérité. Ils jettent immanquablement la suspicion sur la décision de confirmation des charges du 12 juin 2014.

Cette décision est par conséquent, source d'un malaise légitime en ce qu'elle révèle, qu'au très haut niveau de la justice pénale internationale, l'insécurité juridique règne, et que le droit applicable peut varier suivant l'histoire politique particulière du dossier du pays ou du prévenu concernés. Le politique, en fin de compte, prime sur le droit à la Cpi et c'est bien dommage pour cette Haute institution.

Tous ceux qui plaçaient en cette justice pénale internationale leurs espoirs de voir enfin, les droits les plus élémentaires des peuples et des personnes vulnérables réaffirmés et respectés par les Hommes de pouvoir et les Puissants de ce monde, qui rêvaient de trouver dans l'œuvre de cette institution pénale internationale, le désaveu tant attendu des agressions de toute nature contre les souverainetés, la démocratie et les droits humains dans les pays africains, ont été une fois de plus désillusionnés. Au point, que leur souhait, majoritaire aujourd'hui, est de voir cette institution qu'ils jugent « *hautement sélective et trompeuse* », disparaître au plus tôt.

A la lumière de la décision du 12 juin 2014, ils n'ont pas tort. Les arguments ne manquent pas pour qualifier ses actions comme relevant de la justice politique ou de la justice des vainqueurs ou à l'instar de nombreux responsables au sein de l'Union Africaine, de « *justice sélective et raciste* ».

Autant de constats qui vident cette décision de toute substance « *judiciaire* » pour la placer résolument, dans la sphère du « *politique* » ou plus précisément des *« intérêts politiques extranationaux »*.

Que faire, face à cette décision « *inique* », ou plutôt face aux multiples actes successifs de « *reniement par des juges internationaux, de leur serment de rendre une justice impartiale* »? Finalement, la Cpi ne constitue-t-elle pas un piège pour les États africains, et dans ce cas comment sortir de l'ornière ?

Face à cette évolution négative et « traumatisante » il y a lieu, plus que jamais, de sortir l'Afrique du piège de la Cpi. Par-delà les réactions légitimes « *anti-Cpi* » de l'Union Africaine, enregistrées l'an passé à Addis-Abeba, face à une institution judiciaire internationale, qui semble avoir été conçue pour ne juger que les seuls Chefs d'États africains, sans pour autant respecter, à ces occasions, ses propres Statuts et règlement, une approche panafricaine de la justice pénale s'impose avec urgence.

A cet égard, on ne peut que saluer avec fierté et espoir le premier procès dans le genre qui a lieu au Sénégal, en terre africaine, avec l'ouverture du procès de l'ancien Président dictateur du Tchad, Hissen Habré, procès qui doit pouvoir montrer au monde entier qu'en matière de respect des droits humains, l'Afrique est capable et prête à prendre toutes ses responsabilités. Il reste possible cependant, que cette institution, face aux nombreuses critiques fondées contre elle, se ressaisisse pour dire enfin le « vrai droit », le droit qui apporte la justice aux faibles. L'occasion lui en est à nouveau donnée avec le procès actuel du Président Laurent Gbagbo et du Ministre Blé Goudé.

LES VICTIMES DE DUÉKOUÉ ÉCRIVENT AU PRÉSIDENT GBAGBO PILIER INCONTOURNABLE DU PARDON ET DE LA VRAIE RÉCONCILIATION EN CÔTE D'IVOIRE

Par

Emmanuel CALEB[305]

Bien cher Président,

Ce sont déjà de longues années qui sont passées depuis ce triste et honteux 11 Avril 2011, quand les forces de l'impérialisme et du mal, prises dans un flagrant délit de crimes de masses au sein et tout autour de votre résidence, ont décidé, à défaut de vous assassiner, de vous embastiller, loin de votre peuple. Malheureusement pour nos bourreaux et nos tortionnaires, ''l'esprit Gbagbo'', a été et reste, plus que jamais omniprésent dans notre quotidien à tous, victimes et bourreaux confondus !

Dans leur méchante volonté de vous jeter dans les souterrains de l'oubli, ils ont ainsi ameuté le monde entier à s'intéresser de plus près à vous, à notre sort d'Ivoiriens pris en otage dans notre propre pays mais surtout à faire l'inventaire encore inachevé de leurs crimes en association avec les bandes de rebelles qu'ils ont formés au Burkina Faso pour attaquer la Côte d'Ivoire en Septembre 2002.

Bien-aimé Président, nous, victimes des crimes les plus odieux et encore impunis car minimisés par vos geôliers de la Cpi, nous voulons, du fond du cœur, vous dire merci. Oui, Président Gbagbo, merci. C'est vrai, tous ceux des nôtres qui sont morts par leurs bombes ne reviendront plus à la vie. Mais que se serait-il donc passé, à ce jour, si vous en qui nous avons eu confiance et qui incarne l'espoir de notre peuple, vous aviez fui dès que votre résidence a été attaquée ? En toute sincérité, très cher Président, votre courage, votre détermination et votre foi ont sauvé la mise à tous les patriotes restés en vie et au pays même. Et voici qu'après de longues et interminables nuits de mensonge, la vérité vient, de façon irrésistible, grâce à votre ténacité à La Haye, éclairer notre ''terre d'Espérance'', l'Afrique et le monde de la lumière d'un jour nouveau, (en souvenir d'une vos paroles fortes de

[305] Collectif des victimes de Duékoué Carrefour & Nahibly.

la campagne présidentielle en 2010). Nos adversaires auront-ils l'audace ou le courage de vouloir aller avec nous, comme nous le souhaitons, jusqu'au bout de cette affaire ?

Seulement, chose curieuse ou bizarre, Président Gbagbo, où sont-ils tous passés, tous ceux-là qui vous ont empêché, dès votre élection en 2000, de réaliser le programme pour lequel nous vous avions élu ? Où sont-ils, tous vos détracteurs tels Chirac, De Villepin, Michèle Alliot-Marie, Sarkozy et Kouchner, par exemple, pour ne citer qu'eux ? Nous les savons vivants mais pourquoi se tiennent-ils en retrait, loin de La Haye, au lieu de s'y rendre pour confirmer tout simplement les charges retenues contre vous ? Pourquoi se sont-ils emmurés désormais, dans un silence des plus bruyants car trop suspect, tant ils ont vociféré ici contre un président légalement élu en Côte d'Ivoire, fait la part belle à des rebelles qui ont éventré des femmes enceintes ou décapité des bébés ? Où sont-ils, pour enfin en finir avec vous, l'innocente victime de leur méchanceté qui a fait assassiner sans suite aucune même certains de leurs propres compatriotes tels Philippe Remond, Lambelin et autres, parce que ces derniers avaient pris fait et cause pour le peuple de Côte d'Ivoire? Quel complexe ou handicap majeur les tient aussi loin de La Haye, surtout qu'en 2004, ces dirigeants français vous ont accusé, Président Gbagbo, d'avoir fait tuer neuf de leurs soldats, quand notre armée nationale chassait les rebelles de Bouaké ? Des soldats français dont les parents n'ont pas pu voir ou fait autopsier les corps car précipitamment enterrés aux Invalides à Paris.

Président Gbagbo, ils ont longtemps menti au monde pour nous assujettir. Ils ont rugi contre vous et ils ont fini par rougir devant votre refus de vous soumettre à leurs ordres iniques. Ils ont donc tremblé de tout leur corps et tel Lucius -le diablotin-, ils ont porté le fer et le feu contre vous et votre peuple. En vous emprisonnant après avoir massacré votre peuple dont le seul crime est sa dignité non négociable, ils avaient cru leur tour bien joué.

Malheureusement pour nos bourreaux, depuis le 11 Avril 2011, le devoir d'humanité, de par le monde entier, par souci de vérité et de justice, a pris son envol, s'est amplifié chaque jour, contrairement au temps qui semblait s'être arrêté ce jour-là. Qui, bien sensé, peut aujourd'hui nier la victoire du sens de devoir d'humanité conduit par des millions de démocrates aux quatre coins du monde, sur la perfidie rétrograde d'impérialistes et leurs obligés aux abois ?

Président Gbagbo, en raison des quelques propos qui précèdent mais aussi de nombreux autres faits à notre avantage à tous, nous, victimes de Duékoué, nous vous disons tout simplement, merci. Merci de n'avoir pas enjambé le mur de la clôture de votre résidence pour abandonner votre peuple aux mains de génocidaires désormais pris au piège du flagrant délit, de la confusion et d'une grande amertume. Merci pour ce courage, pour cette détermination, cette foi et cette sérénité qui nous ont donné des raisons sérieuses d'espérer quand, en réfugiés sur nos propres terres, nous vivions entassés tels des objets, à la Mission Catholique de Duékoué, ce jour noir du 11 Avril 2011 !

La Cour Pénale Internationale sait depuis toujours que vous avez tort, vous et tous nos compatriotes qui croupissent dans les prisons françaises en Côte d'Ivoire, vous avez tort simplement parce que vous avez toujours eu raison depuis le début de cette scabreuse affaire montée par la France du gain cupide et assassin. Grand bien lui fasse, à cette France, de comprendre que seule votre libération libèrera le chemin obstrué de sa tranquillité, tellement cette France s'est fourvoyée en bombardant lâchement notre peuple, après des siècles de pillage de nos ressources. Or, ce n'est point parce que la Cpi se refuse d'analyser ou d'enquêter sur une gratitude aussi basse de la part de la France que nous, victimes de tous ces dérapages néocolonialistes, nous allons abandonner notre Président, le Timonier de la renaissance africaine aux mains de geôliers aux ordres des forces impérialistes.

La Cpi qui joue son propre destin dans ce procès contre vous, Président Gbagbo, saura trouver les mots justes pour masquer le cuisant échec et la honte de ceux qui, comme des pirates, se sont crus pendant longtemps les maîtres de nos vies. Président Gbagbo, votre peuple vous attend, sans colère et sans haine, pour aider à effacer la grande honte subie par tous ceux qui vous ont lâchement attaqué et vilipendé, mais qui peinent aujourd'hui à nous réconcilier, à votre insu. C'est dans le calme et la sérénité que nous vous attendons Président Gbagbo, votre fils Blé Goudé Charles aussi, surtout qu'il n'y a vraiment rien en face, du Quai D'Orsay à La Haye via l'Elysée, si ce n'est du maïs !

Notre honneur et notre dignité n'étant pas négociables, nous vous disons : ‘’ à bientôt Président ’’ et paix sur nos - plus que trois mille - morts.

ANNEXES

ANNEXE 1

OPINION DISSIDENTE DE LA JUGE CHRISTINE VAN DEN WYNGAERT

1. Je suis dans l'incapacité de suivre mes collègues quant à leur décision de confirmer les charges contre Laurent Gbagbo sur la base de l'article 25(3)(a),(b) et (d). Pour les raisons explicitées dans cette opinion, je suis d'avis que les preuves restent insuffisantes.
2. Il y a une augmentation quantitative considérable des preuves soumises par le procureur depuis l'ajournement du 3 juin de l'année dernière. Les différents incidents soutenant l'accusation de crimes contre l'humanité sont désormais mieux soutenus par des preuves. Cependant, en dépit de la demande visant à obtenir plus d'informations et de meilleures informations sur le nombre de victimes en relation avec les incidents supposés, le problème précédemment identifié concernant le recours aux ouï-dire anonymes demeure.

3. Plus important, je ne suis pas convaincue que le procureur a prouvé les modes de responsabilités alternatifs qui sont considérés dans le Document amendé contenant les charges. Je n'ai aucune objection de principe quant à confirmer les modes de responsabilité alternatifs. Au contraire, si les modes de responsabilité alternés sont soutenus par des preuves, ils doivent être appliqués aussi vite que possible dans les procédures, si possible lors de la confirmation. Ce qui évite l'application de la régulation 55 à des moments tardifs de la procédure.
4. Toutefois, les charges doivent seulement être confirmées si les preuves ont des chances réalistes de convaincre au delà du doute raisonnable. Je suis, bien sûr, consciente de ce que les standards applicables pour une confirmation sont bien plus bas que lors d'un procès. Lors de l'étape de la confirmation, le procureur peut même bénéficier du bénéfice du doute quand les questions relatives à la crédibilité de certains témoins ou à la valeur probante de documents en particulier. Toutefois, il doit exister une base de preuve suffisante pour convaincre de ce que ces questions seront résolues par le procureur durant le procès. S'il est clair que, si la preuve est considérée à son niveau maximal, des doutes

substantiels sur son caractère suffisant demeurent, on ne peut pas confirmer les charges. En me basant sur ma compréhension de cela, je suis d'avis que les preuves à l'appui des charges sous l'article 25 (3)(a),(b) et (d) tombent en dessous des seuils de l'article 61(7) du Statut.

5. En ce qui concerne les accusations en vertu de l'article 25 (3) (a), je ne suis pas convaincue par les éléments de preuve disponibles qu'il existe des motifs substantiels de croire que le plan commun présumé de maintenir Laurent Gbagbo au pouvoir soit explicitement ou implicitement la cause de la commission de crimes contre des civils pro-Ouattara . Il n'existe aucune preuve convaincante, à mon avis, qui montrent que Laurent Gbagbo s'est entendu à un quelconque moment avec son supposé « cercle rapproché » pour commettre des crimes contre des civils innocents. Par conséquent, je ne suis pas convaincue qu'il y avait un effort délibéré de la part de Laurent Gbagbo et de son « cercle rapproché » en vue de préparer mentalement et matériellement ses partisans à commettre des crimes contre des civils. Par exemple, je ne partage pas l'interprétation de mes collègues sur le fait que le discours de Gbagbo à Divo le 27 août 2010 a été un signal faisant comprendre à ses partisans qu'ils seraient autorisés à commettre des crimes contre des civils pro-Ouattara en toute impunité. Je ne crois pas non plus qu'il était prévisible que le meurtre et le viol de civils auraient lieu dans le cours normal des événements. Les données disponibles sur un nombre d'incidents violents isolés commis par les partisans de Laurent Gbagbo dans les années précédentes ne suffisent pas, à mon avis, pour montrer que Laurent Gbagbo savait que les FDS et/ou ses autres partisans auraient inévitablement commis des crimes contre des civils pro-Ouattara.

6. En outre, les preuves disponibles ne m'ont pas convaincu qu'il y a des motifs substantiels de croire que Laurent Gbagbo, seul ou de concert avec un ou plusieurs membres du «cercle rapproché» présumé, a utilisé les forces à sa disposition pour commettre intentionnellement des crimes contre des civils. Il n'y a pas de preuve spécifique sur un quelconque ordre ou une instruction émanant de Laurent Gbagbo à cet effet, pas plus qu'un ordre ou une instruction qui puisse être déduite d'autres éléments de preuves disponibles, à mon avis. En particulier, je ne crois pas qu'il soit possible de déduire du fait que Laurent Gbagbo a interdit la marche sur la RTI, qu'il a implicitement chargé les forces

impliquées dans la répression de commettre des crimes contre des protestataires civils pacifiques. De la même manière, je ne vois pas comment le déploiement de forces armées à Abobo, qui a impliqué une possible utilisation de mortiers, peut être interprété comme une instruction d'utiliser ces armes contre des civils. Il est important de garder à l'esprit, à cet égard, que l'armée a été déployée afin de lutter contre un groupe d'insurgés lourdement armés et que la pratique régulière application de la loi (police, gendarmerie) n'était plus en mesure de gérer la situation. Bien qu'il puisse être soutenu que par l'envoi d'unités militaires dans une zone civile densément peuplée, Laurent Gbagbo a créé et accepté un risque que des civils innocents pourraient être blessés (c.-à-dol éventuel), cela n'est pas suffisant pour conclure qu'il activement incité ces troupes à prendre délibérément des civils pour cibles. Je suis donc dans l'incapacité de considérer Laurent Gbagbo comme un auteur indirect au sens de l'article 25 (3) (a).

7. En ce qui concerne les charges visées à l'article 25 (3) (b), comme viens de mentionner, je ne vois pas suffisamment de preuves pour conclure que Laurent Gbagbo aurait ordonné ou autrement délibérément incité la commission de l'un des crimes contre les civils. En termes d'incitation implicite, sur la base du éléments de preuve concernant des discours publics de Laurent Gbagbo et ses prétendues instructions et déclarations adressées aux membres des FDS ou au « cercle rapproché », je ne suis pas convaincu qu'ils montrent un effort délibéré, de la part de Laurent Gbagbo, d'inciter ou de préparer mentalement ses partisans à commettre des crimes contre les civils, et encore moins qu'ils aient eu un tel effet direct.

8. En ce qui concerne les accusations en vertu de l'article 25 (3) (d), je ne peux pas me joindre à mes collègues pour confirmer [les charges, ndlr], parce que je ne vois pas de preuves suffisantes de l'existence d'un groupe de personnes agissant dans un but commun. Le document amendé contenant les charges ne fournit aucune indication précise quant à la composition d'un tel groupe. En effet, étant donné que personne ne soutenir que tous les membres des FDS, tous les mercenaires, tous les membres des milices et tous les groupes de jeunesse constituaient un large « groupe agissant dans un objectif commun », il est nécessaire de savoir qui a appartenu à ces groupes agissant avec un objectif commun.

9. La décision de confirmation estime que les éléments de preuve démontrent suffisamment que «les membres des forces pro-Gbagbo » conduits par Laurent

Gbagbo et le cercle rapproché constituent un groupe au sens de l'article 25 (3) (d) du Statut. Alors que je suis d'accord sur le fait qu'il n'est pas nécessaire d'identifier chaque membre du groupe et que la composition du « groupe agissant avec un but commun » peut, dans une certaine mesure, changer au fil du temps, je ne pense pas qu'il soit permis d'inclure dans le « groupe » des personnes qui n'ont jamais eu, et encore moins partagé, l'intention de commettre des crimes contre des civils. Cela fait suite au fait que, comme cela a été indiqué dans les cas précédents, afin d'avoir un groupe agissant dans un but commun au sens de l'article 25 (3) (d), il est nécessaire de montrer que tous les membres du groupe avaient le même état d'esprit, comme cela est requis dans les cas de coaction selon un plan commun au sens de l'article 25 (3)(a). En conséquence, seules les personnes qui ont accepté de maintenir Laurent Gbagbo au pouvoir à tous les coûts et de commettre des crimes contre les civils dans le but d'atteindre cet objectif, peuvent être considérés comme appartenant au groupe agissait avec un but commun. Bien qu'il soit probable qu'il y avait un certain nombre d'acteurs de bas niveau hiérarchique qui étaient prêts à commettre des crimes contre des civils au nom de Laurent Gbagbo, je ne pense pas que des éléments de preuve substantiels donnent des raisons de croire qu'ils constituaient un ou plusieurs groupes agissant avec un objectif commun, parce qu'il n'y avait aucune preuve d'un accord mutuel entre eux. En tout cas, le procureur ne fournit aucun argument clair et ne pointe pas des preuves spécifiques concernant le contour et la composition du prétendu « groupe agissant dans un but commun. »

10. En outre, à supposer même qu'il existait un ou plusieurs «groupe(s) agissant avec un objectif commun », je ne parviendrais toujours pas à voir assez de preuves des contributions présumées de Laurent Gbagbo en connaissance de l'intention criminelle de la part du groupe présumé. Beaucoup de prétendues contributions, par exemple les achats d'armes présumés ou l'argent qui aurait été transféré à plusieurs organisations pro-Gbagbo, sont soit trop insignifiantes ou n'ont pas de lien évident avec les crimes allégués

contre des civils. Un facteur pertinent à cet égard est que le régime Gbagbo faisait face à un adversaire puissamment militarisé dans plusieurs régions du pays, y compris Abidjan. L'achat et la distribution des armes a donc probablement été liée à l'imminence / escalade des hostilités armées.

11. Enfin, dans la mesure où les accusations en vertu de l'article 28 du Statut sont concernées, je considère les éléments de preuve plutôt ambigus. Il est clair, de mon point de vue, que Laurent Gbagbo savait que des civils étaient lésés par certaines unités des FDS et par d'autres groupes armés qui lui sont fidèles. (...) Il existe des preuves montrant que le gouvernement putatif de Laurent Gbagbo a pris un certain nombre de mesures pour que les crimes allégués fassent l'objet d'enquêtes et soient poursuivis. Toutefois, l'efficacité de ces mesures en vue de prévenir ou réprimer la commission d'autres crimes – ou même d'enquêter et de poursuivre les auteurs de celles déjà commises – dépendait dans une large mesure de la réponse à une question. Étaient-ils de véritables efforts pour arrêter et/ou sanctionner la violence contre les civils ? Cette question ne peut être résolue à ce stade de la procédure. En conséquence, étant donné que des doutes à l'étape de confirmation ne doivent pas fonctionner automatiquement contre le Procureur, j'aurais pu, en principe, envisager de confirmer des charges sur la base de l'article 28. Toutefois, je tiens seulement à confirmer des crimes qui ont été supposément commis par des membres des FDS ou par des miliciens et mercenaires opérant dans la structure de commandement des FDS. En ce qui concerne les crimes qui auraient été commis par d'autres groupes armés pro-Gbagbo, qui opéraient en dehors de la structure de commandement des FDS, je ne suis pas convaincu par les preuves disponibles qu'il y a des motifs substantiels de croire que les membres de ces groupes peuvent être considérés comme « des subordonnés placés sous l'autorité effective [de Laurent Gbagbo] et [son] contrôle » au sens de l'article 28 (b) du Statut.

12. En conclusion, je tiens à dire très clairement que, bien que je ne suis pas convaincue que les éléments de preuve versés au dossier suffisent pour traduire Laurent Gbagbo en justice pour les accusations en vertu de l'article 25 (3) (a), (b) et (d), je ne nient pas que des crimes horribles ont été commis contre des civils par les forces fidèles à Laurent Gbagbo. Cependant, en tant que juge de la Chambre de la Cour préliminaire, il est de mon devoir d'évaluer si

les poursuites contre Laurent Gbagbo, telles que formulées par la Procureure dans le document amendé contenant les charges, sont suffisamment fortes pour aller au procès. C'est mon opinion réfléchie que, dans la mesure où les articles 25 (3) (a), (b) et (d) sont concernés, elles ne le sont pas.

Annexe 2

LE DISCOURS DU PRÉSIDENT GBAGBO LORS DE L'INSTALLATION DE LA CRS À DIVO

« La CRS a été créée en 1944, à un moment de désordre en France par le Général De Gaulle qui voulait assurer la sécurité des Institutions républicaines ; pour se battre en ville ; pour se battre contre le désordre; pour se battre contre les malfrats. Les tâches qui l'attendent sont des tâches de bataille contre le désordre, la pagaille et la chienlit. Mais aussi, les tâches de Paix avec les citoyens normaux. Grâce à vous, dans cette ville, et dans cette région, les citoyens ordinaires doivent pouvoir aller à leur travail, tranquillement. Ils doivent pouvoir aller au cinéma, aux bals ; ils doivent pouvoir s'amuser, tranquillement. Les gens doivent pouvoir se promener normalement avec leur argent, sans avoir peur, grâce à votre présence. Par conséquent, à cause de votre présence, tous ceux qui veulent aller détrousser les honnêtes personnes, doivent réfléchir par deux fois, avant de sortir.

Votre rôle, c'est de faire en sorte que la République vive ! Votre rôle, c'est de faire en sorte que l'autorité du Préfet de région s'applique sur toute la région ; que l'autorité des Préfets de départements s'applique sur les départements ; que l'autorité du Sous-préfet s'étende sur toute la Sous-préfecture. Votre rôle, c'est de faire en sorte que l'autorité républicaine vive !

Vous avez pour ennemis - je n'ai pas dit pour adversaires - tous ceux qui sont contre la République ! Vous avez pour ennemis, tous ceux qui sont contre la paix en Côte d'Ivoire. Vous avez pour ennemis, tous ceux qui veulent troubler les élections en Côte d'Ivoire. Votre tâche est simple. Parce que la ligne de démarcation est nette. Entre la paix et le désordre, vous êtes pour la paix ; et vous vous battez contre ceux qui veulent semer le désordre. Entre la légalité et l'illégalité, vous êtes pour la légalité ; et, vous vous battez contre tous ceux qui sont pour l'illégalité.

Vous n'êtes pas des Juges, vous êtes des Combattants de la légalité républicaine. Quand on dit que la République est menacée, c'est vous qui apparaissez pour rétablir l'ordre républicain. Il y a des gens qui croient que quand l'homme politique que je suis fait des concessions, discute, il n'a pas de bras. J'ai aussi des « bras ». Il y a des moments où je dis à ces « bras » : « restez tranquilles, je vais négocier». Mais, quand le moment arrive pour que ces « bras » se lancent, ils se lancent.

On vous a envoyés, ici, parce que l'ordre est trop souvent troublé à Divo. Votre rôle est de faire face et de dissuader tous ceux qui sont contre la République, tous ceux qui sèment le désordre. Si un Soldat, un Policier, veut se mettre à réfléchir comme son Chef, il n'y a plus d'Armée ! Si un Policier veut réfléchir à la place de M. Yapo, il n'y a plus de CRS à Divo. S'il y a des erreurs qui sont commises, nous réglerons cela avec le Commissaire Yapo. Il vous donne des ordres et vous exécutez. Je vous le dis tout net, et je le dis également à tous les bandits, qui sont à Divo : « À tous ceux qui sèment le désordre à Divo, je vous envoie la CRS ».

Populations de Divo, Ne vous rendez pas complices des bandits et des actes antirépublicains. Faites confiance à votre Police. Aidez-la par vos renseignements. La Police ne peut pas travailler sans renseignements : on m'a dit qu'un paysan venant de Fresco pour vendre ses produits a été dépossédé de tout son argent. Les Policiers ne sont pas Dieu. Ce sont des hommes comme nous. Donc, ils agissent en demandant des renseignements. Aidez-les, vous, populations de Divo. Aidez-les par vos renseignements. Vous, Chefs traditionnels, Notables, dites à vos administrés dans les villages, d'aider la Police. Elle n'est pas votre ennemie tant que vous êtes honnêtes. Mais, le jour où vous êtes malhonnêtes, elle devient votre ennemie. »

ANNEXE 3

L'INTERVIEW DU PRÉSIDENT DE GUINÉE ÉQUATORIALE M. TÉODORO OBIANG NGUEMA BASOGO À *AFRICA WATCH*

Q: Vous étiez le Président de l'Union Africaine de Janvier 2011 à Janvier 2012. Il y a eu plusieurs événements importants au cours de cette période, y compris la famine en Afrique de l'Est, le printemps arabe en Tunisie, Égypte et Libye, et une guerre civile en Côte d'Ivoire. Cela semble avoir été un agenda chargé pour juste sur une année au pouvoir. Comment avez-vous managé dans ces situations difficiles?

R: Eh bien, c'était vraiment une période difficile. J'ai fait face à beaucoup de problèmes au cours de mon mandat en tant que Président de l'UA, donc je ne sais pas quoi dire. Était-ce la volonté de Dieu pour moi d'être le Président de l'UA à ce moment précis pour faire face à tous ces conflits et ces problèmes ? Ou était-ce juste une malchance ? Je ne sais pas. Tout ce que je peux dire, c'est que j'ai travaillé très dur pour essayer d'apporter la paix à tous les endroits où il y avait des conflits, et en Afrique en général [...] À propos de la Côte d'Ivoire et de la Libye, c'était une autre paire de manches. On peut clairement dire que les deux conflits ont échappé à notre contrôle à cause de l'ingérence extérieure dans les deux pays. En Côte d'Ivoire, par exemple, quand j'étais président de l'UA, j'ai parlé et j'ai réussi à convaincre l'ancien Président Laurent Gbagbo à démissionner du pouvoir et il a accepté de le faire, j'ai aussi essayé de convaincre l'autre partie à accepter la négociation avec Gbagbo parce qu'il avait accepté de démissionner, mais l'ingérence extérieure n'a pas donné vraiment le temps à Gbagbo de démissionner ou de s'engager dans des négociations avec l'autre partie. En fait, le problème ivoirien n'était pas vraiment un problème au début, il s'agissait d'un malentendu. Les gens sont allés à une élection et il y avait un malentendu sur le gagnant. En fait, cela me surprend qu'à partir de ce malentendu est né un énorme conflit qui s'est aggravé au niveau que nous avons vu.

Q: Qu'est ce qui à votre avis a provoqué l'escalade ?

R: Je crois que c'était l'ingérence de pays étrangers, des Nations Unies et de tous les organismes, qui ont vraiment aggravé le conflit en Côte d'Ivoire. Je me suis demandé pourquoi les Nations Unies, une institution de la paix fondée pour favoriser la paix dans le monde, a pris parti dans un conflit interne et créé l'escalade à l'aide de ses troupes qui sont intervenues, ont même combattu, pour une partie au conflit. Pourquoi n'a-t-elle pas dit: "Eh bien, nous savons que la France s'est impliqué jusqu'au cou dans ce conflit, elle a utilisé ses troupes et s'est battu pour un camp dans le conflit avant les élections, et beaucoup de personnes sont mortes. En tant que tel, la France n'est plus un arbitre impartial en Côte d'Ivoire. Elle devait donc se mettre à l'écart et donner la place à des pays neutres acceptés par les deux parties pour vraiment aider à trouver une solution acceptable en Côte d'Ivoire". Mais non. L'ONU, elle-même, sous l'influence des pays occidentaux au sein du Conseil de sécurité, a déployé ses troupes en tandem avec la France pour attaquer Laurent Gbagbo, le traquer dans le bunker présidentiel, et l'humilier, lui, sa femme et sa famille devant la télévision internationale. Oui, ils l'ont défilé devant la télévision internationale. Cela, pour moi, restera à jamais l'un des points les plus bas, les jours sombres, même des Nations-Unies. Pourquoi l'ONU a décidé de descendre si bas dans un conflit international me tourmente. Et beaucoup de gens sont morts en Côte d'Ivoire en raison de l'ingérence extérieure. Ils n'ont vraiment fait qu'aggraver le problème.

Q: En ce qui concerne l'UA, pouvait-elle ou devait-elle intervenir?

R: Je crois qu'il était possible à l'UA de trouver une solution, parce que, en tant Président de l'UA, j'ai demandé à la communauté internationale de permettre à l'Union Africaine de trouver une solution en Côte d'Ivoire. Je leur ai dit que c'était une opportunité pour l'Union Africaine et les Africains, pour résoudre le problème. C'était un problème africain qui avait besoin d'une solution africaine. Mais ils n'ont pas écouté.

Pour eux, il était trop tard, car ils avaient déjà pris la décision d'intervenir et d'utiliser leurs troupes contre Gbagbo, de le retirer de pouvoir au profit de l'autre partie. Ainsi, contrairement à la Tunisie et l'Egypte, ce n'était pas le peuple de Côte d'Ivoire qui a enlevé Gbagbo du pouvoir. Ce sont les Français et les troupes de l'ONU qui l'ont fait. Ce n'était même pas l'armée ivoirienne qui l'a enlevé. Ce sont les français et les troupes de l'ONU, des troupes étrangères.

Q: Pourquoi exactement la France et les Nations Unies ont-elles joué ces rôles importants dans ces conflits africains?

R: la France a joué un rôle clé dans le conflit ivoirien parce que la France avait promis de donner le pouvoir à l'autre partie. Mais elle n'allait pas le faire par les urnes ou les négociations, elle avait l'intention d'utiliser l'armée française. Et c'est exactement ce qu'elle a fait. Et quelque soit ce que nous disions en tant que dirigeants de l'Afrique, siégeant à l'Union africaine, n'avait pas d'importance pour eux. En Libye, le conflit a aussi commencé comme une affaire interne, comme ce qui s'est passé en Egypte et en Tunisie, mais il a fini dans une rébellion parrainée par les pays étrangers. Tout à coup, les rebelles de l'Est, qui n'avaient pas de fusils, ont reçu des armes envoyées par des pays étrangers pour lutter contre le gouvernement du Colonel Mouammar Kadhafi, qui avait contribué à la création de l'Union Africaine, et a soutenu l'organisation de quelque manière qu'il le pouvait. Dans tous les pays, si un gouvernement est attaqué par des rebelles armés, le gouvernement a le droit de se défendre par le déploiement de son armée. C'est inscrit dans le droit international. Et c'est exactement ce que le gouvernement de Kadhafi a tenté de faire. En Tunisie et en Egypte, le peuple s'est levé pour exiger un changement de gouvernement sans utiliser les armes. En Libye, c'était différent. La soi-disant armée rebelle dans l'est de la Libye a soudainement obtenu des armes en provenance de pays étrangers et les a utilisées pour attaquer le gouvernement de Kadhafi. On peut donc comprendre ce que Kadhafi a essayé de faire pour se défendre et défendre la souveraineté de son pays. Même si c'était un cas évident d'un gouvernement qui se défend contre l'agression rebelle, contre les rebelles financés et armés par des pays étrangers, les mêmes pays étrangers se sont cachés derrière l'OTAN pour bombarder et détruire l'armée de Kadhafi et neutraliser sa capacité de se défendre et défendre son pays. Ces mêmes pays étrangers ont à nouveau utilisé les Nations Unies pour imposer une "zone d'exclusion aérienne" sur la Libye. Alors, vraiment, les mains et les pieds de Kadhafi étaient attachés par l'ingérence internationale qui a joué un rôle clé dans le conflit libyen, contrairement aux soulèvements en Tunisie et en Egypte, qui ont été autorisés à être des questions purement internes à résoudre par les peuples de ces deux pays, et non par des puissances étrangères. On peut donc distinguer entre les soulèvements en Egypte et en Tunisie, d'une part, et les conflits en Côte d'Ivoire et la Libye, d'autre part. Les deux premiers étaient des questions internes qui ont été réglées par les peuples de ces pays eux-mêmes, tandis que la Côte d'Ivoire et la Libye ont connu des interférences internationales qui n'ont fait qu'empirer les choses. Pour cette raison, nous pensons que les Nations-Unies, une institution de la paix, ne devrait pas avoir à jouer le genre de rôle qu'elle a joué en aidant les puissances étrangères à intervenir en Côte d'Ivoire et en Libye. Ce n'était pas pour cela que l'ONU a été créée. Elle a créé un mauvais précédent dans le monde.

ANNEXE 4

LA LETTRE DE PROTESTATION DU CONSEILLER CONSTITUTIONNEL TANO KOUAKOU FÉLIX

30/09/11

Monsieur le Secrétaire général,

En visitant le site du Conseil Constitutionnel ce matin, j'ai été surpris de constater que mon nom figurait sur la liste des conseillers présents à l'occasion de la prise de la décision n°36 du 04 mai 2011 portant proclamation de M. Alassane Ouattara en qualité de Président de la République. J'en suis surpris d'autant que je n'ai pas participé aux délibérations qui ont conduit à cette décision. Déjà au mois de mai, j'y avais veillé particulièrement en vous le signifiant. Aux fins de vérification, j'avais même demandé que vous m'en fassiez parvenir une copie à l'époque. Malheureusement celle-ci était amputée des noms des conseillers présents.

Je vous prie en conséquence de retirer mon nom de la liste des conseillers présents.

Je compte sur votre diligence.

Tano Kouakou Félix

ANNEXE 5

LA LETTRE DE PROTESTATION DU CONSEILLER CONSTITUTIONNEL Me DALIGOU MONOKO JACQUES ANDRÉ

Me Daligou Monoko Jacques André Abidjan le 27/ 10 /2011
17 BP 495 Abj 17

A
Mr le secrétaire général du Conseil Constitutionnel
Abj
Rép CI

Objet :

Réclamation d'une expédition de la décision N° ci-2011-EP-036/04-05/cc/SG du 04 mai 2011, portant proclamation de Mr Alassane Ouattara en qualité de Pdt de la Rép de CI et conforme aux observations relevées ci-après.

Mr le Secrétaire Général,

Je viens de prendre connaissance de la décision n°CI-2011-EP-036/04-05/CC/SG du 04 mai 2011 que vous avez bien voulu me délivrer. Je relève qu'elle comporte les noms de tous les membres du conseil constitutionnel et l'omission de votre signature.

Je m'étonne qu'on me prête une décision dont je n'ai pas participé à la délibération ; or, toutes décisions de justice, tout comme celles du conseil constitutionnel, ne peuvent mentionner que les noms des juges qui les ont rendues ou qui ont concouru à leur délibération.

Ne doutant pas de votre promptitude et disponibilité à vous conformer à ce principe et, à me délivrer une expédition en bonne et due forme, je vous prie de croire en l'expression de mes sentiments distingués.

Me Daligou

ANNEXE 6

DISCOURS À LA NATION DU PRÉSIDENT GBAGBO LE 21 DÉCEMBRE 2010 À PROPOS D'UN COMITÉ D'ÉVALUATION SUR LA CRISE POSTÉLECTORALE EN CÔTE D'IVOIRE

Ivoiriennes, Ivoiriens, Mes chers compatriotes, Chers amis de la Côte d'Ivoire.

Le vendredi 3 décembre 2010, le Conseil Constitutionnel de la République de Côte d'Ivoire a proclamé les résultats définitifs de l'élection présidentielle du 28 novembre 2010. Ces résultats sont connus de tous, à l'intérieur comme à l'extérieur du pays. J'ai remporté le scrutin, avec 51, 45 % des suffrages. Je suis le Président de la République de Côte d'Ivoire.

Je remercie les Ivoiriens de m'avoir renouvelé leur confiance.

Conformément à l'article 39 de la Constitution, j'ai prêté serment, devant le Conseil constitutionnel réuni en audience solennelle au Palais de la Présidence de la République, le samedi 4 décembre 2010.

Le lundi 6 décembre, j'ai nommé un premier ministre et le premier conseil des ministres du nouveau mandat s'est tenu au Palais présidentiel le mardi 7 décembre 2010.

Le pays s'est aussitôt remis complètement au travail. Les mesures de sécurité, en vigueur durant le scrutin, sont levées ou allégées, dès le lundi. Les frontières sont rouvertes et les horaires du couvre-feu aménagés. L'État fonctionne. L'économie est en route.

Durant tout ce processus, je m'en suis tenu, scrupuleusement, aux règles établies par notre Constitution. Et les Ivoiriens, dans leur immense majorité, ont choisi de suivre la voie de la légalité républicaine qui garantit le fonctionnement démocratique des Institutions.

Je remercie les Ivoiriens pour leur attachement à notre patrie et aux Institutions de la République. Les troubles que l'on observe aujourd'hui, en Côte d'Ivoire sont nés du refus de mon adversaire de se soumettre aux lois, règlements et procédures en vigueur dans notre pays.

Je tiens donc pour responsables des tueries, des incendies et des pillages, perpétrés au cours de la marche insurrectionnelle du RHDP le 16 décembre 2010, ceux qui, à l'intérieur comme à l'extérieur, ont décidé d'agir contre les lois ivoiriennes. Ils nous font la guerre, non pas parce que nous aurions empêché l'expression démocratique des Ivoiriens, mais parce qu'ils renient au peuple ivoirien son droit souverain de choisir lui-même ses dirigeants, de respecter les Institutions qu'il s'est donné et de vivre dans un pays libre.

Selon les lois ivoiriennes, en effet, la Commission électorale indépendante (CEI), organise les élections et en proclame les résultats provisoires. Il revient au Conseil constitutionnel, et à lui seul, de proclamer les résultats définitifs.

L'article 59 alinéa 2 du code électoral stipule que la Commission électorale indépendante « procède aux opérations de collecte et à la proclamation des résultats provisoires, au niveau national et en présence des représentants des candidats».

Dans une note circulaire en date du 13 novembre 2010, la CEI elle-même, a indiqué que cette «proclamation des résultats globaux par le Président de la CEI se fait en séance publique en présence des Commissaires centraux».

Au lieu de cela, à quoi avons-nous assisté ? Le jeudi 2 décembre 2010, Monsieur Youssouf Bakayoko, président de la CEI, se retrouve, contre toute attente, à l'Hôtel du Golf, Quartier général de campagne de mon adversaire. Là-bas, seul, sans les commissaires centraux ni les représentants des candidats, il a proclamé des résultats de l'élection présidentielle en violation de toutes les dispositions légales et réglementaires régissant la CEI.

Il est évident que ces résultats sont nuls et de nul effet. Et c'est en se fondant sur ces résultats que la communauté internationale déclare la guerre à la Côte d'Ivoire. Cela n'est pas acceptable et cela ne sera pas accepté.

La vérité, c'est qu'à la fin du deuxième tour de l'élection présidentielle, la CEI n'a pas été capable de proclamer les résultats provisoires dans les délais prescrits par la loi, soit 72 heures après la clôture du scrutin. Elle a plutôt donné au monde entier, le spectacle affligeant d'une Institution bloquée par ses contradictions internes, étant composée de représentants des partis politiques et de la rébellion armée.

La CEI a failli. Il revenait au Conseil constitutionnel de se saisir du dossier. Ce qu'il a fait.

Je rappelle que la Commission électorale indépendante (CEI) est une autorité administrative tandis que le Conseil constitutionnel est la plus haute juridiction de la Côte d'Ivoire. Les deux Institutions ne sont pas comparables et il est illégitime de les comparer. Leurs décisions sont de natures différentes. Elles n'ont pas les mêmes fondements, ni la même portée.

Aux termes de l'article 2 du code électoral, les missions de la CEI sont d'assurer notamment : la garantie sur toute l'étendue du territoire national et à tous les électeurs, du droit et de la liberté de vote;

Le contrôle de la régularité du déroulement des opérations de vote, de dépouillement des bulletins de vote et de recensement des suffrages;

La collecte des Procès-verbaux des opérations de vote et la centralisation des résultats ;

La proclamation provisoire ou définitive des résultats de toutes les élections à l'exception de l'élection présidentielle et du referendum pour lesquels la proclamation définitive des résultats relève de la compétence exclusive du Conseil Constitutionnel.

Mes chers compatriotes, Chers amis de la Côte d'Ivoire.

L'élection du 28 novembre 2010 est bien une élection présidentielle. Il fallait attendre la décision du Conseil constitutionnel pour connaître les résultats définitifs et le nom du vainqueur. J'ai attendu que le droit soit dit.

Les troubles qui endeuillent aujourd'hui mon pays font suite aux déclarations tendant à faire croire que la qualité de Président de la République de Côte d'Ivoire peut échoir à une personne autre que celle qui est proclamée élue par le conseil constitutionnel.

Le bilan de ces troubles est lourd: Pour la seule journée du jeudi 16 décembre 2010, nous avons enregistré 20 morts dont 10 membres des forces de l'ordre, tués par balles.

Je salue la mémoire de nos hommes, nos Forces de Défense et de Sécurité, tombés au champ d'honneur. Je salue la mémoire de toutes les personnes mortes au cours de ces journées de folie. Elles sont nos martyrs, les martyrs de la République. Elles sont mortes pour défendre la Constitution ivoirienne et les institutions qui l'incarnent.

Je souhaite prompt rétablissement à tous ceux et à toutes celles qui sont blessés. Je souhaite du courage à ceux, et ils sont nombreux, qui ont vu leurs maisons pillées et incendiées.

On veut nous terroriser mais il ne faut pas croire que les légalistes vont le céder à ceux qui ont pris la voie de l'illégalité. Ceux qui respectent la constitution et donnent leur vie pour la défendre ne vont pas le céder à ceux qui veulent saper les fondements de la République et de la démocratie. Mes positions sur la conquête et l'exercice du pouvoir sont connues. Pour moi, il ne faut pas vouloir le pouvoir pour le pouvoir. On veut le pouvoir pour servir le peuple. Le pouvoir ne peut pas servir de moyen pour faire souffrir le peuple. Je ne veux plus que le sang soit versé. Je ne veux plus de guerre. Je ne veux pas que le sang d'un seul ivoirien soit versé. Je ne veux pas d'une guerre en Côte d'Ivoire qui peut s'étendre aux pays voisins ou les affaiblir.

Je suis donc prêt, dans le respect de la constitution, des lois ivoiriennes et des procédures que nous nous sommes librement données, à accueillir un comité d'évaluation sur la crise post-électorale en Côte d'ivoire. Ce Comité, dirigé par un représentant de l'Union Africaine, et comprenant des représentants de la CDEAO, de l'UEMOA, de la Ligue Arabe, des Nations-Unies, des États-Unis, de l'Union Européenne, de la Russie et de la Chine, aura pour mission d'analyser objectivement les faits et le processus électoral, pour un règlement pacifique de la crise.

Ce Comité devra également comprendre des Ivoiriens de bonne volonté.

Je lance un appel à toutes les personnalités qui se trouvent encore à l'hôtel du Golf de regagner leurs domiciles. Personne ne les a contraints à se réfugier dans cet hôtel. Personne ne les empêchera d'en sortir. Elles sont libres de leurs mouvements.

J'appelle les Ivoiriens à la retenue. Nous avons demandé le départ de l'Opération des Nations Unies en Côte d'Ivoire (ONUCI) et des forces françaises qui la soutiennent. Notre démarche s'est faite par la voie diplomatique. C'est par la voie diplomatique que nous entendons obtenir satisfaction sur cette exigence capitale, pour notre souveraineté.

Je demande aux jeunes de rester calmes. L'ONUCI et les Forces françaises partiront de Côte d'Ivoire mais nous ne voulons pas de morts inutiles. Nous avons encore tous en mémoire les douloureux souvenirs des événements de novembre 2004. Aujourd'hui en 2010, comme hier en 2002, 2003, 2004, 2007, je tends la main du dialogue. Je tends la main à l'opposition, à Monsieur Ouattara, comme à la rébellion armée qui le soutient.

J'ai confiance en notre capacité à construire une nation dans la paix, la démocratie et la prospérité. Quittons le chemin de la guerre. Reprenons notre marche vers le progrès dans la paix.

Que Dieu bénisse la Côte d'Ivoire! Que Dieu bénisse les Ivoiriens ! Que Dieu bénisse l'Afrique ! Je vous remercie.

LISTE DES ACRONYMES

- ADDR : Agence pour le Désarmement la Démobilisation et la Réinsertion
- ADO : Alassane Dramane Ouattara
- AFP : Agence France Presse
- ANAPROCI : Association Nationale des Producteurs de Côte d'Ivoire
- ANSI : Agence Nationale de la Stratégie et de l'Intelligence
- APO I et II: Accord Politique de Ouagadougou (1 et 2)
- ARCC: Agence de Régulation du Cacao et du Café
- BAE : Brigade Anti-Émeute
- BASA : Bataillon d'Artillerie Sol-Air
- BASS : Bataillon d'Artillerie Sol-Sol
- BB : Bataillon Blindé
- BCEAO : Banque Centrale des États de l'Afrique de l'Ouest
- BCS : Bataillon de Commandement et de Services
- BCP : Bataillon de Commandos Parachutistes
- BG : Bataillon de Génie
- BRICS : Brésil, Russie, Inde, Chine, Afrique du Sud
- BSIE: Budget Spécial d'Investissement et d'Équipement
- CC : Conseil Constitutionnel
- CECOS : Centre de Commandement des Opérations de Sécurité
- CEDEAO: Communauté Économique des États de l'Afrique de l'Ouest
- CEI : Commission Électorale Indépendante
- CMSE : Compagnie Mixte de Sécurité des Élections
- CNO : Régions Centre Nord Ouest
- CNRD: Congrès National de la Résistance pour la Démocratie
- CRS : Compagnie Républicaine de Sécurité
- COMTER : Commandant des Forces Terrestres
- COMZONE : Commandant de zone
- CPI : Cour pénale internationale
- CPS : Conseil de Paix et de Sécurité de l'Union Africaine
- CRS : Compagnie Républicaine de Sécurité
- CTK: Compagnie Territoriale de Korhogo
- DALM: Direction de l'Administration et de la Législation Militaire
- DGA : Directeur Général Adjoint

- DNC : Document de Notification de Charges
- DCC : Document de Confirmation de Charges
- ECOMOG : ECOWAS MONOTORING GROUP (Forces militaires de la CEDEAO)
- EFA : École des Forces Armées
- EMPT : École Militaire Préparatoire et Technique
- ENS : École Normale Supérieure
- ENSOA : Ecole Nationale des Sous-officiers d'Actives
- FAFN : Forces Armées des Forces Nouvelles (rebelles)
- FCFA : Franc de la Communauté Financière Africaine
- FN : Forces Nouvelles (rebelles)
- FDS : Forces de Défense et de Sécurité
- FRCI: Forces Républicaines de Côte d'Ivoire
- FUMACO : Fusiliers Marins Commandos
- FUSCOA : Fusiliers Commandos de l'Air
- GR : Garde Républicaine
- GSPM : Groupement des Sapeurs Pompiers Militaires
- GSPR : Groupe de Sécurité du Président de la République
- GTI : Groupe de Travail International
- FANCI : Forces Armées Nationales de Côte d'Ivoire
- FDPCC : Fonds de Développement des Producteurs de Cacao et de Café
- FESCI : Fédération Estudiantine et Scolaire de Côte d'Ivoire
- FIDH : Fédération Internationale des Droits de l'Homme
- FPI : Front Populaire Ivoirien (parti de Laurent Gbagbo)
- FRC : Fonds de Régulation et de Contrôle
- HRW : Human Rights Watch
- ICC : International Criminal Court
- JORCI : Journal Officiel de la République de Côte d'Ivoire
- LG : Laurent Gbagbo
- LMP : La Majorité Présidentielle (ensemble de partis et associations ayant soutenu la candidature de Laurent Gbagbo)
- MESAN : Mouvement d'Évolution Sociale de l'Afrique Noire (Centrafrique)
- MFA : Mouvement des Forces d'Avenir (parti d'Anaky Kobénan Innocent)
- MJP : Mouvement pour la Justice et la Paix (mouvement rebelle)
- MPCI : Mouvement Patriotique de Côte d'Ivoire (mouvement rebelle)

- MPIGO : Mouvement Populaire Ivoirien du Grand Ouest (mouvement rebelle)
- OCDE : Organisation de Coopération et de Développement Économiques
- OMC : Organisation Mondiale du Commerce
- ONG : Organisation Non Gouvernementale
- ONU : Organisations des Nations-Unies
- ONUCI : Opération des Nations-Unies en Côte d'Ivoire
- OTAN : Organisation du Traité de l'Atlantique Nord
- PDCI-RDA : Parti Démocratique de Côte d'Ivoire – Rassemblement Démocratique Africain (parti dirigé par Henri Konan Bédié, ancien parti unique, au pouvoir de 1960 à 1993)
- PhD : Doctor of Philosophy (équivalent du Doctorat d'État français)
- PIT : Parti Ivoirien des Travailleurs (parti de Francis Wodié, aujourd'hui dirigé par Aka Ahizi)
- QG : Quartier Général
- RDA : Rassemblement Démocratique Africain
- RDC : République Démocratique du Congo
- RDR : Rassemblement Des Républicains (parti d'Alassane Ouattara)
- RFI : Radio France Internationale
- RHDP : Rassemblement des Houphouëtistes pour la Démocratie et la Paix, groupement politique soutenant Ouattara et composé de : PDCI, RDR, UDPCI, MFA, UPCI
- RPP : Rassemblement pour la Paix et le Partage (parti de Laurent Dona Fologo , aujourd'hui dirigé par Ouattara Gnonzié)
- RTI : Radiodiffusion Télévision Ivoirienne
- RUF : Revolutionary United Front (Sierra Leone)
- TPIY : Tribunal Pénal International Ad Hoc pour l'ex Yougoslavie
- UA : Union Africaine
- UCS : Unité de Commandement et de Services
- UDCY : Union Démocratique et Citoyenne (parti de Mel Eg Théodore)
- UDPCI : Union pour la Démocratie et la Paix en Côte d'Ivoire (parti créé par le général Guéï Robert et dirigé actuellement par Albert Mabri Touakeuse)
- UFR : Unité de Formation et de Recherche

- URD : Union Républicaine pour la Démocratie (parti dirigée par Mme Danièle Boni)
- URSS : Union des Républiques Socialistes Soviétiques (actuelle Russie)
- UPC : Union des Populations du Cameroun
- UPCI : Union Pour la Côte d'Ivoire (parti de Gnamien Konan)
- USA : United States of America

TABLE DES MATIÈRES

AVANT-PROPOS de Raymond KOUDOU Kessié 9

PREMIÈRE PARTIE : L'ENVIRONNEMENT POLITIQUE DE LA PROCÉDURE DE LA Cpi CONTRE LE PRÉSIDENT LAURENT GBAGBO...11

Ma part de vérité sur la crise post-électorale ivoirienne de 2011, Président John Jerry RAWLINGS...13

Le Président Laurent Gbagbo à la Cpi : un sort dans la logique des déportations coloniales, Félix TANO..................................17

Pour mieux comprendre la crise postélectorale en Côte d'Ivoire et pourquoi le phénomène Gbagbo résiste au temps malgré sa déportation à La Haye, NYAMIEN Messou N'guessan...............41

La Cpi n'est là que pour conférer une légitimité à « la justice des vainqueurs », Michel GALY.......................................49

La Cpi ou la dictature du mensonge et de l'arbitraire, Alain CAPPEAU..53

Le modèle rwandais du Procureur Ocampo, Michel GALY...........61

DEUXIÈME PARTIE : VERS UN PROCÈS SANS PREUVES.........67

Les grandes questions sur le DNC de Bensouda, Ahoua DONMELLO..69

Le 17 mars 2011, qui a bombardé le marché d'Abobo ? Émile GUIRIÉOULOU..81

Les manœuvres du Procureur de la Cpi dans l'affaire le Procureur contre Laurent Gbagbo en l'absence de preuves, KOUAMÉ Kouakou dit Ok...91

Désarroi de Bensouda dans l'affaire le Procureur contre Laurent Gbagbo : le cumul de responsabilités comme palliatif à l'insuffisance des preuves, Hubert OULAYE..115

TROISIÈME PARTIE : LE CRIMINEL CONTRE L'HUMANITÉ N'EST PAS CELUI QUI EST DANS LE BOX DES ACCUSÉS..169

Un « Plan commun » et une « Politique » pour l'extermination des civils favorables à Ouattara n'ont jamais été dans la logique de pouvoir du Président Gbagbo, Raymond KOUDOU Kessié.........171

Les groupes armés pro-Ouattara et leurs crimes que le Procureur de la Cpi refuse de voir, Émile GUIRIÉOULOU...........................215

Les dérives tribales d'un harcèlement politico-judiciaire contre le Président Laurent Gbagbo, Bertin KADET...........................239

Non, Madame Fatou Bensouda, Laurent Gbagbo n'est pas tribaliste ! Émile GUIRIÉOULOU..287

Le Président Gbagbo n'a pas manœuvré pour se maintenir au pouvoir - les obstacles posés par la rébellion, causes des reports successifs des élections de sortie de crise, Arsène DOGBA Gnakouri...319

La Décision de Confirmation des Charges contre le Président Laurent Gbagbo du 12 juin 2014. Une Décision « hors-normes », Hubert OULAYE...345

Les victimes de Duékoué écrivent au Président Gbagbo, pilier incontournable du pardon et de la vraie réconciliation en Côte d'Ivoire, Emmanuel CALEB...457

Côte d'Ivoire
aux éditions L'Harmattan

Dernières parutions

LAURENT GBAGBO : LA FOI EN LA DÉMOCRATIE
L'élection présidentielle de l'an 2000
Dano Djedje Sébastien
Dans une Afrique encore en proie aux réflexes du parti unique et où les anciens colonisateurs continuent de nier la souveraineté des États, Laurent Gbagbo cultive une foi inébranlable en la démocratie pour conjurer les aventures hasardeuses des coups d'État et des conflits armés. En 2000, il est élu président de la République de Côte d'Ivoire grâce à une mobilisation exceptionnelle du peuple ivoirien. Ce livre est le témoignage vivant d'un acteur majeur de cet épisode de l'accession de Laurent Gbagbo à la magistrature suprême.
(12.50 euros, 118 p.)
ISBN : 978-2-343-06249-5, ISBN EBOOK : 978-2-336-37918-0

PENSER LA RÉCONCILIATION POUR PANSER LA CÔTE D'IVOIRE
Kouakou Jean-Marie
Les contributions réunies dans cet ouvrage s'inscrivent dans le contexte de crises que traverse la Côte d'Ivoire depuis deux décennies : crise sociétale, crise institutionnelle, crise armée, crise politique. Le projet commun a été de réfléchir le problème à partir de ses fondements, de ce qui le caractérise et le nourrit afin de pouvoir proposer des solutions comme à l'effet d'un pansement.
(Coll. Études africaines, 24.00 euros, 232 p.)
ISBN : 978-2-343-06088-0, ISBN EBOOK : 978-2-336-38128-2

DU JOURNALISME EN CÔTE D'IVOIRE
Barbey Francis, Moussa Zio - Préface de Marie-Christine Lipani
Ce livre n'est pas une simple analyse du journalisme (et de ses faiblesses) en Côte d'Ivoire. Il interroge également le rôle des journalistes dans la mise en place d'un «vivre ensemble», pensé tel un bien commun. Les auteurs évoquent un «journalisme citoyen», permettant aux individus de devenir des citoyens à part entière, des personnes sociales aptes à décider de leur choix de vie, de leurs orientations sociales et politiques, et de sortir du conformisme ou de toute tentative de manipulation.
(Coll. Repenser les médias, 15.50 euros, 152 p.)
ISBN : 978-2-343-06347-8, ISBN EBOOK : 978-2-336-38178-7

UN CONCEPT DE SÉNAT IVOIRIEN
Kobou Dominique
Les crises politiques et militaires en Côte d'Ivoire proviennent en partie de la faiblesse de ses institutions nationales, incapables de maintenir la stabilité. De l'Indépendance jusqu'au multipartisme en 1990, elles ont été conçues dans une logique de parti unique centré autour du président Houphouët-Boigny. Elles doivent désormais être repensées pour permettre à toutes les tendances politiques majeures de cohabiter, notamment avec un Sénat élu à la proportionnelle au Parlement et des élections de mi-mandat.
(25.00 euros, 256 p.)
ISBN : 978-2-343-03064-7, ISBN EBOOK : 978-2-336-37429-1

LA DÉCENTRALISATION À L'ÉPREUVE DE LA CRISE ÉCONOMIQUE EN CÔTE D'IVOIRE
Mel Trotsky
Préface du Professeur Atta Koffi
C'est l'année 1980 qui marque le véritable départ de la politique de décentralisation en Côte d'Ivoire. Mais dans un contexte de crise économique comment se comporte-t-elle ? Il s'agit ici d'identifier les besoins et attentes des populations, d'évaluer la réponse de la décentralisation à la demande sociale exprimée et de mesurer les effets de la crise économique sur les investissements des collectivités territoriales et sur le cadre de vie des populations.
(Coll. Administration et Aménagement du Territoire, 28.00 euros, 266 p.)
ISBN : 978-2-343-04842-0, ISBN EBOOK : 978-2-336-37548-9

L'ASSURANCE MALADIE UNIVERSELLE (AMU) EN CÔTE D'IVOIRE
Enjeux, pertinence et stratégie de mise en œuvre
Ohouochi Clotilde
Véritable innovation en Afrique subsaharienne, l'Assurance maladie universelle devient l'un des grands chantiers de la politique sociale du gouvernement ivoirien. L'urgence en la matière est réelle et incompressible. L'État doit créer des conditions idoines pour se substituer aux mécanismes traditionnels d'aide et de soutien, en inventant une politique de solidarité nationale ambitieuse, moderne et rationnelle. Cet essai participe de la volonté affirmée de montrer que les pays africains, et principalement la Côte d'Ivoire, ont la capacité de faire croître harmonieusement des mécanismes d'AMU malgré leur relative pauvreté économique.
(Coll. IREA (Institut de recherche et d'études africaines), 19.00 euros, 182 p.)
ISBN : 978-2-343-06022-4, ISBN EBOOK : 978-2-336-37391-1

RESTAURATION DES FONDEMENTS ANCESTRAUX FACE AUX DÉFIS DE LA VIE
Kouame Augustin
Le révérend Augustin Kouame est le fondateur et pasteur principal de la mission ICN (Instrument de Christ pour les Nations) en Côte d'Ivoire. Pasteur et enseignant, il a acquis depuis près de quinze ans de nombreuses expériences pratiques qui lui valent une certaine notoriété dans le domaine du combat spirituel et de la délivrance. Il est promoteur de la retraite spirituelle dénommée «Transformation», pour la restauration des vies en Christ. Il est fondateur de l'École biblique du royaume.
(Coll. Croire et savoir en Afrique, 12.50 euros, 110 p.)
ISBN : 978-2-343-05564-0, ISBN EBOOK : 978-2-336-37381-2

QUELLE PLACE POUR LES «FOUS GUÉRIS» ?
Gbagbo Michel
Comment un ancien malade «mental», sorti de l'hôpital psychiatrique, peut-il retrouver sa place au travail, au sein de la famille, ou parmi des amis du quartier ? Le «fou-guéri» effraie. Dans l'agglomération abidjanaise, les conceptions traditionnelles de la maladie mentale ne sont pas les seules variables impliquées dans cette façon de percevoir le «fou-guéri».
(Coll. États, pouvoirs et sociétés, 23.00 euros, 234 p.)
ISBN : 978-2-343-05717-0, ISBN EBOOK : 978-2-336-37234-1

LE PROCÈS DE LAURENT GBAGBO
Côte d'Ivoire, l'Afrique face à son destin
Fouda Essomba Vincent Sosthène
Selon l'auteur, ce livre est la somme des idées de Laurent Gbagbo telles qu'il aurait souhaité les adresser aux différents chefs d'État africains et des pays de l'Amérique du Sud. Il s'agit ici de rendre public le travail qu'avait confié Laurent Gbagbo à l'auteur au cœur de la crise qui a secoué la Côte d'Ivoire dès le lendemain du second tour de la présidentielle de 2010.
(12.00 euros, 90 p.)
ISBN : 978-2-343-05128-4, ISBN EBOOK : 978-2-336-36891-7

PAR LA FORCE, ALASSANE OUATTARA PRÉSIDENT DE LA CÔTE D'IVOIRE
La démocratie à l'épreuve
Money Elie Z.
Cet ouvrage relate la prise de pouvoir d'Alassane Ouattara, actuel président de la Côte d'Ivoire, sur le régime de Laurent Gbagbo et les évènements liés à ce changement. Pour l'auteur, ce livre est une thérapie contre l'angoisse née de cette guerre : il y décrit les évènements quotidiens de ce nouveau régime caractérisé par l'ethnisme, la terreur, le pillage ou encore l'acharnement de la justice contre le camp des partisans de l'ancien président, tout en interrogeant le sort du peuple Ivoirien.
(29.00 euros, 288 p.)
ISBN : 978-2-343-04974-8, ISBN EBOOK : 978-2-336-36995-2

UN AUTRE HOUPHOUËT
Chroniques de son médecin
Bertrand Edmond
Dans ce livre, le professeur Edmond Bertrand, qui a rencontré de très nombreux malades dont le président Félix Houphouët-Boigny, rapporte des faits observés et des paroles entendues au cours d'échanges le plus souvent impromptus. Extérieur au système social et politique local, il fait apparaître des aspects peu connus de la personnalité humaine du président. Témoin naïf diront certains mais témoin sincère qui révèle «un autre Houphouët», caché le plus souvent derrière l'homme politique.
(13.50 euros, 128 p.)
ISBN : 978-2-343-05120-8, ISBN EBOOK : 978-2-336-36946-4

LES AKAN, PEUPLES ET CIVILISATIONS
Allou Kouamé René
Les populations des côtes de l'or et quaqua ainsi que de leurs arrière-pays, ont été appelées Akan. C'est à juste titre, car elles partagent des us et coutumes semblables, des institutions politiques et sociales identiques, avec parfois des particularités locales. Elles partagent une culture commune qui tire ses racines dans un héritage ancestral partagé.
(Coll. Harmattan Côte-d'Ivoire, 60.00 euros, 910 p.)
ISBN : 978-2-343-04987-8, ISBN EBOOK : 978-2-336-36899-3

TRÉSOR PUBLIC ET POLITIQUE FINANCIÈRE EN CÔTE D'IVOIRE
Des origines à nos jours
N'Gouan Patrick K.
Préface de Joseph Y. Yao
Les différentes réformes budgétaires et comptables, entreprises depuis la fin des années 1990, visent une meilleure performance de la gouvernance financière. Le Trésor public, étant au cœur de la politique économique de l'État, devrait poursuivre ses réformes internes, en termes d'innovation, de répartition et de coordination des attributions et tâches, afin de pouvoir répondre aux différents enjeux et défis de performance exigés par les perspectives financières internationales, sous-régionales et nationales.
(Coll. Harmattan Côte-d'Ivoire, 37.50 euros, 366 p.)
ISBN : 978-2-343-05594-7, ISBN EBOOK : 978-2-336-36996-9

BUDGET (LE) DE L'ÉTAT IVOIRIEN
Financer le développement
Kouyaté Mohamed D.
Préface de Daniel Kablan Duncan
Cet ouvrage dédié au budget de l'État participe de la mise en oeuvre de la stratégie de vulgarisation d'un concept largement sanctuarisé. Il veut s'essayer à la cristallisation des enseignements relatifs aux finances publiques de l'État de Côte d'Ivoire vue sous l'angle du budget. Ce livre est une invite à explorer davantage les différentes composantes de ce redoutable instrument de politique économique et sociale qu'est le budget de l'État.
(Coll. Harmattan Côte-d'Ivoire, 32.00 euros, 314 p.)
ISBN : 978-2-343-03852-0, ISBN EBOOK : 978-2-336-36495-7

CÔTE D'IVOIRE : LE VOILE EST DÉCHIRÉ
Doué Jean Jaurès - Préface d'Arsène Touho - Postface de Me Seri Zokou
La crise militaire et politique qui a secoué la Côte d'Ivoire de 2002 à 2011 a été le choc entre deux Côte d'Ivoire antagoniques : celle qui aspire à naître et celle vassalisée qui refuse de disparaître. Les acteurs de cette crise doivent assumer devant l'histoire leurs responsabilités. Et cela passe par la restitution des faits. C'est à cela que répond ce livre.
(16.50 euros, 162 p.)
ISBN : 978-2-343-04862-8, ISBN EBOOK : 978-2-336-36646-3

CÔTE D'IVOIRE (LA) FACE AU DÉFI DE LA SORTIE DE LA CRISE
Théorie et pratique des médiations africaines et débats actuels
Edou Mvelle Alain-Roger
Préface de Jean-Emmanuel Pondi ; Postface de Marcellin Nguele Abada
La problématique de ce livre tourne autour de l'apport de la diplomatie intergouvernementale africaine à la résolution de la crise ivoirienne. Partant d'une réflexion sur l'africanité des solutions offertes, l'auteur propose un modèle de décryptage du fonctionnement de la médiation à travers la routinisation d'un mouvement circulaire entre les parties au conflit et les tiers : la «roue de la médiation».
(Coll. Harmattan Cameroun, 23.00 euros, 228 p.)
ISBN : 978-2-343-05162-8, ISBN EBOOK : 978-2-336-36735-4

DROIT DES TRANSPORTS MARITIMES
Dakouri Jean-Claude
Cet ouvrage inclut les plus récentes dispositions du droit maritime ivoirien et des conventions internationales. Il présente les conventions internationales qui régissent la navigation sur la mer, les dispositions qui favorisent le financement des navires et la garantie des investisseurs ainsi que celles qui décrivent les relations entre assureurs, armateurs et autres opérateurs intervenant dans l'exploitation des bâtiments de mer marchands.
(Coll. Le droit en marche, 28.50 euros, 290 p.)
ISBN : 978-2-343-04868-0, ISBN EBOOK : 978-2-336-36521-3

ÈRE (L') DE L'ÉCONOMIE DES PLANTATIONS EN CÔTE D'IVOIRE (1900-1983)
Settie Louis E.
Depuis les années 60, «la prospérité de la Côte d'Ivoire repose sur l'agriculture» ; nombreux sont ceux qui ne voient que le café et le cacao, alors qu'il y a eu des cultures comme le coton, l'ananas, la banane, la canne à sucre, l'hévéa, le palmier à huile, avec la politique de diversification des cultures des pouvoirs publics de l'époque. C'est pourquoi cette période a été qualifiée «d'ère de l'économie des plantations». Comment celle-ci s'est mise en place ? Et comment a-t-elle évolué ?
(Coll. Harmattan Côte-d'Ivoire, 14.00 euros, 130 p.)
ISBN : 978-2-343-04072-1, ISBN EBOOK : 978-2-336-36657-9

MALADIE (LA) CHEZ LES KROU DE CÔTE D'IVOIRE
De la mémoire à l'histoire des représentations collectives
Tchero Joachim - Préface de Simon-Pierre Ekanza
Cet ouvrage permet de saisir la représentation de la maladie chez les Krou à travers un double concept : tantôt religieux d'un blâme par les puissances célestes, tantôt maléfique d'un pouvoir occulte par le sorcier. La maladie est insérée dans l'histoire d'une personne et la connaissance des maux est ainsi basée sur des jugements de valeur. Le thérapeute n'est qu'un guide et le traitement thérapeutique, une «médiation» entre le justicier et le coupable (le malade).
(Coll. Harmattan Côte-d'Ivoire, 21.50 euros, 216 p.)
ISBN : 978-2-343-04964-9, ISBN EBOOK : 978-2-336-36477-3

L'HARMATTAN ITALIA
Via Degli Artisti 15; 10124 Torino
harmattan.italia@gmail.com

L'HARMATTAN HONGRIE
Könyvesbolt ; Kossuth L. u. 14-16
1053 Budapest

L'HARMATTAN KINSHASA
185, avenue Nyangwe
Commune de Lingwala
Kinshasa, R.D. Congo
(00243) 998697603 ou (00243) 999229662

L'HARMATTAN CONGO
67, av. E. P. Lumumba
Bât. – Congo Pharmacie (Bib. Nat.)
BP2874 Brazzaville
harmattan.congo@yahoo.fr

L'HARMATTAN GUINÉE
Almamya Rue KA 028, en face
du restaurant Le Cèdre
OKB agency BP 3470 Conakry
(00224) 657 20 85 08 / 664 28 91 96
harmattanguinee@yahoo.fr

L'HARMATTAN MALI
Rue 73, Porte 536, Niamakoro,
Cité Unicef, Bamako
Tél. 00 (223) 20205724 / +(223) 76378082
poudiougopaul@yahoo.fr
pp.harmattan@gmail.com

L'HARMATTAN CAMEROUN
BP 11486
Face à la SNI, immeuble Don Bosco
Yaoundé
(00237) 99 76 61 66
harmattancam@yahoo.fr

L'HARMATTAN CÔTE D'IVOIRE
Résidence Karl / cité des arts
Abidjan-Cocody 03 BP 1588 Abidjan 03
(00225) 05 77 87 31
etien_nda@yahoo.fr

L'HARMATTAN BURKINA
Penou Achille Some
Ouagadougou
(+226) 70 26 88 27

L'HARMATTAN SÉNÉGAL
10 VDN en face Mermoz, après le pont de Fann
BP 45034 Dakar Fann
33 825 98 58 / 33 860 9858
senharmattan@gmail.com / senlibraire@gmail.com
www.harmattansenegal.com

L'HARMATTAN BÉNIN
ISOR-BENIN
01 BP 359 COTONOU-RP
Quartier Gbèdjromèdé,
Rue Agbélenco, Lot 1247 I
Tél : 00 229 21 32 53 79
christian_dablaka123@yahoo.fr

656190 - Mai 2016
Achevé d'imprimer par

1livre.com
du rêve à la réalité !

www.ingramcontent.com/pod-product-compliance
Lightning Source LLC
LaVergne TN
LVHW021136061026
849535LV00002B/260
9782343088198